国家"985工程"哲学社会科学创新基地
四川大学"211工程"重点建设项目

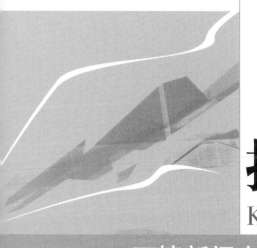

跨 媒 体 研 究 丛 书

主编：聂圣哲 蒋晓丽

抗争与绿化

KANGZHENG YU LUHUA

——环境新闻在西方的起源、理论与实践

王积龙 著

中国社会科学出版社

图书在版编目（CIP）数据

抗争与绿化：环境新闻在西方的起源、理论与实践／王积龙著.
北京：中国社会科学出版社，2010.7
（跨媒体研究丛书）
ISBN 978－7－5004－8992－4

Ⅰ.①抗…　Ⅱ.①王…　Ⅲ.①环境保护－新闻工作－研究
Ⅳ.①G216.3

中国版本图书馆 CIP 数据核字（2010）第 142726 号

出版策划　任　明
特邀编辑　乔继堂
责任校对　石春梅
技术编辑　李　建

出版发行　中国社会科学出版社
社　　址　北京鼓楼西大街甲 158 号　　邮　编　100720
电　　话　010－84029450（邮购）
网　　址　http://www.csspw.cn
经　　销　新华书店
印　　刷　北京奥隆印刷厂　　　　　　装　订　广增装订厂
版　　次　2010 年 7 月第 1 版　　　　印　次　2010 年 7 月第 1 次印刷
开　　本　710×1000　1/16
印　　张　19.25　　　　　　　　　　插　页　2
字　　数　340 千字
定　　价　38.00 元

总　序

众所周知，以传播媒介的巨大变革为依据，人类传播历经了上古的口头传播、中古的手写传播、近代的印刷传播，直至现代的电子传播四个主要历史阶段，而四个历史阶段的不断更替、四种传播媒介的依次更新，一定程度上是人类渴望扩大传播范围、提高传播效率、满足人们多元信息需求的体现。

尽管从历史发展过程来看人类传播经历了以上四个阶段，但是作为每一阶段主角的口语、文字、印刷、电子四种传播媒介的关系并不是相互排斥而是相互补充的，并不是前后相继而是前后相迭的。一方面，它们各行其是、特立独行；另一方面，它们又各有所长，优势互补，共同成就了人类传播。在这其中，以文字的逻辑、深刻为特色的报刊杂志，以声音的平易浅显为风格的广播，以兼具声画优势的电视为代表的传统媒体，与以海量、及时和互动为特点的网络为代表的新媒体一起，组成了大众传播大家庭。

然而，自20世纪90年代以来，随着数字化、计算机网络和虚拟现实等技术的不断进步，以及这些技术在传播、通信等领域的全方位渗透与应用，传播媒介经历着巨大变革，传统媒介正在冲破自身局限，原本泾渭分明的几种媒介之间的界限开始打破并悄然兴起一场新的融合，人类传播已进入媒介融合时代，也被称为"跨媒体时代"或"全媒体时代"。

"媒介融合"（media convergence）这一概念最早来自美国麻省理工学院（MIT）的伊契尔·索勒·普尔（Ithiel De Sola Pool）和他于1983年在其《自由的技术》（*Technologies of Freedom*）中提出的"传播形态融合"（the convergence of modes）。他认为，数码电子科技的发展是导致历来泾渭分明的传播形态聚合的原因，媒介融合就是各种媒介呈现出一体化多功能的发展趋势，从根本上讲，媒介融合是不同技术的结合，是两种或更多技术融合后形成的某种传播技术，由融合产生的新传播技术和新媒介的功能大于原先各部分的总和。作为一种媒体发展的现状和趋势，媒介融合是国际化、全球化浪潮下传媒求得生存的新产物，是历来泾渭分明的几种不同传播技术为了实现传播一体化、多功能的新手段，是促成报纸、广播、电视、互联网和手机等的采编作业有效结合以实现资源共享、集中处理，进而达成节约生产成本、实现规模效应目标的新模式。

按照美国西北大学教授李奇·高登（Rich Gordon）于 2003 年针对美国当时的媒介融合状况就做出的归纳，媒介融合主要呈现以下几个方面的融合：所有权融合（ownership convergence）、策略性融合（tactical convergence）、结构性融合（structural convergence）、信息采集融合（information-gathering convergence）和新闻表达融合（storytelling or presentation convergence）[①]。同时，在到达媒介完全融合的过程中，必然要经历以下几个发展阶段：最初是依靠行政力量的组织的融合，然后是在市场作用下以集团兼并为代表的资本融合，进而再到传播手段的融合，这是一种大型传媒集团的不同媒介的传播手段在同一大平台上进行整合，实施这些媒介之间的内容相互推销和资源共享的融合，最后才是媒介融合的最高阶段，媒介形态的融合，即在数字技术和网络传播推动下产生的新媒介类型——融合媒介，这种媒介融合了几种甚至全部媒体的优点。

我们常说的"跨媒体"和"全媒体"，可被视为"媒介融合"过程中的不同阶段，其中，"跨媒体"之"跨"，凸显了跨媒体更多体现为一种媒介融合行为，而"全媒体"之"全"，则在一定程度上反映了全媒体更多作为一种媒介融合状态。

所谓"跨媒体"，是指横跨平面媒体（报纸、杂志、图书、户外广告）、立体媒体（广播、电视、电影）和网络媒体的三维平台组合，其核心在于不同媒体形式之间的"横跨"组合，它强调媒体外在形式之间的一种组合，或许通过行政力量使然，或者通过市场作用使然，处于媒介融合过程中的初级阶段。而"全媒体"是指综合运用各种表现形式，如文、图、声、光、电来全方位、立体地展示传播内容，同时通过文字、声像、网络、通信等传播手段来传输的一种新的传输形态。作为一种媒介融合状态，它继"跨媒体"、"多媒体"之后逐步衍生而成，是媒介融合的高级阶段，是人类现在掌握的信息流手段的最大化集成者，体现的不是"跨媒体"的简单连接，而是全方位融合——网络媒体与传统媒体乃至通信的全面互动、网络媒体之间的全面互补、网络媒体自身的全面互融。

可以看出，三个概念中，"媒介融合"的含义最为广泛，包含的内容最

---

① 蔡雯：《从"超级记者"到"超级团队"——西方媒体"融合新闻的实践和理论"》，载《中国记者》2007 年第 1 期。

多，"全媒体"所描述的是媒介融合发展过程中的高级阶段，它侧重于不同媒体在共用一套机构与人员的情况下进行传播手段融合、内容互销和资源共享。然而，我们国家当前的传媒还处于较初级的阶段，基本经历了行政力量促进融合，逐步在由市场作用促进融合走向传播手段的融合，所以，三个概念中，用"跨媒体"来描述我们的传媒实际，是更为贴切和妥当的，这也是本丛书采用"跨媒体研究丛书"的根本缘由。

无论是作为发展趋势的"媒介融合"，还是作为生存状态的"跨媒体"，还是作为阶段目标的"全媒体"，它们都揭示了当下传媒发展和新闻传播的时代语境。清楚认识当下传媒语境及其特点，无疑对传媒经营管理、新闻采写编排等传媒实践有着非常必要和重要的意义，对传媒人提高自身职业素养而言，也是异常关键的。因此，媒介融合语境下的传媒文化与传播实践，为我们的跨媒体研究提供了极好的契机，这不仅鼓励我们努力探索研究，更成为我们萌生出版此丛书念头的最原始动力。

典盛传播、环球活动网总裁欧阳国忠 2007 年 8 月在接受《北方传媒研究》编辑部采访在谈及新媒体时代特点时，进行了如下概述：新媒体时代传媒，主要会呈现出以下四个方面的特点，内容生成的"即时性"——越来越多的内容生成和传播的过程正在重合起来、内容获取的"即地性"——人们可以在任何地方以任何手段获取即时的信息、内容传播的"互动性"——内容的接收方对接收的内容有更多的选择权、广告投放的"定向性"——广告商可以更有效地针对个人目标客户投放广告。① 可以说，这既是媒介融合时代的传播特点，更是跨媒体时代的传媒目标。如何能实现传媒自身、受众、广告商三方面的共赢，不仅是传媒业界人士需要考虑的，更是传媒学术界人士需要努力探索研究的命题。

作为四川大学"211 工程"重点建设学科项目的成果，"跨媒体研究丛书"所涵盖的研究范围主要包含有：

（1）"跨媒体"或"媒介融合"对象研究和过程研究。如对媒介融合过程中所涉及的内容融合与渠道融合、资本融合与结构融合、技术融合与生产融合以及融合过程中所遭遇的政策规制和行业壁垒等问题的研究。

（2）"跨媒体"或"媒介融合"对各项传媒实践的影响研究和各项传

---

① 2007 年 8 月，典盛传播、环球活动网总裁欧阳国忠接受《北方传媒研究》编辑部的电子邮件采访，文字整理为《新媒体环境下的电视产业运营》一文，刊发于《北方传媒研究》2007 年第 4 期。

媒实践相应的对策研究。如对跨媒体环境下的新闻采编研究，如对报业数字化转型的研究等等。

（3）"跨媒体"或"媒介融合"与其他领域的关系研究，体现为媒介融合与政治学、经济学、文化学、社会学和心理学等学科的交叉研究。如在跨媒体传播格局中的政府信息传播研究、媒介融合背景下的传媒文化研究和受众心理研究等。

无论是哪一类型的研究，本丛书都强调对传媒当下现实的针对性，对传媒历史经验教训的总结性，和对传媒未来发展的指导性和预测性。

本期拟出版的八本专著，包括蒋晓丽等的《奇观与全景——传媒文化新论》、石磊的《分散与融合——报业数字化转型研究》、王积龙的《抗争与绿化——环境新闻学在西方的起源、理论与实践》、刘肖的《理智与偏见——当代西方涉华国际舆论研究》、侯宏虹的《颠覆与重建——博客主流化研究》、张放的《虚幻与真实——网络人际传播中的印象形成研究》、张杰的《变革与回归——中国政府网络信息传播研究》和彭虹的《涌现与互动——网络社会的传播视角》。每一本书都是作者对跨媒体、对媒介融合所做出的探索和研究，都凝结了作者的努力和心血，为理性建构媒介现实，深入认识媒介未来，不遗余力地思考和探索。

在这套丛书出版之际，衷心感谢国内新闻传播学界的各位专家、学者对我们的研究始终如一的关注和支持；衷心感谢德胜（苏州）洋楼有限公司一直以来的鼎力资助；也衷心感谢中国社会科学出版社的任明老师以及所有为这套丛书的出版付出辛勤劳动的朋友和同事们。

"路漫漫其修远兮，吾将上下而求索"。虽然仅凭以上的几本书，难以支撑起整个"跨媒体研究"的框架，但是我们希望，本丛书的出版能在传媒学界和业界起到一个抛砖引玉的作用，同时我们也愿意在未来的传媒研究进程中继续将之充实和延展，为有效的认识和指导传媒实践贡献我们的绵薄之力。

是为序。

聂圣哲　蒋晓丽

2010 年春

目　　录

导　　论

　　这是一本较为系统地研究西方环境新闻、也是相对完整研究环境新闻的学术专著。环境新闻是新闻传播活动与生态思想及科学的结合，是新闻传播过程与内容的绿色化，是构建和谐社会的前沿思想实践活动。通过文本内容的传播，它以生态中心主义挑战数千年建立起来的人类中心主义理念，从而形成了一个相对庞杂的理论体系，把对人类为中心的关怀扩大到整个生态圈，形成了生态中心主义。这是人类思想史上的一次伟大变革，是人类文明的新路标。

　　环境新闻的传播活动起源于人类日益凸显的生态危机，其诞生地为美国，并在美国经历 40 多年的实践以后逐渐传至北美、欧洲、澳洲和日本，目前也在影响第三世界。我们之所以称之为"抗争与绿化——环境新闻在西方的起源、理论与实践"，是因为它诞生于美国，植根于西方环境伦理学思想，并对西方近 2000 年的基督教文明与数百年的人文主义思想发起了挑战，否定机械论，打碎人文主义，从而形成生态中心主义对西方基督教以来的人类中心主义的怀疑与颠覆。

　　这种新闻传播在美国的 20 世纪 60 年代就出现成熟的新闻文本，在 80 年代，由于德国社会学家的"风险"理论而进一步完善，因而形成了一整套相对完整的由西方理论构建而成的环境新闻理论。故此，虽然论文主要研究对象是美国，但新闻文本分析、新闻内容写作都涉及北美与欧洲各国媒体，他们在思想上都以西方生态中心主义的环境伦理学与科学理论为基础，故此称为"在西方的起源、理论与实践"。本专著的环境新闻概念界定基本以西华盛顿大学的环境新闻教授、资深的环境新闻记者麦克·弗洛姆（Micheal Frome）的定义为准，同时增加了德国"风险社会"的内容：环境新闻就是为了避免环境风险，在制定决策过程中，在调查研究的基础上，一种有目的、为公众而写的，以充分准确的材料为依托、反映环境问题的媒体信息；环境新闻学也就是研究环境新闻的特征与规律的一门学科。这就确定我们研究环境新闻把后来西方研究者的新理论（也是被当前西方研究者广泛采用的理论）容纳在内，使西方环境新闻学研究更能够体现西方理论的总体面貌，摆脱一些业界实用主义的色彩，尽量体现出西方的理论体系。

为此，本书采取新闻学的框架研究模式，重新系统化审视西方的环境新闻学。大体上按照传统新闻的新闻史、新闻理论、新闻采访与写作、新闻媒体编辑、新闻教育、新闻与社会、环境新闻的跨文化研究共八个大章来研究。总体可以分成五个部分。

第一部分是环境新闻史的研究（第一、第二章），属于环境新闻学的起源部分。第一章主要从西方新闻发展史的角度探讨西方国家对于"环境新闻"这个词的界定，然后确定环境新闻学的学科内容；并根据我们研究的需要重新评价与规范，以使研究体系更加完整。第二章以美国为主要对象，研究环境新闻史从滥觞到成熟的发展历史，为本专著的其他理论研究奠定基础。

第二部分（第三章）主要探讨环境新闻理论，是环境新闻学的理论部分。这里研究的范围主要是环境新闻不同于其他传统新闻理论的特质部分，其中风险性新闻价值又是这个理论部分的核心内容，主要是通过德国"风险社会"思想体系来完成的。

第三部分（第四、第五章）是环境新闻业务研究的范畴，是环境新闻学实践的第一部分。其中，第四章主要研究环境新闻的采访与写作。环境新闻的采访集中研究环境问题科学性的调查与访问，这是不同于传统新闻业务的部分。环境新闻写作则集中于科学术语的新闻表达与环境伦理思想的陈述这两个大的方面。其中，对于环境风险的表现又是一个重要研究的领域，涉及环境伦理思想与"风险社会"理论。第五章主要是从媒体形态上来研究环境新闻的编辑思想，属于环境新文学实践的第二部分。采用的方式首先是分类：纸媒、互联网与视觉综合媒体；然后采用个案研究的方式：包括美国具有代表性的环境新闻纸媒体《环境记者协会季刊》（SEJ）与《环境新闻杂志》（EJ）；欧美国家最近兴起的生态博客分析与美国前总统戈尔的纪录片《不可忽视的真相》。其目的是研究西方各类媒体是如何将生态伦理思想与科学精神贯彻到新闻内容当中去的。

第四部分（第六章）是研究西方的环境新闻教育，属于环境新闻学实践的第三部分。因为我们国家没有一个大学设有环境新闻教育专业，因此，这一章的研究也突出针对性，选取的对象是西方环境新闻教育发展最早也是最为成熟的美国为研究对象。一方面对美国大学环境新闻教育总体构建形式与学科特色进行了概览；以32所大学或者学院的学科总体内容分析来探析美国大学环境新闻教育的基本形式。另一方面，又以密歇根州立大学为个案，仔细研究美国环境新闻教育的师资、学科设置内容、教学、科研等多种具体内容。其目的是展现西方环境新闻从内到外的各个方面。

第五部分（第七、第八章）研究环境新闻与社会，属于环境新闻学实践的最后一个部分，包括环境新闻与西方社会和环境新闻的跨文化研究两个方面。前一部分把环境新闻与媒体放在西方社会的层面来考察，包括政治、经济、文化等要素，其中最主要的方面是环境新闻的新闻自由问题。其实环境新闻在西方国家也受到政治、经济与受众等各方面的限制，也不存在绝对的新闻自由。后一部分是研究环境新闻在西方以外国家的情况，特别是东方。这里主要以中国为研究对象。本章从文化传统、宗教差异与文本分析等方面研究中西环境新闻上的差异，另外还对当前世界范围内热点的环境新闻现象进行了研究。最后对于中国环境新闻教育的缺失进行跨文化的比较研究。

本书的学术价值主要体现在以下三个方面：

1. 这本学术专著是国内第一部较为完整与全面地运用新闻学体系研究与构建的西方环境新闻学专著，在学术研究上试图填补环境新闻学这一空白。浏览我国新闻学的论文和著作会发现，我们国家目前专门介绍西方环境新闻的书籍一本也没有；关于这些方面的学术论文仅在十篇左右，而且其中很多学术论文只是介绍某一方面，也难免存在一些偏差与断章取义的地方。本书通过大量的外文资料，同时也通过国外业界与学术界提供的第一手资料，又有新闻学框架的理论重构，加之北美与欧洲最新的理论支撑和报刊文本，使得本书较为明确地勾勒出了西方环境新闻的总体理论框架，较为明晰地展示了其基本的理论发展流程，并对一些主要的理论给予较为明确的界定与分析。当然，我希望作为国内第一篇研究环境新闻的博士论文，这个理论框架应该是开放的，甚至是抛砖引玉的。

2. 无论是哪一种的国外学术研究，最终都是为了本国的理论与实践服务，我们这本环境新闻学研究专著也不例外。自 2000 年以来，我国学术界对于环境新闻的研究已开始起步，但是绝大多数没有理论基础，仅仅停留在传统新闻学的技术层面上。西方环境新闻文本成熟于 60 年代，后来经过 40 多年的研究，在生态学、环境伦理学以及风险社会等理论的基础上，已经形成了相对完善的理论体系。从西方的学术研究来看，西方学者对于环境新闻的研究显现出很高的理论水平。因此，对西方环境新闻进行研究，条例化其主要的理论体系，可以对我国环境新闻的研究有所借鉴。因为环境问题很大程度上属于科学传播的内容，环境问题又是一个世界性的问题，其研究规律具有某些共同性。我国的环境新闻研究可以借鉴其中合理化的理论体系，使得我国环境新闻研究朝着更健康的理论化轨道发展。这篇博士论文的主要目标也在于此。

3. 本书对于丰富我国新闻学的理论与实践具有一定的理论价值。我国新闻学领域到目前为止还没有哪一本书介绍环境新闻，更没有深入探讨。我国新闻学教育培养出来的学生往往存在就业难的问题。很重要的一方面就在于社会发展了，需要多样了，而我们的新闻学教育却依然停留在原处。一方面用人单位无法找到合适的人才，另一方面新闻专业的学生就业甚难。本书探讨了美国环境新闻教育的构建与教学科研内容，通过面对实际的环境报道的分析，很大程度上表现出环境新闻这类科学传播活动相对于传统新闻学的很大不同。有些内容与传统新闻学的理念大相径庭，如环境新闻的生态中心主义对传统新闻人文主义或人类中心主义的挑战与否定。这些理论一定程度上丰富了新闻学的理论体系。从实践的层面来说，我国环境新闻记者对很多环境问题难以击中要害，在报道中国环境问题的时候，往往被西方媒体抛在后面。本书通过西方环境新闻从文本到理论的分析，期望对中国环境记者报道中国的环境危机事件有一定的启示。

总之，这部学术专著对中国新闻理论界进一步认知西方的环境新闻研究有一定的帮助，促进中西环境新闻研究的交流与对话；能够进一步在理论上丰富与拓展中国的新闻学研究与教育；也对业界从事环境新闻报道的记者与编辑有一定的借鉴作用。

第一章　西方对环境新闻的
界定与研究模式

　　要知道什么是环境新闻学，最核心的是知道什么是环境新闻。在西方学术领域，环境新闻如何定义、又有哪些种类的定义、各有什么不足？我们研究之前必须对这一领域加以研究与分析，然后确定某一类或某一种合理的定义来加以规范与研究。另外，作为一个全面的学术研究，我们同时也需要知道西方已经有的研究模式，并对这些研究模式加以合理地评价与重新审视。在此基础上，按照我们的理论框架重新组合进行研究，并论述这种研究构架的合理性。因此，这一章就立足这两个问题进行基础性的研究与框架构建。

第一节　西方环境新闻的界定与意义探析

　　环境新闻（environmental journalism）在英文中包含"环境新闻"与"环境新闻学"两个意思。作为一门新兴的研究领域，西方的环境新闻研究在 2000 年前后零散地被介绍到中国新闻学界。然而，仔细考察一下屈指可数的几篇关于环境新闻的学术文章，其中并没有对环境新闻做较全面而详细的考察。因此，要研究环境新闻，必须要弄懂这个概念的内涵与外延。本章立足于什么是环境新闻这样一个问题，结合西方国家环境新闻概念的发展历程，对美国与欧洲的主要研究者及其相关著述给予较为全面的概览，力求阐释出环境新闻这一个新兴研究领域的主要轮廓，并论述其内部的含义与一系列的社会学内涵，以期为进一步论述打下坚实的基础。

一　业界眼中的环境新闻

　　美国是环境新闻公认的发源地，环境新闻在美国的产生也是一个相对漫长的过程。早在 20 世纪 70 年代绿色运动之前，由于新闻记者的积极实践，环境新闻一词就已经出现。美国环境记者、学者罗纳尔德（Ronald）认为，环境新闻一词在 1842 年就有人表述。他说："赛芮奥（Thoreau）这样写道，

‘当我读到奥德博恩（Audobon）所描绘的温暖的海风下，佛罗里达的地面与兰花上都被冰雪覆盖的时候，我有一种激越与兴奋’，赛芮奥感受到了环境新闻所发散出来的力量”①。这里所描绘的“环境新闻”是描写环境的文学文本给读者最初的富有诗意的想象。

后来，罗纳尔德认为：“正是缪尔（Muir）对于加利福尼亚所受具体威胁的描述——约塞米特峡谷（Yosemite Vally）的红杉、山谷草地、野生河流遭受破坏，在那时，我们今日所说的‘环境新闻’就这样诞生了。”② 描述景象发生的时间是 1892 年，缪尔还建立了峰峦俱乐部（Si-erra Club），是美国自然资源保护组织，总部设在旧金山。其实这时的环境新闻一词很近似于今日的自然资源保护的报道或文学文本，没有人试图去给它下个定义，只是适应新形势的需要记者笔下出现的一个模糊的概念，在以后半个多世纪被美国新闻出版与文艺界所传承。这个概念既不是今天的环境新闻，也不是环境新闻学，而是关于资源保护主义者眼中环境景物描述的文学文本。

业界的环境新闻较为完全的进入世人眼中是在 60 年代③。1962 年蕾切尔·卡逊（Rachel Carson）《寂静的春天》（*Silent Spring*）的出版，掀起了一股环境保护报道的热潮：《纽约时报》从 1969 年开始报道环境问题；《时代周刊》和《星期六评论》从 1969 年起定期提供环境保护方面的信息；《国家地理杂志》几乎每期有 9000 字的关于环境问题的文章；《生活》杂志逐渐增加了环境方面的报道④。这一时期，人们对环境新闻的认识主要集中于新闻报道的内容上，最具代表性的当属卡逊的作品。

卡逊是一个环境作家，也是一位海洋生物学家，有机会接触许多环境问题。《寂静的春天》一书建立在阅读几千篇报道、并获得有关领域权威专家取证的基础上写成的。内容反映农药 DDT 给生物与环境带来的破坏，科学性、风险性与揭露性为其最大特征，也经受住来自各个利益集团的挑战与责难。1963 年时任美国总统的肯尼迪任命一个特别委员会对该书的结论进行调查，证明卡逊的结论正确。至 1962 年年底，已经有 40 多个限制杀虫剂使用的提案在美国有关州通过。卡逊女士去世多年，美国前副总统戈尔称

---

① Ann Ronald, ed, *Reader of the purple sage*: *Essays on western writers and environmental Lierature*, Reno: University of Nevada Press, 2003. p. 170.

② Ibid. , p. 171.

③ Guy Berger, "Enviromental journalism meets tne 21st century", *Intermadia*, 2002, pp. 8—11.

④ Sachsman, D. B., *The symbolic earth*, The University Press of Kentucky, 1996, pp. 241—256.

"《寂静的春天》可以与斯托夫人《汤姆叔叔的小屋》相媲美",并"把环境问题提上国家议事日程"①。这些实践,使人们对环境新闻有了较为直观认识的"卡逊坐标系",那就是揭露人类对于环境的破坏。从这个意义上说,环境新闻具有了当代新闻学意义。

学者博曼(Bowman)认为,70年第一个地球日公众要求从媒体上获得更多的环境信息是环境新闻发展很关键的一年。②自此以后,"环境变成新闻现象,70年代(媒体的)环境报道量在美国不断增加"③。学者汉森(Hanson)认为,"公众对于环境的意识与关注开始于60年代,在70年代达到最初的高峰,并逐渐回落……研究显示80年代中期以后公众对于环境的关注又在增加"④。

时至20世纪90年代初,人们对于环境新闻的理解进一步明确。正如学者赫兹伽得(Hertsgaard)所说:"在新闻、公众与意识上,1988年是值得肯定的一年。正是这些(媒体上报道的)令人生惧的(环境破坏)后果,唤醒了人们对温室效应的危机感,以及从所有工业人类那里排入大气中的烟雾所导致的地球逐日变暖的警觉。"⑤表明媒体在环境问题报道时已经包含了预测性的内容,这是环境新闻在报道内容上对于"卡逊坐标系"的一次突破。因为在1988年,黄石森林的大火、密西西比河的干涸、垃圾与废旧药物席卷东海岸沙滩、受污染致死的鲸鱼漂浮在北海上等事件,都在媒体上得到充分报道,并引发记者与科学家对环境原因的更深层次思考。

由于新闻记者的进一步深入实践,需要相应的研究机构对环境新闻进行研究,以使环境新闻记者及时交流经验,来指导实践,一些业界的研究机构相继建立。1990年,环境新闻记者协会成立(SEJ),创办期杂志(SEJournal《环境记者协会季刊》),开始有意识地研究环境新闻,刊登全美最新环境新闻报道并进行交流;1991年,广电新闻董事基金会之环境新闻中心(EJCRTNDAE)正式创建,对广电新闻涉及的环境新闻进行研究。

---

① Carson, Rachel, *Silent Spring*, 25th ed. Boston: Houghton Miffln, 1987, p. Ⅲ.

② James S. Bowman, "American daily newspapers and the environment", *The Journal of Environment Edition*, Oct 1, 1978.

③ Whelan, T., ed. *Environmental coverage around the world*: 1970—1990, MD: International Science Writers Association. 1991, p. 5.

④ Anders Hansen, "The media and the social construction of the environment", *Media, Culture and Sociaty*, Vol. 13, No. 4, (1991), pp. 443—458.

⑤ Mark Hertsgaard "Covering the world: Ignoring the earth", *Rolling Stone*, 1989, p. 47.

　　浏览《环境记者协会季刊》的内容可以看出，美国新闻业界对于环境新闻的研究仅仅局限于一些实践经验的交流：从发现环境问题的新闻敏感到环境新闻的写作，甚至是一些环境新闻奖的评选。这些研究，只是把环境新闻作为一个预设的、不许求证的科学，并没有对其进行一个定义的尝试。这也许因为业界所面临的只是一些操作性的问题，或者要解决的只是记者间的社会协作。

　　要弄清楚什么是"环境新闻"，首先要回答什么是"环境"。有学者对环境新闻记者做过专项调查，对于"环境新闻"的回答范围从"物质资源的报道"到"所有事物"各不相同。有些环境记者把"环境新闻"定义为负面消息，如威胁、恶化、污染等；有超过1/3的环境记者把他们的定义缩小到物质资源上，如空气、水、陆地等；有将近一半的环境新闻记者集中到人上，指污染对人类的威胁，要么人类对坏境的威胁。① 正因为如此，学者维利斯（Willis）认为："环境新闻与批评新闻（crusading journalism）经常是同义语。然而最近的一些环境记者感到困惑，他们不知道怎样来区分这两种新闻学。"②

　　对于这样一个宏大范围的实践，最早想把环境新闻下个定义的学者亨丁（Hentin）认为："还有哪一个新闻不是环境新闻？……环境是我们生活的世界，生态与生命相连——人类、动物、植物都与环境相关。当有人讨论环境新闻的时候，我猜想他是指关于生态关系恶化的新闻，这种曾经精细的生态平衡所遭受的破坏之消息。"③

　　很显然，亨丁这个对于环境新闻的阐释不能够让人满意。因为他没有突出环境新闻的科学性等基本属性，更不能够称为"学"了。然而，在环境新闻报道最早也是最为活跃的美国新闻界，环境新闻主要指生态报道，而且涉及政治、政策、经济与社会问题。事实上，在实践中环境新闻在新闻业界主要就是指涉及资源与环境恶化问题。要么无所不包，要么外延太小，这也是人们难以给环境新闻下定义的原因。

---

　　① Rubin, David M., *Mass media and the environment*: *water resouces*, *land*, *and atomic energy in California*, New York: Praeger Publishers, 1973, p. 42

　　② Willis and Okunade, ed. *Reporting on risk*: *The practice and ethics of health and safety communication*. Connecticut: Praeger, 1997, p. 84.

　　③ Hedin, Magnusson, "Environmental reporting... the shrill voices sometimes get more credence than they deserve", *The Quill*, Agu. 1970.

二 教育领域的环境新闻

随着环境实践的深入,环境新闻被业界记者带入校园。1992年,科罗拉多大学漂石(Boulder)分校建立了环境新闻中心(the Center for Enviromental Journalism);1994年,密歇根州立大学纳尔特环境新闻中心(the Knight Center for Environmental Journalism)成立。截至2007年,美国已经有50多所高校设立了环境新闻专业,环境新闻的研究从新闻界走入大学,开始了新的阶段。

从一开始起,美国大学里的环境新闻研究就带有明显的实用主义痕迹,最具有代表性的当属密歇根州立大学纳尔特环境新闻中心的教研活动。该中心是由从事过21年环境报道的记者吉姆·德特金(Jim Detjen)创办,在此之前的1990年由他领导创立了环境记者协会,出版季刊《环境记者协会季刊》,他到密歇根州立大学以后,又创办了教学与研究的半年刊《环境新闻》(Environmental Journalism),力图把环境新闻在大学里建成一个相对完整的学科。正如《环境新闻》创刊时所说的那样:"我们想利用这个杂志给予环境记者、新闻学教育者以及环境新闻爱好者搭建一个新思想的平台,为您在报纸上发表新思想文章提供种子;为那些在教室里的环境新闻老师们提供新思想。"[1]

然而,当我们带着一种完整学科体系的渴望来研读已经出版5年的《环境新闻》全部各期杂志时,却没有发现任何给环境新闻下定义的文章。该杂志是目前美国大学环境新闻教育中最为出色、也最具有代表性的专业期刊,其内容主要集中于"大湖区"(LAKES)环境新闻报道(美国五大湖区)、"绿色报道"(Green Print)、"评论"(公众环境意识、环境新闻、政策以及环境新闻写作的评议)、"世界"(全球范围内的环境热点报道)、"校园"(纳尔特环境新闻中心最新的教育、研究动态等)。其中,关于环境新闻报道、健康新闻、科学报道的内容占据了绝大部分的内容,一些环境新闻写作的文章又占据其他内容的大部分,对于环境新闻进行理论上思考的学术性文章却很难发现。因此,教育领域的环境新闻研究仍然以业界的延伸为主体,为业界培养能够从事环境问题报道的记者为主要目的。

再以密歇根州立大学纳尔特环境新闻中心的教学为例,研读一下美国大学环境新闻的教学内容。纳尔特环境新闻中心目前开设有8门主要的课程,

---

[1] Kristen Tuinstra, "All teached out", *Environmental Journalism*, 2002 winter.

分别是：核心课程调查性环境报道（Investigative Environmental Reporting）与环境写作（Environmental Writing）、野外生存与环境写作（Wilderness Experience and Environmental Writing）、电脑辅助报道（Computer-assisted Reporting）、批评性环境新闻报道（Muckraking）、健康与科学写作（Health and Science Writing）、环境、健康和科学冲突报道（Coverage of Environmental, Health and Science Controversies）、环境新闻摄影（Environmental Filmmaking）。[①] 不难看出，纳尔特环境新闻中心的所有课程几乎都是环境新闻写作课程，看不到环境新闻的理论课程，这不免会引起人们对环境新闻是不是一门真正的科学持怀疑态度。其实这与美国的大环境相联系，在美国，实用主义几乎贯穿于每一个研究领域，更何况由新闻记者直接创办起的环境新闻教育。

既然事实如此，也有很多学者试图给环境新闻下定义，我们可以看出这些定义是"环境新闻"而不是"环境新闻学"。一生大多数时间都在想写一本《环境新闻》并从 60 年代就开始从事环境新闻报道的记者、学人麦克尔·弗洛姆（Michael Frome），在进入大学教学以后潜心研究环境新闻，并给它下了这样一个定义："（环境新闻）是在制定决定过程中，在调查研究的基础上，一种有目的、为公众而写的，以充分准确的材料为依托、反映环境问题的新闻写作。"[②]

弗洛姆先生的定义强调了环境新闻之写作的目的性、科学性、公众性、调查性、揭露性，显然超越了业界对此类新闻的模糊认识，值得肯定，是西方环境新闻的业界与学界较为权威的定义，本论文基本上采用这个定义来进行环境新闻的研究。然而，这个定义的不足之处十分明显，那就是他把环境新闻定义为"写作"（writing），显然不能是"环境新闻"。与此类似的定义者还有罗纳尔德先生，他把环境新闻定义为"散文"（prose），"一种引发对陆上风景、土地以及我们自己思考的非虚构之文章"[③]。我们说新闻学包括新闻写作，但是新闻学绝对不仅仅就是新闻写作，这样，就会给那些一向看不起新闻学的人以批驳环境新闻的理由：环境新闻有术无学。另外，对于"目的"，弗洛姆也没有说清楚，因为目的决定着手段与方法。就环境新闻

---

① http：//www. ej. msu. edu.

② Michael Frome, *Green Ink*：*An Inroduction to environmental Journalism*, preface, University of Utah Press, 1998, p. IX.

③ Ann Ronald, ed. *Reader of the purple sage*：*Essays on western writers and environmental Lierature*, Ibid. , p. 169.

本身的发展规律来看，与其他科学一样，它需要理论的关怀与指导，这样才能够成为一门真正的科学。

就美国各个大学所从事的环境新闻教学实践来看，弗洛姆与罗纳尔德给环境新闻下的定义显然具有符合现实性的一面，因为美国大学的环境新闻教育内容主要就集中于环境新闻写作这一领域，以为美国新闻界培养能采访、会写作环境新闻的记者做目标。作为一门人文科学，这显然不够。

环境新闻走入大学课堂与研究机构的时候，传播学已经在美国站稳了脚跟，并逐渐地发展成为一门学科。相对成熟学科的理论可以帮助新兴学科的构建，使其走向成熟，这是科学构建的常态。正是人们对把环境新闻仅仅定义为"写作"的不满，加之环境新闻与传播学学科的相近性，大学教育的老师才想通过传播学的理论来使得环境新闻走出"写作论"的窠臼。

早在1996年，美国的北亚利桑那大学传播学院就成立了"环境传播资源中心"（Environmental Communication Resouce Center），并力图通过把环境新闻纳入传播学领域，并冠之以"环境传播"，欲使其变为相对成熟的学科。早在1996年，环境传播资源中心就给环境传播这样的定义："环境传播可以被看作传收双方都参与、并通过有效信息传递、相互倾听与公众辩论来完成的交流过程，我们认为这种传播是建立人们与环境（良好）联系的基石，并以此为手段提高人们的环境意识、推进可持续发展的环境实践。"①这种以环境传播来代替环境新闻的阐释把环境新闻纳入到较为成熟理论支持的传播过程，以环境为对象、以人与人交流为手段，突出了可持续发展这样的目的，显然比"卡逊坐标系"或"写作论"要严密、健全得多。

然而，这种对于环境新闻的阐释也有其不足的地方。首先，环境新闻是不是就等于环境传播？我们经常说"健康学"，也有"健康传播"，显然不能够在两者之间画上等号。其次，虽然"环境传播"学说包含环境新闻的内容，但是因为环境传播涉及的范围太广，很容易淡化或者忽视环境新闻与大众传媒的关系。

三　学者视阈的环境新闻

在美国新闻记者与大学教育者苦苦为环境新闻寻求理论构建的同时，欧洲的学者们却在不经意间为环境新闻研究撬开了一扇门。无论是在东方或是

① Robert Dardenne and Mark Jerome Waters, eds. *Examing the Handbooks on Environmental Journalism*, Florida: Lisa Rademakers. 2004. pp. 15—16.

西方、美国或是欧洲，每隔一段时间便有各式各样的"先知"出现，他们以各种不同形式预言着个人、群体、乃至全人类的命运，并对现实的社会、环境、制度提出警语，希望人们产生警惕；他的理论往往也会给其他新兴的学科带来理论支持。德国著名学者、社会学家乌尔里希·贝克（Ulrich Beck）在20世纪80年代的《风险社会——通往另一个现代的路上》一书①，以及随后所出版的一系列"风险社会"理论的文章与书籍，给环境新闻研究带来了一阵清新的风，使得诞生于美国并充斥着实用主义的环境新闻研究，开始走向理论构架的道路。从这个角度来说，环境新闻才真正地向着健全的学科方向发展。

贝克的"风险社会"理论扼要地理论化了这样一个道理：世人对于高科技隐藏的风险不能再视而不见，必须考虑有效手段来积极回应。其后的《风险社会及其超越》深入到社会学领域，从文化、科学、风险媒介等领域仔细分析阐释了贝克的"风险社会"理论，并为相关领域研究打开一个新的理论窗口②。同时，也把科学传播、健康传播与环境新闻联系起来。因此很快就诞生了风险传播（risk communication）、环境风险传播（environmental risk communication）、传播环境风险（communicating environmental risk）等新的环境新闻领域。

起初，贝克简要论及了风险传播，他认为："大众传媒给人们提供了一个重要的公众舞台，'理性'在媒体、并且通过媒体传递出来，而这种'理性'评估与认定的背后是各种利益集团（之诉求），而风险也是这样被制造出来。"③ 贝克对于风险传播的最初论述，为以后学者把它引入环境新闻铺平了道路。英国学者麦克尔·R.林德尔（Michael R. Lindell）则直接把风险传播归为构建环境新闻的理论，他说："我们认为，风险传播是以避免环境风险为明确目的而分享环境问题信息的传播。"④

美国学者安斯奥尼（Anthony）把贝克的理论延伸为"环境风险传播"，他认为："工业界可能花上成千上万的美元来构建环境风险传播体系，以使

---

① Ulrich Beck, ed. *Risikogesellschaft*：*Auf dem weg in eine andere Moderne*, Frankfurt am Main：Suhrkamp Verlag. 1986.

② Ulrich Beck, ed. *The Risk Society and Beyond*, London：Sage Publications, 2000.

③ Ulrich Beck, ed. *The Risk Society*：*Towards a New Modernity*, London：Sage Publications, 1992 (a). p. 112.

④ Michael R. Lindell, *Communicating environmental risk in multiethnic communities*, London：Sage Publications. Inc. 2004, p. 25.

公众相信他们现有的运作是安全的。然而，如果管理者没能够认识到这种有效的传播从它的设备、出发点就是错误的，这些钱也就白花了。"① 这种注重目的性的研究回归到社会整体的发展上。

英国西英格兰大学的学者斯图亚特·阿兰（Stuart Allan）与威尔士大学社会理论教授芭芭拉·亚当（Barbara Adam）等，则把环境风险理论用来全面地研究报纸、电视等各类媒体，并以人为出发点，把人类的健康传播（如癌症的起因、女性的健康与性暴力等）、环境健康传播、政策与环境风险、全球化环境风险等都纳入到环境新闻的研究范围。② 这种把风险理论运用于各种媒体，并通过媒体的环境报道来实现社会、人与环境和谐发展的问题上，极大丰富了环境新闻的内容。

总体来说，由于风险社会理论，旁及健康传播与科学传播，使环境新闻研究摆脱了美国早期研究中见木不见林的实用主义与技术教育的窠臼。从卡逊到贝克，学术界似乎可以清楚地看到某种联系：风险传播与环境新闻存在着一种难以割舍的联系，几乎所有环境新闻报道都包含着风险内容；谈到环境传播，就有可能是一种风险传播。斯图亚特·阿兰说得更清楚"风险社会的关键在于……现代社会带来了新的风险……即风险结果不能被掌控。我们不要再谈彗星撞地球，抑或这种几率有多大，而是人类的现代整体化步伐……它导致着极大的不稳定性，因为没有人能够估计这些变化的严重后果"③。正是风险理论把环境新闻与人、社会总体现代化进程联系起来的目标考察，才为我们研究环境新闻打开一扇门，或许为环境新闻向"学"的方向更前进了一步。

四　什么是环境新闻学

环境新闻承载着一系列可能的含义，有些时候也可能同时全部包含，似乎漂移不定。难怪弗洛姆给环境新闻下了"写作"的定义以后，困惑地说："这绝不仅仅是一种报道或写作方式，而是一种生存方式，一种看世界、看自己的生活方式。"在章节的最后，他还念念不忘地告诫读者："环境新闻

---

① Anthony J sadar and Mar D Shall, *Environmental risk communication principles and practices for industry*, Washington D. C.：LEWIS Publishers, 2000, p. 1.

② Stuart Allan, Cynthia Carter, Barbara Adam, *Environmental Risks and the Media*, London：Routlege, 2000.

③ Ibid., p. 115.

绝对不仅仅是一个职业，抑或报道与写作，而是一种生存方式。"① 可见，弗洛姆对自己"环境新闻"的定义是不满意的，他的这些话又把环境新闻的研究还原到人这个主体性上，结合贝克的"风险社会"理论，可以看出环境新闻的目的是为了避免工业社会给环境带来的风险。

人文科学以研究社会现象与问题之规律作为主体，这是欧洲文艺复兴以来以理性主义的启蒙思想反抗宗教之蒙昧主义的社会科学之最早特征；从古罗马的"七艺"到先秦之"六艺"，人文社会学科就以人的理想范型为教育目标。严格意义上来说，人文科学与自然科学的分野基于伽利略与笛卡儿，始于休谟。笛卡儿与伽利略首先作出了事物第一属性与第二属性的区分。因为第一属性被设想为客观的，所以他们成为自然科学研究的焦点；因为第二属性是主观的，所以一直被人类忽视。休谟坚持认为事物的第二属性的重要性，"没有什么事情比情感更真实或更值得我们关心"②。从他那时起，人们普遍认为自然科学家探讨的是事实问题，而人文与社会学家关注的是价值问题。

因为社会科学或人文科学的这一目标，需要有一些能够获得广泛支持的理论，这个理论往往依靠自然科学所取得成绩。究竟在何种程度上被称为一门社会学科，似乎社会学家也没有共识。对于自然科学家来说，人文社会学科所研究的价值问题，是不可证明的，因而是胡说；谈论价值仅仅是一种感情的表达，因而没有任何客观意义③。当然，社会科学家或人文学者的研究不是给自然科学家看的，但这也使得社会科学与人文学科研究新领域更加谨慎。

与传播学相对于其他成熟的社会学科显得凌乱不堪不同，新闻学以媒体为中心的研究又相对较为完整，故此，按照新闻学的模式构建"环境新闻学"是一种有益的尝试。不成熟性自然是本书的一个特性，为了避免一种吹毛求疵的指责，我们不得不说任何一项研究都是一种过程。本专著想借助"环境新闻学"之冠名，以"风险社会"理论、环境伦理等思想，对环境新闻进行较为全面的学术研究，力求使其系统化。那么环境新闻就可以定义为：环境新闻就是为了避免环境风险，在制定决策过程中，在调查研究的基

① Michael Frome, *Green Ink: An Inroduction to environmental Journalism*, preface, Ibid, pp. 21—23.

② David Hume, *a treatise on human natur*, Penguin Classics, 1985, pp. 1—3.

③ A. J. Ayer, "Critique of Ethics and Theology", in. *Language, Truth and Logic*, New York: Dover Publication, 1950, pp. 102—120.

础上，一种有目的、为公众而写的，以充分准确的材料为依托、反映环境问题的媒体信息；以环境新闻为核心，环境新闻学也就变成了研究环境新闻的特征与规律的科学。

第二节 西方环境新闻研究的模式与方向

从定义上来看，西方业界与学界对于环境新闻定义以华盛顿大学教授麦克·弗洛姆先生的定义最为权威，我们已经分析，美国环境新闻定义是围绕业界活动而来。以弗洛姆为例，他从 20 世纪 60 年代开始就从事环境新闻报道的实践，曾经先后在《美国森林》、《野生物保护者》、《原野与溪流》、《洛杉矶时报》等专业或综合媒体做过环境新闻记者，长期的业界积累与丰厚的教学经验，使得这个对于环境新闻的定义一直被很多人所引用。这个定义表明了环境新闻的制作过程，也突出了不同于传统新闻的特征：业界更注重科学性、调查性与批评性，而轻视学术的理论化。

对于多数的人来说，环境新闻还只停留在日常生活对媒体接触的感性认识上。2000 年以来，随着多年反常的厄尔尼诺现象、2004 年印度洋海啸、2005 年卡特里那飓风、2006 年全球持续变暖、2007 年众多国家的大洪水都在提醒人们：人类与环境之间的矛盾已经到了非常紧张的时候。

有资料表明，21 世纪以来，美国最大发行量的新闻杂志《时代杂志》读者问讯表示："您在新世纪最关心什么问题？"在众多答案中，环境问题排在首位；CNN 对包括中国、印度、日本、韩国等 27000 名观众进行电话采访，受众关注上升最快的是"环境问题"①。作为普通人，要想获得环境最新动态与相关知识只能靠媒体，因此环境新闻在未来社会的发展中将扮演着越来越重要的角色。因此，对于环境新闻做一个系统的研究在构建和谐社会的大环境中显得越来越重要；根据形势的发展，构建一套较为系统的环境新闻理论也具有紧迫的现实需要。对于源自西方的一种新闻实践，要系统研究并进行符合实际的理论构建，首先要对它已有的研究成果进行梳理。

一 西方环境新闻的研究模式

环境新闻起源于美国，改革开放以后才逐渐传入我国，并不断影响我国

---

① 此份数据来自美国密歇根州立大学环境新闻教授 Detjen 先生 "What Is the Environmental Journalism？"。2002 年 2—7 月，Detjen 先生在南开大学新闻系从事半年的环境新闻教学工作；此间受邀在北京的全国记协上做了这个报告。

的新闻实践。环境新闻是伴随西方环境运动发展与完善起来的，理论与哲学基础建立在欧美一脉相承的传统文化与价值理念基础之上。因此，西方环境新闻的研究除了需要梳理各种路径，还要在模式上有一些直观的认识。

实际上，在西方有关哲学与生态批评的研究可以追溯到亚里士多德零星的论述，如他认为伦理学研究中生物学和心理学是很重要的组成部分的论述。在此之前的《柏拉图对话集》中就有一些环境问题的描述："一些现在已经荒芜的古神殿，就坐落在那些曾经涌出喷泉的地点，他们证实了我们关于土地状况描绘的真实性"。后来进一步引起学者对生物学伦理问题的哲学思考，如托马斯·阿奎那自然法则体现上帝理念的善的生态伦理学论述。

由环境问题到环境伦理产生与发展，也符合马克思主义关于物质第一、意识第二的原则。当西方基督教哲学与文艺复兴以后的人文主义宣扬人至高无上的超自然权利的时候，形成了对自然的挤压、摧残，造成了环境问题，这时在西方又逐渐兴起了生态与环境保护的思潮，这种思潮在 20 世纪的美国进一步沉淀，逐步发展成为轰轰烈烈的绿色运动。

在美国，有关环境保护的思想最早可以追溯到杰弗逊，他认为民主国家应该保护自然风景之美供全民欣赏，这里显然带有康德美学理想的色彩。然而真正意义上的生态理念在美国仍然源于环境问题。如欧美殖民者到达美洲之前，从墨西哥到加拿大的大平原上生活着 1.25 亿头的北美野牛，被那些受上帝旨意来的欧洲人大量捕杀，这些仍然可以从美国西部电影中见到。到 1892 年，最后幸存的野牛仅有 85 头！

面对这种情况，1864 年美国驻意大利大使马什（George Perkins Marsh）出版了《人与自然》（*Man and Nature*）一书，第一个对人类行为给环境带来的灾难进行反思。书中通过大量的资料和数据对欧洲和美国自然环境的过去与现状，进行了比较和分析，指出农业实践如何导致湿地和森林面积的减少、沙漠化、物种绝迹及气候改变等。后环境伦理研究开始在欧美发展起来。到 1967 年，长期观测人给自然带来灾难的怀特（Lynn White）之《生态危机的历史根源》出版。[①] 他对人类破坏环境的文化与宗教渊源进行探究，激烈地批评了基督教《圣经》以及文艺复兴以来的人文主义文化与科技，被后来的生态学家评为经典之作。其后，生态批评进一步地完善，成为推动社会运动的思想基础。

1962 年在环境问题上是一个不寻常的年份，因为美国作家卡逊的《寂

---

① Lynn White "The Historical Roots of Our Ecological Crisis", *Science*, Vol. 155, March 10, 1967.

静的春天》问世，该书共 17 章，最早以调查性新闻作品的形式在《纽约
人》上面片段刊出，它代表着环境问题已经由生态批评进入到媒体领域，
并以较为成熟的新闻调查报道呈现在世人面前，是新闻事业一个划时代的变
革。作为一个环境作家，卡逊的思想仍然来自对环境问题的观察。1936—
1962 年她一直供职于联邦政府的鱼类及野生生物调查所，使她能够对很多
环境问题进行长期的观察。

　　后来卡逊在缅因州专职写作，仔细观察从 1944 年就引起她注意的 DDT
及其对环境的破坏力：鸟儿大批死亡、昆虫减少、害虫变异、水资源被污
染、河流在死亡等。长期的观察与调研使得这些作品在媒体上引起像达尔文
《物种起源》那样的争论。在《寂静的春天》出版之前，美国的媒体上几乎
看不到"环境保护"这样的词，取而代之的是"向大自然宣战"或"西部
牛仔"之类的英雄特写。自从《寂静的春天》出版以后，媒体关于环境问
题的报道就完全变了。可以说《寂静的春天》是美国环境新闻发展成有别
于传统新闻的分水岭。

　　卡逊对于环境问题研究的贡献还不仅仅在于新闻领域。由于她是一个生
物学家，具有自然科学的背景，为了验证自己观点的正确性，她的作品经过
长期的试验与验证，证明 DDT 确实具有杀伤生物、破坏自然甚至人类本身
的力量，这样，又把环境问题的研究带入自然科学领域。

　　卡逊作品对环境问题的观察，于 1963 年还引起美国总统肯尼迪的注意，
美国环保局和第一个民间环保组织也都因此产生。仅 1962 年底，已经有 40
多个提案在美国各州通过立法，以限制杀虫剂的使用。从此，环境问题又进
入政策与法律范围。当然，这里也部分因为媒体关于卡逊作品争论的影
响力。

　　第二次世界大战以后核武器的破坏力让人们开始怀疑科技的负面效应，
卡逊《寂静的春天》又让人们再一次领教科技对于生态的破坏力。随着美
苏冷战的发展、苏联核武泄漏事件，以及工业社会里越来越多的环境危机，
人们开始整体对科技的负面影响进行研究。20 世纪 80 年代，德国社会学
家、慕尼黑大学社会学教授贝克在对人类科技与文化全面反省的基础上提出
了"风险理论"，这个理论后来进一步延伸为研究媒介的"风险传播"，多
用来研究科技与环境问题的理论。

　　随着环境问题的日益突出，美国媒体的环境新闻日益增多。一批长期从
事环境报道的记者为了对环境问题作进一步的研究，成立了环境记者协会。
如美国的环境记者协会就是在著名环境新闻记者德特金（Jim Detjen）先生

的倡导下于1990年在费城创办的，用于同行之间的业务交流、理论研究，主要围绕媒体；为了进一步培养专业的环境新闻记者，这批优秀的环境新闻记者先后在大学里面开设了环境新闻教育。如1994年的德特金先生离开环境新闻记者协会，在密歇根州立大学建立纳尔特环境新闻学中心（KCEJ）。虽然美国大学环境新闻教育多面对一些环境问题而采取的实用主义教育方法，但是一直以来也注重学科建设，努力从事理论构建的研究。

通过以上分析可以看出，西方关于环境新闻的研究是分散的；从环境问题的研究上看又是向心的。结构大体上如图1-1所示：

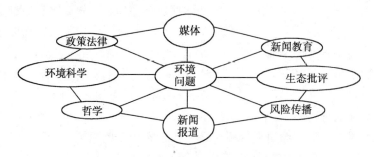

图1-1 西方环境新闻研究模式示意图

从西方关于环境新闻的研究模式来看，环境新闻的研究可以分为媒体（包括新闻编辑、环境新闻记者与媒体相关的社会活动、媒体或相关研究机构运作、环境新闻在媒体的构建等）、新闻报道（包括环境新闻作品、环境新闻采访、环境新闻记者素质等）和环境新闻教育（包括师资特征、课程设置、教学研究与学科特征等）等。然而，与专门的研究环境新闻不同，这些特征从大的方向上来看都是围绕环境问题而直接为其服务的，各部分之间关联性不是很紧密，而且带有明显的实用主义特征。

从西方环境新闻研究的模式来看，环境新闻的研究不是没有理论，主要因为这些理论都是为直接针对环境问题而产生的。如哲学，环境哲学如怀特对于基督教文化的批判，指出基督教是当代社会环境恶化的宗教与文化根源，其实这些都为后来的环境新闻报道提供了理论源泉；再如深生态批评中关于人类对生态灾难负责的研究，要求按照生态和谐发展的规则来重构人类与环境的秩序，这些都为环境新闻分析问题提供了出路。环境新闻理论植根于相对较为成熟的哲学、社会学与生态批评理论中间。

唯一感到遗憾的是，作为人文社会学科的环境新闻研究，很少能够介入环境自然科学知识。不是说环境科学对于环境新闻没有普遍指导意义，而是因为多数的记者或研究者为文科背景，像卡逊那样有生物学知识结构、又有语言学能力的人很少，新兴的环境新闻教育在此方面任重道远。

二　环境新闻研究的新闻学视阈重构

西方关于环境新闻的研究多直接来源于解决急迫的环境危机，其实用主义特征使得对于环境新闻的研究散乱而又繁杂。使其理论化并具有普遍指导性在当今时代具有必要性，也有可能性。

随着社会的发展，环境问题正变得越来越紧迫，环境新闻纳入新闻学研究具有必要性，首当其冲的是生态危机。现有资料表明，哺乳动物正以本底灭绝率100倍的速度走向灭亡；因为人为原因非正常灭绝的生物需要1000万年才能够恢复，这是自6500万年恐龙灭绝以来地球上最大的物种灭绝事件。2007年以后的10年由于荒漠化在全球将会有5000万人成为难民；到2050年，因为严重的气候变暖，全球将会有10亿人像达尔富尔人一样逃离家园；到2080年，全球将会有11亿—32亿人面临严峻的水资源短缺①。而在一个传媒化生存的时代，人们获得信息的渠道主要是大众传媒，主要形式是新闻。对于多数从业人员来说，理论化的学习是最为紧要的事情。从大的范围来看，世界范围内的各个国家需要共同协作来治理环境、恢复生态。

从可能性来看，环境新闻需要媒体手段、及时采访、相对严格的新闻真实性写作、传送迅速等特征，它仍然属于新闻学研究范畴，这是运用新闻学研究成为可能的本体属性。

从理论上讲，新闻学与传播学的很多理论都来自于社会科学，甚至今日的传播学因其理论的散乱又无章法仍有人不承认它独立的学科地位。这些都给我们研究环境新闻一些有益的启示：可以像研究传播学那样借用社会学的理论，把环境新闻放入新闻学的框架内来进行研究与完善。虽然我们不能够称此类研究成果为"环境新闻学"，然而环境新闻有着新闻所具有的几乎一切属性，同时又有那么多的生态学、社会学、环境媒体的理论与实践成果，可以做这样的研究。环境新闻学科系统性与严密性不能一挥而就，需要一个过程。在这个过程中，通过新闻学坐标把散乱的理论系统化梳理，对环境新闻的进一步学科化有好处。

这种构建符合新闻学内部的发展规律。从传统新闻学的构建过程来看，先是有新闻传播活动，有专门媒体工作人员，有媒介机构，并以此为谋生的

① John Vidal, "Climate change to force mass migration", *The Guardian*, May 14th. 2007.

手段，能够获得市场效益，与此同时，借用社会学、统计学，甚至文学的一些方法逐渐地建立起新闻学理论。适应社会的需要，环境新闻是新闻发展到一定阶段进一步细分的结果，不仅具有几乎所有的新闻属性，而且在此基础上还表现出一些特殊的规律，这是我们把环境新闻提升为新闻学理论研究的原因。

综上所述，我们可以把西方的"风险传播"纳入社会学，把"生态批评"纳入生态学，把"政策法规"纳入政治学（因为媒体促进环境政策与立法，触及政治与文化），与哲学一起纳入"Y轴"，为"哲学社会科学坐标"，及以西方的研究成果为主要研究对象；把"媒体"、"新闻报道"及"新闻教育"这些新闻学领域的研究纳入"X轴"，作为"新闻学坐标"。这样，就把环境新闻的研究按照传统新闻学的新闻史、新闻业务（包括采写、评论、媒体差异与媒体经营）、媒体（编辑）、新闻理论与新闻教育这些板块建立起来。如图1－2所示。

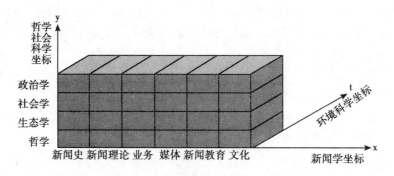

图1－2　环境新闻研究的新闻学构建示意图

这种研究的合理性还在于，环境新闻的发展史、环境新闻的采访与写作、环境新闻教育本身就是新闻学研究的组成部分；由于新媒体互联网的兴起，环境新闻在传统媒体与新媒体上的文本构建与编辑理念与传统新闻有所不同；又由于环境新闻的文本受到生态批评与环境伦理价值体系的影响，它的新闻价值、新闻构成要素、新闻自由与控制、新闻从业者素质要求上都有相对独特的性质，构成自己特色的新闻理论；另外，环境新闻也在传播着一种文化，这种建立在以生态为中心的文化很大程度上形成了对传统人类中心主义文化的挑战。这些都是环境新闻学研究的重要而相对独特的内容。

然而，就目前这种模式的新闻学研究也有其理想化的一面。主要在于其

Z坐标轴"环境科学坐标"上。因为这个坐标要求环境新闻的从业人员能够既懂得哲学社会科学知识，又能够对环境问题进行自然科学的解释。这样，环境新闻才能够真正及时、全面、准确地反映最新环境信息变动。然而，从目前西方甚至全世界范围的环境新闻记者队伍来看，多数的记者或编辑没有受到过系统的科学知识的训练，环境新闻报道的触角很难延伸到科学领域。如果等到采访专家再做出新闻的时候，及时性又受到很大的限制，环境新闻对从业人员形成很大的挑战①。值得庆幸的是，这种研究形势正在形成，因为美国现在40个左右开办环境新闻教育的大学，其学生多是至少有本科自然学科背景的。不久的将来，会有越来越多的环境新闻记者、编辑或研究人员具备自然科学知识，那时，环境新闻研究的内容会更加丰富与深入。

然而，这种研究也避免对"学"的争论。因为英文的"Environmental Journalism"既有"环境新闻"也有"环境新闻学"的意思。反对者认为传播学至今因散乱不堪而难以为"学"，环境新闻才发展几年就要成为"环境新闻学"。笔者认为把其归为"学"，有利于环境新闻研究的系统化，有利于推进这样一个研究进程。本专著就是尽量通过西方研究的实际成果，把环境新闻的某些新闻学规律摸清楚。

三 环境新闻学研究的7个方向

通过这种梳理，西方有关环境新闻的研究脉络就呈现出来，环境新闻学基本上可以沿着7个方向发展与延伸。

1. 环境新闻史研究

"Environmental Journalism"一词在西方1842年就有人表述，而且与今天的"环境新闻"或"环境新闻学"具有一种内在的时空联系。就环境新闻诞生地的美国来看，从1864年的《自然之死》到1962年的《寂静的春天》，从1935年的荒野协会（WS）到1990年的美国环境记者协会（SEJ），从1918年美国《大西洋月刊》的《黑雾》到目前西方媒体遍地开花的环境新闻报道，这里都能够发现环境新闻产生与发展的历史轨迹。

然而，就目前的研究情况来说，多数西方学者的研究成果集中于20世纪70年代以后，而60年代以前的史学研究多注重文学史、生态批评或者绿色运动。这种研究一方面在于60年代以前的环境新闻较少，甚至难以发现"环境保护"这样的词在媒体上出现；另一方面，当时的环境新闻报道不具

---

① Michael Keating, *Covering the Environment*, The University of Western Oatario, 1993, p. Ⅶ.

有《寂静的春天》及以后文本的当代特征，如对科技的怀疑态度很少能够在此以前的报道中出现。突破这种研究瓶颈的途径在于个案研究，除了纸媒文本以外，还有《纽约时报》等美国大报的网络版"索引"可以把环境和保护的摘要记录向前延伸几十年。可以通过与 1970 年后的环境新闻比较研究找出其发展的轨迹和思想嬗变。

环境新闻历史研究的代表作有《环境报道：1970 年至 1982 年的流变》、《1990 年代的环境新闻》、《21 世纪的环境新闻》等。①

2. 环境新闻理论研究

在麦克卢汉看来，媒介把人体的各种感官都延伸了，人类的时空变得越来越小、越来越快。从媒体的发展形式到内容来看，在一个媒体无所不在的信息爆炸时代，新闻文本变成了文学文本，新闻娱乐化就是一个证明；而文学文本对新闻文本的构建有着思想上的密切联系，因为同样的理念会在文本内容和结构上有所反映。从 19 世纪中叶"绿色圣经"《华尔登湖》的"放弃美学"理念到 20 世纪 50 年代《沙乡年鉴》的"像山那样思考"，这里俨然有着不同于文艺复兴以后《鲁滨孙漂流记》的思想。后者是对自然的无尽索取与奴役，成为林恩（Lynn White）《我们环境危机的历史根源》批判的生态危机根源；后者因为引退自我、凸显生态整体而被誉为"绿色圣经"。原因何在？即根源上的人类中心主义与生态中心主义的冲突。这种冲突直接在《寂静的春天》中得到体现，并进一步继承，并影响到以后环境新闻的文本构成。

与传统新闻价值相比，达尔富尔冲突不是宗教问题抑或石油危机，而是土地减少后人多地少的生态灾难；2007 年全球大洪水不是天灾，而是长期工业污染气候变暖导致空气含水量增多与能量增大的人祸。因此，环境新闻在新闻价值与理念、新闻构成要素等理论上有着不同于传统新闻的特色。西方这一领域的研究还未成体系，尚未形成从生态批评到环境新闻理论的完整嫁接，较多人在从事理论研究的时候借助传播学来研究环境新闻，重视方法与过程，轻视文本分析。未来研究较为出彩的方向在于理论上的升华，深入生态批评与环境伦理学的丰富成果，结合环境新闻以媒体新闻为主的特征，总结出环境新闻与传统新闻不同的价值规律与新闻要素。

---

① 这三篇作品的英文名称及出处：Howenstine, Erick, "Environmental Reporting: Shift from 1970 to 1982", *Journalism Quarterly* 64, p. 1087; Binger, "Environmental Journalism for 1990s: Held at Ranche House College, 6th–8th, Match 1990", 1991, *National Seminar Series Report*; "Environmental Journalism Meet 21st Century", *Intermedia*, 2002, 30 (5).

目前西方代表性研究成果有《媒体与环境——记者怎样寻求环境新闻价值》、《西方作家与环境文学》、《媒体、风险与科学》等。①

3. 环境新闻采访与写作研究

环境新闻的业务研究是西方学者研究最多、成果最为丰硕的部分，这也直接归因于北美与西欧国家注重实践的传统，也是因为北美环境新闻兴起的另一个写照。

由于环境新闻报道的对象是具有整体性而且相互关系非常精确的生态系统，因此，环境新闻要求在记者的采访上要深入调查，掌握科学的材料进行分析，因此环境新闻更要求调查性与科学性，在研究环境新闻时往往把它纳入科学传播的范畴。又因为环境新闻多是揭露生态问题，这些问题与工业污染联系在一起，报道的时候很容易牵涉一些利益集团，因此，环境新闻记者比传统记者更要求严谨的科学写作，在西方，科学写作与传播已经是环境新闻业务的重要研究内容。

从内容传播的效果来看，西方环境新闻以环境为中心，展示人类中心主义生活方式给生态系统所带来的灾难。其中很重要的内容涉及科技发达给生态带来的严重后果，并含有向人们展示生态中心主义生活方式的目的，因此具有很强的揭露性与公共性，这种揭露性与公共性在这个经济与信息全球化的今天几乎没有国界与民族之分，对世界各国都有示范意义。

然而，作为一个崭新的新闻业务，这些方面的缺憾也很明显：没有按照新闻业务的常见体例系统化研究成果，多是围绕环境问题本身来谈，较为零散。因此，对于环境新闻业务研究的创新点在于将西方的研究成果按照体例与环境新闻自身的特征来系统化，上升到普遍规律性的理论上来。

西方关于环境新闻业务方面的研究包括两部分：学者研究部分与业界实践手册。前者代表作有《环境新闻入门》、《科学写作的技能与方法》、《科学传播：一个当代定义》等；② 记者手册是环境新闻记者在采访与写作的过

① 英文名称与出处：Americn Opinion Research Inc. *The Press and the Environment - How Journalists Evaluate Environmental Reporting*, Los Angeles: Foundation for Amerian Communication; Ronald, Reader of the Purple Sage: *Essays on Western Writers and Environmental Literature*, Reno: University of Nevada Press, 2003; Allan, *Media, Risk, and Science*, Buckingham: Open University Press, 2002.

② 英文名称与出处：Bowes, John E., "Science Writing Techniques and methods", *The Journal of Environmental Education*, 10 (3), 1979; T. W. Burns, "Science Communication: A Contemporary Definition", *Public Uderstanding of Science*, 12 (2), 2003.

程中的一些经验总结，较为直观。代表作品包括《报道环境：环境新闻手
册》、《环境报道的 10 条实践经验》等。①

4. 环境新闻的媒体编辑研究

由于媒体技术与物质特性的差异，也因为长期形成的各类媒体受众的不
同，环境新闻在各类媒体上的构建存在差异。同时由于新媒体互联网的兴
起，使得这种差异显得更加多样化。另外，作为规律性的研究，它们又有一
些共同的特征。对于新闻学研究来说，这是环境新闻之编辑视角研究。

这部分的研究在西方学术界主要集中于媒体对于环境危机的处理、编辑
处理环境新闻的价值尺度、编辑处理环境新闻的几个阶段及其模式、记者和
编辑的素质等。另外也有一些区域性的实证研究，主要集中于北欧与英国，
侧重于电视环境新闻的构建。但是，这些研究成果的缺陷也很明显：主要侧
重于编辑对于一些环境问题的确定，如空气污染、全球变暖、核武威胁等方
面，范围较为狭小，尚未达到普遍规律性的理论高度。另外，环境新闻较为
繁荣的美国编辑实践研究成果反而较少。

对于西方环境新闻的编辑研究，可以通过大量的西方基础研究成果进一
步提升、理论条理化是一条新途径，媒体大量的环境报道与记者的丰富实践
是这种研究的现实基础；另一方面，媒体如何构建环境新闻也应该延伸到杂
志、报纸、互联网等领域的编辑系统。近年来美国专门的环境新闻媒体发展
较快，既有研究机构也有社会团体的主办，这类媒体对欧洲媒体的环境新闻
编辑有很大的影响，代表西方环境新闻的编辑思想。能够对其进行个案研究
也是一条很好的创新之路。

西方环境新闻编辑的代表著作有《环境新闻的构建》、《环境新闻的构
建：丹麦与英国电视新闻比较研究》、《传媒与环境问题》等。②

5. 环境新闻教育研究

早在环境新闻教育进入大学以前，美国就有专门从事环境教育的专门杂
志《环境教育杂志》（JEE），当然这种教育主要在于环境保护，而不是环境

① 英文名称与出处：Michael Keating, *Covering the Environment: A Handbook on Evironmental Jour-
nalism*, Ottawa: National Round Table on the Environment and the Economy, 1993; Nelson, *Ten Practical
Tips for Environmental Reporting*, Washington D. C.: International Center for Journalists, 1995.

② 英文名称与出处：Fiona Cmapbell, *The Construction of Environmental News*, England: Ashgate
Publishing Ltd, 1999; Hansen, *The Mass Media and Environmental Issues*, Center for Mass Communication
Research, Leicester: Leicester University Press, 1993; Anders Hansen, *The News Construction of the Environ-
ment: A Comparison of British and Television News*, Leicester University Press, 1990.

新闻的技能或者素质教育。西方国家的环境新闻教育最早在新闻界内部进行的。

真正有意识进行环境新闻教育是在 20 世纪 70 年代，当时美国媒体的环境新闻已经成为人们生活中的一部分。这时有些人意识到要对孩子进行环境新闻的教育，但是仍然属于一种萌芽状态的号召。80 年代初出现较为出色的业界内部之间环境新闻教育研究，主要是资深环境新闻记者用自己的经历教授新环境记者如何写环境新闻。自 20 世纪 90 年代以来，环境新闻教育进入大学，这时环境新闻教育的研究才开始进入实质研究阶段。环境新闻教育的研究成果开始向各个方面拓展。

西方环境新闻教育研究成果也存在一些偏好，主要集中于单个学科的操作性层面，有些甚至属于技术经验的总结，如环境新闻写作教育、环境摄影等方面，而很少有对于大学环境新闻教育总体的展现，不论是个别、部分抑或全美。美国有将近 40 所大学开设环境新闻教育，各地教学内容不同，从个案到全部的规律性研究是环境新闻教育理论化的新路径。

西方环境新闻教育研究成果多集中于美国，代表作品包括《学生应准备报道环境问题》、《用亲身经历教授环境新闻写作》、《环境新闻与环境传播教育：确定一种教育模式》等。[①]

6. 环境新闻与社会及新闻自由

环境新闻是生态危机发展到一定阶段的产物，环境新闻反映世界，同时影响公众日程。美国前副总统戈尔曾经说卡逊《寂静的春天》把环境问题提到国家议事日程。国家通过立法来促进环境的和谐发展，这是环境新闻与社会互动关系的体现。

西方对于环境新闻与社会关系的研究主要集中于环境新闻对于制定政策的促进，环境新闻对于政府立法的影响，环境新闻与社会可持续发展的关系，甚至是环境报道对外交政策的影响等。从媒体新闻自由角度来看，西方的研究集中于社会与媒体利益集团对环境新闻构建的影响，环境新闻记者的职业伦理对新闻报道的影响等。

这些研究的盲点在于多根据传统新闻的一般规律套用在环境新闻上；这

---

① 英文名称与出处：Fisher, Charles N., "Students Should be Prepared to Cover Environmental Beat", *Journalism Educato*, 29 (2) 1974; Friedman, Sharon, "Using Real World experience to Teach Science and Enviromental Writing", *The Journal of Environmental Educatio*, 10 (3), 1979; Casey, William E., *Environmental Journalism and Environmental Communication Education: Identifying an Educational Model*, University of Nevada, 1998.

方面的研究突破点在于，环境新闻不仅要摆脱政治的影响，还要摆脱工业、商业利益集团的普遍影响而达到自由。因为环境新闻批判的矛头指向现代科技支撑的现代消费社会，这可能会牵动普遍消费产业的利益，这与传统新闻争取自由有所不同。就实践来看，美国也有成功的例子。

这方面的代表作有《环境报道的复杂性是决定公共政策的关键》、《媒体和社会的环境构建》、《报道环境的伦理》等。①

7. 环境新闻的跨文化研究

当今是一个信息全球化的时代，各国团居在一个小小的星球上。无论是全球变暖还是空气污染，环境问题是一个无疆界、无国籍、无种族的问题，需要全球联手才能有效应对。环境新闻研究与实践在西方取得了较为丰硕的成就，这对于那些相对落后的国家具有借鉴意义，这是一个崭新的研究领域。

作为西方大国的美国与作为东方大国的中国属于两种不同的文化。通过历史经典文本（包括宗教在内）分析两种不同文化传统；同时通过两种不同文化的环境新闻文本分析来评析其背后的思想差异。对于中国环境新闻来说，择其善者而从之，其不善者而改之是至关重要的。同时通过媒体运作比较，对西方有益成果进行借鉴，也是我们研究的目的所在。

西方国家的经典绿色作品代表有《沙乡年鉴》、《封闭的循环》和《系统的规则》等。② 随着实践的发展，环境新闻的研究会更深入，系统与完整的学科特征会更加明显。

① 英文名称与出处：Rogers, Paul, "Complexity in Environment Reporting Is Critical to Public Decision‑making", *Nieman Reports*, 56（4），2002；Anders Hansen, "The Media and the Social Construction of the Evironment", *Media*, *Culture & Society*, 13（4），1991；Griswold, W. F, "The Ethics of Reporting Environmental Issues", *Mass Comm Review*, 20（1—2），1993.

② 英文名称与出处：Aldo Leopold, *A Sand Country Almanac*, NewYork：Oxford University Press, 1966；Commoner, The Closing Circle, New York：Knopf, 1971；Jay W Forrester, *Principles of Systems*, Cambridge, Mass：Wright‑Allen Press, 1968.

第二章　西方环境新闻发展史研究

西方环境新闻诞生于美国，直至 20 世纪 90 年代才传入欧洲与日本。在欧洲与日本，环境新闻的传播方式与文本构建与美国大同小异。因此西方环境新闻史、特别是 90 年代以前的环境新闻史其实就是美国的环境新闻史。90 年代，在德国成立的国际环境新闻记者联盟（IFEJ），也是受到美国环境新闻界的直接影响与组织下形成的，并把理念较为全面地传到西方各国。因此，西方环境新闻史很大程度上其实就是美国环境新闻发展的历史。本章就立足于美国环境新闻发展的历史来考察西方环境新闻发展的一些规律。之所以称为"西方新闻发展史"，是因为我们研究这段历史时依然需要利用西方的人文主义与基督教文化，欧洲的风险理论与西方的环境或生态伦理学思想来分析与总结其规律。

第一节　环境新闻在美国的诞生与发展研究

环境新闻的发展经历了一个相对较为漫长的过程，在美国先后经历了民间人士活动与出版的滥觞期、由业界推进入媒体的萌芽期、在文本上成熟的诞生期及在媒体上较为稳定的发展期与文本及题材多样的成熟期。

一　滥觞时期的美国环境新闻（20 世纪 60 年代之前）

环境新闻发源于美国，以卡逊《寂静的春天》为分水岭，前期为滥觞期，因为环境新闻尚未形成成熟的文体，如成熟文本所对于科技的怀疑、调查性、科学性、揭露性与风险性，也没有一系列较为成熟的深生态理论与环境伦理作为支撑等（这段时期我们把它称为"环境报道"而不是"环境新闻"）。环境新闻的研究在《寂静的春天》之后在环境伦理、新闻题材与社会作用方面得到广泛的重视，研究成果较为丰硕；而在此之前的研究则较少，其发展处于一种自发状态。因此这一阶段的研究属于滥觞时期，资料收集也有相当难度。目前可以根据两本新闻百科全书①及其他零散资料中发现与环境报道有关的这样几件事。

1. 环境问题由民间、专家与社会运动共同作用走向新闻界

从 1880 年到 1915 年这段时间，美国完成了国家公园与国家森林的建立。民主国家民众参与政策制定过程是相当必要的，告知公众这些决定及其科学依据，就是早期媒体的环境报道。在 19 世纪 70 年代，美国科学促进协会（AAAS）就开始通过《科学》杂志报道与讨论森林火灾的危害性，并发动创建了美国森林协会（AFA）。

图 2 - 1　鲍威尔 1870
年在犹他州南部考察
沙化土地

彼尔（Bill Steinbacher）在传记《约翰·维斯里·鲍威尔》里记载了美国华盛顿市的南北内战退伍老兵、独臂人维斯里·鲍威尔（Wesley Powell）（图 2 - 1），1869 年坐着小舟沿着科罗拉多河探索 92 天，写下了大量的报道；还有学术蓝皮书《美国沙化土地报道》，② 书中他要求把西部沙化土地作为保护地。另外，他在华盛顿还指导了内务部（Department of the Interior）与统计局民族史密森学会（Bureau of Ethnology at the Smithsonian Institution）的美国地理调查③。这是卡逊之前较有影响的新闻界以外人物利用出版物推动环境问题为公众认知的事例。

由于环境保护的早期酝酿以及民间人士的自觉活动，初步利用出版物推动公众对环境问题的认知，这种认知也逐渐进入到政治圈中。吉弗德·皮恩科特（Gifford Pinchot）是美国的林业学家，

---

① Barnouw, Erik, *International Encyclopedia of Communication*, New York: Oxford University Press, 1989, 4 Vols. pp. 147—189.

Blanchard, Margaret A., ed. *History of the Mass Media in the United States: An Encyclopedia*, Chicago: Fizroy Dearborn, 1998, pp. 698—756.

② 鲍威尔的报告汇编成书为 *Canyons of the Colorado* (Flood & Vincent, 1895; reprint, Dover Publications, Inc., 1961, retitled The Exploration of the Colorado River and its Canyons)；学术蓝皮书英文名为 "*A Report Upon Lands of the Arid Regions of the United States*," 在 John Moring 的 *Men with Sand: Great Explorers of the North American West* 一书中，约翰称鲍威尔这本书是"荒野保护的第一本书"。

③ Bill Steinbacher - Kemp, "John Wesley Powell", from the web, www. lib. niu. edu/ipo/2001/ilfa0107. html - 33k

是西奥多·罗斯福总统的政治盟友与亲密朋友，是美国第一个受到正规教育的森林学家。当时美国大学还没有林业学院，吉弗德是通过留学法国而获得林学学位的。他和罗斯福共同命名了"保育"（conservation）这个词。作为共和党提名人，他曾经在农业部的林业部门做最高长官。吉弗德被称为"美国保育之父"，因为他不妥协地为保护美国的森林资源而斗争，也是美国森林协会（SAF）的创立者。吉弗德推动的"保育"（是资源保护运动，绿色运动的前期运动），使得人们认识到自然资源对人类的重要性。

他的有些话一直被环境记者引用："没有自然资源生命本身变得不可能。从生到死，自然资源为人类所用，供人食用、穿衣、给人保护、供人交通……没有自然资源的繁荣，人类将不能生存。"① 在 1946 年去世之前，他还把自己林业官的经历写成书《开拓新局面》（*Breaking New Ground*），向当时的总统杜鲁门提议重视资源保护。吉弗德的社会活动与出版物使得资源保护意识很早就进入到了最高统治阶层，作为林业部门最高长官，他需要大众传媒给予帮助，宣传他的思想主张，在社会上也具有一定影响力。

与吉弗德同一时代的另一个有影响人物是斯蒂芬·T. 马沙（Stephen T Mather），他是第一任美国国家公园局（National Park Service）局长（1916—1928 年），在此之前他曾经在《纽约太阳报》做过 5 年记者。作为峰峦俱乐部（Sierra Club）的成员，马沙 1914 年在黄石等几个国家公园旅行中发现这些地方受到的惊人破坏。他回到芝加哥的家中以后，就写信给内务部部长——他科罗拉多大学的同班同学雷恩（Franklin K. Lane），要求政府管理起国家公园。②

当马沙接任国家公园局局长之职以后，发现没有足够的资金来运作管理国家公园的费用，马沙也意识到国会不会轻易批准管理费用，于是就把旧日在《纽约太阳报》的故友雅德（Robert Sterling Yard）也拉入国家公园局。由于新闻记者的新闻敏感与职业习惯，他们发现如果要获得足够的管理费用，就必须要让美国公众充分了解公家公园的现状；要了解这些惊人的破坏现状，必须把公众吸引到公园里来参观。

从 1916 年开始，他们通过《纽约太阳报》同行们在媒体上的呼吁，同

---

① Gifford Pinchot, *Breaking New Ground*, Washington, D. C.: Island Press, 1998, p. 505.

② "Stephen Tyng Mather, Cornelius Amory Pugsley Gold Medal Award, 1928", from the web site: rpts. tamu. edu/pugsley/mather. html

时出版了多本宣传国家公园的小册子，使得这些情况被部分公众接受。有一本花饰而昂贵的小册子《国家公园手本》（*National Parks Portfolio*）免费分送给公众和政府领导人，第一次就印刷了 27.5 万册，在公众与政府官员中引发争论，大大超出了马沙与雅德的期望。在这样的影响力下，他们创建了国家公园协会（NPA）①。由于新闻记者的职业背景，马沙借助出版物与报纸的宣传活动，引起人们对保护和管理国家公园的重视，一定程度地引导了公众与政府上层对于环境问题的重视，也在某种范围里把环境问题引向媒体，虽然在程度上它还未变成真正的公共议事日程。

2. 由新闻记者推动的环境问题在媒体上的出现

环境报道在 20 世纪 20 年代就在美国媒体上出现了。那个时代，媒体刮起了一阵揭丑风潮，当年的总统西奥多·罗斯福把此类记者称为"扒粪者"（Muckrakers），美国新闻史又称之新闻界的"扒粪运动"。当时媒体环境是大量揭露社会不良现象，包括女性无选举权、公民权和儿童保护法权的缺少、牢狱改革的不完善等。新闻史的研究发现，赶这股"扒粪"潮流的记者，竟然又把揭丑对准了环境问题。从现在的眼光看去，在那个时代能够把环境作为主体来揭丑可不是一件简单的事情，这类环境问题报道成为今天环境新闻的先声。

牛顿·布兰特（Irving Newton Brant）就是一位深受"扒粪运动"影响的新闻记者。布兰特 1885 年在艾奥瓦州开始他的报业新闻记者生涯，这个小报纸是他父亲开办的，当时他还是一个中学生。后来 30 年的记者、编辑生涯分别在《艾奥瓦城共和党》、《第蒙记事报》（*Des Moines Register and Tribune*）、《圣路易斯明星时代报》（*St. Louis Star-Times*）、《芝加哥太阳报》等多家媒体度过，其中后三家是美国当时的大报。他被称为较为有影响的有地理学知识的记者，他的知识结构使得他能够很早注意到资源保护问题，②并在媒体上经常有这类文章。

从 30 年代到 40 年代，布兰特是一个非常有名气的新闻界里的保护主义者，与当时的罗萨利（Rosalie Edge）、韦拉德（Willard Van Name）三人一起工作在紧急保护委员会（ECC）。ECC 是当时富兰克林·D. 罗斯福总统

---

① Foresto, R. A., *American's national parks and their keepers*. Washington D. C.: Resources for the Future. 1984, pp. 16—24.

② "Papers of Irving Brant, (1885—1976)", from the web: lib. uiowa. edu/spec - coll/MSC/ToMsC600/MsC569 /brant. html

的顾问机构。罗萨利是纽约一位富有的社会活动家，她的计划之一就是保护季候鸟鹰在迁徙到宾夕法尼亚东部的时候不被猎人捕杀。为此，她买下了这片捕杀鹰的山区，目前成为了鹰保护山区。[1] 韦拉德是美国自然历史博物馆（AMNH）的生物学家，对生物的生命有着职业上的珍视。

这两位同事的思想也影响到了新闻职业出生的布兰特，使他的新闻报道更多具有了对自然与生物的同情心。他的专著《把奥林匹克森林作为国家公园》（*The Olympic Forests for a National Park*）在 1938 年由 ECC 出版，提出了在华盛顿州的奥林匹克森林公园建立正式的国家公园的设想，以保护那里被砍伐的森林，还有被大量杀戮的麋鹿。作为新闻人，他当然希望能够得到媒体同行的支持。后来，美国政府在华盛顿州建立了奥林匹克国家公园的事实说明，布兰特出版物和报道在当时具有很大的影响力，也得到了政府的重视。

布兰特在 20—40 年代的环境报道基本上是资源保护。从 1926 年 6 月 26 日一篇署名布兰特的文章可以看出主要是揭露资源问题。报道中写道："亚利桑那州的森林正在被驾车而来的美国人抢劫，把它们砸烂得粉碎然后运走……而美国政府简直和这群抢劫犯穿一条裤子。"[2] 当然，我们从布兰特的新闻报道可以看到耸人听闻的"扒粪者"的语气，加之保护主义者的内容。虽然具有了环境新闻的揭露性，但科学性不足；虽然是在保护自然资源，但依然是人类中心主义者或者人文主义者的立场，与生态中心主义相差较远。不过他作品的意义不可小视，因为毕竟开始把环境的一部分——自然资源作为新闻报道的对象，这在 20 年代那个人文主义者充满自信的年代，那个对科技给人类造福确信不移的美国，能够做到这些已经让人感受到某种社会大变革将会来临。

3. 环境问题的专栏在报业上的出现

伯纳德·德沃托（Bernard Devoto）。德沃托是第二次世界大战以后出现的真正自觉运用媒体影响环境保护之社会议事日程的媒体人，当然这个日程内容依然是资源保护，因为借用媒体发挥影响力，故被认为是 20 世纪"最有效的资源保护主义者"。不仅如此，德沃托还是美国新闻史上第一个就环境问题开辟报纸专栏的新闻人。他在《哈泼斯杂志》（*Harper's Magazine*）上开辟"安乐椅"（Easy Chair）专栏，专门评价现实生活中出现的环境问题。当然，从现在的眼光看去，它依然不能够被

① Jim Brett, " Rosalie Barrow Edge ", from the web: depweb. state. pa. us/heritage/cwp.

② Michael Frome, "The Roots of e – journalism", *SEJournal*, Spring 2004.

认为是真正意义上的环境新闻，因为带有资源保护的色彩，内容反映东部对西部的歧视与资源掠夺。

1934 年德沃托在《哈泼斯杂志》上的"安乐椅"专栏发表了题为"西部，一个被劫掠的省份"的文章，其中阐述了一种思想：在经济关系上，美国东部劫掠并控制了西部，西部成为东部的殖民地。[①] 这一提法很快流行起来，"被劫掠的省份"（Plundered Province）成为 30—40 年代解释美国东西部关系时使用频率最高的一个词组。1944—1947 年间，德沃托仍在为《哈泼斯杂志》撰写专栏文章，且越来越关注西部在全国经济中的地位、西部经济的未来发展等问题。

然而，历史是不能够割裂的，如果没有德沃托那样的资源保护专栏，也许就没有后来的卡逊《寂静的春天》的问世。因为任何一个新事物的产生都是遵循一个从量变到质变的过程。从德沃托到卡逊我们能够很容易看到二者之间的内在联系：人类的活动已经影响到了自然界，自然界资源的变动又会影响到人类的生活。这种考察，把人类活动与自然对立起来，只不过资源保护是人类中心主义的，而环境新闻是生态中心主义的。

德沃托在环境新闻史上的贡献是他有意识地通过媒体议程影响社会公共议程。1948 年他因为《穿越广袤的密苏里》（*Across the Wide Missouri*）这本报道集而获得普利策新闻奖。他的媒体宣传使得资源保护主义者懂得，媒体在引导公众日常认知中的作用，以及怎样通过媒体来强化认识效果。他曾经在"安乐椅"专栏里倡议对（缅因州海岸）国家公园里恐龙遗迹的保护（即在缅因州海岸建立起恐龙国家博物馆）。在名为"户外大都市"（Outdoor Metropolis）的文章里，他讽刺缅因州海岸是"珠宝与霓虹灯堆积起来的、不适合人居住的区域"，并要求缅因州旅游局从《哈泼斯杂志》上撤出广告。[②]

为了强化公众对于建立国家恐龙博物馆的认识，德沃托通过多家媒体来传达这种声音。1950 年，他在《星期六晚邮报》刊登了《能让他们破坏我们的国家公园吗》的文章；[③] 这篇文章又在《读者杂志》1951 年 12 月号上

① Bernard Devoto. "The West: A Plundered Province", *Harper's Monthly Magazine* 121, (Aug), 1934.

② Bernard Devoto, "Outdoor metropolis", The easy chair/Article, *Harper's Monthly Magazine*, October 1955.

③ Bernard Devoto, "Shall We Let Them Ruin Our National Park?", *Saturday Evening Post*, July 22, 1950.

转发。德沃托在文章中鼓励他的反对者们加强反对建立恐龙博物馆的运动，发出他们的声音，让全美人民都能够听得到；他同时倡议所有支持建立恐龙国家博物馆的人联起手来，打败这些反对的人。

德沃托通过媒体把公共议题强化，直接导致了公众意见的分裂，也最终导致联邦议事机构与资源保护主义者之间的分裂。这种分裂的结果使政府的公众议事日程不得不介入其中。

最后，农垦局长官麦克尔·斯特劳斯（Michael Straus）抨击把"恐龙国家纪念地"放在"纽约中央公园、芝加哥林肯公园与波士顿公共地"旁边的"露天空气中"，是一种"忘记自己遗产的倾向"。因此可以看出，德沃托通过报纸专栏长期关注资源与环境问题，并有意识地引导公众议事日程，甚至引起政府部门的关注，已经摆脱了媒体人的自发状态而进入一种自觉。

4. 环境问题的评论在《纽约时报》上的出现

约翰·B. 奥克斯（John B. Oakes）是在环境新闻发展史上一个跨时代的人物。之所以这样说，因为奥克斯主要的新闻活动跨越了环境新闻的滥觞期、诞生期与成熟期，他在 2001 年才去世。在整个的过程当中，奥克斯都参与其中，并推动了这个过程。有环境新闻史的学者认为，在奥克斯之前，美国尚无真正意义上的环境新闻工作者，奥克斯的社论与报纸编辑使得环境问题成为全民讨论的话题。

奥克斯早期的环境报道贡献主要在编辑领域。1949 年，奥克斯成为《纽约时报》的编辑。他在此期间，坚持开办每月一期的《保育专栏》，宣传各类与环境保护有关的资源保护运动与主张。1956 年，他的《保育专栏》积极回应明尼苏达州的哈幕弗里（Sen Hubert Humphrey）在全国范围内建立荒野保护体系的建议，这个建议于 1964 年变成了《荒野法案》。他的专栏曾经引起主编的怀疑，然而他却坚持了数年之久。这期间，读者有对任何环境问题感兴趣时，他表示愿意免费去写。这些内容涉及环境保护、国家公园及公共土地；蔓延空中的气体与遍地横流的酸雨等。这个专栏成为《纽约时报》中一个最受欢迎的栏目之一。

1961—1976 年这 15 年间，他成为这个世界性大报的社论版编辑，更多的环境问题成为《纽约时报》评论的内容。为了纪念奥克斯在环境新闻上的贡献，1993 年，经过奥克斯的家人、朋友与同行的努力，拟建奥克斯新闻奖（J. B. Oakes Award），这个奖项于 1994 年正式由美国自然资源保护委员会（NRDC）授予，给那些每年在环境新闻报道中作出突出贡献的记者与编辑人。① 奥克斯的新闻活动，把资源保护乃至某种意义上环境问题带到了美国大报，这为开启一个新的新闻文体奠定了基础。

总体来看，滥觞时期的环境报道取得了以下方面的成就：

第一，涉及环境问题的出版物或报纸文章，皆是以资源保护为中心。虽然与当代意义上的环境新闻还有距离，比如不承认人以外生物的内在价值，以人类需要为中心等，但是，报道的对象已经从人类社会转移到环境这个对象上。这为以后发展到环境作为报道的主体奠定了基础。

第二，出现了专门从事环境报道的新闻人与媒体专栏。环境报道在美国经历了从民间出版到新闻界自觉报道的过程，从维斯里·鲍威尔的民间著书到牛顿·布兰特的媒体报道，乃至伯纳德·德沃托专栏的出现，其实代表了环境报道从民间走向媒体的过程。正是这些先驱的活动，为后来环境新闻在媒体上的发展铺平了道路。

第三，在大报上的出现为进入主流社会奠定了基础。像约翰·B. 奥克斯那样，在《纽约时报》这样全美乃至世界性的大报上开辟环境报道的专栏，很大程度上提高了环境报道在主流社会的能见度，为后来完全意义上的环境新闻的诞生，并在很短的时间之后就很快进入主流社会奠定了基础。

二　成熟文本诞生期的美国环境新闻（20 世纪 60 年代）

环境新闻的诞生以卡逊《寂静的春天》为标志，因为在文体上可以被看作是调查性报道，卡逊也确实是一位环境作家。环境新闻的诞生在于其文本的成熟。然而，在卡逊时代及其以后较长一段时间，很少有环境记者具备卡逊这样的素质，因此，卡逊是环境新闻成熟文本的先行者。后来的大学环境新闻教育、业界环境记者，都在向卡逊的目标努力。因此，以卡逊《寂静的春天》为标志，环境新闻成熟的文本诞生。

1.《寂静的春天》的出版与成熟环境新闻文本的诞生

1962 年卡逊《寂静的春天》的出版，代表着环境新闻一个新时代的到来，因为它具有了当代意义上的环境新闻成熟的文本形式。从新闻的角度上来说，《寂静的春天》属于调查性报道；从题材上来说，它属于环境新闻。它文本的成熟主要表现在不同于以前的以下几个方面的特征。

第一，以生态整体为中心考察环境危机。以前的保育或者资源保护的出版物与报刊文章，基本上从人类的需要出发来确定对某类自然资源进行保

---

① "John B. Oakes Award", from the web site: journalism. columbia. edu/cs/ContentServer.

护，它的主体依然是人类。而卡逊在《寂静的春天》里，则把大地整体作为主体进行考察，而不是人类。卡逊以 DDT 的危害为切入点，对昆虫、植物、地表水与地下水、鸟类、河流、森林等大地自然物做全面的考察，通过大地生态整体来表明 DDT 对生态物的伤害。

这里，人类不是利用自然资源的主体，而是施加伤害给生态物的杀手；自然成为考察的主体，生态物成为有生命的有机物整体进入报道当中，人是其中普通一员；所有的得失不是按照人类愿望，而是按照生态物的整体的稳定与美丽，因为生态物中的鸟儿、河流、土地与人一样具有内在价值。从这个角度上来说，从卡逊开始，生态中心主义就成为新闻文本的特征之一，这一点也直接影响到后来环境新闻文本的写作。

图 2-2　在做生物试验的卡逊

第二，对科技的怀疑。在卡逊以前，很少有人能够对科技产生全面的怀疑，一直以来人们认为科技的进步会带来人类的幸福。然而，卡逊《寂静的春天》的出版，开始改变了人们对科技的态度。卡逊对人类科技的产物 DDT 给大地生物带来的灾难给予批判，并全面地解剖了 DDT 对各类自然物的伤害，列出科学根据与事实。卡逊写道："'控制自然'是一个妄自尊大的产物，是当生物学和哲学还处于低级幼稚阶段的产物，""生物学却已经被最现代化、最可怕的化学武器武装起来；这些武器用来对付昆虫之余，现转过来威胁我们整个的大地，这真是我们时代巨大的灾难。"[1] 从卡逊以后，

① Carson, Rachel, *Silent Spring*, Boston: Houghton Mifﬂn, 1962, p. 297.

人们对科技的怀疑就从来没有停止过，特别是在环境新闻的文本内容里。到了80年代，在德国乃至欧洲出现了一门新兴的社会学研究"风险社会"，把几乎一切环境灾难与危机归结于科技。

第三，突出风险性。风险性是由科技的副作用延伸而来的，是指现代社会利用科技所建立起来的工业社会对环境所产生的潜在威胁。卡逊在她的《寂静的春天》里，全面地展示了DDT对于土地、昆虫、绿色植物、大地乃至水资源的威胁，也就是风险性。卡逊指出："为了改造自然以满足我们的欲望，我们冒如此大的风险，而且还未实现我们的目标，这实在是莫大的讽刺。然而，这似乎是我们的处境。"① 卡逊在文本中处处表现DDT对于自然物种包括人类在内的潜在危害，这成为后来环境新闻文本的重要特征。

第四，科学性。在卡逊以前，报纸上出现的资源保护主义者的报道或者评论，多属于感官上的论述，没有或者很少有系统的调查与科学试验，因此，科学性较差。从1952年开始，卡逊在缅因州买了房子，并专心调查与研究，写她的《寂静的春天》。为了应付各界的指责，她出版之前一方面设法保密，另一方面细心调研与试验，确保每一个环节的科学性。由于卡逊生物学的专业背景，她继续试验的同时，与世界各地的专家通信。她探究DDT与生物界的关系、农药与癌症之间的联系，完全是自然科学方面的研究②。因此，当《寂静的春天》出版以后遭受各方怀疑与责难，最终被证明是科学的，这对以后的环境新闻文本构建树立起了榜样。也对环境新闻记者提出了更高的要求，那就是专门从事环境报道又具有自然科学背景的记者。因此，《寂静的春天》出版以后，环境新闻的文本就具有了当代的文本特征，环境新闻也就焕然一新了。

2. 环境新闻进入公共领域

卡逊《寂静的春天》以后的60年代，媒体开始出现了较多的环境新闻，主要表现为各类媒体开设较多的环境新闻专栏或报道。至1969年为止，国际大报《纽约时报》创建了专门报道环境问题的专栏，这一做法得到很多媒体的模仿，《星期六评论》就是其中的一个大报。《看》（*Look*）几乎把环境新闻作为自己主要的版面；《生活》（*Life*）大幅度提高环境问题覆盖的篇幅和位置；《国际地理杂志》每期刊载一篇9000字的环境问题的文章；CBS上的晚间新闻播报瓦特·科隆凯特（Walter Cronkite）不定时的特别栏

---

① Carson, Rachel, *Silent Spring*, Greenwich, CT: Fawcett Publications, 1962, p. 217.

② Marry A. McKay, *Rachel Carson*, New York: Twayne Publisher, 1993, p. 89.

目"能拯救这个世界吗?"（Can the World Be Saved?）；保尔·埃尔里奇（Paul Ehrlich）的《人口炸弹》（*Population Bomb*）成为那时的畅销书①。媒体上环境新闻已经形成了一个小而稳定的规模，也有一定的影响力，使得公众认为环境问题已经是现实生活中实实在在的一个组成部分，从而为进入媒体以外的公共领域奠定了基础。

第二次世界大战以后，美国资金最为雄厚的农业器具生产厂国际收割者（International Harvester，简称 IH 公司）公司，在田纳西州西南角的密西西比河河畔的孟菲斯市的旷野里建立一个生产制造厂。在这空旷的荒野里，紧接着 IH 生产厂房相继建成了大片的居民住宅。这个工厂整日喷吐出大量的烟雾、排出污水与垃圾，周围居民的玻璃窗不得不整日关闭，而工厂里的人不得不挨家挨户告知居民每日要做的防范工作，工厂污染严重地威胁着周围居民的健康。

在这家工厂被报纸披露之前，最初三年里几乎没有任何手段被工厂采用来处理污染。作为公众知情的结果，公司每年花费 6.8 万美元的钱在改进设备与去除污染上。事实上，IH 公司把钱花在了 17 英亩的绿化带上。后来该公司花费 7.19 万美元用在机器的改进上，这就是为公众利益服务的环境投资。为此，IH 公司还专门开了记者招待会，很多媒体都以《IH 花费 7.19 万美元来成为好邻居》。② 这种企业自导自演的局面在卡逊之前是最为常见的环境新闻来源形式。

然而，随着报纸版面上环境新闻的增多，情况很快发生了变化。到 60 年代，媒体突破了由企业提供信息的局面。媒体不仅从企业及其相关部门，而且从政府机构、民间团体、研究机构与大学等多种途径获得环境信息，从而使得环境新闻真实性获得了渠道上的突破。这种突破首先得益于民间公共关系部门人的努力。例如伟达公关公司（Hill and Knowlton, Inc.）主席理查德·道罗（Richard W. Darrow），利用公关公司通过公众渠道获得的环境信息，提供给媒体，使得媒体获得多元的信息；另一例子是政府部门公共关系部门中的林顿·B. 约翰逊（Lydon B. Johnson），他通过政府人员的身份向国会建议，使得政府公共关系部门进入到环境信息的渠道中。约翰逊在给

① David Mark Rubin, *Mass Media and the Environment*, Vol. Ⅱ, Stanford, Ca.：Stanford University, 1971, Chapter Two, p. 1.

② John E. Marston, *The Nature of Public Relations*, New York：McGraw – Hill Book Company, Inc. 1963, pp. 208—209.

国会的信中说："在过去的几十年里，各类新出现的工业废物已经成灾，正在威胁着美国的风景，……国家的一个基本的目标是一个感觉上与健康上都舒适的环境栖居地。……在这个领域我们政府已经做了很多努力，但是我们仍然需要做更多的事情。"① 由于公共关系部门的介入，环境新闻真实性与影响力又发生了改变。

首先，媒体开始意识到环境新闻是一个公共领域的事情，有政府的介入而显得更加严肃，涉及每一个普通大众。一些大媒体开始设立专门的环境报道机构与专业记者，从事调查性报道的人员与装备。同时，越来越多的政府部门人员认识到环境问题不是一个时尚，而是一个长期的基本政策。政府官员与机构不仅开始直接进入环境政策的制定过程中，而且向媒体提供环境问题的信息。其次，环境问题的传播开始在大学里受到重视。很多大学建立了环境信息的研究机构、传播学科乃至讨论机制，并对准解决现实的环境问题。它们的研究、讨论乃至教学成为环境新闻的重要信息来源之一。

再次，民间社团组织开始承担起公共领域的部分责任。到 60 年代末，美国的环境主义者、保育运动人员建立了几乎分布各州的民间组织，这些均为公共关系的公民行动组织，这些民间组织为媒体的环境新闻渠道提供了坚实的社会基础，而且它们都想通过媒体发出声音。最后，工业与产业部门开始增加了形象自律与行为约束。道罗从工业产业部门角度这样描述："我们应该尽力去做事情以获得公众注意力与他们的理解……公众应该能够理解我们，感谢我们的所作所为，而不是喧嚣的揭短。"②

因此，60 年代成熟的环境新闻文本不仅意味着这种新闻题材的诞生，而且经过媒体的传播已经进入到了公共领域，人们再也不认为环境问题是一个少数环境保护主义者的事情，而是实实在在存在于每个公民生活中的问题。这为以后提升环境新闻在公共领域的影响力奠定了基础。正如瓦特·西科尔（Walter J. Hikel）所说："当我在 1969 年接任内务部秘书时，环境污染不再是一句玩笑，而是被我们耳闻目睹所反复证明的自然之理。这个问题吸引着成千上万美国人的注意力，挫折与愤怒在不断增长，整个国家在绝望

---

① Paul Burton, *Corporate Public Relations*, New York: Reinhold Publishing Corporation, 1966, pp. 207—208.

② Rachel W. Darrow, *Communication in an Environmental Age*, New York: McccGraw – Hill Company, 1971, p. 18.

中寻求着领导者。我觉得我们（政府部门）应该开个头。"①

三 发展与完善期的美国环境新闻（20世纪70年代至今）

文本成熟与环境新闻的诞生只是一个健康的宝宝，他会有病痛与挫折，也会有成长，而且会最终长大。在表现形式与反映社会生活等诸多方面还需要进一步多样化，并能够进入普通大众的生活。20世纪70年代以后的这30多年，就逐渐完成了这一过程。

1. 70年代美国环境新闻："阿富汗斯坦主义"

由于记者素质短期内达不到卡逊的水平，到70年代，由于环境新闻的大量出现，新闻文本上出现了很多问题。多数的新闻研究者与批评家把这一时期环境报道称作"生态新闻"（Eco-Journalism），是"建立在粗心、处理不当乃至鸡毛蒜皮似的证据基础上生态危机报道"。地方性的报纸还称这类生态危机的报道为"阿富汗斯坦主义"，因为这类报道往往集中于地理上很远的生态问题，而忽视本地的环境问题，这种新闻实践建立在本地环境问题不是很重要的理念之上的，这也许是70年代环境新闻报道最主要的特点。这种特点很大程度上是因为地方性的环境问题还未有大量可以利用的信息源，加之记者的素质还跟不上卡逊那样的素质，也缺少潜心的调研与采访。

另外，70年代的环境报道的覆盖面并没有得到多大拓展，持这种观点的人以美国学者沙龙·弗莱德曼（Sharon M. Friedman）为代表。由于地方性新闻渠道的有限性，20世纪70年代美国乃至西方的记者把环境问题延伸到第三世界。1950年代当西方媒体报道发展中国家的环境问题还不会在这些国家里引起反响，然而经过70年代，美国人也开始担心巴西与泰国的森林砍伐、第三世界的贫穷等问题。在那时，环境问题不仅在媒体上广泛出现，也已经在美国总统、国务卿的层次上讨论，甚至出现在对外政策上。②

2. 80年代至2000年新闻文本成长与普遍成熟期

进入20世纪80年代以来，由1970年"地球日"带来的热情逐渐退潮，人们开始从环境问题上转开注意力。从报业情况来看，报纸报道

---

① Walter J. Hickel, "The Making of a Conservationist", *Saturday Review*, October 2, 1971.

② Sharon M. Friedman, ed. "Two Decades of the Environmental Beat", Craig L. LaMay, *Media and the Environment*, Ibid., pp. 17—28.

环境问题的新闻也越来越少。从另一方面来看，环境新闻报道面临着事实本身特性的挑战——科学性与复杂性。由于缺少自然科学背景的环境记者，因此很多环境报道显得简单化，很多环境科学家对媒体的简单化甚至误导很不满意。也有很多环境记者意识到，环境新闻不仅包括科学与技术，而且涉及法律、金融、政治与社会等因素。多数记者发现环境报道还涉及人类的健康、商业与工业投入的成本费用，还有政府的法律规定与政策。最让记者头痛的是报道中资料的判断与选择。因为环境新闻中涉及未来生态系统中的风险性[1]，怎样的风险，如全球气候是将变暖还是要变冷，不同的科学家有不同的判断。这样，记者在论述问题的时候会感到无所适从。

在1983年的时候，美国学者弗莱德曼曾经做过统计，发现记者遇到相互矛盾的解释时，往往采用政府方面信息源。《媒体监测》杂志（*Media Monitor*）曾经在1989年做过较为翔实的统计，电视晚间新闻、周刊杂志里面的环境新闻，其资料来源的32%来自政府部门；有60%左右的新闻信息源自社团。美国出版协会（API）1989年6月的统计表明，在媒体采用环境新闻的渠道中，政府部门占据最主要的部分；其次是环境团体，接下来是工业官员，然后是科学家与公民个人。因为环境新闻往往引起很多纠纷，也面临着责任，记者引用政府方面的信息，这些信息具有权威性，也有一个负责任的主体，因此，最易被采用[2]。但是，这样的后果很明显，它会妨碍争论中真理的诞生。

不过，进入80年代的后半期，美国媒体上的环境新闻报道有了明显的增长，而且从事环境报道的新闻记者也有明显增多。《媒体监测》杂志曾经对1989年美国的有线广播电视做过统计，发现美国有线广播电视1989年晚间新闻与周末专栏里共播出595条环境新闻，其中有453条环境新闻来自ABC、CBS或NBC，有142条环境新闻报道在《时代》杂志、《新闻周刊》与《美国新闻与世界报道》。美国有学者对全美较有代表性的中小报纸也做过较为全面的统计，见表2－1的1989年比较1988年的统计数据，可以清楚地看到80年代环境新闻的成长：

---

① Sharon M. Friedman, "Two Decades of the Environmental Beat", ed. Craig L. LaMay, *Media and the Environment*, 1991, p. 20.

② Ibid., p. 22.

表 2 - 1　　　　　1989 年较 1988 年美国报纸环境新闻与记者的变化①

报纸发行量	样本数量	报道增加数量	记者增加数量
25000—50000	48	32（增 67%）	22（增 46%）
10000—25000	52	41（增 79%）	14（增 27%）
10000 以下	37	25（增 68%）	9（增 24%）
总计	137	98（增 72%）	45（增 33%）

进入 90 年代，环境新闻的情况出现了一些转机。更准确地说，美国的环境新闻从 1988 年就开始重新兴盛起来。沙龙·弗莱德曼认为，由于当年夏季的酷热与全年的干旱，激起了公众对环境问题的强烈兴趣，这种兴趣在美国乃至欧洲持续了至少五年的时间。在这段时间，美国乃至西方媒体上的环境新闻开始重新繁盛起来②。就拿电视新闻来说，1989 年的美国三大有线电视网的环境新闻时间为 774 分钟，是美国媒体史上的新高；而到了 2000年，这三大有线电视网也只有 280 分钟左右。可见，在 80 年代末到 90 年代初，美国的环境新闻已经进入到了一个高峰。以三家电视网络公司为例，见表2 - 2 的数据。

表 2 - 2　　　　1988—1999 年美国三大有线电视网环境新闻数量变化③

（单位：分钟）

年度	总数	ABC	CBS	NBC
1988	418	176	121	144
1989	774	295	231	248
1990	690	265	267	158
1991	482	210	144	128
1992	471	202	169	100
1993	310	135	78	98
1994	122	62	22	37
1995	252	105	60	86
1996	174	69	51	54
1997	229	74	51	54
1998	198	61	69	68
1999	233	106	61	67

---

①　Jay Leto, "Environmental Reporting on the Rise, Survey Finds", *SEJournal*, Fall 1990.

②　Sharon M. Friedman, "Despite Challenges, Study Finds the E - beat has Matured", *SEJournal*, Fall 2003, p. 13.

③　"Networks Gave Environment 4 percent of 15, 000 Prime News Hole Minutes in 2002", from: environmentwriter. org/resources.

　　从三大有线电视网的环境新闻数量变化来看，1989 年是一个数量高峰期，到 1994 年又是一个低潮期，而这以后三大广播电视网的环境新闻报道渐趋平稳。事实上，1989 年环境新闻数量大增主要受到外界环境问题的影响。在平常的年月里，人们大多不太注重环境问题；而一旦遇到气候异常或者一些环境事件，媒体上的环境新闻就会多起来。即使在风平浪静的日子，由于公众环境意识的提高，环境新闻也已经是大媒体不可或缺的重要组成部分。

　　从媒体报道的表现来看，90 年代美国媒体更加重视环境新闻的栏目与人员建设。1990 年 5 月，《洛基山新闻》（Rocky Mountain News）开辟了每日环境新闻报道的专栏；1990 年 6 月，KOB-TV 在阿尔伯克基（Albuquerque）开设了"生态栏目团队"（E-team），这个栏目与人员的建立是在仔细对观众调查的基础上，因为这些调查表明，观众最关心的事情是环境问题；1990 年秋天，美国公共广播网（PBS）开辟"拯救地球"（Race to save the planet）的 10 集系列专题片，专门播报环境问题，并向 7 大洲 30 多个国家广播。另外，专业性的环境杂志也开始出版了。这段时间出版的专业杂志包括《E 杂志》、Buzzworm、《垃圾》（Garbage）等，甚至还有专门面对小孩环境教育的杂志《P3，小儿地球杂志》（P3, The Earth-Based Magazine for Kids）的出版①。

　　另外，出版界自 20 世纪 90 年代也掀起了环境新闻的出版热潮。约翰·伽夫纳（John Javna）的《你可以拯救地球的 50 件小事》（50 Simple Things You Can do to Save the Earth）成为美国畅销几个月的书；至少有 12 家著名杂志社出版了 1990 年地球日环境问题专刊，这些杂志包括《哈泼斯杂志》、《纽约》、《新闻周刊》、《斯密森》（Smithsonian）、《体育画报》（Sports Illustrated）、《时代》杂志与《电视指南》（TV Guide）等。②

　　总体看来，80 年代至 2000 年之前这 20 年里，环境新闻在美国经历了一个起伏周期。1989 年之前是个低潮期，1989 年属于一个高峰，90 年代开始变得平稳。这段时间环境新闻不仅在文本上表现成熟，而且报道面得到很大的拓宽。另外，1990 年《西雅图时报》因为报道瓦尔迪兹（Valdez）油喷而获得普利策新闻奖，同年《华盛顿每日新闻》也因为报道当

---

　　① Sharon M. Friedman, "Despite Challenges, Study Finds the E‐beat has Matured", SEJournal, Fall 2003.

　　② Ibid., p. 19.

地水污染丑闻而获得普利策"公共服务奖"，这一方面表明环境新闻已经进入到主流社会人群，另一方面摆脱了卡逊以来新闻界的"阿富汗斯坦主义"的阴影，标志着环境新闻普遍地真正服务现实环境危机之功能的成熟；埃里克·纳尔德认为这也是受众需要的反应，也是受众需求市场成熟的原因所致①。

3. 2000 年以后的环境新闻的多样性发展

环境新闻学者认为进入 21 世纪以来，美国媒体上的环境新闻开始有所增长，不过这种增长不是 1989 年那种狂飙突进式的。《纽约时报》的环境记者道格拉斯（Douglas Jehl）认为："我认为（2000 年以来）几个月里公众对于环境问题的兴趣在增长，（这可能的原因）特别是总统选举带来的结果。"② 由于美国总统四年一次的选举都会吸引美国乃至世界的目光，90 年代以来的环境问题进入政治选举，也因此进入到媒体领域。

然而，2001 年以后，美国媒体上的环境新闻又开始减少，不过这种减少相对以前来说是微观的、不易见的。2002 年美国媒体上环境新闻的数量基本代表了当前公众对这类信息的需要程度，它已经是公众需要信息的重要组成部分。以美国三大有线电视网的统计数据为例，见表 2 - 3：

表 2 - 3　　　2000—2003 年美国三大有线电视网环境新闻数量的变化③

年度	总数	ABC	CBS	NBC
2000	280	105	97	79
2001	617	167	290	159
2002	236	78	87	71

这些平时年份中的环境新闻多数涉及公共领域问题与政府政策。2002 年三大有线电视网的环境新闻播报时间为 236 分钟，有 10% 的时间即 25 分钟用来报道美国政府空气清洁法案；有 21 分钟报道副总统切尼的能源计划；有 18 分钟用来报道电力使用违规现象；有 12 分钟报道温室气体与政策；有 11 分钟报道西班牙海岸的油喷事件；有 10 分钟报道非洲约翰内斯堡（Jo-

---

① Eric Nalder, "The Pulitzer Stories", *SEJournal*, Fall 1990.

② Bud Ward, "The Environment Beat Bounces Back", *SEJournal*, Spring 2001.

③ "Networks Gave Environment 4 percent of 15, 000 Prime News Hole Minutes in 2002", from: environmentwriter. org/resources.

hannesburg）召开的可持续发展峰会；有 8 分钟报道美国国家公园所面临的
污染、游人拥挤与公园保护等问题；有 7 分钟报道内华达州尤卡山（Yuc-
ca）核废料储存容器材料的储罐腐蚀；有 6 分钟报道五大湖区亚洲鲤鱼入侵
导致水生物物种减少的威胁事件。① 可以看出，进入 21 世纪以来，在正常
年份里，美国媒体上环境新闻已经覆盖到生活的方方面面。这也是环境新闻
进入大众生活的一个例证。

　　然而，美国媒体调查机构发现，正常年份里，美国公众会对环境问题
的担忧在程度上有所下降。盖洛普民意调查发现，2002 年被调查的受众
认为对环境问题表示担忧的为 62%，比 2001 年 77% 的比例少了 15 个百
分点。有分析家认为，如果社会上有其他的问题，很容易把受众对环境问
题的注意力移开，2001 年 "9 · 11" 事件可能是受众注意力从环境问题转
移的原因②。这也是人之常情，反过来说也是一样，那就是当遇到环境问
题多发的时候，人们对环境问题的担心会增加，这时，环境新闻报道也就
会增加。

　　2005 年夏季，美国新奥尔良的卡特里娜飓风片刻之间把这个现代城市
变成了一堆废墟，全世界都在关注这个巨大的人间灾难，想要知道原因。这
时，美国媒体上的环境新闻会在短时间里急剧增加。见图 2 - 3。

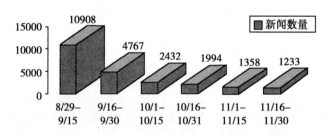

以卡特里娜为标题的新闻数量变化

图 2 - 3　2005 美国大报 "卡特里娜" 为标题新闻的数量变化③

　　因此，我们可以清楚地看出，环境新闻数量受当前灾难或某个事件的影

---

①　The Tyndall Report, "Tracking Nightly Newscast Coverage by ABC, CBS, and NBC", Gaining
through the E - mail at Andrew@ tyndallreport. com.

②　from the web site: gallup. com/content.

响很大。在卡特里娜飓风发生到 3 个月时间止，美国大报关于"卡特里娜"为标题的新闻从 8 月 29 日至 9 月 15 日这两周的时间里，达到 10908 篇；而到 11 月后半月，仅有 1233 篇。这种情况在新闻学上叫做时效性与接进性原则，在此不必多说。

2000 年以来的环境新闻取得的成就主要是题材的多样性上，还有在媒体上能够始终保持一定比例，成为公众需要的重要内容。另外，从主流层次来说，很多大报如《纽约时报》、《华盛顿邮报》等都已经开始把环境新闻作为头条，而且有专门的专栏与人员组织。从影响力来看，普利策新闻奖不仅一年里可以把多个奖项颁发给环境新闻，而且在奖项体裁上大大拓宽，包括照片与特写等。这表明环境新闻已经成为美国乃至西方社会不可或缺的信息传播内容。

第二节 环境新闻怎样融入美国主流媒体
——透过普利策新闻奖的视角

环境新闻如何走入美国主流媒体是一个较为纷繁复杂的问题。为此，我们通过普利策新闻奖这个视角来简化它，同时又抓住核心问题来分析。因为普利策新闻奖是美国 300 多项新闻奖中历史最悠久（从 1918 年开始）、影响力最深远的一个，涉及面包括新闻多方面要素（14 个项目），被认为是新闻各方面作品的最高荣誉，举世关注（图 2-4）；同时，普利策新闻奖历来以主流媒体为主，每次都是大媒体占据主要角色。仅以最近几年为例：86 届（2002 年）普利策奖中《纽约时报》曾经获得 7 项大奖；87 届（2003）《华盛顿邮报》和《洛杉矶时报》又成为得奖大户，各分获三项大奖；88 届《洛杉矶时报》独揽 5 项大奖；90 届《华盛顿邮报》垄断 4 项大奖。① 某类新闻获得普利策奖代表着所报道的问题进入公众视线，开始成为主流媒体的声音，也就成为美国主流社会的声音。某类新闻获得各类奖项的不断扩大，表明这类新闻在广度与深度上影响到主流媒体的价值观。

获得普利策奖的新闻作品在主流媒体和主流社会具有如此影响力，德国鲁尔大学新闻与传播系教授迪特里希·菲舍尔的话可以为证："普利策奖获奖作品的重要性无论怎样强调都不过分，""话题和对这些重大历史事件的解释则具有恒久的意义。历史学家、新闻工作者、政治家、社会学家、语言

---

① 资料来源：http://www.pulitzer.org.

图 2 - 4　普利策新闻奖

学家和作家将能够品尝玩味这些经常令人激奋的和信息丰富的读物之价值所
在。"① 如果上述观点能够成立，那么，我们就可以通过普利策奖来分析环
境新闻如何融入到主流媒体及价值观。研究的方法以时间为顺序，以新闻奖
项及新闻文本所代表的意义为切入点，并结合新闻学、历史分析与生态批评
理论，较为客观而又全面地考察环境新闻融入美国主流媒体的历史过程。

一　20 世纪 40 年代：边缘走来的声音

据华盛顿特区新闻实验室（NewsLab）2002 年的一份调查显示：28% 的
受访者认为他们想要知道更多关于环境的新闻；38% 受访者认为他们希望环
境新闻的覆盖面能够进一步拓宽；66% 的受访者认为他们的环境新闻接收量
还很不充足。② 从这份调查看来，当今受众对环境新闻的需求如此强烈，以
至于媒体不能够充分满足他们的需求。然而，美国新闻媒体在 1962 年之前
很少能够发现"环境保护"一词；在 20 世纪 30 年代至第二次世界大战结
束前很少能够阅听到"环境报道"这样的说法。那时，美国主流媒体与社
会以上帝骄子的荣耀正在享受着科技进步与民主发展给美利坚民族带来的前
所未有的繁荣与幸福。

从当时新闻媒体之下深层次的哲学思潮来看，尽管"生态学"（ecolo-
gy）这个词早在 1866 年就出现了，然而直到 20 世纪 30 年代它还仅仅是生
物学（动物和植物）的一个分支，并不包括土壤、水、气候和人类。在这
个被工业文明所充盈如两次世界大战火焰那样的欲望时代，西方古老哲学的
理论在美利坚这块工业空前繁荣的土地上被埋在两洋堡垒的地层下面。

①　Heinz - Diclirich Fischer（ed.），*Outstanding International Press Reporting*，V. I：1928—1945
（Berlin：1984），p. V.

②　"Environmental Journalism"，Course JRL，364Q，Fall 2002，from：www. sej. org/resource/
DWillman. pdf.

　　然而，在一个繁荣世界的边缘逐渐地兴起了另一种忧虑，并在慢慢地影响着这群信心十足的人们，这个异样的声音首先发端于文学。1854 年被后人认为"绿色圣经"的梭罗（Henry David Thoreau）之《瓦尔登湖》（Walden）正式出版，它倡导美国人过有"简朴伦理"的生活，形成文学生态中心主义的"放弃美学"：放弃对物质的所有权、放弃对自然的征服、统治与占有，追求人与自然的和谐。"人性很难克制，但必须克制"，"任何鄙俗或淫欲立刻使它变成禽兽"①。这种思想在当时那些被物欲冲昏头脑的人眼里自然是异端，但却在边缘不断生长，为一些很早注意到这些问题的人提供滋养，并壮大着这种发自边缘的声音。

　　在《瓦尔登湖》出版后短短的十年过后，1864 年美国驻意大利大使马什出版了《人与自然》（Man and Nature）一书，又一个对人类行为给坏境带来的灾难进行反思。在书中通过大量的资料和数据对欧洲和美国自然环境的过去与现状，进行了比较和分析，指出农业实践如何导致湿地和森林面积的减少、沙漠化、物种减少，以及气候改变等。这本既像哲学思考又像报告的书，充满了对人类实践与生态平衡之间的矛盾日益加深的忧虑。这些观点至少被一小部分美国人所接受，因为其后美国一些最早的环境组织相继诞生：1876 年阿巴拉契亚山脉俱乐部（AMC），1885 年布恩和克罗基特俱乐部（BCC），1905 年奥多邦俱乐部（AS），1922 年伊扎克沃尔顿联盟（IWH），1935 年荒野协会（WS）相继成立。② 这些当时还是很小的组织代表着一个新的声音：保护环境。普利策新闻奖第一次授予环境问题的新闻（当时还没有环境新闻这种普遍的说法，而英语 Environmental Journalism 也不是现在意义上的环境新闻）就植根于这种思想条件与社会实践基础上。

　　关于环境问题的新闻，第一次获得普利策新闻奖的媒体是 1941 年的《圣路易斯邮讯报》（St. Louis Post-Dispatch）（简称《邮讯报》），这是一个城市的报纸，处于密苏里州与伊利诺伊州交界处的圣路易斯市，当时美国的一城一报现象已经非常严重，而其最大发行时仅能到达伊利诺伊州的斯普林菲尔德城，在当时算是一个地方大报。这个 1878 年创办的报纸主人就是约

---

①　Henry David Thoreau, *Waiden in Walden and Other Writings by Henry David Thoreau and with An Introduction*. New York：Bantam Books, 1982, p. 269.

②　Christopher Rootes, ed., *Environmental Movements：Local, National and Global*, Frank Cass & Co. Ltd, 1999, p. 126.

48抗争与绿化/

瑟夫·普利策本人，这份报纸在当时美国较为全面地体现着普利策的新闻思想。1907年7月10日，普利策将要退出这份报纸主编职位时，给家族传人这样的总结与勉励：

> 我知道我的退休不会带来报纸方针的变化。它将继续为进步与革新而战，因为它不会容忍不公与腐败；将继续对所有党派里的政客宣战，因为它不属于任何党派；将继续勇敢地对特权阶层与公共资源掠夺者而战，因为它一直对穷人满怀同情；将继续为公共福利事业而战，决不满足于新闻报道，因为它一直具有独立精神；将继续无畏地对邪恶而战，因为它无惧于掠夺成性的富豪和穷凶极恶的恶棍。①

《邮讯报》是普利策早期新闻思想实践的重要平台，因为它比普利策经营的《太阳报》还早8年。《邮讯报》以后的时间一直以关注公共资源与公共福利事业为己任，成效卓著。从1930年末到1940年初这段时间里，由于美国政府高度重视工业化和城市化，这个地处密西西比河中上游、介于美国东西部走廊的大城市圣路易斯面临着严重的工业污染，在这段期间城市工厂遍地，机车隆隆，天空烟尘遮日，被认为是美国"空气最肮脏"（filthiest Air）的城市。这段漫长的时间里，《邮讯报》借助自己的新闻资源引导公众进行宣传，发起保持城市空气清洁的运动。该报纸多年来引导公众抗击城市空气污染的运动在40年代初取得成效，1941年被授予普利策新闻奖的公共服务奖，一种从未听过的边缘声音在价值观高度主流的普利策新闻奖中出现：环境问题。

从1918年开始，普利策新闻奖的第一大项就是"公共服务奖"。这个奖项授予这样的"报纸"，它"利用社论、卡通、照片和新闻报道等新闻资源，为公共服务树立杰出的榜样"，是"普利策奖的最高荣誉"。从颁奖前25年里（有3年此奖项空缺），22个奖项全部颁发给了战争、渎职、腐败、司法等人类中心主义观的新闻，而1941年《邮讯报》获得的普利策公共服务奖（第25届普利策奖）则把城市空气污染作为报道对象，第一次把关注对象从人类中心的新闻文本转移到环境。②

普利策新闻奖之所以因环境问题的报道而授予《邮讯报》公共服务奖，

① en. wikipedia. org/wiki/St. Louis_ post – Dispatch.

② en. wikipedia. org/wiki/Pulitzer_ Prize.

还在于当时圣路易斯城的社会运动。从 30 年代到美国参加第二次世界大战前这段时间，美国政府高度重视工业化和城市化。随着圣路易斯城市人口的膨胀，空气灾难也在增加。来自居室和工厂的废气直接排放到空中，直接对人的健康和周围的环境形成威胁。一部分较早具有环境保护意识的人与《邮讯报》贯彻普利策新新闻思想的报人结合，形成当时社会条件下的"公众"。《邮讯报》这个公共服务奖中的"公共"在当时其实还是一些在《邮讯报》组织下街头抗议的圣路易斯城市市民。这个美国"空气最肮脏"的城市在全美为数不多，地方性抗议本来就是弱势群体或边缘化人群不得已的表达方式，而领导这项运动的《邮讯报》相关报道也是边缘化人群发出的声音。虽然在当时的美国属于少数，但毕竟具备了当时的思想条件，社会运动与新闻实践相结合，并站在普利策新闻奖最重要的位置向主流发出了第一声，也宣布了另一个新主流话语时代的即将到来。

二 20世纪60年代：游走在边缘与主流媒体之间

1967 年哥伦比亚大学把普利策新闻奖（51 届）最重要的奖项"公共服务奖"授予从事环境新闻报道的《密尔沃基哨兵报》（*The Milwaukee Journal*，以下简称《哨兵报》）与《路易斯维尔信使报》（*The Louisville Courier-Journal*，以下简称《信使报》）；1969 年把普利策新闻奖的"国内报道奖"授予《基督教科学箴言报》（简称《箴言报》）的环境记者罗伯特·卡恩（Robert Cahn）。这一时段获得普利策新闻奖的环境报道还不能称之为完全成熟的环境新闻，它虽然具有了环境新闻的某些特质，如揭露性、公共性，但是在科学性与调查性上显然还不够严密，仍然带有主观性与直觉特征；报道问题依然和社会活动的人际传播相结合；另外，就获奖的媒体来看，《哨兵报》与《信使报》分别是威斯康星州密尔沃基市与肯塔基州路易斯维尔城的地方性报纸，而这个设在北卡罗来纳州温斯顿 – 赛勒姆城的《箴言报》不仅是全美报纸，而且是国际性的报纸。因此这一段时期（60 年代）的总特征是：从新闻文本来说，正经历由环境问题的新闻向环境新闻过渡阶段；从媒体覆盖的范围来看，环境报道正经历从地方报纸向全国大报的过渡阶段，也就是正在从边缘媒体走向主流媒体。

思想基础。这一时期生态学最大的成就在于"生物中心伦理"之核心理念生物"内在价值"的确立，理论创立者、生物中心伦理学先行者德国人阿尔伯·施韦泽（Albert Schweitzer）1946 年出版的《文明与伦理》一书系统地论述了"敬畏生命"的思想："敬畏每个想生存下去的生命，如同敬畏他自己的生命一样"，"这是绝对的、根本的道德准则"①。他把人的内在价值延伸到生态圈中所有的生命，并赋予它们道德身份。1949 年另一本被后人列为与《瓦尔登湖》同等地位的"绿色圣经"《沙乡年鉴》在美国出版，作者指出土地和人是共同体中相互依赖的普通成员，人应该从万物主宰与中心的地位下来，成为生物共同体中普通成员，人的义务是维护生物共同体的"完整、稳定和美丽"②。1967 年林恩（Lynn White）的《我们生态危机的历史根源》一文发表，③ 该文对基督教文明及文艺复兴以来的人文精神给生态带来的摧残进行了系统地批判。这些思想是前无古人的，其生态中心观很快被思想敏锐的媒介人与激进知识分子所吸收。

媒介环境。60 至 70 年代，美国媒体在生态报道方面出现了前所未有的变革。1962 年，卡逊的《寂静的春天》出版，凭借生物学知识背景，经过长期的调查研究，她一反常态地对人类的科技产物（DDT 杀虫剂）进行批判，对受伤害的生态物与自然包含着满腔的同情。在正式出版前，曾经部分地以新闻调查的形式在《纽约人》上发表，引发媒体激烈争论；成书后又引起媒体战争与长久争论。甚至连《时代》杂志都指责她"煽情"，被作为"大自然的女祭司"而抛弃；CBS 为《寂静的春天》制作了一个长达一小时的节目。甚至当出资人停止赞助后电视网还在继续广播。政府与民众也被卷入这场争论：肯尼迪总统曾经在国会上讨论这本书，并指定一个专门小组调查其观点正确性与否，卡逊的论断最终在工业既得利益集团的指责声中被确认，④ 而这已经是 1963 年的事情了。其后，媒体对于环境的报道开始增加。而卡逊环境报道的调查性、科学性、公共性与风险特征，也正式表明当代意义的环境新闻文本已经成熟。只是那个时代并没有太多的记者能够达到这个水平，但却为 70 年代及以后的环境新闻树立了楷模。

60 年代的《密尔沃基哨兵报》，为了要和所在的威斯康星州密尔沃基城的对手们竞争：四个其他的英语报纸（多属于赫斯特所有）、四个德语报纸和两份西班牙语报纸（该州是德国裔与西班牙裔移民最集中的地区），其第一任主编尼尔曼（Lucius Nieman）决定脱离政党偏见，绕开黄色新闻模式，走客观报道、关心公共事务与大众福利的路子。其继任者格兰特（Harry

① Schweitzer, *Out of My Life and Thought*, New York: Holt, 1990, p. 130.

② Aldo Leopold, *A Sand County Almanac*. New York: Oxford University Press, 1947. pp. 224—225.

③ Lynn White, "The Historical Roots of Our Ecological Crisis", *Science* 155, 167, pp. 1203—1207.

④ 美国前副总统阿尔·戈尔为《寂静的春天》作序，转引自［美国］卡逊《寂静的春天》，吕瑞兰译，吉林人民出版 1997 年版，第 10—12 页。

J. Grant）自 1937 年后继续把媒体关注重心放在公共事务的客观报道上，与该地赫斯特两份煽情与流言满天飞的报纸形成鲜明对比。在获得普利策奖前后的 60 年代，该报的发行量每日达到 40 万份，星期六则高达 60 万份。虽然在全国不是大报，但在当地已经是主流报纸。①

早在 1949 年出版、被誉为"绿色圣经"的《沙乡年鉴》里，绿色思想先驱利奥波德在第二篇《随笔》之第一部分就是写"威斯康星"，在这个被称为"沙乡"的地方，他对该地沼泽、鸟类、土壤与河流进行描述，淡化自我，突出自然万物存在的权利，沉思环境潜藏的危机，进而讨论资源保护主义方面的问题。而 20 年后，关于环境与资源保护的问题又回到了威斯康星，不过这次不是奥波德一个人在沉思，而是一群人在觉醒、在呐喊，还有《哨兵报》的呼声。

从 1963 年开始，在逐渐开启的新资源保护运动的大潮里，威斯康星州因本地工业很发达，产业总值占本州总生产值的 40%，特别是造纸业位居美国前茅，水污染极其严重，对地形、气候、土壤与密歇根湖造成严重的威胁。在 1963—1967 年这段漫长的时间里，《哨兵报》以越来越强的声音呼吁解决本州水污染问题，并引导当地民众宣传，到州立法机关游说，并在 1966 年成功促使威斯康星州议会通过正式反水污染的法令，这在美国各州还是新鲜事。《哨兵报》成功地把较为前卫而相对边缘的声音传到一个州，使其转为政府议程，在当地逐渐成为一个主流意识，并开始影响全美。1969 年美国威斯康星州参议员盖洛德·纳尔逊提议，在美国各大学校园内举办环保问题的讲演会。这也是其获得普利策新闻奖"公共服务"奖的价值所在。

肯塔基州路易斯维尔市《信使报》所处的社会环境基本与《哨兵报》相同。《信使报》的创立者沃特森（Henry Altson）担任此报主编 50 年之久，与《纽约太阳报》的主编达纳（Charls A. Dona）之过于纤巧而"玩世不恭"的风格形成鲜明对照，强调了《信使报》是"私人的、一个人说了算的报纸"，"是独立的"，强调报业在推进社会进程中的作用②；其后的主编也继承了这些办报方针，把报业的触角延伸到公共领域。与《哨兵报》相似，《信使报》在肯塔基州同样利用新闻资源发起了一场资源保护运动，成功地在 1966 年使得政府职能部门控制了带刚采矿业（Strip Mining Industry）

---

① en. wikipedia. org/wiki/Lucius – Nieman.

② ［美国］迈克尔·埃默里：《美国新闻史》，展江译，新华出版社 2001 年版，第 178—180 页。

在该州的肆虐，是美国 60 年代资源保护运动的重要组成部分。与《哨兵报》、《箴言报》一样，促使环境保护运动在美国主流社会进一步发展。

1967 年普利策新闻奖的"国内报道"授予《箴言报》意义不同一般，因为它表明新资源保护（环保思想的一个发展阶段）思想开始触及美国社会的主流媒体与主流思想。1908 年该报由科学基督教创始人埃迪夫人（Mrs. Mary Baker Eddy）在美国的马萨诸塞州波士顿创刊，该报虽与教会有关却不直接宣传福音书；虽然是严肃的政治报纸却把核心受众定位为基督教徒；虽然面对世俗其主要编辑记者却是基督教科学出版协会或基督教教堂人员（非专职）。① 也许可以这样理解，虽然不直接传播《圣经》内容，这份报纸却代表西方传统基督教文明的主流精神。因为"作为终极关切的宗教是赋予文化意义的本体，而文化则是宗教的基本关切表达自身的形式总和。简言之，宗教是文化的本体，文化是宗教的形式"②。该报时至今日的"不伤害任何人，保佑全人类"的精神仍然可以认为是《新约全书》之"去爱所有人"、"爱你的敌人"训条的现代版。

从 20 世纪 60 年代开始，《箴言报》记者卡恩就利用新闻报道关注美国的国家公园问题。他当时获得普利策奖的理由是："为他在我们国家公园未来上的思考以及获得保护的途径"方面作出的贡献。其实国家公园是按照"荒野"的理念建立的，对于多数美国人来说它是疏远的、甚至是陌生的。据 1964 年美国荒野法案认为"（荒野）土地及生命群落未被人占用，人只是过客而不会总在那儿停留"③。卡恩的贡献在于：国家公园应该是"福地"（Promised Land）的资源，具有自身价值，应该加以全面保护，避免当前（即 60 年代）人为的践踏与开采。对于一个以基督教徒为核心受众的媒体来说，卡恩的贡献是具有革命性的。

《旧约全书》上面说，亚当、夏娃被上帝逐出伊甸园，来到"受诅咒"的荒野，"那儿长满荆棘，只能吃荒野上的植物"（Holy Bible, Gen. 3）；为了摆脱埃及人的奴役，摩西带领他的族人在"荒野"上游荡了 40 年之久，历尽艰辛方才达到"福地"（Holy Bible, Exo. 7 – 14）；在《新约全书》中，基督在受到撒旦的诱惑后才进入荒野，在那里禁食 40 天（Matt. 4：1）。在《圣经》与基督教徒那里，"荒野"是冷酷的，是伊

---

① en. wikipedia. org/wiki/Christian_ Science_ Monitor.

② Paul Tillich, *Theology of Culture*, Oxford University Press, 1959, p. 42.

③ Wildness Act of 1964, 16U. S. C. 1131 (a).

甸园与"福地"的对立面。正是这样的基督教思想传统,才有鲁滨逊对荒野的征服,才有《老人与海》对自然的抗争,才有美国西部电影牛仔的英雄形象。只有这样征服"荒野"才能彰显文艺复兴以来人文主义者大写的"人",哪怕是极度夸张的《巨人传》中的那个卡冈都亚,这在人文主义者眼里看来都是可爱的,因为这样他才对自然具有征服的欲望。"荒野"的主体性完全丧失,变得从此沉默。而《箴言报》因为对国家公园内在价值的确认并进而加以保护,呈现给基督徒另一个完全不同的自然,这对基督教主流文化是一个巨大的变革。"国内报道"奖自1948年设立以来,一直奖励"在国内事务报道上作出杰出榜样"的新闻,对《箴言报》开启一个新主流意识的肯定与鼓励,与此,普利策新闻奖开创了主流报纸与主流人群环境观念的新楷模。

这段时期因为报道环境问题而获奖的新闻与报纸以地方大报为主,同时也波及全美大报,并在宗教与文化上触及深层次的思想变革。从总的发展情况来看,这个阶段处于边缘话语与主流话语的过渡阶段。没有这个过渡阶段,也不会有70年代及以后环境新闻精神在主流媒体的完全确立。

三 1970—2000年前:环境新闻在主流媒体的确立

在1970—2000年这段长达近30年的时间里,普利策新闻奖授予环境新闻的奖项有11个,大多数是全国性的大报,也包括一部分区域性的大报。包括55届《温斯顿塞勒姆日报》(*The Winston-Salem NC Journal and Sentinel*)、63届《第蒙记事报》(*The Des Moines Register*)、64届《费城问讯报》、74届《华盛顿每日新闻报》、76届《沙加缅度蜂报》(*The Sacramento CA Bee*)、77届《亚特兰大宪法报》、78届《阿尔伯克基论坛报》(*Albuquerque Tribune*)、80届《罗利新闻与观察报》(*The News & Observer, Raleigh, NC*)与《纽约时报》、81届《新奥尔良时代花絮报》(*The Times-Picayune, New Orleans, LA*)、82届《巴尔的摩太阳报》(除第一与第五个分别称《温报》、《蜂报》外,此处各四字以上报在本文可用后三简称之)。在覆盖面上已经由美国的中东部走向全美;频率上也在加快,甚至出现连续三年上榜的情况。环境新闻已经成为美国乃至世界最高新闻奖——普利策新闻奖的重要组成部分。

成熟的生态思想是基础。70年代以前西方的生态学研究都是以人类中心主义为前提的,生态学真正具有当代意义是70年代以后逐渐建立的生态中心主义。前者对于资源保护采取无政府的生态乌托邦的方式,采取"头痛医头,脚痛医脚"的方式，① 后者则是生态系统论的深生态方式。这段时期的理论包括：挪威哲学家奈斯（Arne Naess）解构人类中心主义的"深生态学"（1973）、澳大利亚哲学家辛格（P. Singer）强调人与动物平等的"动物解放主义"（1975）、美国生态学家雷根（Tom Regan）"是人权运动一部分"的"动物权利主义"（1983）、美国泰勒（P. Taylor）"尊重自然界的伦理学"（1986）。这些西方生态理论从根本上解构了文艺复兴以来的人类中心主义，把生态中心主义在理论上较为完整地呈现出来。这为环境新闻的精神特质准备了较为成熟的思想基础。从普利策新闻奖的情况来看，这些内容的主体多数是环境而不是人，是用生态中心主义的方法来分析报道环境问题。

环境运动深入社会扩大了受众人群。由于 60 年代关于《寂静的春天》之科学性的讨论，在媒体与社会上都引起广泛的注意，也教育了民众，使环境意识进一步扩大。1969 年美国哈佛大学法学院的学生丹尼斯·海斯将威斯康星州议员纳尔逊大学环保演讲会的提议，扩展为在全美举办大规模的社区环保活动，并选定 1970 年 4 月 22 日为第一个"地球日"。当天，美国有 2000 多万人，包括国会议员、各阶层人士，参加了这次规模盛大的环保活动。随后影响日渐超出美国国界，得到了世界许多国家的积极响应，最终成为世界性的环境保护运动。4 月 22 日也日渐成为全球性的"地球日"。

每年的这一天，世界各地都要开展形式多样的群众环保活动。很多学者认为环境问题从媒介议程变成公共议程 1970 年的地球日是关键一年，关注环境问题的社会氛围已经大大改善，成为大众与主流社会关心的问题，② 这为媒体的环境新闻提供了大众与主流的受众市场。70 年代以后公共环境意识不断提高是环境新闻大量获得普利策奖的社会条件，普利策奖又反过来推动环境新闻在主流媒体与主流社会的普及。

新闻专业化为主流价值观奠定了科学的基础。现代社会的主流价值观往往需要一个科学的论证，特别是一种新兴的思想。环境新闻具有更加严密的科学性，要想成为主流媒体与主流社会的价值观之一，必须具有专业化的科学基础。就普利策新闻奖来说，所有获奖作品都是全美新闻的"榜样"（example），须在专业化上下工夫。这一时期媒体环境新闻从两方面准备了

---

① Roderick F. Nash. *The Rights of Nature: A History of Environmental Ethics*, The University of Wisconsin Press, 1996, p. 65.

② Bowman, J. S. "American Daily Newspapers and the Environment", *The Journal of Environmental Education*, 10 (1), pp. 25—28.

条件：一是新闻记者的专业化，一是新闻教育的专业化。1997年美国环境记者协会成立；1993年美、法、德记者发起成立国际环境记者联盟（IF-EJ)，当年有29个国家的记者参加。这些专业环境记者团体成立的目的是："（面向）从事采访、写作、报道、编辑、摄影与卡通新闻记者"，"提高覆盖环境问题能力"①。SEJ每年都要召开年会，让环境记者相互交流，并出版专业讨论刊物如《环境记者协会季刊》（SEJ)。

专业化的另一方面是环境新闻教育在大学的设立。从70年代到2007年，按照威斯康星大学的统计，大约有50个大学设立环境新闻专业，并与各自学校的文、理、工、医等学科结合，培养各方面的专业人才。这两方面还有融合趋势，如密歇根州立大学多次举办环境记者协会的年会，协会专业研究也有意与大学教育结合，如SEJ就是"要出版环境和环境新闻类问题的文章，提供一个交流的平台"。在该杂志的第一期第1篇文章里，主席德特金先生指出："要和一个大学的新闻学院合作，如调查性的采编部门与密苏里新闻学院结合。"② 普利策新闻奖的环境报道是相当专业化的，媒体人才专业化是基础。

新闻内容的拓展涉及每个人。从普利策新闻奖获奖的新闻内容来看，这段时间环境新闻内容已经由单纯的资源保护扩大到各类主要的生态问题，涉及当代环境问题的主要大方向：从被加利福尼亚不可修复的可能性矿难到宾夕法尼亚三里岛核反应堆事件；从华盛顿特区巴尔的摩国际拆船业对环境和工人的危害到新奥尔良世界渔业受到的威胁；从埃奥瓦州连续农业对环境的破坏到美国各城市供应水的致癌物质。所有问题都带有生态圈的普遍性，几乎涉及每一个公民的生活，同时已经具备了表现完整生态精神的成熟环境新闻内容特质。③ 这样一个涉及面，几乎每一个普通的美国人都会对其中的某

---

① John Palen, "OBJECTIVITY AS INDEPENDENCE: CREATING THE SOCIETY OF ENVIRON-MENTAL JOURENALISTS, 1989—1997", 文中未标出资料来源于此，网络链接：www. sej. org.

② Jim Detjen, "Welcom to the Society of Environmental Journalists", *SEJournal*, Fall, 1990.

③ 这30年来的普利策新闻奖内容分别是：1971年第55届《温斯顿塞勒姆日报》获奖新闻是一系列关于北加利福尼亚采矿业对当地造成不可修复的环境伤害的报道；1979年第63届《第蒙记事报》获奖新闻是一系列关注农业对生态破坏的文章；1980年第64届《费城问讯报》获奖的新闻是关于三里岛核事故的报道；1990年第74届《华盛顿每日新闻报》获奖新闻是关于城市供应水含有致癌物质的一系列报道；1992年第76届《沙加缅度蜂报》获奖新闻是关于加利福尼亚内华达山脉所受到威胁的系列报道；1993年第77届《亚特兰大宪法报》获奖新闻是关于抗菌素与杀虫剂效果逐渐消失的报道；1994年第78届《阿尔伯克基论坛报》获奖新闻是有关美国政府人员受到核辐射的系列报道；1996年第80届《罗利新闻与观察报》获奖新闻是关于养猪业利用处理品对人体健康的危害之报道与《纽约时报》罗伯特的一系列关于环境问题的社论；1997年第81届《新奥尔良时代花絮报》获奖新闻是关于世界渔业所受到威胁的系列报道；1998年第82届《巴尔的摩太阳报》拆船业对工人与环境所带来危害之报道。几乎涉及当代环境问题的所有方面。

一方面有兴趣，因为环境新闻的内容也涉及了他（她）的生活。

全美地域的分布与大媒体覆盖是进入主流的现实条件。环境新闻走向主流需要在地域上覆盖美国的主要国土，在媒介上占有主流媒体。与60年代获普利策新闻奖的环境报道不同，那时主要集中于中北部的威斯康星、伊利诺伊等少数几个州，属于地方性关注的媒体现象；而1970—2000年这段时间，获奖媒体分布在美国各地。处在东部的有华盛顿特区的《新闻报》与《太阳报》、纽约市的《纽约时报》；东南部北卡莱罗纳州罗利城的《观察报》、温斯顿—萨勒姆城的《温报》、佐治亚州亚特兰大城的《宪法报》；东北部宾夕法尼亚州费城的《问讯报》；西部加利福尼亚州萨克拉门托城的《蜂报》；南部路易斯安那州新奥尔良城的《花絮报》；西南部新墨西哥州阿尔伯克基城的《论坛报》；中北部艾奥瓦州得来梅城的《记事报》。就环境新闻所获得普利策新闻奖的媒体分布来看，已经是全国性的，也就是说关于环境的报道已经不是某个地域性的问题，而是全美的普遍性现象，已经是美国人的共识。

这一时期的主流大媒体也因为报道环境新闻获得普利策新闻奖，表明环境新闻已经成为主流媒体的声音。《纽约时报》在发行量与影响力来说是美国乃至世界范围的一流报纸，截至2007年在普利策奖设立的91年里，该报已经获得将近110次普利策新闻奖，获奖数量远远排在其他报纸的前面。在很多新闻报道或者主流舆论方面，《纽约时报》是标志性的媒体；《费城问讯报》由著名报人瓦尔克（John R Walker）与诺维尔（John Norvell）在1829年6月创办，是美国现存排名最早的前三家日报，发行至费城、纽约市与州、华盛顿特区等较高影响力的东部重镇。当时工作日发行量为53万份，周日发行量高达100万份；在1975—1990年间获得17项普利策新闻奖，在全美影响力非凡。①总体来看，这30年期间环境新闻所获普利策新闻奖的报纸绝大多数都是美国有影响的大媒体，环境新闻在大报获得普利策新闻奖，标志着环境新闻已经确立在主流媒体的地位。

环境新闻文本的普遍成熟是中心环节。环境新闻文本早在卡逊时代就已经具备成熟文体，但她却是孤独的先行者，因为记者普遍的素质还在短期内达不到卡逊的水平，在60年代能够像《寂静的春天》一样的文本其实并不多见。1970—2000年这一时期，在新闻文本上环境新闻取得进展，经过数十年的努力，已经使得这种新型的环境新闻文本走向普遍与多样。

① en. wikipedia. org/wiki/The_ Philadelphia_ Inquirer.

首先科学知识背景记者的多样化。对于环境问题的解释是一件非常不容易的事情，因为涉及自然科学的知识，传统的新闻记者力不从心。由于这段时间环境新闻的专业化，源源不断的理工学科背景的人才进入记者队伍从事环境新闻报道。在《观察报》一系列关于北加州利用废物养猪对环境与人体造成损害的报道中，记者麦兰尼（Melanie Sill）与帕特（Pat Stith）利用化学分解原理、生物学营养成分吸收与转化过程、环境学废物分解、医学传染病病理等全面细致分析报道。① 任何一个环节都做到科学性，使得环境污染与人体感染的结论具有坚实的科学基础。

其次为风险的理论化。所谓风险性，是指在环境报道中对现存事物之现在或未来存在某种危害性的判断。这个理论在 80 年代经过德国社会学家贝克与其他后继科学家，系统化地成为《风险社会》理论。这个理论被广泛地运用于社会学领域，环境问题就是最重要的领域之一，新闻报道也不例外。比如，80—90 年代华盛顿城市自来水供应一直被认为是安全的。然而，该市《每日新闻报》的记者经过将近两年的检验发现城市供应水中含有大量的致癌物质，有可能在未来的数年或数十年发病，其新闻报道获得普利策新闻奖。自来水致癌物质问题引起很大的不安，也受到利益集团的攻击。后来经过多方验证，这个 8 年来一直未被官方发现或纠正的问题被专业部门所验证。《问讯报》有关三里岛的核辐射问题而获得普利策新闻奖的报道也是突出风险性的代表作。

另外，环境新闻的调查性与公共性也在这个时期渐趋普遍。《第蒙记事报》为了揭露农业对环境的破坏，记者詹姆斯（James Risser）在艾奥瓦州、内布拉斯加州、密苏里州等地对农业进行 1 年多的长期调查与验证；《太阳报》为了报道废旧船拆卸过程中对环境与人健康的危害，记者盖里（Gary Cohn）与维尔（Will England）对此调查将近 3 年。② 环境新闻因为面对公共空间，与每一个人的生活与未来相关，非利益集团所有，因此这类消息更为大众服务。因为背后不服务于任何利益集团，它的内容更具有客观性与公共性。

1970—2000 年这段时期跨度相对较长，在这个漫长的时间里，因环境新闻而获得普利策新闻奖的媒体遍布美国各地，而且多数是美国较有影响的大媒体、甚至是国际媒体；受众因为环境运动而具有了广泛的群众基础；新

① findarticles. com；www. nieman. harvard. edu/reports.

② www. environmentwriter. org.

闻的专业化使得媒体具有专业的环境记者，也使得成熟的环境新闻文本普遍化。总之，经过各方近30年的努力，美国媒体关于环境的报道不仅使它成为各类媒体议程，同时也是公共议事日程。

四　2000年以来：新闻题材的多样与思想的成熟

2000年以来，随着厄尔尼诺现象、印度洋海啸、卡特里娜飓风、遍布世界的大洪水，美国人对各类媒体有关环境的报道已觉司空见惯。近些年来环境新闻较全面地融入传统新闻或其他新兴新闻内容里，有时较难严格地区分出环境新闻。这段时期获奖的环境新闻比平常的年份较少或者没有，灾难时期又较多（如卡特里娜飓风）。另一方面，获得普利策新闻奖的奖项内容也在扩大，形成了环境新闻多视角地反映社会生活的局面。我们所说环境新闻融入媒体的各类报道是这一时期的主要特征，这一特征又是多样新闻形式与成熟的生态思想高度结合的。从反映的内容来看，对于环境问题的考察已经融入到社会的方方面面，对于各类社会问题的考察也注意到环境因素的分析。

图2－5　获2003年普利策突发摄影奖的科罗拉多森林大火照片之一

获奖面拓宽是扩大主流媒体报道的渠道。对2000年前后及以前的调查显示，美国电子媒体有2%的内容是环境新闻。然而，这些环境新闻多数报道是什么而不分析为什么；相比之下，报纸环境新闻在此方面要比其他媒体好得多。[①] 自普利策奖设立以来，环境新闻在2000年以前获奖的新闻作品都是文字报道，文字更容易深入表达深奥的环境理念。而2003年（87届）的普利策新闻摄影奖（原为"突发新闻摄影奖"）颁给《落基山新闻》（Rocky Mountain News）一组2002年科罗拉多森林大火的照片，这是普利策新闻奖历史上的第一次。

新闻照片是新闻报道另一种独立的形式。此次普利策奖第一次把奖项颁给环境而不是人作为主体的新闻摄影，标志着环境新闻在形式上的进一步拓宽。照片虽然直观，但运用得好能够表达复杂的关系，也能够传递成熟的理念。《落基山新闻》这组照片大体上有三个角

---

① "Environmental Journalism", Ibid., from: www. sej. org/resource/DWillman. pdf.

度：环境的毁灭、人的惊惶失措与现代科技对生态灾难的无能为力。照片一部分描述科罗拉多森林大火愤怒喷涌的场面：像血一样的火龙直冲云霄，人类低矮的家园在烈火中毁灭，几乎每一张照片的底色都是红色的，场面巨大，家园矮小；自然毁灭、家园化为灰烬，显示人类对自然的依赖关系：自然容纳着人类的家园，环境毁灭家园就不复存在。

　　第二组场景表现现代科技对环境灾难的作用：大火产生的浓烟冲入天空几千英尺高的地方，期间有一架小得几乎看不见的直升飞机在灭火，这架直升飞机在巨大的浓烟包围中已经气息奄奄，几近毁灭。这表明在环境灾难面前现代科技的无能为力，即形象表明了人类中心主义中"科技万能"的思想是错误的。第三组照片集中于人的反应：逃离家园的惊惶失措、无家可归的疲惫与失去亲人的悲痛。这些照片传递着这样的信息：一旦环境被毁，人类就不能全身而退，必然也会家破人亡。其实这些照片反映了深生态理念：人类必须对环境负起责任。人类在自然面前是渺小的，科技解决不了环境灾难，必须建立生态中心主义的生活方式。摄影技术与环境理念的完美结合标志着环境新闻表现形式已经由文字拓展到图像，不仅适用于报纸，更能够适应富于表现力之技术特征的电视与新兴电子媒体，环境新闻表现形式与适应各类媒体的能力进一步拓宽。

　　这种表现形式在 2006 年进一步得到巩固：普利策新闻奖（"突发新闻摄影奖"）授予《达拉斯晨报》（*The Dallas Morning News*）的新闻人团体。因为在 2005 年卡特里娜飓风中，该报"新闻照片生动地描述了卡特里娜飓风过后新奥尔良市的混乱与痛苦"。这里反映的内容既有远景之大洪水过后现代城市庞贝的荒凉，又有从老人到孩子、从医生到尸体的不同存在状况。图中的眼神有无奈、痛苦、惊恐，还有绝望，令人触目惊心，给人以巨大的震撼。一方面反映人对环境的依赖与失去后的悲惨，另一方面表现现代化对挽救环境灾难的无能为力。图中处处都能找到高度现代化城市与环境灾难的对比（城市与人是现代的，灾难是原始的）。给人的疑问是："人该怎样与环境处理好关系？人如何避免环境灾难？"因此，普利策奖对它的表现肯定为"史诗性"的。

　　2005—2006 年因环境新闻报道获普利策新闻奖的媒体，在拓宽题材方面的收获是多样的。在 2006 年，除了《达拉斯晨报》新闻照片获奖，因环境新闻报道《新奥尔良时代花絮报》在公共服务与突发新闻方面获得两项大奖，《比洛克西太阳先驱报》（*Biloxi Sun Herald*）也因环境新闻报道获得公共服务奖。一年内有 4 个普利策新闻奖授予环境新闻，奖项范围延伸到三个领域，这在新闻史上也是少见的。另外，2005 年的普利策新闻奖的新闻特写奖授予《芝加哥论坛报》的凯勒（Julia Keller）。这个自 1979 年设立的奖项授予的理由在于："在高质量的文字驾驭能力与原创性方面作出杰出榜样。"其实特写具有很强的艺术性，包括新闻报道中的特写都是如此。凯勒因在新闻报道里描写 10 秒钟内一个飓风场面而获得此奖，其实不在于信息量的多少，而是一种审美性的特质。这表明环境新闻在向艺术与审美方面的拓展也得到主流媒体的肯定。

环境新闻在这一时期另一重要的变化是题材的融合。环境问题不单单是本身的问题，也是由人的作用。换一个角度来说，环境是人赖以生存的条件，人的各类发展或活动都应该考虑到环境因素。自 2000 年以来，这种变化较为明显。2000 年普利策新闻奖中就有把非洲的艾滋病问题与环境因素结合起来进行考察的报道；① 2003 年把健康、医学问题与环境因素结合的新闻（《巴尔的摩太阳报》）。最能够说明问题的是 2007 年《华尔街日报》获得普利策奖（91 届）之国际新闻奖的作品。

2007 年《华尔街日报》凭借关于中国经济的系列报道获得最佳国际报道奖。获奖文章共有 10 篇，包括《别了，"长江女神"》、《中国赤脚医生打响环境保卫战》等。② 这 10 篇报道里很多包含着用环境因素来分析中国问题的报道（大约为 30% 比例），下面是一些简单的分析。

《"血铅事件"敲响环保警钟》记录的是甘肃省新寺村一家制造铅锭的工厂，其生产 10 年造成村民体内铅含量超标，事件恶劣而又具有代表性。这篇报道通过环境问题给人带来的危害，对过去经济增长方式提出新的愿景："不过，在中国经济飞速发展的同时，政府官员已深切地认识到包括铅在内的有毒物质的危害"，"中国政府已采取了一系列措施限制铅污染，例如在 90 年代末淘汰了含铅汽油，通过了更严格的有关工作环境的法令。"③

《别了，"长江女神"》④ 介绍了瑞士人弗鲁格被中国人王丁所从事的保

---

① Christopher Knight, "The Material Pleasures of Sculptor Isermann", *Los Angeles Times*, April 3, 1999.

② Shai Oster and Mei Fong, "River of Tears. In Booming China, A Doctor Battles A Polluting Factory", *Wall Street Journal*, July 19th, 2006.

③ Shai Oster, Mei Fong, "A Poison Spreads Amid China's Boom", *Wall Street Journal*, September 30th, 2006.

④ Shai Oster, "It May Be Too Late For China to Save The Yangtze Goddess ", *Wall Street Journal*, December 6th , 2006.

护白鳍豚的事业所感染，最后也率领科考队拯救白鳍豚的故事，带有明显的环境保护主义的特色；《中国赤脚医生打响环境保卫战》记录福建省屏南县乡村医生张长建和当地村民五年以来一起保卫当地环境的故事。这些报道已经与中国经济发展联系起来，换一句话说，用环境的因素重新关照中国经济发展和普通人的生活。在新闻报道中，把环境因素用来考察与关照各类事件的做法，很大程度上来讲就是用生态中心主义的理念来关照生活，指导实践，这也是环境新闻被社会各阶层接受以后，在表现思想与新闻文本上的进一步完善。

第三章　西方环境新闻理论研究

环境新闻与传统的新闻理论有着许多相同的地方，如新闻价值中的真实性、重要性、显著性与人情味等。然而，作为一种新型的新闻体裁，环境新闻要求更高的科学性，并更多地关注未来，那就是能够尽量地揭示现存的某种人为活动或者文化习惯，对未来环境产生的否定因素与伤害性。另外，环境新闻的理论还来自于生态（或环境）伦理学，这是一个相对成熟的学科，对环境新闻文本构建与事件分析具有理论的指导意义。这些都形成了环境新闻相对于传统新闻的特殊理论特质。

第一节　环境新闻的客观性研究

就传统新闻来说，报道中能够容纳多方面的观点甚为重要，因为它一定程度上保证了客观性。环境新闻是否需要客观性？这个问题在西方新闻界也一直在争论，答案比传统新闻要复杂得多。而坚持客观性的一方认为关键是如何做到与怎样做到的问题；反对者一方认为环境问题比其他问题都具有更为显著的迫切性。事实上，环境新闻牵涉到各方利益，特别是在工业与后工业社会，它需要一个问责的主体，因此，是否坚持客观性需要一个更为慎重的态度。

一　"平衡"说

"平衡"性报道来自于传统新闻的"客观"说，即要求记者在报道问题的时候尽量听取各个方面的意见，把各种情况都考虑在内，这样有利于展现事物的客观面貌。在环境新闻的报道方面，持这种观点的人是美国环境记者协会前主席、现任密歇根大学纳尔特环境新闻中心主任吉姆·德特金教授。因为其在环境新闻领域特殊的贡献与影响力，他的这个观点在西方环境新闻界有较大的影响力。

德特金先生认为，作为环境记者，没有比声誉更重要的东西了，特别是从长远的角度来看，因为读者与观众会判断出谁是追名逐利者、谁又是和真理站在一起。环境新闻是一个公共领域的信息，获得公众的支持比偏向哪一方更为重要。因此，他一直反对环境新闻的"倾向"性（Advocacy）。因为环境新闻报道仅仅呈现一边的信息或者观点，甚至是那些不公平的东西，对于环境新闻来说是一个误导，会产生不利影响，不仅是环境记者，甚至是环境新闻。①

为了不让别人引起误解，德特金先生进一步论述认为环境新闻的调查甚为重要。报纸、电视、杂志乃至网络媒体等，应该把注意力与主要精力放在对环境资料的深度调查与研究上，挖掘表面事实以下的本质东西。他指出最近这些年凡是获得较大影响的环境新闻（如有毒废水、核能源、地下水下沉与矿难报道等）都是敢于面对公司、社会乃至某些政府的压力进入深层次调查的结果。

对于平衡的方法问题，德特金先生认为不要只报道负面的消息，要注意报道正面的内容。要让读者知道公司、政府、社会团体乃至公民个人都为提高环境质量做了很多的工作。环境新闻应该包括这两方面基本的内容。另外，材料组织上也应该多样，不要仅仅涉及某一方面的新闻源，报道的框架尽量宽广一些，寻找多样的观点并写入其中，在持怀疑态度时要谨慎与健康，有利于问题的解决。应该说德特金先生作为一位有20多年环境记者经历的职业人，其观点是相当谨慎与严密的，很有操作性。

事实上德特金先生也一直以来都履行着这样的承诺。1996年在《环境记者协会季刊》最为艰难的时候，百家得（Bacardi）基金答应资助该杂志年会一奖项100万美元，条件是要在奖品印上"百家得"公司名称。德特金先生认为这样可能会"在严肃的环境新闻记者眼里降低价值"。时任SEJ主席的阿斯卡逦也认为这样会使得"现在或将来的环境问题报道处境尴尬"，人们会认为"环境新闻及其机构受到利益集团的雇用，专门创造环境问题的好印象"。斟酌再三，最后还是毅然拒绝了这份对环境记者协会来说"雪中送炭"的一份资金。② 此一例子证明，德特金先生在实践中也一直坚守着这种平衡性，害怕受到利益集团的支配。

① Jim Detjen，"On Ethics，Thinking Long Term Helps"，*SEJournal*，Spring/Summer 1993，p. 2.

② John Palen，"OBJECTIVITY AS INDEPENDENCE：CREATING THE SOCIETY OF ENVIRON-MENTAL JOURENALISTS，1989—1997"，Ibid.，from：www. sej. org.

二 "倾向"说

其实在环境新闻界，更多的学者与业界人士坚持一种"倾向"说。特纳广播公司环境新闻编辑芭芭拉·帕里认为，做环境新闻很难，记者需要具备科学家、人类学家与经济学家的知识。因此，如果是要用合理与公正的角度报道环境新闻，其实是一件极不容易的事情。因此，她的主张是：应该放弃客观报道的传统理念，因为全球环境危机是迫切与紧急的，故观点与倾向是不可避免的。[①] 在芭芭拉看来，环境新闻的倾向性是警示世人环境危机的很好途径。

科罗拉多漂石分校环境新闻教授简·怀特（Jan White）认为客观性的报道比较难处理，持相同观点的《缅因时报》（*Maine Time*）编辑道格拉斯·鲁克斯（Douglas Rooks）与约翰·卡尔（John Cole）认为，这（环境新闻）不是客观新闻，我们也从来没有许诺要这样做。我们（环境）新闻之哲学与客观抑或平衡不同，你没有办法把作者的观点与问题分开。我们把（倾向）说清楚而不是撒谎，这样我们是诚实的。[②] 因此在卡尔做《缅因时报》编辑期间，把这份报纸做成了 20 世纪 70 年代环境主义者的传声筒，涉及矿业、能源、循环利用、渔业、污染与有害废物等多方面的社会问题。这些问题不仅引起缅因州政府的注意，也使得联邦政府对缅因海岸污染与内陆的土地滥用问题进行插手，促进问题的解决。如果注意平衡，这些问题可能不会吸引那么多人的注意。当然这种倾向性是从环境新闻的社会功能来论证的。

斯特兰科与怀特（Strunk & White）从语言学上否认环境新闻客观性的存在。他们认为："每一位作者使用语言的目的是为了表达精神、习惯、知识与偏见上的某些东西，把这种意识编入语言，这（观点）是不可避免与值得欣赏的。所有的写作都是交流，创造性写作是通过揭示（内心想法）而达到传播的目的，是把自我思想拿到公共视野里。"[③] 语言文字代表着观点的表达，来自人的心中，人的心中是由信念构成的，因此，语言表达着写作者的观点。

美国环境新闻记者迈克尔·弗洛姆是倾向说的积极倡导者与拥护者，他

---

① Tom Meersman, "The Advocacy Debate", *SEJournal*, Winter 1990—1991.

② Jan Whitt, "We Never Promised You Obectivity", *SEJournal*, Winter 1998.

③ William I. Strunk, *Elements of Style*, Longman Publishing, 1999, pp. 66—67.

引用《纽约时报》的编辑奥克斯（Oakes）的话说："一个人在写环境新闻专栏的报道时，他不可能不表达对环境问题同情的观点；也不可能报道正在发生的环境问题时不批评破坏环境的行为。"① 弗洛姆的倾向说是从人的本性上证实的，他还指出，所谓的"客观"性或者"平衡"性事实上是一种收集资料的方法，是端正（抑或是抚慰）自己正义性感情的现实基础。为此，弗洛姆主张在环境报道中使用人的感情。他认为，环境新闻超越了客观性，是通过头脑与感情来考察世界与宇宙的活动；收集事实，然后用感情去写，用记者自己的感情。他还用斯通（I. F. Stone）的话来印证这种合理性："哲理上来说，一个人的生命最终会被压缩成一种信念，其基础是不证自明的，这种信念是一种美学物质，是一种美与和谐的感觉。"其实，弗洛姆是从人的本质属性来说的，即人在本质上是一种理念构成的。

三 "科学"说

很多记者与学者认为，环境新闻不同于传统新闻，既不能有"倾向"性，也不易用社会科学难以操作的"客观"性准则，而是科学性。因为环境问题可以被自然科学所量化，而其他的社会新闻报道是社会科学考察的内容，可以仁者见仁、智者见智，而环境问题的解决也最终需要借助对危机的科学认知这个前提。

美国《环境科学与技术》杂志的编辑鲍尔·萨克（Paul D. Thacher）经过长期观察认为科学性将会是环境新闻区别于其他传统新闻的准则。科学家与专家开始意识到传统新闻的平衡性……包括对立双方或者多方的声音在内，已经不适应环境新闻。萨克指出，吉姆·德特金的"平衡"性理论在传统的政治新闻、社会报道中起到了很好的作用，而在复杂的环境等科学问题报道上却不能反映公众或者读者的利益。德特金先生也承认这种"平衡"性会在环境报道中捉襟见肘，如在全球变暖的时代，烟草公司仍然坚持争辩吸烟会对人产生某些好处，是不应该反映出来而作为"平衡"的，因为这样会对人们采取行动制止全球变暖不利。②

持这种观点的人认为记者要么具备充分的自然科学知识，要么采访科学家。因为通过科学实验与分析得到的结论是最可靠的，也就可以摆脱"平衡性"与"客观性"的争论。另外，记者还需要经过把科学术语转化成大

① Michael Frome, *Green Ink: An Inroduction to environmental Journalism*, Ibid. , p. 27.
② Cheryl Hogue, "Scientists Still Tracking Source of Teflon Chemical", *SEJournal*, Spring 2006.

众新闻语言的语言学环节。比如罗格·阿奇巴尔德（Roger Archibald）认为
这种转化是要遵循科学性的。比如 1994 年 1 月，"6.6 级大地震袭击南加利
福尼亚州圣费尔南多谷"，"6.6 级大地震"究竟是什么概念？这需要用新闻
语言来讲清楚，涉及科学的编码与解码，这是环境新闻科学性的必要
环节。①

除以上三种之外，还有要求借助生态或者环境伦理学理论来组织环境新
闻的报道。这种主张的基础在于环境伦理建立在环境科学之上，环境伦理的
具体主张很大程度上反映出科学的要求。不过这种主张既包括"倾向"派、
"平衡"派，还有"科学"派。

四 结论

总体来说，这三种主张是从不同角度看问题得出的结论，各有其合理
性与局限性。就"平衡"说一方来讲，环境记者可以平衡各方观点而摆
脱不必要的各方责难与纠纷，使得环境记者在采访报道中游刃有余；不足
之处在于它并不代表科学性，某种程度上也不利于环境问题的解决。"倾
向"说通过记者个人对环境危机的同情之表达，通过对公众利益受到伤害
的呼吁，能够引起公众对于环境问题的注意，有利于环境问题的最终解
决；不足之处在于往往会给环境记者甚至媒体带来很多麻烦。"科学"说
的好处在于既可摆脱纠纷与责难又能突出问题所在；不足之处在于并不是
所有的环境记者都是环境科学家，科学实验需要时间，等到得出科学结
论，环境危机可能会加剧，新闻性也大打折扣。三者其实是一个问题的三
个方面，不存在所谓的"客观性"，因此，对于环境新闻来说，科学是基
础，平衡是手段，倾向是目的，是为了问题的凸显与最终解决。三者需要
在不同的环境报道中平衡或各有侧重，如何处理好，这就需要环境记者在
实践中展现他们的智慧了。

第二节　风险性：环境新闻的核心新闻价值

新闻价值（News Value）是西方新闻理论中一个较为核心的研究范畴，
因为它与新闻的定义相连，直接地影响各类媒体的市场定位与媒介方针，也
对记者的新闻选择、编辑、版面安排与处理产生直接的影响。对于新闻价值

---

① Roger Archibald, "Repoting Measurements Accounts Accurately", *SEJournal*, Spring 1994.

定义来说，虽然具体标准有差异，但东西方对其定义有较为相同的认识，就是报道中所包含的新闻要素的总和；对于环境新闻来说，其价值因素的确定实质上就是对新闻的量化把握，确定新闻多大程度上是新闻。风险性来自于20世纪80年代德国社会学家贝克的《风险社会》一书，后来被广泛地运用于环境新闻或传播。环境新闻之新闻价值除了拥有传统新闻价值要素以外，还有自身的规律，核心在于风险性。当代的环境问题是由人类工业化造成的，工业社会里人类的技术、文化与思想是缺少反思性的，具有风险，需要第二次现代化。简言之，环境报道中风险性新闻价值是指在环境报道中对生态物未来某一时间内会被造成（人为所致，如技术与文化等）某种危害性结果的判断。①

美国关于环境新闻的定义都有反映"环境问题"的共识，"环境问题"指的就是环境在工业与后工业社会中受到的伤害，包括现在某一时间或未来，确定了风险所在（风险则侧重未来），环境新闻的新闻价值就得到确定。我们说风险性的确定是环境新闻的核心新闻价值，原因就在于风险是环境新闻用来分析各类环境问题的基本要素，涉及几乎所有的环境问题报道，需要"科学与反科学（即解构传统认识的知识）"，对于环境新闻来说关键在于，利用科学知识确定风险，这样才是化解风险的关键一步，怎样化解风险也是新闻价值的重要因素。而按照贝克与其后的社会学家的观点，"不可能超出风险在特定状态下的具体化之外来理解风险，不管这种状态是科学的、政治的、经济的还是流行的"②。正是因为这样，我们在探讨环境报道风险性新闻价值时离不开具体问题。为此，我们从环境的7个方面来仔细分析，理由是这些议题是媒体报道最常见的，也是环境问题最为重要的方面。

---

①　乌尔里希·贝克认为，"我所说的风险，也就是生产力发展的先进阶段所制造出来的，首先是指完全逃脱人类感知能力的放射性、空气、水和食物中的毒素与污染物，以及相伴随的短期和长期的对植物、动物和人影响的后果。它们所导致的、常常是不可逆转的伤害，而且伤害一般是不可见的"。贝克进一步解释：这些风险的核心是不可见的，只有透过围绕在它们身旁的一些科学或者反科学的知识才能够献身，而且在知识当中变化，忽大忽小，一下子那么戏剧性，一下子却又好像没有害处。在整个社会过程当中，它们仍然是开放的。因此对于风险的定义与定位，也就占据了社会政治的枢纽地位。（Ulrich Beck, *Risikogesells chaft: Auf dem Weg in eine andere Moderne*. Frankfurt am Main: Suhrkamp Verlag. 1986, p. XII.）对于环境新闻来说，能够确定环境问题中各要素的风险性就需要"科学与反科学的知识"，一旦风险确立，就具有了反传统的内容，新闻价值也就具备。

②　Loost Van Loon, "Virtual Risks in an Age of Cybernetic Reproduction", in (eds) Barbara Adam, Ulrich Beck, *The Risk Society and Beyond, Critical Issues for Social Theory*, London: SAGE Publications, 2000, p. 176.

一　技术及其风险性的新闻价值

环境新闻文本真正走上成熟很大程度上来源于技术风险的确立，就环境新闻的文本影响力来看，最早在卡逊《寂静的春天》中得到较为完全的表现。20 世纪人类依靠技术取得巨大进步，美国又独领风骚。在 60 年代前数十年，美国一直是世界上主要的也是唯一的工业大国，该国以不可思议的能力开发着新产品与新技术，成倍地提高着国民生活水准，毫不费力地向世界展示着技术带来的舒适与魅力。毫不夸张地说，在 60 年代以前，美国和世界的人们从来没有像那时那样自信：技术给人类带来了自信与希望，也将会带来更美好的明天。

在《寂静的春天》发表以前，人们也几乎没有怀疑作为现代技术成果之一的 DDT 会给环境和人类带来风险。作为"技术奇迹"之领头羊的化学工业，1939 年经过瑞士科学家鲍尔·姆勒（Paul Muller）的改进，把抗生素运用于农业，并把这种 DDT 产品运用于第二次世界大战。DDT 在第二次世界大战中的贡献功不可没：盟军因为各条战线喷洒了 DDT，大量携带疟疾、丝虫病与黄热病的蚊子、携带伤寒病的虱子与携带黑死病的跳蚤都被杀死。这是一个不小的成就，因为这种害虫的杀伤力，"对战争的决定作用要大于恺撒、汉尼拔、拿破仑等历史上的伟大统率"①。

然而，卡逊《寂静的春天》改变了一切。正如贝克所说的，这些风险的核心是不可见的，只有透过围绕在它们身旁的一些科学或者反科学的知识才能够现身。在此之前，作为生物学家，卡逊也注意到美国已经出现的反常现象：1957 年加州科利尔（Clear Lake）湖鹏鹏鸟大量死亡，1958 年伊利诺伊州博物学会统计，当地的知更鸟数量急剧减少。② 但是到了 1960 年左右，生物学家对具体造成这些问题的原因还不清楚。从 1952 年起，卡逊在缅因州的海边买了房子，并开始为调查 DDT 中毒事件而专心写作。在这个被认为是人类智慧之骄傲的技术 DDT 上，卡逊对之做了较为全面的解构。

"DDT 及相关化学品的最险恶特征之一是它传递的方式"，通过食物链各个环节"残余 DDT 浓度的干草也许会被喂给奶牛"，并进一步传给人类；同时污染了河流与地下水；对于自然生物，除了鸟类还有昆虫，"地球上的动物约 70%—80% 是昆虫，这些昆虫占优势是自然力量控制的"，DDT 的作用让很

---

①　Gove Hambidge, "The New Insect－Killers", *Harper's Magazine*, February, 1945.

②　Frank Graham, Jr., *Since Silent Spring*, Boston：Houghton Mifflin, 1970, p. 16.

多益虫死亡，使得"存活下来的害虫是顽强的"，几代以后，"产生了完全具有抗农药的昆虫新族群"。"我们冒如此大的风险还未实现我们的目标，这实在是一个莫大的讽刺，然而这似乎就是我们的处境"①。卡逊对于 DDT 进行全面的解构，使人看到 DDT 使得人类与自然界处处潜藏危机，所有的信息都具有新闻性。从新闻文本上看，《寂静的春天》全部 17 章内容属于调查性新闻报道，风险性分析使得内容上饱含了让人瞠目结舌的新闻价值。

　　风险解构了传统，使得现实秩序面临重构的可能，触及各方面的利益，新闻价值就大；对于《寂静的春天》来说，新闻价值可以通过当时各类媒体与相关方面的反映得以印证。1962 年 6 月，《纽约客》一连三期通过调查新闻的形式刊登了《寂静的春天》的节选，随后美国《国会记录》对此做了摘录，总统肯尼迪在一次记者招待会上被问及农药问题。1962 年 9 月 27 日《寂静的春天》正式出版以后，宾夕法尼亚大学博物学家劳伦（Loren Eiseley）对它的影响如此评价："（该书风险性的揭露）对人类的粗心、贪婪与不负责任发起了毁灭性的、铁证如山的无情抨击。"《纽约时报》这样叙说《寂静的春天》对技术解构的影响："《寂静的春天》成了嘈杂的夏天；农药制造商竭力反对这本书，卡逊搅起了冲突，农药制造商的内心在哭泣。""华盛顿和纽约在举行会议，声明在起草，反击在筹备。"②

　　卡逊《寂静的春天》开启了人类怀疑技术是否能够解决人类所有问题的新时代。1986 年，德国社会学家贝克在他《风险社会》一书中认为，人类社会需要"第二现代"（第二次科学化）。"第一现代"是简单现代化，科学为工业实践服务，缺乏自省批判；在"第二现代"的反省性过程中，科学和实践（即科学产生的技术）在依赖科学条件下各自分道扬镳。实践运用的那一部分（及技术）开始越来越透过科学来与科学划清界限，是科学自身专业化与自我反省的结果。因为"第一现代"会与自我相冲撞，形成许许多多的灾难和风险，工业社会即风险社会也在于此。我们现在的社会正处于"第二现代"的起点。从新闻学角度来说，任何能够发现技术风险的环境新闻，都进一步把这些风险技术与真正的科学分开，也就使得新闻具有很高的新闻价值，因为它是避免风险的第一步，能够使人类从"第一现代"向"第二现代"迈进。

---

　　① Rachel Carson, *Silent Spring*, Greenwich, Ct: Fawcett Publications, 1962, pp. 220—217.

　　② Phillip Sterling, *Sea and Earth*, *The Life of Rachel Carson*, NewYork: Thomas Y. Crowell, 1970, p. 172.

对于现代风险性技术给环境带来灾难的揭露，已经是环境新闻的重要组成部分，渗透到人类各种技术领域之中，也就形成了对人类"第一现代"的全面反思与批判。然而，作为新闻价值来看，如何考量技术风险报道中新闻要素的多少是一个很难量化的问题，根据传统新闻价值观来考察，无外乎在于时新性、重要性、显著性等新闻要素。但就其技术风险性新闻要素来说，越是技术涉及面广的风险，其新闻价值越大。

例如转基因技术的风险，1986 年 3 月马杰里（Marjorie Sun）在《科学》杂志发表希望通过基因改良来提高各类生物产品产量的文章。① 关于改良基因技术从 1986 年农作物产量开始，到 1995 年在全世界有 400 万英亩的转基因作物，1999 年则高达 1 亿英亩。在美国大豆产量的 1/2 和玉米的 1/3 以上是转基因产品。② 后来，转基因生物进一步地走出欧美，拓展到南美、南非、日本、东南亚；转基因也由植物扩展到动物，如转基因奶牛。这是一个几乎涉及全球的技术现象。如果能够对这样的技术确定风险性，那么，由于涉及面广，影响的个人生活深，新闻价值就很高。事实上，20 世纪 90 年代这类新闻报道极盛一时也侧面印证了这一点。

1999 年，英国《经济学家》杂志有篇未署名文章——《奶牛乳腺失调》的评论，③ 指出转基因生物技术的风险在于：激素对奶牛产生残废、绝育等问题，且转基因牛犯乳腺炎的比例比普通牛高出 25%。牛不仅因此增加了痛苦，同时也使抗生素进入人体，从而导致过敏反应与人的抗生素抗性，甚至这种技术与疯牛病有关。这种风险确认，使得世界范围内反基因生物浪潮进一步拓展，全面抵制转基因食物。一年以后，《纽约时报》总结转基因技术带来的唯一有利成果就是"从不需要割草的草坪"（因为转基因抑制草的生长），④ 对转基因技术进行否定的总结。当然，《经济学家》关于转基因技术风险性的确定，新闻价值是相当大的，因为它涉及面广，影响人们的生活与观念，因此新闻价值就大。新闻记者要想获得新闻价值较大的环境问题，需要在这种技术涉及的范围、深度乃至未来影响力上加以确定。当然，这种风险的确定是最核心的，它需要科学与技术的分道扬镳，需要"第一现代"向"第二现代"的飞跃，这其间的要素也都包含着巨大的新闻价值。

----

① Marjorie Sun, "Engnieering Crops to Resist Weed Killers", *Science* 231, March 1986.

② Michael Specter, "The Pharmageddon Riddle", *New Yorker*, 10 April 2000.

③ "Udder Confusion", *The Economist*, 3 July, 1999, Editorial. p. 17.

④ Brian Farnham, "The Laen That Never Needs Mowing", *New York Times*, 11 June, 2000.

二　人口及其风险性的新闻价值

人口问题一直是环境新闻报道的核心问题。当然，与人类中心主义的新闻文本相比，环境新闻不是关注人口本身，而是揭露人口风险给环境带来的压力与整个生态协调发展与稳定性。因此环境新闻之人口报道的风险性新闻价值在于，揭露人口问题带来环境未来某种不确定性的伤害，这种不确定性是多方面的，只要对环境产生不利影响、对生态和谐带来问题，都具有新闻价值。原因在于，风险的积累毕竟不是依附于已经浮现于台面上的后果或者伤害上，它主要的影响还在未被察觉或者表现的未来成分上。因为人是"万物之灵长"，处于生态系统的一个普通而又突出环节，因此风险牵涉面几乎可以达到所有生态领域。这种揭露风险的信息在重要性与显著性上都很突出，新闻价值也就大。

人口问题在多重视角里存在风险，问题的关键在于对风险性确定的角度。当然，对于人口风险性的揭露其新闻价值不在于重复已有的论调，而是能够站在不同视角发现风险所在，"新"也许是这类新闻最大的新闻价值。我们来比较两则揭示人口风险的新闻。

例1：大约12亿人口每天生活在1美元标准以下……分布在63个最贫穷国家，约占全球57%的人口每天生活在2美元以下……占全球1/6的人口（大约16.6%）——主要分布在欧洲、北美和日本，享有全球80%的收入，平均生活水准为每天70美元。[1]

这类报道应该说还是很好的，因为数字详细，能够反映出发达国家与贫困国家的生活水平差距。然而，这些也许都是读者常识性知识结构里能够猜得着的，故此，读者对其结论与数据可能都不会有太多的印象，原因在于视角不新。我们来看下一则人口风险分析：

例2：根据John Holdre提出的 $I = PAT$ 公式……1个美国人的环境影响力（消费量为标准）相当于：70个乌干达人或老挝人；或者50个孟加拉国人；或者20个印度人；或者10个中国人；或者2个日本人、英国人、法国人、瑞典或澳洲人。……从这一点来看，美国是世界上人口最密集的国家。[2]

---

[1]　"1. 2 Billion Live in Absolute Poverty", *Popline*, May/June, 2000.

[2]　Paul R. Ehrich and Anne H. Ehrlich, *Healing the Planet*, New York: Addison - Wesley, 1991, p. 7.

　　"美国是世界上人口最密集的国家"这一风险论断给人的印象很深，因为美国是世界国土第 4 大国，当时人口不足 3 亿，资源丰富。然而作者根据能源消费量与消费方式所导致的环境压力来看，美国"人口最密集"，引人深思。同样的资料，相同的内容，因为对人口风险分析视角不同新闻价值也有差异，换句话说，后者新闻价值显得更高。

　　环境新闻价值的来源还有社会与生态相结合的重叠部分。人首先是自然的人，然后才是社会的人；但从生态平衡角度来看，人永远不能超越其生态成员的自然身份。人口问题本来属于生态系统的一部分，这个系统的相对稳定是生态系统整体和谐发展的一部分。因此，作为环境新闻，这种既是社会的也是自然的部分，其风险考察也具有相当的新闻价值。2007 年 8 月，英国《观察家》有一篇《中国有 1800 万人娶不到妻子》的文章，这是一篇人口社会性与生物性视角相结合的新闻分析。从人类种群和谐发展来看，"到 2020 年中国将会有 3700 万名男子娶不到妻子"，"男女比例失调远远超过（生物圈）的正常范围"；"中国面临'世界上最严重的男女比例失调'"；可能产生的社会后果是，"贩卖妇女活动、性犯罪和社会不稳定因素"[①]。

　　自然界的各类生物与非生物都是相互联系的，一种生物种群的变化有可能会牵涉到另一种生物的变化，因为生态圈是一个精密的有机体。人口性别比例失调的新闻价值在于，包含了生态圈风险与人类自身的社会风险。男女比例失调原因在"重男轻女的传统观念"，经济上的原因在"男性更适合传宗接代"。但对这类文化传统的批判就新闻报道来说具有生态与社会意义上的双重新闻价值。贝克对此具有相当严厉的批判，他将过去的社会关系与分工比喻为"普遍的共犯结构"、"普遍的不负责任"，甚至认为这种文化或理性作为合法或潜在合理性的基础，是以全人类以及大自然为牺牲的特权模式。然而在风险一般化的过程中，"凶手"最终会和"受害者"变成同一个人。[②]

　　环境新闻价值的获得还依赖于把人口当成生态圈中的普通成员，从系统论中来考察。从社会的角度、以经济来考察人将会存在着巨大的风险，因为世界上及生态圈中不存在单个或者孤立的"人"，也不存在仅仅发生经济作用的"人"。作为生态圈整体普通成员的人，由于"冲突、水旱灾害、水坝

---

　　① Bluto Blutarsky, "Crisis looms as 18 million Chinese can't find a wife", *Observer*, August 26, 2007.

　　② Ulrich Beck, *Risikogesells chaft: Auf dem Weg in eine andere Moderne*. Ibid., p. XII.

建设和森林砍伐等经济因素，导致全球 1.63 亿人背井离乡。非自愿移民是当今人口面临最紧迫的风险之一"。由于人为地改变生态，作为生态一员的人被迫改变生态环境，因为生态系统是一个有机体，各部分相互作用，否则其风险的结果是难以置信的："我们估计，从现在到 2050 年间，将会有 10 亿人被迫离开家园。"①

利奥波德（Leopold）在《沙乡年鉴》中指出，"人只是生物队伍中一员的事实，已由对历史的生态学认识所证实。很多历史事件，至今还都只从人类活动的角度去认识，而事实上，他们都是人类和土地之间相互作用的结果。土地的特性，有利地决定了生活在它上面的人的特性"②。这种风险在当前只重视人口的经济因素而忽视生态因素现实面前广泛存在，是获取环境新闻价值的重要切入口。

就新闻价值层面来说，相对人口问题，如果能够容纳多种结构性的内容，包括社会的、生态的，以某个风险为切入口，那么新闻要素就会多，新闻价值就大；越是容纳的范围广，新闻信息量就大，新闻价值也大。

三　土地及其风险性的新闻价值

新闻价值具有其实用性的一面，即它提供的信息具有有用性，风险对于未来伤害的揭示就是为了人类趋利避害之功利性目的的第一步。关于土地问题具有新闻价值的理由在于，它不仅是生态有机体中的重要组成部分，而且面临新的挑战：到 2030 年全世界在土地面积不断减少的情况下，将要容纳另外 23 亿新增人口；而目前全世界有将近 10 亿人营养不良。有 7.77 亿人在发展中国家，其中有 1.77 亿人是儿童。③ 1996 年罗马世界粮食峰会决议将要在 2015 年之前将饥饿人口减少一半。这样，很多国家、特别是发展中国家不得不想尽一切办法来实现这个目标。然而作为生态系统普通成员，土地具有自身的特性，必须尊重生态整体规律的发展，急功近利或者完全的经济考量会对土地造成伤害的风险，会在未来制造出更大的环境问题与难民。如果环境新闻能够揭露出经济成果背后的风险，起到和谐发展的预警功能无疑具有重要意义，这是土地问题风险新闻价值所在。

---

① 法新社伦敦 2007 年 5 月 13 日电，"十亿人可能被迫逃离家园"，转载于《参考消息》，2007 年 5 月 15 日。

② Aldo Leopold, *A Sand County Almanac*, Oxford University Press, 2001, p. 171.

③ "Why cover food and population", johannesburgsummit. org.

　　有人认为新闻仅仅是一个技术性的操作，这是一个很大的误解。新闻最核心的问题在于"真实"，虽然很多人对于新闻的这种"真实"有异议，然而没有人怀疑要去接近真实必须具有科学的思想作指导。新闻价值对于记者来说是他选择新闻、探求新闻真实的方向性指导。现存的经济指标往往与土地的生态规律相背离，而人们在获得经济指标的同时，在未来潜在流程中失去的将会更多。对于环境新闻记者来说，他所受到的教育或者知识结构中的土地还在有意无意地躲着生态学的一些规律，甚至还包括那些带有生态标签的经济课程，这样选择新闻的结果就会产生违反土地生态规律的风险。一种风险性的土地新闻价值观反映着一种生态学意识的存在，而这一点反过来又反映了一种对土地健康富有个人责任的记者或媒体的确认，从而进一步影响公众认识。

　　解构"权威"寻找土地风险的新闻价值。土地首先是生态系统的普通成员，它内部的规律遭受外部条件改变时就会出现风险，而这种条件的改变很大程度上来自于处于征服者地位的"人"。旧约中的亚伯拉罕"确切"地懂得土地的含义：土地会把牛奶与蜜糖送到亚伯拉罕一家人的口中。由于要摆脱饥饿，土地往往都被人进行了经济的编码，然而这是按照征服者的意志在安排，并非体现土地的生态规律，因为亚伯拉罕的奶牛可以把家园的所有青草啃尽，以致最后变成荒漠，而这并不会影响到亚伯拉罕及其家人，因为他们的终极福地在天堂，他们是上帝选民的始祖，具有超自然性。反过来看我们不是，风险就出在这里。

　　2007年6—7月间，中国湖南洞庭湖畔出现了粮农大战数亿老鼠的奇怪现象。这件事在对具有环境新闻价值识别能力的《华盛顿邮报》记者眼里，它的新闻价值不在大战老鼠这个事件本身，而是在于人为因素对土地生态的伤害。记者马林·范（Molin Fan）认为"中国建造了包括备受争议的三峡大坝在内的诸多大坝，以至控制洪水进行发电"，"洞庭湖流水减少，水位很低"，"给老鼠创造了生息繁衍的好场所"；"当三峡大坝放水，以减弱洪水对临近省份的威胁时，突然上涨的湖水迫使老鼠仓皇逃窜"①。其实这种分析土地风险的问题在于能够按照土地自身生态规律与人类改造的冲突来确定新闻价值。

　　利奥波德在《沙乡年鉴》中这样说道："在人类历史上，我们已经知道征服者最终将会祸及自身……权威即只有征服者（人类）才能知道，是什

---

① Molin Fan, "Chinese Rice Farmers Battle A Plague of Munching Mice", *Washington Post*, July 15.

么才使这个共同体运转，以及这个共同体的生活中，什么东西和什么要素才是有价值的，什么东西是没有价值的。结果怎样？很多情况很多方面往往事与愿违。"① 当然我们并不认为《华盛顿邮报》所提供的是全部"事实"，然而，它这样用土地生态规律来考察人工改造自然（为了经济目的）所带来的风险，确实值得我们深思，这也是这类土地问题的新闻价值所在。

通过"如画美"（Picturesque Aesthetic）来发现土地风险的新闻价值。人类为了保护土地生态环境采取过很多的手段与方法：绿化带、人工湖、公共绿地、人造园林、州立公园和国家公园等。表面上看来这些生态物生机勃勃或者"风景如画"，事实上却存在风险。例如美国的公共土地管理是按照如画美的原则运作的，国家公园与荒野已逐步受到压缩与约束。美国学者认为："有意识地对风景进行美学框架，是如画运动的典型做法，这在我们国家公园那些精心策划的边界中再现出来。"② 如画美是资源保护主义的，是人类中心主义对自然进行裁剪、规划和统治，是自然生态的一个象征，而不是实体。

土地生态中的个体之间是相互依赖的，共同作用维持着土地整体生态的稳定，某一个不具有我们所认为的经济价值，却在稳定土地整体生态稳定中发生作用。利奥波德认为："生态系统内的个体是一个由各个相互影响的部分所组成的共同体的成员。它的本能使得它为了在这个共同体内取得一席之地而去竞争，但它的伦理观念也促使它去合作。"③"土地共同体的大部分成员都不具有经济价值，野花和鸣禽就是一个例子"。"如果这个土地共同体的稳定性依赖于它的综合性，那么，这些各种各类的生物个体就值得继续生存下去"。美国《科学》杂志 2007 年的报告称："人为选择取代自然选择。这意味着某些物种会繁盛起来——比如宠物……这通常会给那些物种本身带来伤害。""巨大的人流量导致世界各大自然保护区发生永久变化，人们在自然保护区内引来了非本地生物种，带来了污染和垃圾"。"鉴于此，环保人士需更加密切关注与生态系统相关的服务领域的平衡，……'以实现自然界和人类的共同繁荣'"。"环保人士应该将工作重点从保护大自然免受人类破坏转移到更好地理解和管理一个人为规划过的地球上来"④。

---

① Aldo Leopold, *A Sand County Almanac*, Ibid., p. 172.

② Alison Byerly, "The Uses of Landscape: The Picturesque Aesthetic", in Cheryll Glotfelty and Harold Fromm, eds. *The Ecocriticism Reader*. The University of Georgia Press, 1996, p. 53.

③ Aldo Leopold, *A Sand County Almanac*, Oxford University Press, 2001, p. 171.

④ 法新社美国旧金山 6 月 28 日电，题"地球人为规划程度极为严重"，由《参考消息》2007年 7 月 3 日转载。

简而言之，"如画美"是人造的，把人与自然隔绝起来的自然象征，它的内部各组成已经不是自然的，存在着生态共同体的不稳定，对未来的生态产生一种潜在的风险。以上环境新闻能够通过这种"如画美"发现风险性，找到土地生态中不稳定因素，这就可以确定环境新闻价值。

四　水资源及其风险性的新闻价值

新闻价值实质上就是指报道中所含最新信息要素的总和，其中考量要素中一些基本标准就是重要性、显著性与接近性，这些要素从基本需要层面很大程度上与人们的生存需求有关。水是生态圈中构成生命最为重要的有机体成分。在我们这个星球上，虽然有70%的表面上被水覆盖，但是仅有1/100的水是淡水，且分布与使用极为不均：全球70%的水消费来自湖泊、河流与地下水，其中农业灌溉水不能再利用；世界60%的灌溉水被浪费。按照目前这种消费趋势，有2/3非洲人将会在2025年缺少饮用水；20世纪90年代时就有10%世界河流的水已经被污染；有10亿人缺少安全饮用水；每天有2.5万人死于与水有关的疾病，其中主要是贫穷国家的儿童。①　总的来说，由于工业污染、气候恶化，加之消费习惯的弊端，全球水资源面临着严重的危机。新闻价值的社会作用就在于其报道的事实对现实有指导作用，能够在这种短缺的必需资源中找出风险，缓解全球的水危机，将会使环境新闻具有很高的新闻价值，如贝克先生所说，关键又在于风险的确定。

透过水资源"天灾"看"人祸"的风险性新闻价值，这是水资源报道总的原则。几百年来，大写的"人"一直是西方话语权利的中心，这个文艺复兴以来的虚构之"人"一直在压制着自然界，让它失去声音，失去自然界平等的身份。新闻传播的目的是让人类更好地去生活、去认知自然，这样才能够与生态各物种和谐相处，也才能够真正地解决环境危机。因此我们需要重新认识这个大写的"人"，这是我们试图重建人与自然和谐与沟通关系的起点，是解决生态危机的前提。让自然成为言说的主体，传播生态各物种自身的美德与规律，言说它们自身的灾难，拆解大写的"人"，使人类重新回到昔日的普通地位上来。"人只是（生态圈）成千上万美丽的、可怕的、有魅力的、象征的形态中一个普通物种"②。

---

① Michael Keating, *Covering the Environment*, The University of western Ontario, 1993, pp. 31—32.
② Christopher Manes, "Nature and Silence", in Cheryll Glotfelty and Harold Fromm, eds. *The Ecocriticism Reader*. The University of Georgia Press, 1996, p. 26.

然而，人类有没有勇气去面对风险，揭露风险，让自然来说话？贝克认为："现代化风险是一笔'大买卖'，它们是经济学家们所追求的无以结算的要求。我们可以将饥饿填补，把欲望满足。但文明的风险却是无底的深渊，无以结算、无以穷尽，却又能够自生再制。"① 不能够让自然说话的原因正是因为"现代化风险是一笔'大买卖'无底的深渊，无以结算、无以穷尽"，因此利益集团就会千方百计地去掩盖它。对于水资源来说，当出现风险的时候，很多政治上、经济上的利益集团会把它们描绘成"天灾"而不是"人祸"。环境新闻的新闻价值在于能够透过"天灾"看"人祸"，让自然说话，揭露风险。虽然整治它也许是一个"无底的深渊"，但是人类不想自我毁灭，这是人类拯救自身与生态系统的第一步。

首先，从源头看水资源问题的风险性新闻价值。全球人类水资源都在面临着严重的收缩与减少，然而很多利益集团还在掩盖这个问题。亚洲地区最大的水资源源头——喜马拉雅山上的雪正在减少。这个绵延 2400 公里的山脉是巴基斯坦、印度、中国与尼泊尔境内亚洲最大的 9 个河流的源头，是下游 13 亿人的水上生命线。法新社报道说："过去的 30 年里，该地区气温平均每 10 年升高 0.15—0.6 摄氏度"；"如果温度继续这般升高，那么 50 年后喜马拉雅山脉将再也没有冰雪"② 。然而印度官方否认这一事实，说"喜马拉雅冰川退缩是气候变迁的一种自然循环现象，溶解的冰川不断复原，因为冰川的源头来自每年季节性的降雪、雨水和地下涌出的泉水，周而复始，因此有关喜马拉雅冰川退缩将导致水源匮乏之说'没有充分根据'"（来源参见注释 22）。就利益牵涉因素来说，印度在其中，法新社在其外。

2007 年 8 月 1 日，法新社公布联合国科学家对喜马拉雅山脉冰川收缩问题的研究报告："科学家们警告说，席卷南亚地区的空气污染正在加速喜马拉雅冰川的融化，对发源于这些冰川的中国、印度河流构成严重威胁。"调查人员的报告说气温升高来自该地区上空的"亚洲褐云"，"亚洲褐云盘踞于南亚、东南亚部分地区和印度洋北部，来自汽车排气管、工厂烟囱、电厂、改成农业用地的焚毁的林地，以及被当作燃料的木材和畜粪等"③ 。这次联合国科学家组织一批科学家动用了 3 架飞机、15 种仪器，从 500 米、

---

① ［德］Ulrich Beck，《风险社会》，汪浩译，台北巨流图书公司 2004 年版，第 009 页。

② 法新社加德满都 2007 年 6 月 4 日电文，《专家警告喜马拉雅冰川 50 年内消失》，转引自《参考消息》2007 年 6 月 6 日。

③ 法新社加德满都 2007 年 8 月 1 日电文，《"亚洲褐云"加速喜马拉雅冰川融化》，转引自《参考消息》2007 年 8 月 3 日。

1500 米与 3000 米不同高度对温度、云层、湿度和尘埃进行监测，具有可信度。

从这个争论里我们可以看出，水资源问题从印度政府的"天灾"到联合国的"人祸"所得出不同的结论：让自然发出声音是一件极不容易的事情，一方面利益集团在竭尽全力掩盖（如印度政府可能害怕国际谴责、或者考虑到环境因素发展经济的成本大），另一方面需要科学的证明（联合国科学家及其数个月的调查）。媒体如果让生态说出自己的声音需要突破这些处于主宰地位的利益集团的压制。也正是如此，环境新闻关于水资源风险性的报道也就更有价值："人祸"需要人类改变自身错误行为，让自然说话，这是应对生态危机的首要条件。

其次，从储蓄水环节来看水资源问题的风险性新闻价值。储蓄水是人类污染最为严重的水资源部分，这种污染往往在一些非常严重的地区才能够引起人们的重视。2007 年春季，中国太湖出现了绿藻，人们才开始注意到当初的"美就美在太湖水"的那个"水"已经变成绿藻。绿藻其实就是湖泊的老年斑。《基督教科学箴言报》指出，"当地 300 家工厂是主要污染源"。"中国已经是世界工厂，产品出口以后，把垃圾倒在自家后院"。"中国一直重视经济增长而忽视环境保护，太湖在中国不是个案"①。《箴言报》揭示中国储蓄水的风险是：中国由于成为世界工厂，像太湖这样被污染的水较为普遍，中国急需保护它的湖泊。这种从个案到普遍的推理，很容易把新闻报道的关注点延伸到其他地方，去寻找同样的风险性新闻价值。

再次，饮用水与风险性新闻价值。饮用水是人类接触最多、也是最容易被忽视的部分。其中的风险成分涉及人的自身利益，关注程度也就更高，新闻价值也就越大。由于多数饮用水需要加工，在这个过程中可能存在重重的风险，有可能是环境，也有可能是个人。下面分别论述。

在有些干旱或海边地区，人们使用淡化海水的办法获得饮用水：澳大利亚大约珀斯有 1/3 的饮用水通过海水淡化，西班牙淡化水占农业用水的 22%。埃菲社就指出："淡化水海水处理会增加盐碱废弃物和温室气体的排放，并对海岸造成破坏，"且"过程费用高昂，需要使用大量能源"②。这种伤害主要是环境，风险性不易被人感觉到。另一类是对于个人的影响。由于

---

① "Pollution puts Chinese lake off limits", *Christian Science Monitor*, June 4th, 2007.

② 埃菲社日内瓦 2007 年 6 月 18 日电文，《自然基金会称淡化海水威胁环境》，转引自《参考消息》2007 年 6 月 20 日。

工业污染，世界范围内很多地区的水资源中含有对人体有害的成分。美联社有电文就认为：砷"由农业和工业生产活动进入供水系统"。"就造成的长期健康风险而言，砷是饮用水中最危险的污染物"。"孟加拉国将会有大量人口死于由砷造成的肺癌、膀胱癌和皮肤癌"；"目前有70多个国家的1.37亿人受到影响"①。同样的新闻很多，新闻价值之大曾引起社会高度反响。1990年《华盛顿每日新闻报》就曾经因为报道华盛顿城市供应水中含有致癌物质——地方政府8年都未发现的问题而获得普利策新闻"公共服务奖"。

从水资源新闻报道的总体来看，水资源在生态系统中循环的第一环是源头减缩问题，风险性离当代人较远，但对未来至关重要，其新闻价值就在于风险性的警醒，要求人类对未来负责，新闻价值也在于此；储蓄水关乎现在人，饮用水却关乎每一个人，信息对他们生存的趋利避害有用，新闻也就有了风险价值，因为这类新闻关系到受众的切身利益、关乎生命，风险的确认使新闻价值颇高；牵涉范围越广，风险程度越大，风险性的新闻价值越高。

五 气候及其风险性的新闻价值

贝克在《风险社会》里这样写道："风险的积累毕竟不是依附在已经浮在台面上的后果或伤害上。它主要的影响还是表现在其未来的成分里。有部分是因为我们可以预见，它当前的伤害将会延伸到未来，有一部分则是基于信任普遍的流失或是我们臆测而产生的'风险强化剂'。"②贝克进一步认为"在现代化风险中，原本实质内涵上的时空分离性被因果地联系起来"，而因果关系的确定之风险"总是多多少少不确定或是暂时的。就这一层意义来看，即使是日常生活中的风险意识，也是关乎于一种理论性的或因此也是一种科学化了的意识"。③因此对于气候风险的确定仍然离不开"科学化了的意识"，也就是离不开科学，虽然这种界定风险仍然存在争议。从环境新闻角度来看，其新闻价值在于能够通过确定风险的科学确认来发现新的气候风险。最近关于气候风险的新闻报道主要集中于全球气候变暖这个问题上。

首先，对于环境新闻来说，能够确定全球变暖的原因是其风险性新闻价

---

① The Associated Press - London, "Arsenic in drinking water a global threat to health", August 29, 2007, www. ap. org.

② [德国] Ulrich Beck，《风险社会》，第23页。

③ 同上书，第16页。

值的前提条件，主要集中于大气问题。虽然这方面科学论证结论有差异，作为新闻，能够及时报道并运用科学最新发现来分析报道就会具有新闻价值，观点越新，新闻价值也会越高。科学家们对此的科学论证为环境新闻寻求新价值不断注入动力。如 2007 年 7 月法新社对于全球变暖原因进行查证时认为，人们严重忽视气候变化方程式中的一些重要因素：植被吸收主要温室气体二氧化碳的"碳汇"能力受到臭氧层的破坏，这导致了更多的二氧化碳进入大气，而不是被陆地吸收，从而使全球变暖加剧，使气候恶化。在"高"敏度模式下，20 年内臭氧层使陆地捕获的二氧化碳减少 23%，在"低"敏度模式下减少 14%。在 2100 年之前，随着陆地捕获二氧化碳的减少，会对全球变暖产生促进作用，而这种二氧化碳增加与臭氧层不正常现象，是人类过多排放废气所造成，导致植物叶面气孔关闭。① 这种分析就是根据科学最新发现确定的气候风险，资料越新环境新闻价值越高。

其次，生态圈中最重要的构成因素是生物，气候变化对生态圈中的生物产生哪些风险是关于气候环境报道中最有新闻价值的部分。"生态"首先是"生"即生物，"态"即状态，因此，生态问题核心是生物问题，环境新闻价值基于重要性这一原则当然表现为气候变化给生物生存状态带来的风险。

全球变暖最大的影响是人，人永远是新闻价值最核心的部分，因为环境新闻也是透过人的眼睛来观察人与其他生物的生存状况。如非洲的达尔富尔问题一直被认为是种族问题、石油问题，西方国家最近也一直"坚定"地认为是中国政府一直以来支持现政府的结果。2007 年 6 月 16 日，《华盛顿邮报》报道了联合国秘书长潘基文的一则文章，也可谓是全球变暖对人类影响的典范之作。他认为"撒哈拉非洲干旱是由人为的全球变暖所致"② 因为多年来黑人和阿拉伯人和平相处，彼此牛羊、骆驼跨境吃了对方的草还能友好以待；干旱造成少雨造成耕地减少，导致冲突，200 万名难民无家可归。这个消息报道以后引起世界范围内的关注，新闻价值极高，也开启了气候影响生态圈生物生存状况分析之新思路。

再次，全球变暖对于其他生物的影响。这一新闻价值是由人类进一步的衍生，因为从深生态思想来看，一切生物（包括人类）都是自然物，他们相互依存彼此不可分，因为他们的生存依赖于他们生物共同体的合力，新闻

---

① 法新社巴黎 7 月 25 日电，《臭氧污染加剧全球变暖》，转引自《参考消息》2007 年 7 月 27 日。

② Ban Kimoon, "A Climate Culprit in Darfur", *washington Post*, June 16th, 2007.

价值也就由人衍生到其他生物，其中也包括植物。例如，美国《每日科学》网站的一则环境新闻报道，如果地球表面温度每升高 4℃，植物死亡率可能增加到 40%[①]。这种环境新闻价值在于，生态圈是靠各类生命的合力来保持稳定发展的，如果其他生命过多过快地死亡，可能会带来生态圈其他类生命状态变迁的风险，这里首当其冲的就是人，如达尔富尔人道危机就是一个很好的例证。

另外，气候变化对水与火能量的影响。气候的运行中带动水、火能量的循环，滋生出万物，保持着生态的正常运转。然而，气候偏离正常的运转幅度以后，必然会带来水、火失调现象，这有点像中国传统的"阴阳五气"说，道理却是相通的。这类环境新闻价值在于，气候圈里的水、火不均直接影响到生物圈，直接影响到人类和其他自然生物的生存状况。

首先是气候之"水"的新闻价值。2007 年出现了超乎寻常的全球大洪水：英国北部遭受了 60 年不遇的大洪水；德国和其他地区出现洪水导致数千人离开自己的家园；而中国的淮河与长江百年不遇的大水几乎年年遇到，2007 年也不例外；在南亚，大约 700 人死于大洪水，巴基斯坦南部大洪水迫使数十万人流离失所；欧洲粮价在 2007 年也攀升到 10 年来最高。德国路透社对此分析说："（全球气候变暖导致）空气温度升高，所含水分就越多，当气候变恶劣的时候便会释放出更多的能量，使风暴更猛烈，降雨量更大。"[②] 这将会导致人类某些生存状况的改变："洪泛区在大多数时候并非不适合人居住，世界上绝大多数伟大的文明都是在河边孕育而成的，这就需要我们未雨绸缪，制订防洪计划。"这个关于气候的新闻价值在于，气候变暖将导致全球大洪水频发，人类不得不在原以为不能够居住的洪泛区居住，这种生存状态的改变，就是气候变暖给人带来的风险，但我们不得不未雨绸缪。

接下来是火，火也是气候圈中循环能量的重要形式之一。人类中心主义的观点常认为水火无情，这也是这类新闻具有价值的原因之一；环境中心主义者更看重火能量循环对于整个生态系统整体性之合力的影响。这些年全球大火肆虐：2007 年希腊大火至少造成 63 人死亡，48.2 万英亩土地烧毁；

---

① Ryan Lanham, "Mortality Of Plants Could Increase By 40 Percent If Land Temperatures Increase 4 Degrees Celsius", *Science Daily*, September 19th, 2007, sciencedaily. com

② 路透社德国布里斯科—芬肯黑尔德 7 月 23 日电，《气候变暖导致全球洪灾频发》，转引自《参考消息》2007 年 7 月 25 日。

2007 年夏欧洲南部大火热浪席卷各地，造成 190 多万英亩植被化成灰烬；美国火灾更是频发，过去 10 年美国出现 200 多起蔓延 5 万英亩的大火；2006 年美国有 960 万英亩植被付之一炬，大火纪录第 6 次在接下来 12 个月中被改写；2006 年澳大利亚的维多利亚州 1 天内出现了 200 起火灾；法国、西班牙、加拿大、俄罗斯、葡萄牙、南非、巴西、蒙古等区域也出现过罕见的大火。

对此，西方有学者就指出，"这是全球变暖的影响，因为全球变暖带来气候干燥与温度升高"，这是全球大火频发的主要原因。对此，亚里桑那州立大学专家就把这类大火称为"气候海啸"，墨尔本林火合作研究中心人员也认为"动用世界任何地区可以采取的一切补救措施也不可能控制这种大火"①。因为在这种由于全球变暖的干燥空气里，风火相生的温度可以达到 1200 摄氏度，可以说是"天火"。这类环境新闻的新闻价值在于揭露全球火灾频发的根本原因在于全球变暖，人类要控制这类火灾继续发生的风险在于控制全球变暖，预警功能与艰难地寻求出路就是它的新闻价值。

全球变暖对经济发展的风险也是新闻价值涵盖的内容。因为当今世界是一个发展的世界，发展首先是经济的发展，目前经济的发展很大程度地带来了全球变暖，全球变暖也会给经济的发展带来风险，而这种风险首当其冲地表现在农业，因为民以食为天，这类报道的新闻价值很高也直接诉诸于此。洛杉矶加州大学一位教授在一则新闻中认为"生态灭绝"对社会的作用力被大大地低估了。他例举了太平洋复活岛上的例子，这个岛文明高峰时期人口约为 2 万人，但它的文明在 18 世纪凋零了，最后血腥一幕是岛上树木被砍伐殆尽后引起的内战与人吃人的惨剧。②

该报道以 19 世纪与 20 世纪时间跨度为例，对印度、英国、埃塞俄比亚等国的农业与饥荒进行分析，认为"气候变暖对贫困热带国家构成的危险最为严重，对于这些国家来说，由于长期的干旱和洪水导致的百姓营养不良是最严重的忧患"。而这些在传统社会里被认为是"天灾"的饥荒，其实在环境新闻里都被归为"人祸"，科学家们考察大饥荒案例寻找出应对饥饿的良策就是停止人造的全球变暖，政府救助、土地改良都是缘木求鱼的做法，

---

① Geoffrey Lean, "More 'Megafires' To Come, Say Scientists", *Independent Online*, September 2th, 2007, 链接：news. independent. co. uk.

② "Global warming: Lessons of history help the future", PARIS (AFP), July 10th, 2007, www. liveleak. com.

根本在于解决全球变暖，否则农业还是存在风险。全球变暖对经济的影响是一个很大的范围，新闻对于这类风险的揭露都会具有很高的价值，因为它直接影响人类生存。

德国社会学家贝克及其以后的欧洲学者对风险进行了不懈的研究，发现确定风险的标准存在着相互竞争。威尔士大学社会理论教授芭芭拉·亚当（Barbara Adam）认为："风险确定依靠知识，知识又靠解释，所有的解释从本质上来说都是一个视角问题"；"风险的本体论并不保证哪种知识形式拥有特权"；"在现实生活中某些人确实实际上比其他人更容易接触到相关信息和研究设施，此外不同人群论证能力、获得合法性的证明、将风险转嫁到其他群体以保护自己不受潜在危险伤害等问题上也都存在着差异"。因此芭芭拉认为"风险定义的政治学及亚政治学就变得至关重要了"[1]。环境问题之风险性存在着不同的解释，气候变暖也尤其这样，因此这类争论在新闻报道上也会出现。

风险断定依赖知识，知识又会有不同的解释，气候变暖也会根据知识得出相反的结论。俄新社9月28日就曾经在报道中探讨全球变暖的另一种说法。俄罗斯科学院主天文台空间研究室主任哈比布洛·阿普杜萨马托夫认为，地球7年后可能开始变冷。他的证据是大气中的二氧化碳浓度早在工业化时代开始前就显著增加了，但这从未导致气候全面变暖；全球变暖主要是太阳几乎在整个20世纪持续保持不寻常的高发光度造成的。现在太阳的发光强度正在逐渐下降，大约在2041年会降到最低点；地球上的温度会在2012年到2015年之间开始缓慢下降。[2] 这种步步推理将会使得很多大众变得迷惑：地球究竟是要面临变暖还是变冷的风险？

对此，欧洲很多研究"风险社会"的社会学家对此进行反思。贝克认为风险"对于社会定义与构建是开放的"[3]，按照贝克的逻辑，这将把风险标准制定的主体放在了至关重要地位，这些大众传媒人、科学家、政治家、法律制定者将会被置于一个关键的社会位置。有谁能够保证他们（如新闻记者报道工厂气体排放超标）不会受到利益集团的引诱而牺牲生态系统的

① Barbara Adam, Ulrich Beck, *The Risk Society and Beyond*, *Critical Issues for Social Theory*, Ibid., p. 6.

② "Russian Scientists Forecast Global Cooling In 6 – 9 Years", RIA Novosti, board. columbiatribune. com.

③ Ulrich Beck, "Risk Society and the Provident State", S. Lash, *Risk*, *Environment and Modernity*, London: SAGE. pp. 27—43.

利益导致改变风险界定的标准？贝克并没有给出回答。他认为媒介化的普遍性、高度的不确定性、政治参与性都意味着不存在单一的真理，没有什么事实能够独立地置身这个阴影于度外：语境、位置、视角、利益以及对风险定义和角色的权利为基础的解释。

其实贝克说这些的目的在于引出"风险文化"在确定风险标准中的作用，而对于"地球究竟是变暖还是变冷"他并没有解释其标准。哈拉维（Haraway）认为，知识与我们所栖居的位置有着必然的联系，因为我们都加入了情境化知识。[1] 芭芭拉显然反对情境化的知识，她说："只要我们还生活在实证主义的文化氛围之中，情境化知识的信息从社会意义上被认为是不可接受的。"[2] 那么实证主义最起码在当前仍然使得我们相信地球还会变暖。拉什（Scott Lash）以康德之决定性判断标准也进一步论述风险的可检测性。

就目前的环境新闻报道来看，实证与现实利益证明全球暖化仍然占据媒体主要内容，媒体也喜欢用这样那样的证据证明全球气候变暖。拿最近英国《每日电讯》的报道来说，它引用英国《泰晤士报》的"世界综合地图测"的数据：从中亚的咸海（40年面积减少75%）到乍得湖（44年面积减少95%）的湖面减少，到里奥格兰德河、黄河、科罗拉多河与底格里斯河夏季断流，再到非洲乞力马扎罗山100年冰冠减少80%，以此来证明全球不断暖化，以此警告人们珊瑚礁的40%可能会被摧毁，1000个婴儿中会有87个在出生后一周前死亡，世界海拔低的国家像图瓦卢将会在数年后在地球汪洋大海中消失。[3] 而这些风险均是实证得来的。实证主义确定环境风险的合理之处在于，在伤害还没有到来之前，人们可以有更多的选择向更好的方向努力；对于从事新闻报道的人来说，他们能够更多地发现新闻价值极高的"风险"新闻；它的问题也很突出，因为全球变暖问题需要全人类的努力，然则受伤害的国家因为程度不同而积极性有所差异。

美国地球物理流体动力实验室的马海尔曼（Jerry Mahlman）认为，"即使成功地实现了京都会议的削减目标，它们也不会阻止总的温室气体排放效

[1] Barbara Adam, "Re - vision: the Centrality od Time for a Ecological Social Science Perspective", S. Lash, *Risk, Environment and Modernity*, Ibid., pp. 84—103.

[2] Barbara Adam, Ulrich Beck, *The Risk Society and Beyond, Critical Issues for Social Theory*, Ibid., p. 4.

[3] Paul Eccleston, "Times Atlas shows effect of global warming", *Daily Telegraph*, September 3th, 2007.

应……在 21 世纪，也许需要举行 30 次京都会议才能将全球变暖控制在合适的范围"[1]。南太平洋岛国瑙鲁前总统警告说，如果工业化国家不采取措施阻止全球变暖，他的国家将面临"《圣经》上形容的可怕的洪水"，这个"蓄意毁灭整个国家和文化的行为是反人道的、十恶不赦的犯罪"[2]。气候变暖的环境新闻价值从此角度来看，它存在于在"《圣经》上形容的可怕的洪水"尚未到来之前的亡羊补牢；而相信全球气温下降的俄罗斯学者也许不会想到，因而俄罗斯趁着全球变暖带来的"契机"，积极向北极扩张领土；而在真如俄罗斯科学家所说的"全球变冷"还未到来之前，瑙鲁全部疆土有可能已经成为鱼鳖虾蟹的乐土。实证主义的知识作为确定风险的标准之优势也在于此，环境新闻的新闻价值也就存在于这种亡羊补牢的预警作用之中。

六 野生物及其风险性的新闻价值

要弄清楚野生物报道的风险性新闻价值，必须要弄懂野生物与人的关系。自达尔文主义宣布人是由猴子演化的以来，西方基督教文明中的人，开始重新审视自己生活的这个世界——这个世界也许是他们生存的终极"福地"，因为人不是按照上帝的样子被造出来的，不具有超自然性，与其他生物一样是生态圈中的普通一员，天堂也就不存在，人必须珍视与爱惜这个世界，学会与其他物种的和谐相处。以阿尔波特·施维泽（Albert Schweitzer，1875—1965）为代表的早期生物中心者提出了"敬畏生命"（Reverence for Life）的观点：

> 成为思考型动物的人感到，敬畏每个想生存下去的生命，如同敬畏他自己的生命一样，他如体验自己的生命一样体验其他生命。他接受生命之善：维持生命，改善生命，培养其能发展的最大价值；同时知道生命之恶：毁灭生命，伤害生命，压抑生命之发展。这是绝对的、根本的道德准则。[3]

施维泽的命题与推论都简单而又深邃：生命都有内在价值，值得我们敬

---

[1] David malakoff, "Thirty Kyotos Needed to Control Warming", *Science*, December 19th, 1997.

[2] Seth Dunn, "Can the North and South Get in Step?", *Worldwatch*, November, 1998

[3] Albert Schweitzer, *Out of My Life and Thought*, NewYork: Holt, 1990, p. 131.

畏与尊重；生命本身不是"中立的"，不仅仅是一种无作用的"存在"；生命本身就是善，"我是要活下去的生命，是众生一员"。然而，或许是因为孤独的先知，或许是浪漫的单纯，施维泽的观点在当时并未得到很大的反响。而他却影响了保罗·泰勒（Paul Taylor）的"（生命是）生命的目的中心"说，从而进一步影响到生态整体主义思想。如果说施维泽生命即善思想具有浪漫主义空想的色彩，那么，贝尔德·凯利特（J. Baird Callicott）的生态整体观就具有现实紧迫性。

生态学关系比其他的东西都更决定了有机体的本性。物种这样是因为它适应了生态系统中的地位和位置。整体，系统本身，形式上也是直接影响并形成了其组成部分①。

从现代生物学角度来看，物种适应了它在生态系统中的位置，它们与其他有机体（各类动物）以及物理和化学条件（温度、盐度等及水的 pH 值）的关系真实地刻画了它们外在形式、它们的新陈代谢、生理及繁殖过程，甚至它们的心理能力。②

凯利特这些理论可以看出，生态系统是像人一样（他认为生态系统比有机体还像有机体）的有机体；不是个体生物组成了生态系统这一有机体，而是有机体的生态系统创造了生物个体。人保护野生物的意义在于维持生态系统的整体性从而保存了包括人在内的生物个体，发现任何生命存在毁灭的风险，都会对现有的生态稳定造成风险，这就是野生物报道的新闻价值所在。如果人为迫害生态生命，潜藏的风险就是破坏生态整体性，生态有机体就会对包括人在内的生物个体产生破坏。因此这类新闻就具有了环境新闻的风险价值。

新闻报道曾在 20 世纪 90 年代关注非洲国家与印尼大规模地猎杀类人猿事件引起过世人的瞩目与震惊。美国《新闻周刊》1997 年曾经报道雅加达世界野生猩猩保护计划基金主席巴利塔（Barita Manullang）在印尼中西部省份婆罗洲的见闻：

在每一处（村庄）他都发现有小猩猩被关在藤制的笼子里。他马上意识到这些动物的母亲死了，因为母猩猩从来不抛弃这些孩子。当他询问村民

---

① J. Baird Callicott, "The Conceptual Foundations of the Land Ethic", *In Defence of the Land Ethic*, Albany: State University of New York Press 1989, p. 87.

② J. Baird Callicott, "The Metaphysical Implications of Ecology", *In Defence of the Land Ethic*, Ibid., p. 110.

时，每个人都告知巴利塔一个令人瞠目结舌的相同故事：母猩猩让小猩猩抓住自己微红的长头发，从旁边着火的森林逃入村旁土地上觅食。狗叫声提醒村民猩猩出现。在狗咬与村民大刀长矛的攻击下，母猩猩被杀死，小猩猩被抓住，以每只100美元的价格作为宠物准备卖给非法野生商贩；死去的母猩猩被剥皮后吃掉。[①]

这类新闻具有价值的原因在于，除了黑猩猩在生态有机整体中发挥作用以外，它和人还是近血缘的堂兄弟关系，因为类人猿拥有与人相同的98.5%的遗传基因（黑猩猩、猩猩和大猩猩，统称"类人猿"），能够利用工具（能够用麦秆或树枝把白蚂蚁弄出来，会用锤子砸核桃等），还会使用语言交流（曾被教会印第安人手语、符号字和象征语言等），有部族首领组织领导等，其智力至少相当于小孩子[②]。人类在关注黑猩猩的悲剧时，其实也是在审视自己的生存境况。西方国家发现这些现象之后一份题为"丛林肉"（Bush Meat）的环球网调查表明，在0.17秒的时间内，"大约"有2170人次登录，并且所有人都通过链接访问了阻止屠杀和保护类人猿的组织网。[③] 这类保护类人猿报道的新闻价值就在于人类透过类人猿的悲剧看到生态圈乃至人类自身生存的风险。

在西方主要国家，很多媒体关注生物的生存状况与濒临灭绝的困境：气候变暖中北极熊的产卵地受到破坏，海洋中的鲸鱼遭受过度捕捞，候鸟迁徙路线在改变，全球森林覆盖面积在迅速减少等。《华盛顿邮报》与《纽约时报》是近年来西方大媒体中关注生物灭绝较多的大媒体代表，而且很多环境问题逐渐地被放在头条，也说明西方大报对环境新闻价值的重视程度。

2007年9月中旬，《华盛顿邮报》刊载一篇《气候变暖使更多物种濒临灭绝》的文章，全面概览了世界范围内生物濒临灭绝的问题。[④] 认为世界照这样暖下去，全球可能有超过20%的动植物面临更大的灭绝；在被研究的1598种动植物中有60%的物种发生了某种形式的变化；哈得逊湾冰层提前毁灭性地崩裂，2050年地球上有2/3以上的北极熊将消失；美洲鼠兔因无法忍受80华氏度（27摄氏度）的高温，将被迫迁徙到1300英尺（396米）

①　RonMoreau："A Shove Toward Extinction"，*Newsweek*，December 8th，1997.

②　Eugene Linden and Michael Nichols，"Acurious Kinship：Apes and Humans"，*National Deographic*，March，1992.

③　Jane Goodall institute Press Release，April 1999，www. janegoodall. org/news/press - releases.

④　David A. Fahrenthold，"Climate Change Brings Risk of More Extinctions"，*Washington Post*，17 September，2007.

以上的山脉居住，并可能越来越高以至无处栖身；全球大多数沼泽将会在2030 年之前变成一片汪洋，迁徙鸟类将无处可迁，《圣经》上可怕的一幕可能在鸟类眼中真正出现，且无诺亚方舟可以栖息自身。

物种灭绝就意味着新闻有价值吗？世界上的物种灭绝不是一直都没有中断过吗？是的，化石资料显示，最终灭绝是生物发展的必然规律；但化石又同样表明，生物的"本底灭绝率"要比当前低得多（抛开人为因素的生物灭绝率称为"本底灭绝率"）。有资料显示：目前地球每天有 100 多种生物灭绝，一年就有 5 万种生物灭绝；哺乳类动物正以高于本底灭绝率 100 倍以上的速度走向灭绝；雨林和淡水物种灭绝率要明显高于这个 100 倍；让物种从人为引起的灭绝数量恢复正常，至少需要 1000 万年时间以上。人类正发生着 6500 万年前恐龙灭绝以来最大的物种灭绝事件。① 就拿类人猿来说，黑猩猩的繁殖速度每 4 年为一只小黑猩猩，大猩猩的繁殖速度更低，② 大量捕杀根本没有恢复的能力。因此自然资源保护学家简·高达尔（Jane Goodall）认为"50 年后将不再有能够延续的野生类人猿群体"③。新闻价值就在于这种不正常的生态器官（单个物种）迅速衰竭将给整个生态系统的功能带来生存窒息的风险。

因此在我们看来，野生物的灭绝速度是非正常的、远远高于本底灭绝率的现象，是人类的大屠杀行为。我们的新闻价值不仅是来自于这种生物道德的谴责，更多来自于生态整体合力在这场屠杀中所受到的破坏。根据深生态的理论，也来自于科学，每一种生物在生态圈中相当于整体功能的一个器官，当某一个器官快速衰竭，势必影响生态整体功能。是生态整体创造了个体物种，而不是物种组成整体生态，个别器官的一个个衰竭，最终导致人类这个生态"器官"最终灭亡的风险，这就是我们环境新闻报道中分析问题、选择事件的价值观依据，也是风险性新闻价值要素所在。

七 文化及其风险性的新闻价值

除了自然界构成元件存在风险，更为重要的是在工业化进程中，与一些风险工业制度相伴的还有一种含有环境风险的人类文化，也是这种几近无自

---

① ［美］戴斯·贾丁斯：《环境伦理学》，林官明译，北京大学出版社 2002 年版，第 146 页。

② Eugene Linden and Michael Nichols, "Acurious Kinship: Apes and Humans", *National Deographic*, March, 1992.

③ Laura Spinney, "Monkey Business", *New Scientist*, May 2th, 1998.

觉的含有风险的思想文化在延续着人类这种环境风险日日相承，代代相传，这也就是一种思想中的生活理念与方式。贝克认为："文明的风险却是无底的深渊，无以结算、无以穷尽，却又能够自生再制。"① 贝克对此的忧虑甚于其他方面的担心。

对此进行研究的伦敦大学古德史密斯文化研究中心主任（CCSGSC）拉什（Scott Lash）教授没有给解决这种问题的"风险文化"下一个严格的定义（文化有200多种定义，"风险"是非现实的东西，下定义也许确实是件不容易的事情），而是给予诠释性的勾画。他认为与工业化相伴随的文化是以工业为核心、为工业化而服务的制度性、秩序性、规范化与功利性的问题文化，缺少反思性；与之相对，"风险文化"则是在非制度性、反制度性、水平分布、非功利性、反思性、非决定性背景下建立的共同体，并可以识别环境风险和其他风险。他批评在贝克的风险社会中，决定性的制度规范（即非反思性文化）力量尚存，反传统还不够全面，解决的办法就是用风险文化取代风险社会，这样，一个反思性的全面的现代社会就会实现。②

其实拉什认为自己的"风险文化"与贝克的"风险社会"一样并不是一个贬义词，而是区别于工业社会的一个反思共同体：前者是对工业社会初级现代化的反思性的理想状态社会，后者是对风险社会尚存的决定性规范力量反思性的理想文化状态（也有人认为二者没有区别，如贝克自己③）。然而，拉什却认为风险文化是可以检验的，这就避免了风险文化被道格拉斯所指责为无事生非那样的困境。风险文化与风险一样，关键在于对风险判断的可操作性。他根据康德《批判力批判》的逻辑分析认为"从控制和归纳的角度去理解风险，就是把与决定性判断紧密联系的认知范式置于显要的位置"；而根据康德《纯粹理性批判》的标准，决定性判断是客观判断，可以通过物理与数学模型来加以证明。拉什的这一番论断为我们研究环境新闻的风险文化打开了一个新的维度：在环境报道中可以通过决定性判断来度量出风险文化所在，现存的工业化文化抑或处于风险社会乃至风险文化之间的工业问题文化在哪些方面有风险，就可以通过新闻报道体现出来。这类关于环

---

① ［德］Ulrich Beck，《风险社会》，第9页。

② Scott Lash, "Risk Culture", in (eds) Barbara Adam, Ulrich Beck, *The Risk Society and Beyond*, *Critical Issues for Social Theory*, Ibid. , pp. 47—62.

③ Ulrich Beck, "Risk Society Revisited: Theory, Politics, and Research Programmes", in (eds) Barbara Adam, Ulrich Beck, *The Risk Society and Beyond*, *Critical Issues for Social Theory*, Ibid. , pp. 211—229.

境的风险文化之新闻价值在于，它不是法兰克福式的批判，而是很大部分可以通过决定性判断得到的"实在"。

关于风险文化的分类问题，英国人类学家道格拉斯（Mary Douglas）就曾经把它分成政治风险、经济风险与自然（技术带来的）风险。① 其实道格拉斯是从选择风险、群体文化特征及风险的关注与感知特性来分类的，合理之处在于从传统角度涵盖几乎所有风险文化的范围。我们环境新闻研究的风险文化也可以从这三个层次来考察其中所蕴涵的新闻价值，并分别冠之以各类风险文化。

政治风险文化所包含的新闻价值。拉什说与风险文化相对应的现代文化具有制度性、秩序性、规范化的特征，这些特征其实具有一个核心，那就是政治。比如西方媒体关注中国内蒙古草原面积退化问题（即经济学上的"公共地悲剧"）认为，在私有制时代草原归地主所有，草原上的牛羊都是有规划的，即以保持草原各类草的可再生能力为标准；而公有制打破了这种平衡，谁家的牛羊都可以在共有的草原上啃草，谁也不甘落后，结果牛羊过多，草根都被过多的牛羊啃掉，土壤露出草原退化成戈壁，生态遭受破坏。这种冷战时期突出公有性政治特征的文化，却对生态造成了极大的破坏，就是典型的政治风险文化，这种政治风险文化的确定可以根据过去与现在的牛羊数量、草场面积、植被分布等数学方式计算出来；也可以通过土壤成分、酸碱度变化等物理测量来加以确认。西方媒体也赞赏目前中国进行草场承包，认为通过个体责任形式对草原牧业进行规划是对风险文化的回归。②

政治之文化风险最典型的一个例子是冷战时期的核武器竞赛，在那个东风要压倒西风还是西风强于东风的狂热时代，有人这样描述当时美国的政治文化氛围："冷战气氛促成了一种敌对心理，任何对核武器设施建造提出批评的人都会被视为站在敌人一边。"③ 切尔诺贝利核电站核事故对人类和其他生态物的灾难使部分人从政治迷信的文化中醒来。目前，媒体关于核武器的报道之所以具有新闻价值，如朝鲜半岛与伊朗核危机，相关人士在电视镜头前信誓旦旦且言之灼灼，比之经济的一塌糊涂，就是在于

① Douglas, M. and Widavsky, A., *Risk Culture*, Berkeley：University of California Press, 1983, p. 16.

② "Inner Mongolia Grasslands Management Project Policy Issue", cardnoacil. com/Documents.

③ Linda Rothstein, "Nothing Clean about the Clean – Up", *The Bulletin of Atomic Scientists*, May/June 1995.

揭露这种民族主义背后所被忽视的政治风险文化，因为他们的报道总会使人想到广岛原子弹爆炸、乌克兰切尔诺贝利核电站事故等对人类与环境造成破坏的风险。

经济之风险文化及其新闻价值。按照道格拉斯的归类，我们这里所说的与经济风险文化相对立的经济文化是指功利性、缺少反思性、决定性与市场中确立的文化，它以利润和经济利益衡量一切，最终会对环境产生某种破坏性的风险。其实对于这个问题的论证并不需要太多的例证，从世界森林面积的迅速减少威胁生物多样性及土壤结构，到全球水质污染带来的饮用水困难甚至水生物大量死亡，以至工业气体排放过多造成全球气候迅速变暖等，都是人们思想文化中根深蒂固的经济决定论造成的结果。这类经济风险文化编织成的环境报道如此之多，以至记者不得不换一种视角来处理新闻文本才能突出他的新闻价值。

自然之风险文化与其新闻价值。道格拉斯在这一部分明确地规范这类文化上的风险来于"技术带来的（文化上）风险"。英国城市大学教授罗斯（Hilary Rose）认为，自文艺复兴以来，人类文化上对科学的支持被视为理所当然的事情。文化上干预科学最早出现在越战期间，激进科学运动对于科学的中立性提出质疑；其次有关科学社会立场的争论，更广为人知的是美国的"科学大战"。当前对于科学的质疑来自于完全不同的社会流派，如老年歧视主义（new ageism）、环境主义、女权主义、后现代主义和科学知识的社会学等①。从媒体来看，对于环境问题的报道，新闻记者已经会用技术（即自然）风险文化中包含的新闻价值来进行环境报道，这种传统其实从卡逊《寂静的春天》时代就开始出现，事实上已经较为普遍地贯穿于各类新闻报道当中，并体现出自然风险文化在环境报道中的新闻价值，因为这类报道揭示了无形的文化中所造就的尚未到来的环境灾难。

从西方的文化传统来看，基督教人类中心主义思想及建立于上的西方文化在诸多哲学家那里逐步沉淀，以至最后根深蒂固。笛卡尔认为人类的优越性证明人类统治其他生物的合理性；动物因为缺乏这种品质只能被看做自动机器；人对自然没有义务，除非这种处理影响到人类自身。接下来牛顿及其追随者对这种人类中心主义的思想文化进一步拓展：自然是由无感情的物质和力构成的，它们根据确定的规律运行，人类可以根据需要当成机器利用。

---

① Hilary Rose, "Risk, Trust and Scepticism in the Age of the New Genetic", in (eds) Barbara Adam, Ulrich Beck, *The Risk Society and Beyond, Critical Issues for Social Theory*, Ibid. , pp. 66—67.

"既然自然是机器，它当然没有属于自己的权利，我们当然可以毫不犹豫地操纵它、使用它"①。

由于牛顿在科学上的地位，使得这种认识在西方的思想文化中变得更加根深蒂固。因此，怀特（Lynn White）认为仅仅依靠科学技术解决生态危机的观念是错误与浅薄的，怀特认为在根源上解决生态危机同时需要诉诸产生这类文化的宗教预设②。就文化与宗教的关系来说，"宗教是文化的本体，文化是宗教的形式"③。其实怀特还是强调了文化上的改变对于从根本上解决人类生态危机的重要性。

风险文化在拉什看来正是适用于这种根本上解决人类生态危机的对症药，他自豪地预言："风险社会的末日已经来临，现在已经日薄西山。我们要迎接的是风险文化，尽管有些战战兢兢，但绝无恐惧和担心。"④ 如果以上命题为真，那么用风险文化去分析与报道环境问题，其实承载的新闻价值是一个从根本上解决人类生态危机的新思路、新方法，如何正确全面地在报道中贯穿这些思想体现着不可估量的新闻价值要素。

第三节　环境新闻文本：以生态中心主义挑战人类中心主义

环境新闻在文本上以生态中心主义对传统新闻的人类中心主义发起挑战。这里具有一些成熟的文本形态，可以指导新闻理论的进一步探讨与具体化，其思想基础是西方生态哲学。本节通过欧美媒体较有影响的环境新闻文本分析，可以看出环境新闻在文本上所具有的环境伦理特质。

一　以生态主体性挑战人类主体性

下面是 2008 年《每日电讯报》一则新闻报道的一部分：

---

① Lan G. Barbour, *Technology, Environment, and Human Values*, New York: Praeger Publishers, 1980. p. 15.

② Peter Hay, *The Main Currents of Western Environmental Thought*. Indiana University Press, 2002. p. 102.

③ Paul Tillich, *Theology of Culture*, Oxford University Press, 1959, p. 42.

④ Scott Lash, "Risk Culture", in (eds) Barbara Adam, Ulrich Beck, *The Risk Society and Beyond, Critical Issues for Social Theory*, Ibid., p. 59.

科学家说，又有包括双髻鲨在内的 9 种鲨鱼将被正式列入面临全球性灭绝危险的物种名单。

其中，路氏双髻鲨的数量锐减尤其令专家担心，世界自然保护联盟将把这种鲨鱼列为"濒危"……估计每年有 1 亿头鲨鱼被捕杀，其中很多鲨鱼只是被砍下了鳍，然后把它们活生生地抛进了大海，任由它们流血过多或窒息而死亡。①

这里其实报道了两个方面的观点：一个是以捕鱼者以经济利益为标准的观点；另一个是以保护主义者为主的观点。这两个观点在此代表着经济利益者与生态主义者之间的冲突。血淋淋屠杀的场面描写，很显然是站在生态主义立场上的。像这样的新闻今日并不少见，我们就从这则捕杀鲨鱼报道开始寻求它的哲学基础。

自基督教文明在西方确定以来，人类在生态系统的统治与支配地位在《圣经》中找到根据。《创世记》里上帝创造了人，并"让人类统治海洋里的鱼、空中的鸟、地上的牛羊以及所有的野生动物和爬物"，并允许人"管辖所有其他生物"。文艺复兴以后的人文主义者借助新教徒对《圣经》的解释，进一步继承和发展了人类支配万物的思想。巴斯莫尔批评这种哲学与宗教传统为"人类中心主义"，因为"人是自然的绝对主人，其他的存在都是有计划的"②。

要打破人类中心主义的关键一步是确认其他生物的内在价值，从而确定人以外生物的道德身份，这是确定生态中心主义的前提条件，而不仅仅是物种的工具价值。《圣经》里上帝对亚当、夏娃所说的地球上的一切生物都可以被人拿来食用就是生物的工具价值。人类在《圣经》中被确定为超自然的，因为人是按照上帝的样子造出来的，终极目标是天堂，地球仅为进入天堂的路径，天堂才是人的内在价值。然而，达尔文的进化论认为人是由猴子进化来的，从而否定天堂与上帝的存在，否定了基督教所赋予人的超自然的内在价值。与此相对立，美国环境理论先驱罗尔斯顿（H. Rolsdon）认为"荒野"（生态）创造了人，没有人类文明"荒野"仍然能够运行；没有"荒野"，人类就不能存在，它们构成了我们赖以为生的生物共同体的金字

---

① "Shark Species Face Extinction, Says Research", *Daily Telegraph*, 16 February, 2008.

② Passmore, *Man's Responsibility for Nature*, New York: Random House, 1984, p. 13.

塔。从而确立"荒野"中的生物都具有非工具性的内在价值。①

双髻鲨真正吸引人的地方在于，双髻鲨属于"荒野"的一部分，具有自身的价值，一旦"荒野"生态链某一部分受到破坏，也会伤及人类。这里把"荒野"之生物放在整个生态链上考察，人类是其中一环，与其他部分相互依存，互为价值，这样环境新闻很大程度上赋予"荒野"双髻鲨以生态中心主义的那个内在价值，这样，关于双髻鲨的濒危与否就具有牵动人心的新闻价值。

其实像双髻鲨这样的环境报道在今日欧美媒体随处可见：如《华盛顿邮报》长期关注北极海豹的减少，《经济学家》呼吁减少对鲸鱼的过量捕捞，《国家地理杂志》一直报道非洲珍稀野生物的急剧减少，《纽约时报》关注南极企鹅所受到的威胁等，前提是赋予这些生物以内在价值而非工具价值。正是这种自然生物道德身份的确立，才把人与其他自然生物放在同一个生态系统来考察，互为价值，在新闻报道上形成了对文艺复兴以来人类中心主义的挑战。

二　以生态整体观取代个别事件

非洲的达尔富尔问题一直被认为是种族问题、石油问题，西方国家最近也一直"坚定"地认为是中国政府一直以来支持现政府的结果。2007 年 6 月 16 日，《华盛顿邮报》报道了联合国秘书长潘基文的一则文章，可谓以生态整体观取代个别事件的典范之作。部分内容如下：

> 20 年前，苏丹南部的降雨开始减少。根据联合国数据，自 20 世纪 80 年代以来降雨减少 40%。开始科学家们认为这是自然异常所造成的灾难，但接下来发现这是印度洋升温打乱季风所致。这表明次撒哈拉非洲干旱是由人为的全球变暖所致。②

此报道认为多年来黑人和阿拉伯人和平相处，彼此的牛羊、骆驼跨境吃了对方的草还能友好以待；干旱少雨造成耕地减少，导致冲突，结果 200 万名难民无家可归。这里表明历史上并无冲突，石油没有危机，而是环境问题、是生态灾难。

---

① Peter Hay, *Main Currents In Western Environmental Thought*, Indians University Press, 2002, p. 55.

② Ban Kimoon, "A Climate Culprit In Darfur", *Washington Post*, June 16th, 2007.

这个报道新颖之处在于把人类社会冲突放入生态整体来考察。远在20世纪30年代，生态学家阿瑟·坦斯雷提出生态系统整体论，是生态中心主义的重要理论支柱。① 整体论认为生态系统不存在超级生物或复杂生物，因为生命不独立存在；生态系统是一个整体，是大自然的基础部分。后来查尔斯·埃尔顿（Charles Elton）将这一理论通过经济学的方法描述为生态的生产、分配、消费系统，环环相扣，形成"消费群落"与"食物链"。后来又发展成林·玛古利斯（Lynn Margulis）等的地球"活的有机体"说，认为"生态学关系比其他的东西更决定了有机体的本性"。换言之，有机体对于生态系统比其对活生生的生命更能体现其关联性。

在生态系统中，当一个"生产群落"或"消费群落"受到影响，就会相应影响到其他部分，人是这个系统中普通成员，必须服从这种有机体本身的规律。而达尔富尔危机问题的症结在于生态整体一部分"生产群落"——土地受到破坏，影响到消费群落——人。这种把人作为普通成员放在生态系统整体考察问题的理念，很大程度上就是生态中心主义，是生态整体论在环境新闻或评论上的体现。

从最近的新闻报道来看，越来越多的环境新闻遵循着这种生态整体观来分析问题，这样的结果是，很多个别灾难不是天灾，而是人祸。2007年英格兰遭受了60年不遇的大水，近100万人被迫离开家园。7月23日《独立报》的一则《水下英格兰》新闻有这样一段分析：

> 40年（气体排放），英格兰中部气温不断升高，这直接归因于人类，世界上第一个人造气候在这个地区出现……全球变暖带来更多降雨，因为暖气流含有更多蒸汽和能量。20年前就预测到，不列颠的狂降雨将是一个恒久的主题。②

这则环境新闻首先认为不列颠大水不是"天灾"，而是"人造气候"，是"人祸"；然后把英格兰大水放在全球整体生态系统变化来考察，指出是多年来工业气体排放的恶果。生态系统的整体考察最终会得出是"人祸"不是"天灾"的结论，启发人类对自身行为合理性的思考。

通过达尔富尔问题的分析，潘基文的《达尔富尔的气候杀手》的新闻

---

① Alfred Tansley, "The Use & Abuse of Vegetationl Concepta & Terms", *Ecologist* 16 (1935).

② Michael McCarthy, "England Under Water", *the Independent*, July 23, 2007.

最后通过生态整体视角把地球上的很多冲突纳入到环境问题中来，如索马里冲突也是环境恶化"导致的食品和水安全"问题；象牙海岸国家、布基纳法索等也是生态环境问题导致冲突。人类中心主义最终会伤害人类自身，达尔富尔危机根源的确定是环境新闻把单个问题放入生态整体来考察的经典之作，也是环境新闻之生态中心主义的一次胜利。

三　用"风险"来解构"科技万能"

达尔文曾经说过，"傲慢的人类认为他是杰作，具有神性。我谦虚而又真实地说，他是由动物演化而来的"。达尔文主义是生态中心主义的理念。生态中心主义不排斥人类在自然界中的位置，甚至是他的智慧，只是认为人是生态系统中的普通成员，而不是傲慢的统治者。环境新闻要确立生态中心主义必须否定人的超自然的"神力"。

美国学者弗洛姆认为真正意义上环境新闻开始于1962年出版的卡逊的《寂静的春天》，这个被美国前副总统戈尔称为可以和斯托夫人《汤姆叔叔小屋》相媲美的作品，一直以来被认为是美国真正意义上的环境新闻。它一反常态地把满腔的同情倾泻给饱受工业文明摧残的生物界、自然界，从根本上改变了人们对于之前几乎毫不怀疑的现代科技。《寂静的春天》里，最突出的思想在于表达科技对于生态圈的威胁，包括人类自己。书中最后一段这样写道：

> "控制自然"是一个妄自尊大的产物，是当生物学和哲学还处于低级幼稚阶段的产物……生物学却已经被最现代化、最可怕的化学武器武装起来；这些武器用来对付昆虫之余，现转过来威胁我们整个的大地，这真是我们时代巨大的灾难。[①]

卡逊把人类科技称之为人"妄自尊大"地"控制自然"的产物，对整个"大地"（即生态系统）是一种"威胁"，对人类是"巨大灾难"。这种对于科技怀疑的态度直接影响到其后的环境新闻文本构建，从气、水污染、物种灭绝到人类健康，科技及其产业机器逐渐成为人们怀疑的对象。然而这样普遍地对于"科技万能"的解构在卡逊以前未曾发生过。卡逊对于科技的怀疑，进一步影响到20世纪80年代德国慕尼黑大学社会学教授贝克，经过他的完善，"风险"理论成为环境新闻分析问题的重要坐标。

---

① Carson, Rachel. *Silent Spring*, 25th ed. 1962. Boston: Houghton Miffln, p. 297.

最近这种"风险"对科学的解构已经延伸到基因改良食品与植物、克隆技术、抗生素抗性的出现、放射工业与核武器威胁、碳沉积、工业及电子垃圾处理、蓝藻、绿藻、赤潮等水污染，如此等等，科技风险的报道已经充盈媒体。

当代的环境污染与生态危机，从思想、文化上归咎于文艺复兴以来的人文主义，这个以《圣经》为依据进一步杜撰出来的大写的"人"字一直延续至今，其工具性装置就是工业革命以来的科技成就。借助"万能""科技"，"人"的专横、傲慢与贪婪地压制着自然界的目的得以实现，"荒野"退却，万物进一步保持沉默。

文艺复兴以来"人"之所以能够成为哈姆雷特所说的"万物之灵长"，其工具性装置的背后是科技，对于科技的怀疑某种程度上会挫伤人类傲慢专制的"灵长"信念。卡逊以来的环境新闻认为人类之所以为"人"的科技最终会给人带来"巨人的灾难"，把"人"拉下超自然的、本来就不属于他的"君主"宝座，重新回到生态系统普通成员的位置上来，有利于确定环境新闻的生态中心主义。

四 以深生态观改造现有生活方式

由于环境新闻从思想体系上对传统新闻以人类为中心的新闻价值理念进行解构，这样，它的另一个任务就在于重构生态学的生存秩序，这是环境新闻不可或缺的部分。这种解构不是杂乱无章的后现代主义，而是一个系统的生态整体生活方式——深生态学。因为现存的错误生活方式是环境危机的软杀手，深生态学要求改变现有错误的生活方式，按照生态中心主义来构建和谐发展的机制。

比如，工业垃圾对生态的伤害很大，2007年以来世界媒体都在关注发达国家的垃圾拉到中国加工的事情，此事造成了中国更大的环境污染。经过报道以后，环境新闻需要指出解决途径，下面是《经济学家》的一段报道：

> 以原始的方式加工塑料和电子垃圾会释放出有毒化学物质，损害人体和环境，有悖于再循环效果。……更有效再循环的一个最大障碍就是大多数产品在设计上时并没有考虑到回收利用。如果操作得当，再循环无疑能够节约材料，降低污染但在努力增加再循环的同时，提高再循环的质量也很重要。"废料其实是设计上的失误。"①

---

① "The Truth about Recycling", the Economist, June 9th, 2007.

　　对于解决环境污染问题,《经济学家》没有就垃圾应该在哪国循环利用进行辩论,而是把这个问题放在人类现有生产理念、消费习惯来分析,把生态作为一个整体来看待,指出"废料其实是设计上的失误",是"在设计时并没有考虑到回收利用"这一现存陋习,要求从现有人之思维与习惯着手。从理论上来讲,"深生态"这一词是比尔·德维及乔治·赛申思(George Sessions)等提出来的解决环境问题的方法,认为旧有主流世界观应该对环境危机负责,对现有世界观要进行改造。这种变化并非要创造什么东西。而是"唤醒一种古老的东西",即"生态意识"的培养,要认识"人类、动物、植物及地球乃是一个整体"。其原则是"理性的、全景(total-field)"的观点,抛弃人类中心主义的"人处于环境中心形象",从个人角度、文化角度转变人类自身行为。①

　　新闻文本结构实际上是一种哲学精神与科学主张的体现。从改变人类现有文化与生活方式陋习来说,其实是有着这种思想的人发出的。(联合国秘书长潘基文不会亲自到达尔富尔进行科学调查,其背后有诸多西方环境科学人员、资深生态学顾问,如该报道所指主要观点人哥伦比亚大学生态经济学家杰弗理·萨奇斯(Jeffrey Sachs),就是潘基文资深顾问,仍然以西方生态理念为主。)在文中最后提出解决的方案就是要从"健康习惯、教育、废物处理"等方面着手,核心是"经济的可持续发展",这里其实就是把人类的发展纳入生态整体观里来,对于环境新闻文本来说,就确定了生态中心主义。

---

　　①　Devall and Sessions, *Deep Ecoligy*: *Living as if Nature Mattered*, Salt Lake City: Peregrine, 1985, p. ix.

第四章　新闻的采访与写作

环境新闻因为比传统新闻具有更高的科学性特质，因此它要求更高的调查性来保障这种科学性。然而，这种调查性的深度采访涉及很多特殊的准备，这些都是环境新闻采访重点研究的领域。环境新闻的写作除了具有科学性，还把核心放在揭示风险性上。风险性关注未来的趋势，现在在新闻价值上要打折扣。然而，环境的风险性几乎无处不在，有些对于现在也造成了负面影响，虽然相对未来的灾难还是微小的，但如何通过现在的危害来表现未来风险也是环境新闻写作的特殊规律。最后，环境新闻写作还表现环境伦理的一些理念，换句话说，现实发生的环境问题或事件需要环境伦理思想来作指导，这些都形成了环境新闻写作不同于传统新闻写作的地方。这些需要我们去总结规律，以进一步指导实践。

第一节　环境新闻采访研究

在美国学者麦克尔·弗洛姆定义的基础上，我们对于环境新闻的定义是"环境新闻就是为了避免环境风险，在制定决策过程中，在调查研究的基础上，一种有目的、为公众而写的、以充分准确的材料为依托、反映环境问题的媒体信息"。环境新闻主要是对环境问题的揭露，而环境问题是一些比较专业性、科学性甚至是跨学科的内容。由于规律的特殊性，在西方国家当中，记者采访也存在着相当的难题。报业是环境新闻最早兴起也是记者素质较高的媒体部分，然而美国的一份调查显示，在美国南部 14 州的 164 个日报当中，只有 7 家报纸为健康报道提供训练，只有 25 家报纸有正式计划报道这方面的新闻，只有 14% 的报纸说它们拥有足够自然科学知识的记者去报道生物与环境新闻。[①] 可见环境新闻采访具有不同于传统新闻的特殊规律，采访前的准备是第一关。

---

① Jan Knight, "Media ll – prepared for Disaster and Failing in Warming Reports", *SEJournal*, Winter, 2006.

一　采访前的准备工作

西方资深环境记者弗洛姆认为"最好的途径来完善你的任务是采访，采访就是研究、调查，它们能够让你走出书本，让你的工作与时俱进"；其中重要环节就是"采访前的准备"①。由于专业知识的高要求，因此，环境新闻尤其重视采访前的准备工作。

1. 新闻敏感的培养与新闻线索的发现

对于一个没有自然科学学科背景的人来说，如何培养环境新闻敏感、如何发现新闻线索就显得很重要，很多记者对这样一个问题颇为头痛。

生活是培养新闻敏感与发现新闻线索最好的老师。美国《洛杉矶时报》环境新闻资深女记者玛拉·凯恩（Marla Cone）就是在这样的背景下成长起来的人。她常年关注环境恶化与帕金森（Parkinson）疾病的关系，并多次获奖。她认为自己最先的新闻敏感来自于对生活的观察："当1981年我移居加州的时候，我驱车开往洛杉矶盆地的时候，经常思考空气中飘散的黄色悬浮物。1983年我在《桔乡纪事报》（the Orange County Register）做消防员与癌症关系的系列报道时，发现（人）暴露于化学物质中时（与疾病）有无形的重要联系。我也很惊奇，《桔乡纪事报》居然没有一个人报道环境问题，特别是（人）与浓雾所作的长期、昂贵的抗争。对于那一天决定成为环境记者我没有遗憾，现在已经是我第20年的（环境记者）生涯了。"② 从凯恩的角度来看，环境记者的新闻敏感主要来自对生活的观察。

与专业科学家保持长久的联系。2007年获得普利策新闻奖"解释性新闻"的《洛杉矶时报》记者肯·维斯（Ken Weiss），他是专门报道海洋污染的环境新闻记者。他认为新闻敏感的培养与新闻线索的发现主要来自于日常生活中专业知识的积累。他经常花费很多时间与科学家在一起，采访他们，读他们的论文，这些让维斯知道目前海洋中正在发生着什么。"我想任何一个科学原则就像一个放在客厅桌子上的魔方，多数的科学家花费他的一生在研究某一块魔方上，或者怎样把两块拼在一起，对于追寻专业化知识的人来说，每一方面都是有用的信息。但是这些专业化、碎片性的信息不会变

①　Michael Frome，"Conducting Interviews and Investigations"，from *Green Ink*: *An Inroduction to environmental Journalism*，Ibid. ，pp. 110—120.

②　Mike Dunne，"Top E – beat Reporter: Make Readers Regain Curiosity"，*SEJournal*，Winter，2006.

成大的、重要的问题，那时，我就会询问从事专业研究几十年的科学家：'整个魔方现在是什么情况？'这时他们会给我提供大量有用信息"①。从维斯的成功可以看出与科学家保持紧密联系是获得新闻敏感与发现新闻线索的关键。

个人有意识的专业积累也是一种重要的途径。吉姆·德特金是在包括《费城问讯报》在内的媒体做了21年的环境记者，先后到过七大洲的45个国家进行过环境新闻采写，他相继荣获了50多项州、国家或国际颁发的大奖，包括普利策奖的8次提名和3次入围。1997年圣地亚哥《地球时报》（Earth Times）评价德特金先生是世界上最有影响的100位人物之一。②他在谈论自己培养新闻敏感的时候主要在于知识积累。刚开始在纽约《波基普西日报》（The Poughkeepsie Journal）作环境记者的时候，他首先读关于当地自然与环境方面最好的书。如他读的有罗伯特·勃利《哈得逊河，一个自然与非自然的历史》；接下来是从报纸或杂志上读纽约当地政治与民俗方面的文章。

德特金先生认为，要树立目标成为当地环境问题的专家，就必须吸收所有当地环境方面的重要信息，当有兴趣的读者读到报道时，他们就希望你能够给出解释与建议。另外，要挤出时间来学习当地州、联邦政府环境的法律，通过与当地政府官员交谈了解一些重要的环境机构及其运作，记者就会迅速发现当地企业与法律要求之间的矛盾。"如果你经常性地梳理这些资料，你就会写出爆炸性的环境新闻，这些新闻是其他环境记者很少涉及的。"③因此，德特金先生的新闻敏感主要来自于自身积极主动的专业知识积累。

多方获得资源与保持好奇心也是获得新闻敏感与发现新闻线索的重要途径。艾奥瓦州《第蒙记事报》（The Des Moines Register）环境新闻记者培利·比曼（Perry Beeman）被认为是"这块土地上最杰出的守护者"。比曼在谈到自己新闻敏感培养与新闻线索的发现时认为，与其他记者的方法差不多：听别人说，自己观察，然后所有的时间都在阅读环境问题的书籍；另外

---

① Mike Dunne, "Award Winner: Focus On Eco Damage Being Done Now", *SEJournal*, Summer, 2007.

② 资料来源："Applied Environmental Education and Communication"，网络链接：http://www.aeec.org.

③ Jim Detjen, "The Beat's Basics A Primer On Taking Over the Environment Beat", *SEJournal*, Summer, 2003.

参加会议获得信息，查阅成千上万的电子邮件，浏览无数个有用的网站；在大礼堂，在咖啡店，在办公室，在所有可能的地方，与相关的人交谈。"当我看到什么现象的时候，我知道我的读者会问为什么，这时我就需要挖掘"。知道到哪里去寻找信息（sej. org 就是一个很棒的起点）；在某个问题上阅读所有能够找到的资料；如果有可能，接受一下环境科学的训练；保持一些重要的信息资源；在所在州或国家的信息方面保持畅通、与时俱进；任何时候要学会问问题；保持好奇心，要始终警惕四周。如果有人问这里没有出现有问题的证据，我便问："你核对过吗？你有标本做证据吗？如果有，给我看看。"① 这种多方积累与好奇心是比曼迅速发现某环境信息具有价值的关键所在。

2. 制订采访计划的准备

与普通新闻采访一样，环境记者采访也需要制订计划。因为环境新闻具有深度科学调查的特点，环境新闻采访计划工作尤其需要强调。因此，这种计划对于多数、特别是初涉环境的记者来说是必要的，因为它大体规定着行动的目标与程序；同时这些计划又是变动的，因为客观世界瞬息万变，人们常说计划赶不上变化；但是对变化的修改本身就是一种高层次的采访计划准备。

美国《亚特兰大日报与宪法报》（*Atlanta Journal & Constion*）的记者博·埃默生（Bo Emerson）是资深的环境记者，他 2007 年最后一次去缅因州的环境采访历程是 2174 英里，对当地的环境进行采访，并多次获得环境新闻奖。他认为成功的采访首要问题在于："记者和编辑要想采访过程获得成功，采访计划是一个关键。很多报道本身也是如此，通过这样的方式，你会知道你将会报道什么、你将要探索什么问题。"②

获得 2005 年环境记者协会广播报道奖的维凯·马恩克斯（Vicki Monks）谈到采访前的计划时认为，他每次都做了一个粗略的计划，把报道中可能遇到的东西都列入其中：可能采访到的每一个人、每一个细节。"但是在每次实际采访过程中，我计划中的成分几乎总在不停地改变"；"采访计划总是被采访的质量与我采访时的客观条件所限制"，"但我需要这样一个采访计划，它能保证整个报道的逻辑与完整性"③。

① Mike Dunne, "Doing Investigations While Covering the Beat Pays off", *SEJournal*, Winter, 2003.
② Robert Mcclure, "The Roots of Journalism: Take Readers On a Journey", *SEJournal*, Summer, 2007.
③ Mike Dunne, "'Carbon Black' Report Shows Impacts On Native Americans", *SEJournal*, Winter, 2005.

对于从事环境报道 20 多年的普利策新闻奖获得者维斯来说，他认为自己已经不列出采访计划。但他又说："我开始写出一个长的备忘录，把它提交给编辑以说明我的系列报道（是什么）。在这个备忘里，我想要列出我的报道包含的内容。这个备忘随意性强，范围广大。开始时，在我进行报道的过程中，这份备忘被反复地修改；在筛选的过程中，很多开始列入的主题被去掉，因为一些编辑也会有摇摆不定的修改意见。""但是编辑的意见是对的"[①]。虽然维斯没有说出为什么是对的，从逻辑中可以看出这些计划的制订和不断修改使得他的采访更接近客观实际。因此，不管是新手还是资深的环境记者，制订采访计划并及时修改是实现采访目标的一个必要环节。

3. 自我防护的准备

与一般的记者不同，环境记者报道的问题需要深度调查，而这些调查往往都是在非常恶劣的环境里进行的。环境记者的调查必须身体力行地获得第一手资料，《第蒙记事报》的记者比曼有这样一段描述："我喜欢认真调查，我先前做过水污染样本的研究，显示艾奥瓦湖因明显的细菌污染而出现问题。州政府从来没有做过这样的细菌调查。"[②] 因此，环境记者所从事的调查往往是没有人做过的，具有很高的风险性。

高度污染的空气，臭气冲天的工业废水，具有高度放射性的核污染环境，难见天日的海洋深处，或者渺无人烟的冰雪南极大陆等。最早进行环境报道的美国生物学家卡逊死于癌症，后来有不少人认为与她长期进行 DDT 的观察与试验有关。

最早在环境新闻采访中发现这种情况是在 1979 年美国三里岛核辐射报道的记者们。伽特·克扎尼阿克（Chet Czarniak）以及他的同事托尼·马罗（Tony Mauro）都是加奈特新闻社（Gannett News Service）的环境记者，他们觉得几十年后的不适可能与那些次核采访有关。这个问题彻底被提出来的时间是 1985 年，三里岛原住民罗曼（Norman）与马格里·阿莫德特（Marjorie Aamodt）1990 年对外宣布，经过他们的调查，曾经采访过三里岛核事故的三名环境记者，宾夕法尼亚州《新时代》（*New Era*）记者杰克·博拉德（Jack Pollard），《时代》杂志的记者彼得·斯德勒（Peter Stoler），《乡村声音》（*Village Voice*）记者保罗·卡文（Paul Cowan）死于癌症；通过对曾经采访过 1979 年三里岛核事故的 400 多名记者进行调查，他们发现"这

① Mike Dunne, "Award Winner: Focus On Eco Damage Being Done Now", Ibid. , pp. 19—20.

② Mike Dunne, "Doing Investigations While Covering the Beat Pays off", *SEJournal*, Winter, 2003.

种（癌症）死亡率极高"①。目前，环境记者在出访前都要对自己采访的目标进行评估，然后做一些必要的自我防护的准备。

美国环境记者协会给记者采访前提出一些自我防护的建议，不妨可作借鉴。大体包括四个方面：

1）新闻机构开设一个风险评估的项目或培训班，针对那些将要采访的记者任务与环境进行讨论与培训。如果采访当地火灾，当地消防部门应该做一些采访安全措施的安排。

2）写信给华盛顿特区的化学制造业协会（CMA），获得手册《有害物避险须知》，这些专门机构的提醒会有很大的帮助。

3）采访前带上安全的服装、靴子以及硬胎帽子。这些安全准备在一些时候能够派上用场。

4）如果记者经常于核场所采访，最好买上一个放射计量表，这能够时时提醒记者注意安全；环境记者应该要求服务的新闻机构定时为自己做身体健康检查；有些环境记者甚至要求一些特别的安全措施。如果被派往采访大火，任何情况下都不要进入大火中采访，特别是那些摄影记者。②

虽然这些准备措施不全面，但是根据采访目标的不同，可以给环境记者各种有用的启迪。

4. 多媒体设备与人员的准备

随着新媒体的兴起，任何一个传统媒体都面临着一个向新媒体转轨的问题，以使自己的新闻资源最大化。在美国，《华盛顿邮报》、《纽约时报》、《时代周刊》，英国的《经济学人》周刊、《泰晤士报》、《卫报》等传统媒体都建立了较为完善的网络版。最近，美国又出现了专门的融合媒体公司Brightcove，Brightcove. com 所提供的内容包括各类不同风格、不同文化的媒体内容。报纸、杂志、图书出版业包括纽约时报公司、华盛顿邮报、时代—生活传媒公司（Time Life）；广播电视媒体有英国天空广播（British Sky Broadcasting）；影响制作公司有探索传播公司（Discovery Communication），索尼唱片公司（Sony BMG）等都是它的客户。目前已经有 3500 家大小美国媒体购买 Brightcove 的使用权传播原有媒体内容。③ 环境记者在采访新闻之

---

① Rae Tyson, "Covering: Assignments that Can Be Hazardous to Your Health", *SE Journal*, Winter, 1990—1991.

② "Planning for Risks On the Environmental Beat", *SE Journal*, Winter, 1990—1991.

③ from www. Brightcove. com.

前，也必须跨入这个新时代的媒体行列中来，做好充分的准备。

美国资深环境记者巴德·瓦尔德（Bud Ward）认为，"坦言之，对于日报、广播、特别是开播不到三个月的公共电视广播来说，报道环境问题或者科学新闻的时候，（报道内容与方式）存在很大的不同"；由于这种不同，"必须承认，从严肃的纸媒体到轻松的广电媒体（是的，哪怕是公共广播）都弥散着一种不安"；因此，他"鼓励其他的纸媒环境记者应该与当地志同道合的广电记者为伴"①。故此，环境记者在采访前必须做多媒体采访的准备。

多媒体的物质制作比较复杂，而准备却相对简单。《洛杉矶时报》的环境记者肯·维斯的作品就是经常被用来做多媒体。"我们把（系列环境报道）做成网络下载的 DVD 制品——10 个短片，还有相应的图表、照片和文章。这些工序是由一群哈佛公共健康学院的师生完成的"。至于如何准备多媒体采访，维斯认为很多纸媒都配备了多媒体设备的采访人员："我很幸运《洛杉矶时报》培养了一大批专门从事摄影的记者，因此我的（文字采访记者身份）也被配置了天才的摄影师"；"因此，多数属于我的事情就是集中精力讲故事"；由于采访大体相同的场所与人，剩下的事情都是摄影师来做。"不过后期制作需要很长的时间"②。

二 环境新闻的采访技巧

环境新闻的采访工作在新闻报道过程中既不是开始也不是最后一项工作，然而，它却是新闻工作中最重要的环节。环境新闻采访是一个新兴的实践领域，对于那些刚从事或者正在从事环境报道的记者来说，能够获得业界的经验是十分重要的。为此，我们这一部分主要集中于西方环境记者经验的研究，总结出一些主要的环境新闻的（有些部分也许不仅仅适应环境采访）采访艺术。

1. 立足采访对象危害性的现在而不是未来

环境新闻最核心的新闻价值在于揭示环境风险，目光主要是在将来；然而，如果仅仅说到未来多少年南极冰雪融化、多少岛屿被湮没，对于当代人

---

① Bud Ward, "E - Journalists May Fit Well Into Complex: Converged Media Future", *SEJournal*, Spring, 2007.

② Mike Dunne, "Award Winner: Focus On Eco Damage Being Done Now", *SEJournal*, Summer, 2007.

的警世是不足够的。美国《洛杉矶时报》记者肯·维斯说："就我来看，太多的环境报道集中于未来的灾难阐释，或者对未来几年将会发生灾难的状况分析。这样（集中于未来灾难）的话，这在一些较为严格的编辑眼里，新闻价值就会大打折扣；因为此也可能使得那些专业反对者认为环境报道仅仅是'鸡肋'"。①

因此，环境新闻采访的第一条技巧就是让受众能够感受到现实的环境灾难，哪怕我们依然把重点放在环境灾难的未来趋势上，我们依然需要强调当前的变化。肯·维斯五篇系列报道《变化的海洋》（Alterd Oceans）就因对准了现实灾难而获得了2007年普利策新闻奖。维斯总结其获奖的经验是："集中于现在的问题，而不是未来的'威胁'。"维斯本来关注全球变暖给未来地球生态带来的威胁，而他的系列报道却集中于："我们将怎样展示出这些变化正在对现在的人类产生的不利影响，现在正在怎样伤害着野生物。""每年春天我们的海岸都有那么多的海狮与海豚在漫游，每年都有那么多的世界公民因为细菌和绿藻而生病，每年佛罗里达州海岸居民有那么多人呼吸困难。"② 因此，即使是强调未来环境发展的某种风险性，也应该把重点放在现在的影响上，这样会对当代人更具有警世功能，能容易达到报道的目的。

2. 采访环境科学家是必要一环

美国环境记者道斯·妮尔金（Dorothy Nelkin）在她的开创性著作《售卖科学》（Selling Science）一书里指出：很多科学家对环境报道的内容迅速作出反应，谴责媒体对报道的环境新闻不负责任，批评环境报道中的科学质量不高，甚至与真正的科学事实背道而驰；因这些环境科学家认为，这些不负责任的、缺乏常识的环境报道，结果导致公众对于科学与技术产生了负面的、或者幼稚的错误态度。③

美国的环境记者威廉姆·布络斯（William Burrows）在1980年4月发表的《科学遇见媒体》一文中说："科学家认为，不管他们告诉记者什么，结果媒体出来以后都注定会出错；事实上，多数的普通记者穿街而过的时候，他们都避免与任何专家邂逅，因为他们认为科学家们是没有人情味、不

---

① Mike Dunne, "Award Winner: Focus On Eco Damage Being Done Now", Ibid. , p. 19.

② Mike Dunne, "Award Winner: Focus On Eco Damage Being Done Now", Ibid. , pp. 19—20.

③ Dorothy Nelkin, *Selling Science: How the Press. Covers Science and Technology*, New York: Freeman,. 1987, p. 72.

善交谈、没有智慧的生物；这些生物总是喜欢用方程与对数来反对他们这些记者，就像运动员在另类规则下在赛场上竞技一样。"① 这两位专家提到的问题与分析的现象无论在西方还是东方都是相当普遍的，结果会造成环境新闻报道要么缺乏科学性，要么会误导公众，对于这种现象在环境新闻早期阶段还可以应付，随着这类新闻在媒体上的兴起，甚至不断进入大报的首版乃至头条，这种状况显然是不能够继续下去的。如何解决，关键在于采访阶段需要科学家的介入。

然而，目前的困难在于，一方面，记者往往是社会活动家，对于一些非常专业的领域，特别是自然科学的领域，记者往往与之保持的关系非常脆弱，这往往有时间与活动范围的限制，更多的是由于知识领域的差异；更进一步说，记者的新闻报道计划一旦得到编辑的批准，就必须在尽量短的时间内完成，记者这时为了尽快出版报道，进而使得环境新闻在内容上变得简单化与单面性。

另一方面，在世界上，每年有 5 万个杂志，每年出版 100 万篇科学论文，不幸的是，普通人很少有人能够读得懂这些文章，或者根本就不读。② 因此，环境科学领域的科学家也需要借助媒体、特别是新闻报道把自己的研究成果传播给普通大众。因此虽然存在着多种困难，双方都有相互合作的必要。正如《纽约时报》的环境记者威廉姆·劳伦斯（William Laurence）形象地说："真正的普洛米休斯的后裔，科学写作者（记者）从科学的奥林匹斯山——实验室、大学里把火种取来，然后（通过媒体）传递给大众。"③

很多科学家对媒体没有多少热情，有时相当谨慎地被迫介入，除非他们直接卷入某一药学或生物技术当中来。因为在多数的科学家看来，让媒体采访好像并没有什么收获。不像政治家、契约方或者环境团体领导，科学家的收获与在媒体上出现的频率没有什么关系，而是与他们的实验室有关，他们的确不愿意与媒体接触。因此，业内人士建议环境记者应该从长远的角度着手，在记者感兴趣的某些领域里选择一个或者几个科学家，向其说明接受媒体采访对他们研究的好处。"建立一个稳定与长期的关系，这些科学家的背景与资料是可信的，在众多相互冲突的环境报道中，他的帮助能够使你在最

---

① William Burrows, "Science Meets the Press: Bad Chemistry", *Sciences*, 1980（April）.

② Krism M. Wilson, "Bridging the Gap to Science", *SEJournal*, Summer, 1997.

③ Krism M. Wilson, "Bridging the Gap to Science", Ibid., pp. 16—17.

后期限内渡过难关"。因为"那些科学家是天生的解释者"①。

　　3. 采访公共资源部门与受害者

　　环境新闻报道的内容是被损害的环境，环境从本质上来说是公共资源，而非个体私人财产。从环境灾难的源头来看，环境污染、温室气体等一系列有害物都是源自现代工业，工业及其相关产业才是环境灾难直接的制造者。因此，当记者进行环境采访的时候，工业及其相关产业是利益相关者，不能够作为采访的主要目标，否则采访就没有意义。多数的西方国家记者把环境新闻采访的对象集中于公共资源部门与受害者，他们一个远离利益，另一个是最愿意诉说、也是最了解情况的人。

　　对公共资源部门的采访。美国资深的环境记者麦克尔·弗洛姆非常强调对公共资源系统的采访。他认为首先在公共资料与信息方面与公共雇员保持一种稳定与持久的关系，因为多数雇员或者公务员会认真履行为政府服务的道德守则。在美国这个准则是："政府公共服务部门的任何人都应该：忠于最高道德准则，对国家、个人、政党与政府部门都履行最高的道德准则。"②

　　另外，弗洛姆还强调要尽量采访公共信息部门的官员，从那里寻求动态或答案，因为这些官员的背后都有一大堆出色的专家在工作，而这些专家是记者没有机会接触到的。由于政治的影响或者来自政治的压力，有些高官被迫不愿公布一些权威信息，但是环境记者在为公众利益服务，高官的道德准则也在于此，当高官们觉得有压力时，他们会给环境记者一些线索或者一些隐喻的建议，这些都会给环境记者带来巨大的收获。这对于官员与政府来说也是一件值得高兴的事情，因为"政府官员（对媒体）揭露浪费与滥用职权应该被看成是一种最诚实的履行契约行为，这样会使政府对人民更富有责任感，更值得人民信赖。通过这种（媒体）曝光，能够强化与提高政府（威信），而不是弱化或打乱它"③。

　　对受害者的采访。美国《休斯敦纪事报》（Houston Chronicle）的环境记者迪纳·卡培罗（Dina Cappiello）就是靠着这样方式成功实现采访的记者。

　　① Robin Mejia, "Interviewing Scientists: A Primer On Finding and Building a Stable of Science Sources", SEJournal, Winter, 2003.

　　② ② Michael Frome, "Conducting Interviews and Investigations", Green Ink: An Inroduction to environmental Journalism, Ibid. , pp. 117—118.

　　③ Michael Frome, "Blowing the Whisle", Center Magazine, November – December, 1978, pp. 50—58.

作为女性环境记者，卡培罗有她特别细腻之处，在检验到空气中存在着大量的污染之后，她记下了休斯敦市附近 84 个化学工业装置与炼油厂，然后进一步检测不同距离的空气污染指数。2004 年夏天里，卡培罗在四个区域里检测这些化工厂的 31 种化学物质在空气中的含量，其中有 18 种化学物质是众所周知对人体有害的。

为了证实这种有害性，卡培罗没有采访这些化工厂，而是当地受害的人。"我们一家一家地敲门找人，这确实不容易，当地很多人都在化工厂干活，所以有（利益上的）联系"。"我后来又联系市民俱乐部主席、当地委员会成员，向他们寻求帮助"，"《休斯敦纪事报》记者丹·费尔德斯特恩（Dan Feldstein）和我获得本地（生存状况德）大量信息"；"当地的一位律师向我们透露的消息显示，当地的公司与麻烦制造者和投诉者有关，是他们想让当地人搬走"①。这个消息在《休斯敦纪事报》2005 年 1 月 16—25 日系列刊载，由于采访时证据确凿，立即取得反响：休斯敦市长比尔·怀特（Bill White）立即指示调查此事，把违法者绳之以法。

《纽约时报》的环境记者菲利普·谢博可夫（Philip Shabecoff）就此方面的观点认为："在多数的调查性采访中，那些多种原因卷入其中的人（受害者）提供了大量的信息，他们认为或者看到媒体的报道能够给予帮助或者改变局面。如果不是这样，（我们的）情况可能就不一样了。"弗洛姆也非常赞同谢博可夫的观点，认为这种方式特别是在官员、灾难制造者都不愿透露信息的情况下是非常奏效的。"很多情况下，一些机构冒着对抗法律的危险拒绝提供信息。这时，（环境记者）仍然需要打听、探访，因为总会有一些人、一些地方会提供给你发现新闻的方式"②。但是弗洛姆又补充，对于这些人的话进行验证与考察是非常重要的，因为他们处于受害者的位置，说话主观性很强。记者不能够简单地用"他说"、"他们说"等就可以了事，需要对一些重要的事实进行调查与验证。

4. 对于历史与环境伦理观的考察

环境伦理观念是由生态中心主义为基础上的一系列思想理论构成的，随

---

① Mike Dunne, "In Harm's Way Details Houston's Air – pollution Problem", *SE Journal*, Spring, 2005.

② Michael Frome, "Conducting Interviews and Investigations", *Green Ink: An Inroduction to environmental Journalism*, Ibid., pp. 114—115.

着生态科学的发展并逐渐成熟。人类中心主义在人类文化史发展过程中经历了千年的历史，已经根深蒂固。生态中心主义随着全球环境危机的日益紧迫而成熟，从而形成了在思想、文化、政治、经济乃至历史领域对人类中心主义全面的挑战。新历史主义认为"一切历史都是思想史"，就像新历史主义以文本对抗真实论一样，环境新闻记者可以用环境中心主义理念对历史进行重新审视，发现新的新闻因素，从而改写历史，制作出新的新闻报道。当然这是一种特殊的新闻采访活动，主要依赖环境伦理与历史资料的考察，而不是更多的实地采访。但就实质来说，这个新闻制作过程仍然是新闻采访活动。

2007 年 11 月，路透社记者的一篇《历史显示气候变化导致饥荒与战争》的新闻报道就是这样制作出来的。之前，中国（主要是香港地区）、美国和英国的科学家在美国《国家科学院学报》（PNAS）上撰写全球变暖对人类历史的影响。路透社的记者就对这个研究小组的科学家（包括香港大学地理系的章典博士）进行采访，发现 1400—1900 年这段时间是地球的"小冰河时代"。这段时期全球气温最低的三个年份点大约是在 1450 年、1650 年与 1820 年左右，期间气温上升略有穿插。后来记者在报道中写道：1450 年正值宋末元初时期，由于气候凉爽期（the Cooling Period）使得广漠的蒙古高原难以实现冷热气体的对流，降雨量急剧减少，从而促使高原部落被迫南迁，被迫导致为生存而战的战争。

资料进一步表明，1650 年正值清军入关前后，因为同样的凉爽气候导致了关外东北地区的干旱，从而导致清军大举南下。[①] 这种理论就是生态伦理学中查尔斯·埃尔顿（Charles Elton）提出的生态系统生产、分配、消费系统，即"消费群落"与"食物链"的生态中心主义。这篇报道不仅改写了历史，而且会使人们对当前的气候变化与可能产生的后果起到警觉作用。记者采访时不仅要访问专家，更重要的是对环境伦理的学习与历史资料的考察与梳理。

把历史资料与环境伦理思想的结合不仅具有改写历史、发出预警的功能，而且能够解决当前的政治、经济乃至宗教方面的纠纷。达尔富尔冲突造成 200 万人的人道主义灾难，西方很多媒体把根源归结于宗教、石油，甚至归结于中国政府支持现政府的结果，并加以指责。

[①] "History Shows Climate Changes Led to Famine and War", by Reuters, Hong Kong, *Washingtonpost. com*, November 22, 2007.

2007 年 6 月 16 日，《华盛顿邮报》刊载了联合国秘书长潘基文历史与环境伦理分析的文章《达尔富尔的气候杀手》。他认为："最近《大西洋月报》上记者斯蒂芬·法里斯（Stephan Faris）的一篇文章，描述了当（阿拉伯牧民的）羊群越境进入黑人土地，啃了他们喂骆驼的牧草、喝了他们的井水，黑人农民是怎样的热情相待"。因此，潘基文驳斥了达尔富尔人道灾难是宗教冲突的说法。他又认为："然而，一旦降雨停止，农民们为了防止他们的土地被越境的羊群毁坏，封栅了土地。记录中的第一次在 2003 年，因为没有足够的水和食物提供给所有的人，战争才爆发了。这也就演变成我们今天看到的全面的灾难"。因此，达尔富尔"根子上"是"气候"灾难。因此，潘基文号召"达尔富尔的任何和平办法都必须建立在引起冲突的根子上来"①。

潘基文在此之前已经派遣大量的人到达尔富尔进行调查，包括科学考察，用他自己的话说："我们把（解决）达尔富尔问题放在首位，投入了远比公共视野所能看到要多的努力。"就这篇报道来看，潘基文主要从查尔斯·埃尔顿生态中心主义的"消费群落"与历史考察两个坐标来展开观点的。这种新观点在此之前很少听到，引人深思，也为国际之间的相互指责叫了暂停，为向全面解决达尔富尔人道危机指明出路。不过这种分析与采访方法在新闻上一直被环境记者所看中。美国著名环境记者弗洛姆就建议记者多做这样的调查与采访，他专门写过《历史与伦理帮你呈现整体》的文章。他说："我学习了与环境新闻有关的历史与哲学"；"完美的森林学与天地之爱的哲学总是与我的采访共存。"②

第二节　如何写作环境新闻

环境新闻在弗洛姆教授的基础上，本书采用环境新闻的定义是：环境新闻就是为了避免环境风险，在制定决策过程中，在调查研究的基础上，一种有目的、为公众而写的，以充分准确的材料为依托、反映环境问题的媒体信息。随着全球变暖与一系列的生态危机的出现，环境新闻已经成为各类媒体争相报道的重要内容。西方国家经过多年的研究探讨与新闻记者的实践，已

---

① Ban Kimoon, "A Climate Culprit In Darfur", *Washington Post*, June 16, 2007.

② Michael Frome, "History and Ethics Help to Write Whole", *Green Ink*: *An Inroduction to environmental。Journalism*, Ibid., pp. 94—97.

经形成了较为成熟的环境新闻写作技巧与理念。本节就在于探讨这些写作的思路与技巧。

一　科学术语的化解

环境新闻是"以充分准确的材料为依托、反映环境问题的新闻",要求"准确",其实环境新闻是一种极为科学性的新闻写作,而广大的媒体受众多是普通人,环境新闻写作的第一个难题就是要把这些科学术语乃至专业知识,转化成大众化的语言。当然,这种要求是很高的,因为环境新闻具有揭露性,需要把问题归咎于责任人,可能会引起经济、政治乃至声誉上的损失。英国学者阿兰(S. Allan)认为:"环境记者因一些不确定性(责任)而面临起诉,也就是说,期待环境记者能够根据受众现代生活的经验使得(新闻内容)重要的不确定性变得易懂。"[①] 换句话说,环境记者一定要把一些科学话语转述清楚,变成受众根据现代生活场景能够准确理解的语言,这样才能避免各种麻烦与纠纷。西方媒体记者在环境报道中化解科学术语的技巧大体上有四种。

1. 科学阐释与可视化的结合

这种表达方式严格按照科学研究的数据或者规定来,这时环境记者需要完整准确地表达这些科学内容,不得有半点差错,否则就会引起不必要的纠纷。60 年代美国环境作家卡逊在这方面作出了榜样,她的《寂静的春天》一书完全按照严格的科学试验与检测得出的结果来写作。例如,她在描述 DDT 在食物链中造成的污染时这样描述:

> DDT 及相关化学品的最险恶特征之一是它们的传递方式……通过食物链的各个环节……有 7×10^{-6}—8×10^{-6} 残余 DDT 浓度的干草也许会被喂给奶牛,DDT 会在牛奶中被发现,浓度约为 3×10^{-6},但在用这种牛奶制造的黄油中,DDT 浓度可能会高达 65×10^{-6}。[②]

也许普通读者并不理解这些科学数据精确的意义,但能够从食物链 DDT 浓度的数据中看出 DDT 是真实存在的。为了说清楚这个微观的科学事

①　Allan. S, *Media*, *Risk*, *and Science*, Buckingham United Kingdom: Open University Press. 2002, p. 91.

②　Rachel Carson, *Silent Spring*, Greenwich, CT: Fawcett Publications, 1962, p. 118.

实，卡逊进一步地由远及近，逐步让自己的论题可视化（及让人能够感觉到），她的方法就是由微观数据到宏观生活。她接着推论，DDT 不溶于水，但是溶于生物的脂肪和油类，因而会溶解并储存于食物链顶端的动物体内油类和脂肪里。这种有机氯破坏生命细胞，特别是侵害神经系统，极为轻松结束生命体的运行与存在。卡逊的写作是层层推理、步步为营的，由微观数据到宏观生命体，让读者感受到 DDT 对整个自然界生命、特别是高级动物的生命威胁。卡逊的这种环境问题的写作形式树立了西方新闻报道中科学写作（Science Writing）与科学报道（Science Reporting）的新楷模。

卡逊是生物学家，从事过长期的海洋生物研究，思维相当严密。她的作品发表以后曾经遭受数千家化学工业主的责难，《时代》杂志指责她"煽情"，最后甚至约翰·肯尼迪总统任命其科学顾问委员会对此调查，结果的报告标题是"基督教徒式的科学监测者"，认为"卡逊是正确的"①。正是依靠这种由微观到宏观的科学写作，化解科学术语的同时传递了正义与准确的科学精神，卡逊开启了西方环境新闻写作的新时代。

2. 诠释与生活情境相结合

新闻报道与科学论文最大的不同在于前者面对的是普通大众，后者是专业人士。因此，环境在处理科学术语时要求易懂，也就是普通受众能够懂得较为复杂的科学专业信息。这要求环境新闻记者在写作的时候要跳出专业术语，用大众话语来重新编码。由于有些科学术语相当复杂，环境记者对其解释往往力不从心，再加上某些环境科学术语因涉及归咎责任问题而有争论，这时环境记者在化解科学术语的时候存在相当的困难。

这种环境科学术语的化解首先根据新闻内容的需要，也就是说由于新闻报道涉及的往往只是这个科学术语的某一方面，受众主要是普通大众而并非个个都是专家，这时就可以根据新闻涉及的某一方面内容做诠释。当然这种诠释最好带入现代人生活的情境，除了更容易理解，也加深了环境新闻文本的接近性与可读性。

西方媒体处理这些问题时相当注重通过文本内容来巧妙化解。比如法新社记者在叙述喜马拉雅山冰雪融化加速的时候，文章集中于最主要的原因……"亚洲褐云"（Big Brown Asian Cloud）。由于该种云与印度等南亚国家的工业气体排放有关，故法新社记者处理这个科学术语时相当谨慎，报道

---

① Paul Brooks, *The House of Life*: *Rachel Carson at Work*, Boston: Houghton Mifflin, 1972, pp. 72—79.

通过诠释的方法来使其科学概念与报道内容相呼应：

亚洲褐云盘踞于南亚、东南亚部分地区和印度洋北部（作者注：其实就是指印度上空），来自汽车排气管、工厂烟囱、电厂、改成农业用地的被焚毁的林地，以及被当作燃料的木材和畜粪等。微尘也被称作悬浮颗粒，它们能够降低地表样面的温度，因为它们能够阻挡阳光，降低全球亮度，从而使当地气温升高。①

我们从法新社的电文稿中可以看出，记者对科学术语的化解在文字上是下了工夫的。比如明明是讲印度上空却说"东南亚部分地区和印度洋北部"，因为2007年6月4日印度政府公开申明"喜马拉雅冰川退缩是气候变迁的一种自然界循环现象，溶解的冰川会不断复原"②。法新社这样处理科学术语"亚洲褐云"时就避免引起纠纷，也坚持了科学。另外，法新社记者还进一步指出科学术语解释的来源：联合国环境规划署的专项调查报告，指明这种解释的权威性与非主观性。可以说这种化解相当精巧，既具有权威又有生活经验，可读性强又不会给媒体带来官司，值得环境记者学习。

3. 多角度描述科学术语涵盖面的新变动

新闻无时无刻不在发生，又无时无刻不在变动。环境报道中有时还会涉及以前定义为"牛"的本质属性，现在却发现也是"羊"的属性。对于这种变动，以前的科学术语解释已经不再适合，这时新闻记者处理报道时要注意新变动，对新去向进行多角度描述，力求透过现象抓本质，避免笼统或者神秘化。美国环境学者艾瑟雷（Loren Eiseley）就此认为："一些很正常的现象，如事物的发展与联系出现断裂，在对此进行审视之前这种断裂是很自然的规律。然而恐怖的是（记者）将要把这种反常变成更恐怖（去描述）的自由。"③ 在艾瑟雷看来，由于记者的职业习惯，很容易把一个异常变动的现象描绘成一种煽情的"恐怖"景象。艾瑟雷在此告诫环境记者，这样可能会引起一些不必要的麻烦和纠纷，这样可能会导致"更恐怖"的后果。

因此，一个新变动的事件，环境记者能够做的就是多方面、多角度地去捕捉事实，决不要像普通记者那样去渲染和神秘化，而是通过各种现象描述

① Timothy McDonald (AFP), "Big Brown Asian Cloud Blamed for Glacial Melting", abc. net. au/news, August 2, 2007 15：50：00 Updated.

② Kathmandu (AFP), "Himalayan Glaciers Could Be Gone in 50 Years", rawstory. com/news, June 4, 2007 16：00 Updated.

③ Loren Eiseley, "the Star Thrower", Steve Neal, ed., *They Never Go to Pocatello: The Selected Essays of Richard Neuberger*, Portland：Oregon Historical Society Press, 1988, p. 177.

去抓本质。2007 年 10 月，英国的蓝舌病（Bluetongue）从牛群感染到羊群。蓝舌病一直以来在英国被认为是在牛群中间传染的病，这一现象造成了英国牧民的恐慌。而英国《每日电讯报》记者对此一疫情进行了多方面的观察与叙述。[①] 记者理查德（Rechard Gray）的第一视角是政府，政府宣布此前有 36 个农场的牛群感染这种病毒，现在又有 60 头羊感染了，在羊身上的死亡率为 60%，比牛更高；其次是牧民，牧民以为寒冷的冬天会冻死这种病毒，没有想到冬季不冷，病毒难去；再次是专家视角，由吸血昆虫携带病毒在不同牲畜间传染，这是一个高感染的牲畜病毒。

电讯报的记者没有直接解释科学术语"蓝舌病"，也没有大肆夸张和神秘化，而是从多个角度揭示出这只是一个普通的牲畜病毒，只是在气候变暖的冬季存活时间更长而传染到羊身上。这样，人们就在多角度的生活场景的描述中了解了"蓝舌病"。记者的聪明之处在于以多角度生活场景代替抽象介绍，易读易懂，富有情趣，轻易化解科学术语。这种写法对于一些新发生的环境问题、新议题较有实用价值，值得借鉴。

4. 用想象力化解抽象环境科学理念

爱因斯坦认为"想象力比知识更重要"；美国生态哲人利奥波德在威斯康星大学教书时以及在他的绿色圣典《沙乡年鉴》里，都强调情感与美感能够与公正的科学相媲美；美国环境记者、环境新闻学者弗洛姆也极力倡导想象力在环境新闻写作中的积极作用。[②] 与文学作品不同，环境新闻的想象力不需要太多的夸张、甚至是渲染的美感，它需要的是准确；与科学论文不同，环境新闻中的想象力要求更多的生活情趣与可读性、易懂性。这二者之间全靠记者的权衡与把握，过犹不及，要么会枯燥难懂、味同嚼蜡，要么是天马行空、不着边际。

正确的做法是科学的逻辑与日常生活的场景结合。比如说深生态思想是环境新闻始终要表现的主题，是观察与衡量环境问题的坐标。其生态中心主义一个核心思想是"荒野"观："人类没有创造荒野，相反，荒野创造了人类"；她不仅是生命的摇篮，也是一切价值之源。[③] 这是一个相当抽象的科学术语，在环境新闻的写作中又不可能出现一大堆的环境科学或哲学术语来

---

① Richard Gray，"Blue tongue Spreads from Cattle to Sheep"，*Daily Telegraph*，October 14，2007.

② Michael Frome，*Green Ink: An Introduction to Environmental Journalism*，Ibid.，p. 126.

③ Roderick F. Nash. *The Rights of Environmental Ethics*，Wisconsin：University of Wisconsin Press，1989，pp. 271—273.

解释，而西方的记者在处理这样问题的时候技巧往往十分圆熟，利用想象把科学逻辑与生活场景相结合，意趣横生。

这是一个非事件性新闻，时间上没有严格要求，西方媒体多次表述过。如 2007 年 7 月 19 日（提前出版）的美国《新闻周刊》也有这样主题的一则新闻：《没有人类的地球什么样》。① 记者杰里·阿德勒（Jerry Adler）是《新闻周刊》多年的环境记者，这里表达深生态环境中心主义的思想就是想象。他写道："那时（人类消失以后）的世界并非被圣火付之一炬，相反，因为少了有史以来最具破坏力的物种（人类），地球恢复了真正的生态平衡"；"原先的城镇已经被森林重新覆盖，这儿成了鸟儿、野猪和驼鹿们的家园"；"1000 万年以后，青铜雕塑还能被辨认出来，这可能是我们文明最后的见证"；"野猫会过得很舒服，因它们有足够的鸟可以吃，大象会重新接管非洲，海洋里满是鱼"。

那么人类在地球上究竟一点人缘都没有吗？人类在地球上生活的意义是什么？作者接着诙谐地写道："老鼠和狗是最思念人类的，前者想的是我们的垃圾；后者怀念的是我们的保护"。也就是说，人类的数百万年其实就是在破坏地球，排挤其他生物的历史；没有人类地球生物会更加繁荣而不是付之一炬。人类的狂妄之处在于《圣经》里所说的人之超自然性以及文艺复兴以来之大写的"人"字。人类在地球上对生态圈的唯一贡献是制造出的垃圾养活了老鼠、保护了狗，对于其他生物来说几乎一无是处。借助想象，记者把科学推理与生活场景紧密结合，意趣横生、说理严密、令人深思。读者看后会很容易接受这样一个理念："荒野创造了人，而不是人创造了荒野"。

二　环境风险的构建

环境新闻不同于传统新闻的地方在于它要突出风险性。对于环境记者来说，风险的表达不仅需要立足于新闻事实，而且还需要从一些理论上来分析事实，表现对于现实世界的改变，理论指导结合事实分析是必不可少的环节。英国社会学家、威尔士大学教授芭芭拉·亚当认为："风险的本质并不在于它正在发生，而在于它可能发生；风险不仅仅在技术运用的过程中被生产出来，而在于对潜在危害、危险与威胁的技术敏感中被生产出来。为此，我们不能把风险作为一种外在之物来观察——风险一定是构建的"。

---

① Jerry Adler, "After We Are Gone", *Newsweek*, July 19, 2007.

　　当然，亚当并不同意任何人都可以随意地去构建风险，她认为："风险的构建并非建立在自愿想象的基础之上，这就是说，我们并不能随心所欲地去'构建'风险。相反，风险正是在构建的过程中被逐步地揭示出来。风险的建构必须遵循其揭示的逻辑"①。鉴于此，作为环境记者，在立足报道的具体内容基础上，严格按照"逻辑"来表现风险就显得尤其重要，这个"逻辑"就是社会学家和环境学里所确定的方向。

　　首先，以技术角度来写作风险。从60年代至今，自然科学家与社会学家（从美国的生物学家卡逊到德国的社会学家贝克）都把环境危机的矛头指向技术——人类发明并用来征服自然及证明其超自然性的工具性装置。卡逊曾经在她的《寂静的春天》结尾部分这样说道："'控制自然'是一个妄自尊大的产物，是当生物学和哲学还处于低级幼稚阶段的产物"，"这些武器用来对付昆虫之余，现转过来威胁我们整个的大地，这真是我们时代巨大的灾难。"②

　　由于卡逊在环境新闻上的特殊地位，她的呼号后来成为很多西方环境记者的写作原则。因此，对于西方的环境记者来说，环境风险的写作首先瞄准在科技上。

　　这种风险的写作从某一类现象的总体上来加以考察，并结合比较的方法是西方记者的一般性思路。当然，这类写作需要有较为严密的数据作为支撑，西方记者往往引用的都是一些较为权威性的资料。因为风险是跨越时间的，往往把过去和现在、此在与彼在联系起来，在展现风险性的过程中，写作上常见的手法是对比，包括横向对比与纵向对比，这样既看到过去，又知道现在，还能警醒将来，这样很容易看出风险所在。2000年前后，西方媒体关于抗生素的讨论较为激烈。1999年，英国的《新英格兰医学杂志》（*The New England Journal of Medicine*）刊登了一则抗生素在动物体内过度使用会导致人类食用者传染的风险分析：

　　　1992年，明尼苏达州只有1.3%的病例是由对多西环素具有抗

---

①　Barbara Adam and Loost Van Loon, "Introduction: Repositioning Risk; the Challenge for Social Theory", in (eds) Barbara Adam, Ulrich Beck, *The Risk Society and Beyond*, *Critical Issues for Social Theory*, Ibid., pp. 2—3.

②　Rachel Carson, *Silent Spring*, Ibid., p. 297.

性的弯曲菌引起的。到 1998 年，这个比例增长到 10.2%；其中只有一小部分病人曾经服用过多西环素。这是一个相当急剧的增长，研究者认为基本上可以认定这是由农业中抗生素的使用转移到人类的结果。在大批的采样中发现，具有抗性遗传品系的细菌与从当地食品杂货店出售的多种鸡肉产品里发现的遗传品系相似。在 91 种鸡肉品种中，有 80 种带有弯曲菌。这些细菌对环丙沙星这种治疗人类的扩展性胃肠炎所必需的多西环素药物具有抗性。[①]

贝克认为："风险概念扭转了过去、现在和未来的关系。过去已经无力决定现在，决定现在经验行动的判断地位已经被未来所取代，也就是说，被一些尚不存在的、建构的和虚构的东西所取代。我们所讨论和争议的并不是现实的东西，而是一些如果我们一意孤行就有可能发生的东西。"[②] 这种"一意孤行"在时间上有先后顺序，在逻辑上有因果关系，故此，通过对比就能够揭露出风险所在。《医学杂志》这篇报道也就是"扭转过去、现在和未来的关系"，进行比较来确定风险所在。

为了呈现新闻中表述的风险，西方环境记者往往需要罗列很多详细的数据资料以确定风险，这种写作风格很大程度上体现了科学写作的精神，而往往不同于传统的描述性、甚至讲故事为主的写作特征。西方记者这种风格的形成可能受到卡逊《寂静的春天》的影响。贝克论述风险社会之"风险"时认为："风险陈述是一种数学化道德。作为一种数学计算（概率计算或事件角本），风险总是直接或者间接地与文化定义或生活是否容忍的标准有关。"[③] 因此，即使是对技术风险的确认，也不能够缺少"数学计算"，因为这些都是"直接或间接"地与文化或生活的"可容忍标准"有关，从而确立起"风险"。虽然新闻报道面向大众，往往拒绝抽象的数据与概念，然而在涉及核心科学证明时，环境记者为了摆脱世俗的纠缠，体现科学性，往往不得不列出"数学计算"。卡逊

---

① B. P. Johnson, K. A. Moore, and M. T. Osterholm, "Quinolone – resistant Campylobacter jejuni Infections in Minnesota, 1992 – 1998", *The New England Journal of Medicine*, 340 (20), 1999: p. 1525.

② Ulrich Beck, "Risk Society Revisited: Theory, Politics and Research Programmes", in (eds) Barbara Adam, Ulrich Beck, Ibid., p. 214

③ Ibid.

《寂静的春天》所引发的争议，也多亏了其中翔实的数据才能够帮助她打败对手的无礼指控。

　　环境报道中数据是西方新闻记者揭露风险性的常用写法。例如很多人对于生物燃料这项新科技的负面影响认识较少。英国《泰晤士报》运用数据来揭示生物燃料的风险性。该报认为："油菜子和玉米燃料产生的温室气体分别比矿物燃料多出70％和50％"；"它（生物燃料气体）作为温室气体的破坏力相当于二氧化碳的296倍"；"化肥中3％到5％的氮转化成了这种气体并释放出去，但此前国际气候变化问题研究小组采用的数据是2％。"[1]　《泰晤士报》的记者路易斯·史密斯（Lewis Smith）就是通过生物燃料的氮化物气体与二氧化碳气体的温室效应比较来揭示生物燃料的风险所在。虽然数字有些枯燥，但作为环境新闻写作，必须突出科学的精确性，往往没有太多的选择，贝克所说的"数学计算"就呈现在环境新闻写作当中，来突出这项技术（即生物燃料）对于气候变暖的风险性。

　　从深层的哲学高度寻求技术风险的原因，这对我们写作环境新闻的风险性会有很大的帮助。英国威尔士大学社会学教授芭芭拉·亚当在贝克《风险社会——通往另一个现代的路上》一书出版以后就曾经做过深入的哲学探究。她认为技术之所以存在风险是因为："技术产品是为特定功能而创造出来的，没有认识到生活的网络互联性，它是作为一种'外来物'进入生活世界的。它一旦被塞进了生活环境以后，它们就开始与其网络化环境产生了相互作用。一旦这样，科学家也好、工程师也罢，都无可避免地失去了对这些创造物产生后果的控制。"[2]　英国学者维尼（Wynne）认为人造技术具有无可避免的"非决定性"，这些昂贵的"外来物"的效果以一种不均匀的密度散布在我们的星球上，它造成的风险不仅在空间上扩展，而且在时间上弥散[3]。因此，技术对于环境的风险普遍存在着，应该成为环境新闻记者写作新闻很好的一个视角，无论西方

---

①　Lewis Smith， "Biofuels Produce More Greenhouse Gases Than Oil and Gasoline"， *Thames*，September 22th，2007.

②　Barbara Adam and Loost Van Loon， "Introduction: Repositioning Risk; the Challenge for Social Theory"， in (eds) Barbara Adam， Ulrich Beck， *The Risk Society and Beyond*， *Critical Issues for Social Theory*， Ibid.， p. 6.

③　Wynne， B. "May the Sheep Safely Graze? A Reflexive View of the Expert – Lay Knowledge Divide"， in S. Lash， B. Szerszynski and B. Wynne (eds)， *Risk, Environment and Modernity*. Ibid.， p. 45.

抑或东方，现在还是未来。

其次，通过经济视角来写作环境新闻的风险性。贝克认为："在风险社会中，我们必须扪心自问：我们希望怎样生活？这就意味着从本性上说，风险陈述只有在一种跨学科的（竞争）关系中才能够破解，因为它们预设对技术知识的洞见以及对文化的理解和对规范熟悉的程度都是均等的。"① 贝克跳出了技术来谈技术风险，要求从更宽广的视角来看技术风险，为此，他进一步把造成这类风险的批判矛头指向政治（因为政治是一切人类活动的总策源地）："当国家（政策）威胁到其公民的生命与生存时，公民权就是抵抗权"；"也要把（风险的）源泉归咎于那些社会秩序的制造者与保证者，包括商业的、政治的、法律的和科学的秩序，也就是说怀疑那些负责保护公共福祉的人往往就是威胁公共福祉的人"②。

在这个系统中，贝克指向最核心的问题——财富（也就是经济利益的追求）。他说："工业社会反思现代化的主导理念是由两方面来展开的：首先我们可以用财富生产与风险生产为例"；"相对于工业社会内，财富生产的逻辑主宰着风险生产的逻辑；然而，在风险社会（即反思性的现代化社会——本文作者注）中，这样的关系是倒过来的"③。按照贝克的观点，人们在追求经济利益（即"财富"）的过程中，往往以牺牲环境为代价。这种对环境造成的"风险"往往被追求财富的"逻辑"所掩盖。因此，在环境报道中，记者应该站在"风险社会"的高度，揭示"财富"掩盖下的"风险性"。

中国自改革开放以来，一直强调"以经济建设为中心"，这个"中心"的结果多年来被用来衡量主要政策得失的标准。然而，在西方环境记者眼里就存在着风险。西方环境记者多通过这种"财富生产的逻辑主宰着风险生产的逻辑"来分析问题。下面就是美国《国际先驱论坛报》一名环境记者2007年8月的一篇环境风险分析的报道谈道：

> 目前，中国环境退化问题已经非常严重，引起国内外强烈的反响，污染不仅成为中国民众长期的重大负担，也对执政党构成了政治挑战。

---

① Ulrich Beck, "Risk Society Revisited: Theory, Politics and Research Programmes", in (eds) Barbara Adam, Ulrich Beck, Ibid., p. 215

② Ulrich Beck, "Risk Society Revisited: Theory, Politics and Research Programmes", in (eds) Barbara Adam, Ulrich Beck, Ibid., p. 214.

③ Ulrich Beck, *Risk Society: Towards a New Modernity*. Ibid., 1992, p. 8.

目前还不清楚中国能否控制可怕的经济毁灭力量。①

　　美国《国际先驱论坛报》这篇关于中国环境报道的核心新闻价值在于：揭出中国过去"经济建设为中心"政策下给环境所带来的风险。记者写作报道的时候以经济为切入点，从公共健康、大气污染、能源消耗、对其他国家造成的连带污染、水资源短缺等角度来一一罗列过去发展经济所掩盖了的对于环境所造成的风险。并在报道的最后提到了中国政府最新的政策转向——"可持续发展的模式"，这一方面分析了中国过去以经济建设为中心所带来的环境风险，另一方面也解释了中国政府政策转向的原因。

　　故此，记者写作新闻报道站在"风险社会"的高度，立足经济这个切入点，多点发散，一气呵成，顺理成章。这种写作环境新闻的方法往往与人们现存的理念相冲突，特别是发展中国家。环境风险问题的确立把经济作为唯一标准放在对立面，这是一个巨大的变革。环境记者、特别是发展中国家的环境记者，应该从西方国家的环境记者那里学习他们的写作理念与行文方法，来构建这种经济视角的环境风险性。

　　对于经济利益生产出的环境风险，贝克对此有过追根求源的论述："风

----

　　① "As China Rises, Pollution Soars", E－article of *International Herald Tribune*, from www. iht. com, August 25, 2007。全文翻译如下：

　　公众的健康受到了威胁。污染使得癌症成为中国首要的死亡原因之一。中国城市似乎经常笼罩在有毒的灰色雾气当中，全国仅有1%的城市人口呼吸着欧盟认为不会损害身体健康的空气……

　　在有些国家里，那些被认为是环境问题的现象，在中国却司空见惯：工业城市很少见到太阳；铅污染或其他形式的污染造成孩子生病或者死亡；海岸线被海藻所包围，以致大部分沿海地区连海洋生物也难得一见。

　　中国正因为自己的成功而窒息。经济多年保持着两位数增长，但是这样的增长方式比以往任何时候都更依赖重工业的飞速发展和大规模的城市化进程。这些都需要消耗大量的能源，几乎所有的能源都来自于煤炭这种常见的、也是最脏的资源。

　　中国的问题已经成为世界的问题。中国燃煤电厂排放的二氧化硫和氮氧化物导致首尔和东京下起了酸雨。据美国媒体报道，洛杉矶上空颗粒物污染问题主要是中国造成的。……

　　污染对中国构成了威胁。数千起社会动荡事件与散发着恶臭的空气和污浊的水有关。医疗卫生费用直线上升；严重的水资源短缺可能让更多的农田沙化……环境问题就越难以解决，解决的成本也就越大。

　　中国领导人承认必须改变路线。他们发誓改革邓小平时代制定的经济增长为先的政策，转向可持续发展的模式。然而，政府制定的关于提高能源使用效率及改善空气和水质量的目标大多没有实现。

险生产与分配的'逻辑',是在财富分配的(由至今的社会理论思想所决定的)'逻辑'上所发展出来的。其核心问题在于现代化的风险及其结果,它们化身于植物、动物以及人类生命那种无法回转的危险上"①。也就是说,风险之所以被连续不断地生产出来,原因在于"财富分配的'逻辑'上所发展出来的",虽然这种财富的分配是在"植物、动物以及人类生命那种无法回转的危险上"取得的。因此在新闻写作中,对于环境风险的呈现还要追寻这种"财富分配的'逻辑'",也就是说是谁获得了环境风险为代价的"财富",这样才能够防止环境风险在丰硕经济成果掩盖下被源源不断地生产出来。

　　西方环境记者往往能够从一些热点问题着手来分析与写作经济成果掩盖下的风险再生产问题。中国经济飞速发展的同时,西方国家媒体纷纷指责中国经济增长带来了本国乃至世界范围内的环境恶化。对于此,日本《呼声》月刊 2007 年 11 月号刊登了竹村真一的《是全世界在污染中国》的文章。文章在开始开门见山地引导出环境风险的责任在谁——也就是谁污染谁的问题。竹村真一这样写道:

　　　　第一就是无需多说"越境"污染问题……但产生这些污染的原因之一是中国作为"世界工厂"的结果,她独自承担了世界范围内相当比例的制造业生产,这一点是不能忽略的。生产基地集中在中国,相应的环境负担也会集中到中国。② 文章一开始就指出了风险的归属问题:是"全世界污染了中国",而不是"中国污染了全世界",因为中国是"世界工厂"。那些责备中国的西方国家其实是环境风险问题的制造者,是经济秩序的既得利益者。他接着指出这些污染给中国带来了沉重的环境风险:(正是这些污染物)"喜马拉雅及整个青藏高原地区的冰川消融的势头得以出现……如果冰川消融的势头得不到遏制,10 年内全亚洲将可能面临严重的水资源危机"。因此,这篇报道抓住经济利益掩盖下真正的污染源所在——"财富"利益获得者的西方发达国家乃至整个世界,中国才是真正的环境受害者。

----

　　① Ulrich Beck, *Risk Society: Towards a New Modernity.* Ibid., p. 9.
　　② 竹村真一,『世界中が中国を汚している』,月刊誌『*Voice*』,2007 年 11 月 10 発売号,p. 114。

文章把环境风险的责任刨根问底以后指出彻底解决这个问题的出路："如果现在还要抵制中国产品，把因北京奥运会产生的大气污染和水资源不足问题当作别人家的事不闻不问，那就太不合时宜了。如何把中国问题作为全球性问题平稳地解决，是我们现在必须要面对的课题。"在环境问题的新闻报道中，寻求风险的责任方也就意味着很大程度上找到了解决问题的途径，这也算是新闻写作的真正目的所在。因此，从竹村真一的这篇报道里我们不难发现，沿着利益分配这个线索，透过经济表面现象，很容易找到环境风险的根源所在。

追求"财富"的风险只是经济切入口的一方面，它往往是一个政策层面的问题，通过政府功能的转变就可以抑制环境的风险。然而，经济的风险远远不会止步于此，它的表现形态会比环境记者或者媒体受众所想象的要复杂得多。当有些环境风险发生时，人们可能会更多地同情造成环境风险的人而不是环境所受到的伤害。对于这种情况，记者也许会在新闻报道中转向人类中心主义的人文关怀，而忽视了对风险的认知。对于此，贝克警告："忽略那些反正不会认知的风险，其实就是风险或危险之所以会开花、成长、繁茂而依附的政治与文化土壤。"[1] 故此，西方环境记者写作这类风险的时候是相当谨慎的，注意从经济角度去探求环境风险的根源，因为这样才能够真正找到环境风险的根源，从而促使问题的解决。

非洲、东南亚地区的类人猿、黑猩猩在急剧减少，西方记者到达非洲卢旺达与东南亚采访的时候发现，这些类人猿其实都是由当地的农民捕捉或者杀害的，然而环境记者很难在新闻报道里谴责这些杀害类人猿的农民，因为他们完全依赖自然经济为生，黑猩猩、大猩猩的肉几乎是他们维持最低生存的唯一经济来源。美国《新闻周刊》的环境记者罗恩（Ron Moreau）在采访了印度尼西亚的婆罗洲中部情况后这样写道：

> 在狗的配合下，农民用大砍刀砍，尖棍戳，杀死了母猩猩，小猩猩被抓住……每只以 100 美元的价格作为宠物待售，或准备卖给野生生物的商贩，死去的母猩猩被剥皮后吃掉。[2]

---

[1] Ulrich Beck, *Risk Society: Towards a New Modernity*. Ibid., p. 51.

[2] Ron Moreau, "A Shove Toward Extinction", *Newsweek*, December 8, 1997.

　　很显然，在写作过程中，黑猩猩被捕杀的场面是相当血腥的；同时也侧面刻画了与这些黑猩猩命运相连的印尼农民的生活——充满无奈。对于这类风险责任的刨根问底，伦敦大学古德史密斯学院的社会学教授斯科特·拉什（Scott Lash）就警告说："他们（责问风险的人）认为有组织的不负责任是次要的。真正重要的是，那些认同不同风险文化的个人不是先去发现风险，再来推定归咎于谁。相反，这些人总是先找到他们想归咎的社会群体，再由此推定应该关注哪些风险。"① 拉什所强调的风险归咎逻辑应该是先发现风险，再推理归咎责任，而不是相反。一些西方环境记者在此方面严格按照这种推理进行写作，这样报道环境问题，也就很容易找出解决风险的途径。同样是黑猩猩保护，1997 年美国《新闻周刊》报道后，1998 年美国《新科学家》杂志很快在非洲找到了保护大猩猩的办法：

　　　　在乌干达难以穿越的 Bwindi 原始森林……在 1995 年它是全球剩余650 只山地大猩猩中 300 只的家园……最近进行的一项实验研究表明生态旅游是如何起到（保护大猩猩）作用的……如果说维持一个乌干达 6口之家庭每年需要 526 美元，村社的这笔额外收入代表了一大笔银子，从而刺激了村民保护能够创收的大猩猩的激情。实际上，这些人因为维护公园的工作而得到了大猩猩付给的报酬。②

　　把环境风险责任的归咎错误施于他人然后再去解决问题时无异于缘木求鱼。正是环境记者把大猩猩被捕杀的责任归咎于造成饥饿农民的社会，才有可能出现为了解决农民的生存而建立起大猩猩保护公园的生态旅游，这样才能够从根本上解决大猩猩被灭绝的风险。环境记者写作时一定要能够发现风险的根源所在，也就是找出出路。
　　贝克在《风险社会》中指出："风险工业都迁移到了工资低廉的国家。这绝非意外，因为在绝对贫困与绝对风险之间存在着一个系统性相互拉扯的吸引力。"③因此在那些解决不了生存问题的国家里，人为了基本的生存而被迫造成环境风险的情况下，环境新闻记者写作时不能够紧紧把责任归咎于

---

　　① Scott Lash, "Risk Culture", in (eds) Barbara Adam, Ulrich Beck, *The Risk Society and Beyond*, *Critical Issues for Social Theory*, Ibid., p. 51.

　　② John Blatchford, "Apes and Gorillas Are People Too", *New Scientist*, January 24, 1998, p. 37.

　　③ Ulrich Beck, *Risk Society: Towards a New Modernity*. Ibid., p. 36.

饥饿中的人，而应该从"系统上"找出风险的责任所在。从这个角度来说，经济利益生产出的环境风险往往还要求诸于社会的复杂"系统性"。

最后，通过文化视角来写作环境新闻的风险性。文化的风险性写作不同于上述各类实体物的写作，它往往包含的是一种置身于人的思想意识中的一种理念，在环境新闻报道中，它更多地表现为人脑中的一种有意识或潜意识的人与自然的关系。贝克认为："（造成风险的）第一个源泉与生存的普世价值之文化重要性有关。"① 伦敦大学古德史密斯文化研究中心的拉什教授诠释风险文化时认为与工业化相伴随的文化是以工业为核心、为工业化而服务的制度性、秩序性、规范化与功利性的问题文化，缺少反思性；与之相对，"风险文化"则是非制度性、反制度性、水平分布、非功利性、反思性、非决定性背景下建立的共同体，并可以识别环境风险和其他风险。② 因此，风险文化是作为工业社会或者缺少反思性的现代社会的对立物，并为了纠正这些错误而推出的。

对于风险文化的写作，拉什认为："风险社会的概念和反思现代化假设了一个从传统转向简单现代性，最终转向反思现代性的三个阶段变动序列。"也就是说，按照拉什的观点，从传统的封建生产关系转向工业资本主义是现代化的第一阶段，这个阶段虽然进行了工业化，但是缺少反思，社会风险重重；最后工业社会要转向反思性的现代社会，这种具有反思性、能够纠错的社会才是真正的现代性，人类社会需要经历这样三个阶段。其中，"在反思现代性阶段（指风险文化里），取代了共同体和传统秩序的社会的主宰地位正受到来自全球地理、日常生活的文化熏陶和信息化以及社会规范合法性降低的挑战"③。拉什这里所说的"传统秩序"、"社会规范"其实就是指称能够带领环境风险的旧有文化，而"挑战"这些"传统秩序"的是"风险文化"，因旧有"社会规范""合法性降低"，"风险文化"取代"传统秩序"是环境新闻中突出风险的又一重点部分。

作为环境新闻的写作，文化总是和人联系在一起的。这种视角可以从单一的社会基础细胞——家庭，一直到整个的社会。在贝克看来，风险的最基础部分在于家庭。它在《风险社会》一书中，通过对"玫瑰战争"的分析，解读最

---

① Scott Lash, "Risk Culture", Ibid., p. 251.

② Scott Lash, "Risk Culture", in (eds) Barbara Adam, Ulrich Beck, *The Risk Society and Beyond, Critical Issues for Social Theory*, Ibid., pp. 47—62.

③ Ibid.

基础的社会细胞家庭文化的变革，指出自我中心主义使得传统婚姻分崩离析。在环境新闻写作的过程中，家庭的文化变革往往牵涉到整个的社会，社会的种种风险文化往往经过家庭的放大找到根本的原因。因此，家庭文化的变革也是西方环境记者写作新闻的切入点。请看以下这篇法新社新闻稿写作：

> 在 2001—2005 年期间，研究人员在美国调查了 3283 个家庭，他们发现在离异的家庭中，登记在册的人均占有房间数量增加了 61%，而已婚家庭人均占有房间仅增加了 6%。

这项研究表明，"由于人均消耗上升，离异家庭的单个人可能会产生更多的废物、废水，以及温室气体等废气，从而导致气候变暖、生物多样性下降等全球环境变化"①。

这个环境新闻的写作从后工业社会的家庭文化着手，逐渐推导出这种家庭文化的变革所造成的对资源、环境所产生的风险。写作的思路是从社会最基本的细胞——家庭文化变革开始，以人的生物性需求作为一个侧面，逐步得出这种文化变革所产生的环境风险，值得读者深思。因为人类中心主义者往往从女权、孩子教育、经济利益等角度来分析离婚的后果；而环境中心主义者却把婚姻文化的变革纳入到生态整体中来考察，并确定风险。因此，环境新闻对于风险文化的写作，个体或者家庭是一个很好的视角。

作为环境新闻之风险文化的写作，也可以对准一个群体或者一个社会特定人群的文化或者心理来进行写作，表现"传统秩序"或文化对于环境的风险。其实，风险文化是对"传统秩序"或潜藏其之下的文化心理的一种纠正，具有反思性。拉什教授认为："风险文化是合理的（虽然并不是理性主义的）和反思的共同体：是在风险的制度性的非决定性背景下建立的共同体，并可以识别环境风险和其他风险。"② 在拉什看来，"反思性判断其实就是风险文化的核心"，这种"反思性"判断不仅仅包括精神的和思考的概念化，同时还包括对鉴赏力之情感的、身体的和习惯性的理解。③

---

① AFP. Washington："Divorce Bad for Environment"，from www. news. com. au，November 3，2007.

② Scott Lash，"Risk Culture"，in（eds）Barbara Adam，Ulrich Beck，*The Risk Society and Beyond，Critical Issues for Social Theory*，Ibid.，pp. 47—62.

③ Scott Lash，"Reflexivity and its Doubles – Structure Aesthetics Community"，in Ulrich Beck，*Reflexive Modernization*. Cambridge：Polity，1994，pp. 73—110.

因此，从拉什的风险文化的概念里，精神、心理、理解等精神现象
都纳入了考察的对象。西方环境记者把文化深层的结构——精神与心理
也纳入到风险文化的考察中来，用以确定文化对环境造成的风险。这一
点对于东方的环境记者很有启迪，因为我们往往观察到的是表面的行
为，很少注重心理。下面来看英国《泰晤士报》网站相关环境报道的风
险表现之写作：

> 耸人听闻的气候变化报道也许会令环境学家感到揪心，但大多数人
> 对此不闻不问。……人类有一种根深蒂固的本性，我们往往会让自己相
> 信，只要其他人都不担心，也就一切正常。

约翰·达利做了一个试验。他邀请一批大学生坐在房间里填写问卷，当
烟雾从通风口进入房间时，所有事先安排好的"其他人"都对此视而不见，
镇定自若地继续填写问卷。90%的人会模仿他们，哪怕烟雾已经到了浓得无
法写字甚至咳嗽的地步。但如果让一个试验对象单坐在房间里，一旦遇到相
同的事情，几乎所有人都会报道紧急情况。这是一项令人吃惊的发现：其他
人的无动于衷会让我们低估自身安全受到的威胁。①

这个环境报道先从人类的心理层次上来研究，这种植根于人类内心深处
的精神现象对研究风险文化很有帮助，也很具有价值，它让读者看到了人类
文化心理中令人吃惊的一面，这也正是造成我们周围环境危害无多少人过问
的主要文化与心理层面上的原因。记者卡米拉从这种心理层面进一步写下
去："尽管绿色组织不断呼吁，我们仍在找借口逃避；我们把问题归咎于印
度、中国或是大企业。"

既然风险文化是对工业社会文化不负责任的一种纠正，那么，"通过符
号和空间经济的数字化计算机组织，同时也通过其文化政策的元规范（me-
ta-regulation），风险文化系统地将风险预先解决并确保了未来"②。因此，作
为这一类文化之风险的分析，需要指出出路，也就是通过风险文化对工业文
化或传统文化的纠正，来达到解决问题的目的。因此，记者卡米拉这样写作

---

① Camilla Cavendish, "Wake up and smell the smoke of disaster", *Times Online*, from www. time-sonline. co. uk. November 8, 2007.

② Scott Lash, "Risk Culture", eds. Barbara Adam, Ulrich Beck, *The Risk Society and Beyond*, *Critical Issues for Social Theory*, Ibid. , pp. 47—62.

新闻的结尾：

> 烟雾正从通风口涌进来。如果有足够的人开始谈论烟雾，也许其他人就会看到它；如果有足够的人采取行动，其他人也许就会模仿，因为这似乎是人的本性。①

作为环境新闻的写作，谈论传统文化与工业文化的纠正路径往往是重要一笔，这里就需要表现风险文化。风险文化从哪里来？"在贝克看来，风险的社会相互作用中最主要的是应对工业化技术导致的风险的环保运动"②。其实这样就把环保思想及其倡导的文化重要性突出出来，也把科学家放在了关键的地位。为此，环境记者在写作新闻的过程中一方面要注意多多学习，另一方面也要向环保专家、生态科学家多多请教。这些都是风险文化的重要来源。

拉什认为风险文化属于"亚政治团体"，也就是说它和政治是有一定区隔，但又不能完全离开。其实这里是强调风险文化不受政治利益的干扰。然而，在风险文化的倡导过程中却往往需要政治在其中发挥作用，因为政治属于上层建筑，在社会结构中发挥着主导作用。作为环境记者，在写作风险文化的时候，往往需要政治或者它的某个切入口来进行考察，这种写作技能环境记者往往需要对一些新政策进行考察，对生活进行观察与分析。下面看一则美国《芝加哥论坛报》商业新闻首席记者戴维·格雷辛（David Greising）关于中国政府减排的报道：

> 在北京，中央政府正在大力执行一项前所未有的计划，对全国的一些公司实行强制性的能源和排放限制。……
>
> 中国希望到 2010 年将二氧化碳等温室气体的排放量减少 10%。这是一项艰巨的任务，如果成功，那会对全球环境产生真正的影响。……
>
> 加利福尼亚劳伦斯伯克利国家实验室研究中国排放政策的专家林恩·普赖斯说："他们也许只能达到一半的目标。那也是了不起的。"③

---

① Camilla Cavendish, "Wake up and smell the smoke of disaster", *Times Online*, Ibid.
② Scott Lash, "Risk Culture", Ibid., pp. 47—62.
③ David Greising, "China Takes Aim at Smoggy Skies", from *chicagotribune. com*, September 24, 2007.

　　早在邓小平时期，中国把"发展是硬道理"放在第一位，而忽视了对环境的保护。现今集中精力发展生产力已经是中国政府与企业文化的重要组成部分，然而在全球不断变暖的今天，这种文化对环境的维护是有风险的。为此，要倡导风险文化仅仅靠媒体的推动还是不足够的，还需要借助政治的力量来强制完成，以从上到下建立一种风险文化的角度来看政治的介入是必要的。《芝加哥论坛报》对于中国环境报道写作的整体思路就是沿着这样的逻辑展开的。

　　然而，作为"亚政治团体"，风险文化的写作还要关注一些亚政治领域的新闻事件，并积极地通过对事件中某些风险因素的分析来写作与传播风险文化。例如，随着环保意识的提高，人们把奥运会当成宣传环保意识的重要盛会。当全球目光都集中到2008年北京奥运会的时候，英国《卫报》的记者戴维·亚当（David Adam）就通过北京与悉尼奥运会相比较的角度写了在重大盛会期间，全球环保意识的提高，这种风险意识对人类生活与文化的影响。

　　悉尼奥运会把一片落后地区变成了一个集体育、健身、居民、商业、娱乐和环保于一体的区域，即现在的奥林匹克公园。它是一个每年少排放1万吨温室气体的低耗能场所。主体育场收集屋顶接住的雨水，然后用来灌溉；运动员村则是世界上规模最大的太阳能郊区的组成部分；回收废水用来做冲马桶，这样可以减少50%的用水量；……餐桌、书架、书桌和容器都是使用100%的可回收材料制成。……

　　中国首都陈旧过时的交通体系已经得到彻底改造；陈旧的客车和出租车已经报废，取而代之的是新型的天然气燃料公交车。规划署的报告说："毫无疑问，北京因为举办奥运会而得到开发、促进或加速的环保项目，对这座城市而言将是一份具有长期积极意义的遗产。"①

　　风险文化的着力点在于对未来风险的预知以及在此基础上的责任的承担，它涉及人类活动中的各个方面，是对工业社会造成风险的一种纠正。按照拉什教授的观点，"风险文化不再把技术当作一种技术发展的未预料后果来处理"，因此风险文化是"反思性"的、具有较为全面的现代化；"风险的制造者、应急部门的技术科学家和技术艺术家将处于更中心的位置"。从这些角度讲，"这些社会相互作用和解体组织的运作将不再是基于对其他人未预料后果的反应，而主要是自身风险责任后果的承担"。如果那样"我们

———————
① David Adam, "Enormous challenges", *Guardian*, December 5, 2007.

需要开始对风险社会告别了"①。因此，以上西方环境记者诸多角度都是环境新闻写作风险的着力点与逻辑思路。

三　环境伦理的呈现

环境新闻的写作不是环境的客观反映，而是一种理念指导下的重构；任何自然界的客体（人类除外）本身不会表达意义，而总是由人来赋予它。因此，环境记者在重构环境变动信息的时候就需要以一种理念作为指导，来反映出人类对这些环境变动的解读。从当今西方新闻界的现状来看，很多国际间环境问题诉诸法律解决的途径并不现实，也不是主流，因为国际关系当中还没有几个成文的协定来约束主要的西方国家（《京都议定书》目前就对最大的西方工业国美国没有约束力），西方环境新闻写作主流思想是在表现一种环境伦理对现实的关照。环境伦理学之所以被多数的西方国家用以指导环境新闻写作，在于它能够在道德上弥补法律的缺失，并催生法律规范的出台；在现实情况下，它还能够指导人类合理的规范行为与文化的产生。美国学者 Des Jandins 认为："环境伦理学旨在系统地阐释有关人类和自然环境间的道德关系；环境伦理学假设人类对自然界的行为能够而且也一直被道德约束着。"② 鉴于此，我们需要研究西方环境新闻写作过程，是如何围绕主要环境伦理思想来进行新闻写作的。

1. 功利主义、实用主义、现代经济学与环境伦理观的关系写作

要写作环境伦理思想并非一件非常容易的事情，环境伦理思想对于工业革命以来的理念进行了史无前例的彻底颠覆。因此要表现环境伦理思想，必须在写作中表现出功利主义、实用主义、现代经济学与环境伦理的关系。美国环境伦理学家尤金·哈格洛夫（Hargrove Eugene）认为："环境价值训练需要取得成功，就必须在恰当的传统视野之上添加三种探讨价值的方法，这些方法是以西方主流传统为基础，在过去几百年中形成的：功利主义、实用主义和现代经济学。"哈格洛夫进一步认为："实用主义与功利主义的联系是如此的紧密，以至于反环境的工具性论据被普遍地认为是功利主义的。可以说，它构成了现代反传统价值观的明显特征。实用主义强调工具价值而轻视内在价值，它应该对这种转变——把自然客体转变成引发人们头脑中审美

---

①　Scott Lash, "Risk Culture", Ibid. , pp. 47—62.

②　Joseph R. Des Jardins, *Environmental Ethics*: *An Introduction to Environmental Philosophy*, Wadsworth Thomson Learning, 2001, p. 10.

愉悦的工具性的催化剂——责任。"① 这里，哈格洛夫把功利主义与实用主义在对环境伦理的关系中归为一类，因为他们本质上都是重视工具性价值，而非内在价值。对此西方环境记者写作中也基本上采取相似的处理方法。

功利主义或者实用主义最大的特点是人类中心主义基础上对客观事物的工具性属性的看重，而忽视内在价值。然而一旦工具性价值的获得最终影响到人类中心主义基础上的人类利益，这时人类就会对这种功利主义或实用主义的工具性价值进行反思，进一步地说，人类对客观事物（在环境新闻中主要是指环境）的工具性价值判断不得不转向内在价值，从而把人类数百年积攒起来的功利主义或者实用主义在环境方面的统治地位摧毁，最后转向对环境的内在价值的确认。下面来看西班牙《世界报》的一则环境新闻对于环境伦理的写作：

> 据《圣经》记载，远古时代地球上曾经发生大洪水，是诺亚方舟拯救了人类。今天的科学家找到证据，证实 8000 多年以前北大西洋巨大冰块融化造成地中海面上升 1.4 米。……
>
> 这种情况有可能在 2050 年重演。全球变暖会造成海平面的再次上升，"对生活在沿海地区的数百万人来说，这可不是什么好兆头。"②

这篇报道写作的逻辑思路在于用功利主义来否定功利主义的环境观，也就是按照功利主义的逻辑推导出一个得不偿失的结果，从而由根本上否认人类中心主义基础上的对环境的功利主义价值判断。这种写作思路在西方逐渐成为主流，因为随着气候变暖的趋势在明显化，很多人感同身受，再加上全球的政治、经济、媒体与人际关系中环境问题传播的增多，环境价值训练越来越向传播环境伦理的方向发展。这种环境伦理的训练与传播，首先要纠正人们传统理念中与之相悖的观念，这样才能够为在环境新闻报道当中构建并传播环境伦理扫清障碍。

尤金·哈格洛夫对于建立环境伦理思想的另一个忧虑是现代经济学，也就是经济角度对环境保护的考量。经济与环保往往存在一个悖论，也就是说

---

① Hargrove Eugene C. *Foundations of Environmental Ethics*, New Jersey: Prentice Hall, 1989, pp. 207—213.

② 电讯《冰盖融化曾造成"全球大洪水"》，西班牙《世界报》11 月 25 日，转引自《参考消息》2007 年 11 月 27 日。

环境问题是人类进入工业社会后凸显出来的，人类对经济利益的追逐也是环境危机的重要源头之一。而今如果全面地治理环境，对生态系统进行保护，不可避免地需要付出经济上的代价。因此，要通过环境伦理思想来解读环境信息就需要辩论出现代经济学与环境伦理的关系。

实际上，按照西方经济学人的权威观点，经济的"最终目的是为了创造幸福而不是累积财富"①。现代经济学与传统经济学有一个共同的目的，那就是为了创造幸福（happiness），而不是为了累积财富（wealth），幸福为最终目标。当任何人为的实践与人类的幸福相抵触的时候，其合理性就会受到怀疑。生态系统是人类赖以生存的外部环境，是人类获得幸福的物质基础。因此，在经济崛起的中国，西方环境记者更多地从环境伦理角度来进行解读经济与环境的关系，从而确定环境伦理观念。请看英国《独立报》关于中国经济崛起与环境关系的一则报道：

> 中国政府推行城市化、能源需求型的增长。中国政府承认，大约有600座城市的空气不利于健康；16座中国城市在最近地球上20个污染最严重的城区名单上榜上有名；每周就会有一个新的发电站在中国投入运转，它们大部分使用煤，包括高污染的褐煤。……
>
> 灾难性后果是广泛而深远的。在城市中，超过1亿的农民工生活在前景暗淡的昏暗世界里。他们的汇款使农村保持活力，但在城里无法享受居民的权利，他们的孩子享受城市教育的权利也受到限制。虽然过去30年中以市场为主导的经济变革，使很多人在最短的时间内在物质上富裕起来，但是中国的贫富差距比美国或欧洲更大。②

与传统的新闻写作不同，环境新闻的写作其实更多地按照某种科学的理念、理论或者伦理进行的。从这则新闻可以看出，写作主要是按照经济发展与环境保护之间关系的逻辑进行的。写作的思路主要在探讨只注重经济建设可能会给环境带来的伤害，从而进一步损害到人类的生活质量，从而最终给人类带来灾难而不是幸福。这则新闻写作没有描绘中国经济建设的具体成就，而是带来的各种灾难。环境新闻在写作的过程中，在西方记者的笔下也绝非客观的，像传统新闻一样，它是有选择

---

① B. C. Forbes, "The History of Forbes Magazine", from *forbes. com*.

② Jonathan Fenby, "The Great Pall of China", *the Independent*, July 8, 2007.

的。按照某种理念或者伦理思想的指导，依照需要来选择事实，表达理念的关键是对事实的选择。通过选择以后，可以看出作者传达的思想是：单纯强调经济发展不会给人类带来幸福，相反只会给人类带来灾难。这与现代经济学的出发点是相悖的，因此，现代经济学应该把环境伦理也要考虑在内。

辨明了功利主义、实用主义、现代经济学与环境伦理之间的关系，环境新闻要树立起环境伦理思想。相对来说，西方环境伦理思想是比较复杂的，有些观点甚至彼此之间存在着各种争议。但是，作为一种伦理体系，其核心的内容又是相对稳定的。作为新闻写作的探讨，我们不可能涉及每一个方面；作为一个新学科的构建，我们也只能从核心部分中有选择地对一些正义较少的环境新闻中的伦理思想写作进行探讨。

2. 可持续发展观的环境伦理写作

加拿大环境记者麦克尔·盖廷（Michael Keating）多年的采访与写作生涯使得他深悟环境新闻作品中的理念对于普通受众的影响。他说："从理论上讲，媒体反映世界。然而，媒体选择怎样去写、怎样评论会影响公共议程"；"在媒体这样做的时候，它会影响成千上万的民众对（媒体报道的）环境更为关心，并会努力采取行动去重建（环境伦理）或维持它。正是对媒体影响公众权利的认知，人们才授予媒体对社会一种特别的责任"[1]。盖廷这段经典的概括，也是西方环境记者在写作或者报道新闻时需要有一种思想或伦理作为指导的理论依据，也是我们强调环境新闻写作需要遵循环境伦理的根据。

现代经济学越来越强调可持续发展，这在众多的文献中、政策里都随处可见。在西方环境记者的笔下，谈论现代经济必须结合环境保护，这里就诞生了可持续发展这一理念。世界环境和发展委员会（WCED）对于可持续发展的目的有经典的描述："可持续发展是指满足当代人的需要，但不危及后代人的需要。"[2] 正是人类经济的发展对环境的破坏产生了前所未有的风险，危及子孙后代的需要，所以盖廷认为可持续发展已经成为"人类全高无上的挑战"。

加拿大国家环境与经济的圆桌会议向环境新闻记者提出一些想法，盖廷

---

① Michael Keating, *On Covering the Environment: A Hand Book On Environmental Journalism*, Ibid., p. IX.

② World Commission on Environmental and Development, *Our Common Future*, New York: Oxford University Press, 1987. p. 17.

写道："他们（NRTEE 人员）告诉我们（加拿大环境新闻记者），为了报道可持续发展的进程，他们觉得环境报道（写作与报道）需要改进。它不仅传递人类导致环境危机的信息，而且它也要分析、解释造成这些后果的原因"；"也就是说什么样不可持续发展的政治、规定、决议导致了环境问题的出现，如果可持续发展实践被采用将会有什么不同"①。

因此，环境新闻记者在写作的时候在指导思想上主要面临着对现行政治、政策及实践的一些怀疑与颠覆。这种怀疑与颠覆不是主观的个人观点，更多地是表达一种环境伦理思想。美国资深环境记者麦克尔·弗洛姆在谈论到环境记者写作环境新闻的时候写道："对于环境新闻记者的技术之专业性的学习与职业（训练）来说，我认为哲学、伦理学是其基础。每个环境记者为环境所做的每一份报道，都来自于人类心灵和精神的无形价值理念。"②面对着可持续发展这一"人类至高无上的挑战"，经济利益的考量必须有所让步，它不可能超越环境的考量之外。下面看英国《卫报》刊登美联社记者一则关于"后巴厘岛路线图"报道的写法：

> 在联合国气候会议推出的数百万字的文件、讲话和小册子背后，有三组简单的数据：2、445 和"25 至 40"。它们分别代表 2 摄氏度、大气中二氧化碳浓度为 445ppm（1ppm 为百万分之一），全球温室气体排放量减少 25%—40%。……
>
> 联合国政府间气候变化问题研究小组在报告中称，如果无法急剧减少二氧化碳和造成全球变暖的其他工业、交通和农业气体的排放量，情况会变得越来越糟糕。
>
> 该研究小组指出，与 19 世纪相比，全球气温平均上升了 0.7 摄氏度。如果再升高就会产生严重后果：一些地区缺水，庄稼歉收，珊瑚礁大面积灭绝，热浪使更多人死亡，暴雨来得更猛烈。③

联合国巴厘岛气候会议有几百万字内容，记者仅用 200 多字的内容选择就概括了这次会议的精神实质，靠的就是一种可持续发展的伦理观，即

---

① Michael Keating, *On Covering the Environment: A Hand Book On Environmental Journalism*, Ibid., pp. ⅸ - ⅹ.

② Michael Frome, *Green Ink: An Introduction to Environmental Journalism*, Ibid., p. 94.

③ Charles J. Hanley, "Simple Numbers to Shape Climate Talks", *Guardian*, December 16, 2007.

"不危及后代子孙"，需要寻求在经济与环境可持续发展之间的平衡，抑制现有经济规模的增长，否则后果不堪设想。

古典经济学与现代经济学都有一个缺点，那就是为了满足市场的需要而分配资源，这些经济模式是线性的：资源由一端进入，进行配置决策来生产不同商品，而后在另一端的竞争市场上分配这些产品。尽管新古典主义经济学与供给学派经济学强调宏观调控与预期假设，但从根本上都未摆脱供求"规律"主宰经济决策的地位，而不是注重资源流通率。在西方国家中，最为著名的可持续发展经济学的支持者是赫尔曼·戴利（Herman Daly）对此论述突出了其与环境关系基础方面的特点：

> 增长意味着"在规模上自然地增加，通过消化或增值使物质累加起来"；发展则意味着"扩张或实现潜力；逐步达到完善、壮大或者完善的状态。"某事物增长，它就变大；某事物发展，它就变得与原先不同。地球生态系统发展（进化），但它不会增长。它的子系统，经济最终必须停止增长，但可以继续发展。可持续发展一词对经济学来讲是有意义的，但只有在把它理解为"不增长的发展"时才行。①

根据戴利的观点，可持续发展建立在生态系统只能进化不能增长的基础上，这种基本事实要求"经济最终必须停止增长"，它的出路在于"发展"，在于"壮大或者完善状态"。因此从根本上解决环境危机必须考量到经济增长模式的改变，从环境伦理的角度考虑环境新闻写作，需要把这种最基本的规则与框架放入写作思维当中。在这样的框架里，很多环境问题、甚至是人类活动的内容都会很快得到圆满的解释。请看下面一则《德国之声》网的一则环境报道：

> 太阳能、风能、生物能以及水能源都将在将来为人类提供能源。这些有利于环保的技术方兴未艾。而挪威的科学家们又推出了新的环保型能源。
>
> 这种新型能源的原理是，利用液体的渗透性，即低浓度的液体流向高浓度的液体，用其产生的压力推动涡轮发电。人们可以在河流的入海

---

① Herman Daly, "Sustainable Growth: An Impossibility Theorem", ed. in *Valuing the Earth*, Boston: Massachusetts Institute of Technology Press, 1993, pp. 267—268.

口处修建这样的发电站。目前这一项目尚处在试验阶段，如果成功，将为人类提供大量的清洁能源。……

　　到 2050 年，发电站将成熟到可以将其正常入网的状态。这种新能源既不产生垃圾，也没有二氧化碳排放，更不受天气的左右，可以说取之不尽、用之不竭。而盐水浓度更高的水域中，渗透发电站的发电效能会更好，例如地中海、死海或美国的大盐湖。当然发电站的附近必须有淡水。①

　　"德国之声"电台这篇报道的写作思路基本上在于，通过盐海水渗透这个新变动的新闻视角，描述传统经济学与可持续发展经济的不同之处：可持续发展经济尤其注重资源流通率。报道首先写作参与生产的所有因素：自然资源（海水、淡水）、资本（涡轮发电机）和劳动力（科学家抑或普通人）；以及资源流通的过程：盐海水浓度向淡水渗透过程，出现了"取之不尽、用之不竭"的循环流通过程。这种写作思路，很容易看出传统经济学模型的不稳定性。因为在传统经济学中资源流通系统的速度可能超过地球的生产能力，或地球能够吸收生产过程中副产品的能力。而"德国之声"电台报道的这种发电系统利用资源的速度可以持续很长甚至无穷的时间跨度，也没有副产品，这是一个封闭的循环。

　　写作可持续发展的环境新闻需要遵循两个方面的环境伦理坐标。首先是生产的环境成本（外部性）之考量。这种思想要么巧合要么直接来自于美国巴里·康芒纳（Barry Commoner）之"封闭的循环"的环境伦理思想，这种思想可以说是西方可持续发展经济学的环境伦理基础。康芒纳在《封闭的循环》考察并发展了 K. W. 卡普的《私人企业的社会成本》一书的论点，该书是西方第一个在工业污染普遍发生之前，把环境成本考虑在私人企业成本之内的经济学理论家。就拿农业来说，康芒纳认为"现在已成事实的农业实况，已经把土壤和水的生态系统大量批押出去"；"如果经济体系的管理严重危害了生态原则，它就没有可能看作是稳定的"②。

　　这种情况下的经济发展出现的问题正如哈格洛夫所说："几乎所有的消

　　① 电讯《海水渗透发电——未来的电力先锋》，德国之声电台网站 2007 年 12 月 17 日；转引《新型环保能源：海水渗透发电》，《参考消息》2007 年 12 月 18 日。

　　② Barry Commoner, "The Economic Meaning of Ecology"., *The Closing Circle*, New York：Bantam Books, Inc.. 1974. pp. 141—167.

费品的生产都会带来严重环境问题的废物，这些废物处理的费用在传统上只有很少（如果有的话）的部分被计算在内"；"外部性是历史地发展的，因为我们不知道它的成本。例如一条河流开始死亡、我们在城市中呼吸困难，我们才意识到废物的成本。这些成本以外部性的形式保留下来；因为把废物处理成本计算进产品价格，会使产品的价格太昂贵，因而扰乱了经济体系"①。从"德国之声"的这则新闻我们也能看到，它把新能源生产的"不产生垃圾，也没有二氧化碳排放"等内容都纳入考察范围之中，从而在写作上解决了能源生产的"外部成本"问题。

可持续发展写作的第二个环境伦理学基础是资源的流动速度。康芒纳认为："不同的生态循环，在他们的固有速度上是非常重要的——如果避免崩溃，就不能超越它；"他进一步分析："地球上生态系统受掠夺的总速度是有某种上限的，它反映了生态系统周转速度所固有的限度。如果超越了这个限度，这个体系将最终被迫趋向崩溃。它已经被我们所了解的关于生态系统的每一件事所确信无疑地证实了，因为任何生产系统所以来的生物资本利用率都有一个上限。由于这种生物资本利用率，在不毁灭它的情况下，是不能被超越的，所以它又是真正的全部资本使用率（即生物资本加上惯用资本或生产手段）也要受到限制的结果。"

康芒纳最后指出出路："总之，当前的生产技术需要重新设计，以使其尽可能密切地与生态上的要求做的一致。现今的工业、农业和交通运输业的大部分，都需要按照这种新的设计重新进行安排。"② 简而言之，康芒纳认为要把经济中资源流通速度纳入生态流通速度当中来考量，否则就不会有真正的可持续发展。他的具体论证对西方环境新闻记者具有相当程度的影响。"德国之声"记者的这篇环境报道，具体的考察了咸水发电过程中的资源流通速度与生态循环的关系，即地球大部分地区都被高浓度的海水覆盖着，而且发电本身也是一种生态循环，故"可以说取之不尽、用之不竭"。就新闻写作来说，从而完成了对一个工业生产的可持续发展坐标系统的考察。

3. 从保守疗法到封闭的循环——环境保守疗法写作框架

之所以提到这两个名词，是因为它们具有两个层面的历史和大体相近的

---

① Hargrove Eugene C. *Foundations of Environmental Ethics*, New Jersey: Prentice Hall, 1989, pp. 210—211.

② Barry Commoner, "The Economic Meaning of Ecology"., *The Closing Circle*, Ibid., pp. 141—167.

环境伦理观，实践证明具有很大的科学成分，并且在环境伦理学中占据着相当重要的位置，对西方的环境新闻记者也有很重要的影响，是其写作环境新闻较为重要的一个坐标。

保守疗法（Passive Therapy）最早来源于19世纪的奥地利医学界，他们发现产妇进入医院生产的产褥热死亡率比接生婆简单接生死亡率要高5倍，从而得出人体自然恢复能力比医疗干涉要积极有用。① 后来这个疗法被引入环保思想当中，成为环境保守治疗法（Environmental Therapeutic Nihilism）。用康芒纳的生态学第三条定律——"自然最了解它自己"。康芒纳只是借用这样一个方法，而没有给出太多的论证。他说"在自然系统中任何重大的人工变化对那个系统都可能是一种伤害"，因为生态系统是通过自然的进化而来的。因此，对于自然生态系统的随意干涉将以同样的方式导致损害性的结果。② 苏珊·弗拉德（Susan L. Flader）在美国生态学者利奥波德的传记《像山一样思考》中，总结出利奥波德大地伦理中整体观中含有生态系统有机修复功能，③ 从而使得环境保守疗法进一步得到完善。在实践中，美国诸多的国家公园虽然不是有意为这种理论而建，事实上却对生态系统起到了一定的保守疗法之功用。

对于环境新闻记者写作来看，面对着环境危机，在报道某一方面的变动信息时往往会从两个方面来体现这种环境保守疗法。第一是从恢复生态的角度来看环境问题的解决。例如，英国《泰晤士报》曾经在环境报道中写过拯救生态危机的方法，报道这样写道：

> 将狼群重新引入国家黄石公园对那里的环境产生巨大作用，公园的生态平衡又开始恢复到50年前那种比较自然的状态。
>
> 最新研究表明，自从1995年狼群在绝迹70年后重返美国著名的国家公园，小白杨树50年来首次开始重新生长。……
>
> 近10年来，这种食肉动物的回归使公园内麋鹿的数量减少一半，剩下的麋鹿不再在它们感到危险的地方吃树的幼苗。……

① Paul Edwards, *The Encyclopedia of Philosophy*, Vol. 5, New York: Macmillan and Free Press, 1967, pp. 514—517.

② Barry Commoner, "The Closing Circle: Nature, Man, and Technology", *The Closing Circle*, New York: Knopf, 1971, pp. 41—45.

③ Susan L. Flader, *Thinking Like a Mountain: Aldo Leopold and the Evolution od an Ecological Attide toward Deer, Wolves, and Forests*, Columbia: University of Missouri Press, 1974.

20世纪20年代，狼群从黄石国家公园绝迹，正是从那个时代起，白杨树和绵白杨树数量开始下降。70岁以上的大树依然挺立，但小树却很少存活，因为新苗会迅速被不再害怕食肉动物的食草动物吞噬。①

这则新闻的思路基本上是按照保守疗法来写作的，即让自然的各个有机部分重新对接，使得生态有机体各部分发生作用，从而产生了对已经损害部分的修复功能。对于此，环境伦理学中是有相关论述的："由于环境危机所产生的各类问题的复杂性中，存在着乐观的理由：一旦问题的各个分离部分之间的联系被发现了，就有可能发现解决问题的手段。"② 康芒纳此处所指"各个分离部分"就是指被人类人为破坏的生态部分，在此新闻报道中就是狼群；"发现解决问题的手段"是"将狼群重新引入国家黄石公园"；理论依据是生态系统自我修复功能（即环境保守疗法）。

自然修复功能基础上的环境保守疗法的另一种写作方法是分析目前的环境危机。这种新闻报道往往通过某一生态有机体部分人为的损害被迫与系统分离，结果产生生态危机，是自然修复功能的反方向写作。看下面一则报道的写作：

全球每年有近1300万公顷（约合3200万英亩）的森林被砍伐，相当于希腊或者尼加拉瓜的面积。滥伐森林会造成如下危害：

气候变暖：树木储存碳通过光合作用吸收二氧化碳……

山崩或者洪水：砍伐大树会加快水土流失速度，从而加速山崩的可能性。因为大树的根组织将土壤固定在基岩上……

土壤营养流失和沙漠化：砍伐森林加剧土壤风蚀和水蚀，使氮、磷等重要营养成分流失……

氧气制造：……

生物多样性：……③

因为生态系统某一部分（在此报道中为森林）从有机体中分离，使得有机体整体修复功能（气候、山崩、洪水、沙漠化等）多方面的消退，从

---

① "Howling in Harmony with Nature in the Park Where You Can't See the Wolf for the Trees", *Times*, July 29, 2007.

② Barry Commoner, "The Closing Circle：Nature, Man, and Technology", *The Closing Circle*, New York：Knopf, 1971, p. 297.

③ "Impacts of Tropical Deforestation", *Reuters. com*, June 11th, 2007.

而产生了生态危机。其实生态保守疗法很注重生态的整体功能，认为生态系统的修复功能是通过整体有机系统起作用，其理论基础很大程度上接近利奥波德的生态共同体论。因为世界目前无处没有人为的痕迹，为了促进共同体的稳定，保守环境疗法其实并不反对人类行为的介入，只是符合自然规则。利奥波德在大地伦理学中认为："当一个事物倾向于维护生态共同体的完整、稳定和美丽的时候，它就是正确的。"① 因此，就环境保守疗法的坐标写作环境新闻的时候，采取符合自然规律（即利奥波德所说的"维护生态共同体的完整、稳定与美丽"）的选择是必要的。从保守疗法的角度来看，这并非人为介入，而是人类补偿被人为分离的生态有机体的部分。看法新社的这则环境新闻：

> 世界上 1/2 的土地被用来种植庄稼或放牧；1/2 多的森林变为耕地；陆上的几种大型动物均已灭绝；各大洋都交错着众多的航道。在欧洲，长达 2.2 万公里的海岸线铺上了公路。由于大范围拦水坝，全世界人工储水量已是活水量的近 6 倍。……
>
> 人为选择取代自然选择，这意味着某些物种会繁盛起来。比如陪伴人类的宠物，而人类为了消费会人为改变其他一些物种的发展，如鲑鱼。而这通常会给那些物种本身带来危害。……
>
> 卡雷伊瓦说："当今这个世界，原生态一般来讲更多的是一种管理和规划目标，而非真正意义上的没有人类足迹的生态系统"。他说，人口的增长必须会加快这一趋势的发展。②

法新社记者写作这则环境报道的思路首先是生态共同体中的保守疗法，然后通过人为规划来表明对生态共同体的破坏，进而影响到生态系统的其他部分。对此，记者最后要求人类的规划应该注重"与生态系统相关服务领域的平衡"，即要求"维护生态共同体的完整、稳定与美丽"的、符合自然规律的人为介入。整个思路就此展开与结束，令人深思。

在写作环境新闻的时候依赖环境伦理学的地方很多，如生态殖民主义、生物体内在价值确认，生态整体观，深生态理论等，为了不避免论述上的重复，分别分散在相关章节里论述，在此就不一一重复。

---

① Aldo Leopold, "Land Ethic", in *A Sand Country Almanac*, New York: Ballantine Books, 1970, p. 262.
② 法新社《地球人为规划程度极为严重》，转引自《参考消息》2007 年 7 月 3 日。

第五章　西方环境新闻的媒体
编辑思想研究

　　环境新闻的编辑思想之探究离不开具体的媒体形态。因此，我们把研究环境新闻的媒体形态概括为纸媒（包括报纸和杂志）、网络与视觉综合媒体（电视新闻与纪录片）；又因为我们篇幅的有限性，研究过程中只能够挑选其中的某一个媒体或某一类形态来研究。纸媒选取的是环境新闻类杂志；网络媒体选取的是具有时代性又能代表网络特征的形态博客，因为博客上内容的更新与信息量从广义上也是新闻，对此，我们选取生态博客来研究；视觉综合媒体我们选举的是纪录片，因为纪录片与新闻都具有真实性、及时性与重要性，只是艺术性与深度上比单篇的新闻更经典，特色更容易凸显出来，也更易总结规律。

第一节　环境新闻在纸媒的编辑思想与运作机制
——以杂志为例

　　环境新闻不同于传统新闻，因为它"在调查研究的基础上，一种有目的、为公众而写的，以充分准确的材料为依托、反映环境问题的"[1]。因此环境新闻在纸媒体上的编辑思想也会有所不同。环境新闻类杂志是以体现环境新闻学之理想的周期出版物。这种理想在全美目前办的 EJ（*Environmental Journalism*，下文简称 *EJ*）[2] 杂志和 SEJ（*Society of Environment Journal*，下文简称 *SEJ*）[3] 编辑内容与出版机制上体现得较为成熟。二者对内是纸媒，对外主要采用电子版或者网络版，但基本形式是纸媒，在业务、内容采访编辑以及人员安排上都是采用传统纸媒的方法。前者是密歇根州立大学纳尔特

---

[1]　Michael Frome, *Green Ink: An Inroduction to environmental Journalism*, Ibid., p. Ⅸ.

[2]　*Environmental Journalism*（《环境新闻》杂志）是 Knight Center for Environmental Journalism at Michigan State University 创办的半年刊，2002 年夏季开始出版。

[3]　*Society of Environment Journal*（《环境记者协会季刊》）是环境记者协会（Society of Environmental Journalism）的会刊，为季刊，1990 年秋季开始出刊。

环境新闻中心所办的杂志，最能够代表学院派思想；后者是美国环境记者协会的会刊，由业界人士自发组织而成，最能够代表业界的思想。

一 编辑方针：揭示风险 保护地球生态

1. 编辑思想基础

环境新闻类杂志编辑思想来源于科学传播与风险传播。环境类科学传播最

图 5-1 *EJ* 杂志
2006 秋半年封面

早追溯到蕾切尔·卡逊《寂静的春天》的出版，既掀起了一股环境保护报道的热潮，又激起人们对环境科学传播的讨论。20 世纪 80 年代，德国著名学者、社会学家乌尔里希·贝克的《风险社会——通往另一个现代的路上》一书，又把环境科学传播引入风险传播。他认为，与其他的事物发展一样，工业化（称之"第一次现代化"）本身存在着严重的风险，正如《侏罗纪公园》里所描述的那样，风险并非来自恐龙的兽性，而是来自于人的理性和理性化过程，或者更准确地说，人类自我诠释而认定的"理性"。

贝克简要论及了风险传播，他认为："大众传媒给人们提供了一个重要的公众舞台，'理性'在媒体、并且通过媒体传递出来，而这种'理性'评估与认定的背后是各种利益集团（之诉求），而风险也是这样被制造出来。"① 因此，对于环境的报道和研究要摆脱这种利益集团的控制，需要独立精神，揭露环境问题的"风险所在"。在这种独立研究之上，实行"第二次现代化"。因此 *SEJ*"帮助（环境）记者问正确的问题，而不要赋予他们答案"。

为了揭露环境的风险所在，美国的环境新闻类杂志不需要报道内容的平衡，几乎全部报道内容都是在揭露环境问题的阴暗面，体现出了极强的新闻专业主义精神。早在1990 年秋 *SEJ* 创刊号第一篇"观点"栏目里，维尔·科莱特（Will Collette）就明确提出环境新闻类杂志的编辑方针，因其说得极为精彩，特引用如下：

环境新闻的报道不需要内容的平衡。也许很多记者认为这样会破坏传统的报道标准，然而事实告诉我们，环境新闻的报道特别不需要符合这种传统的标准……对于我们环境新闻记者来说，我们面临着这样的挑战：想办法把

---

① Ulrich Beck, *Risk Society*: *Towards a New Modernity*, London: Ibid., p. 112.

真实的故事说出来。

对于这种只表现环境风险与苦难的编辑思想，后来专门研究环境新闻写作的麦克尔·弗洛姆先生这样评价："无论是个体还是整个社会，传播（环境新闻）依赖于内心与精神的价值。换一句话说，个体的感染力来源于情感、独立思考与社会变迁的感悟。"因此，他总结：环境新闻"要用你的感情、你的想象去选择你要写的东西，去编织你要表达的感情"①。用情感去抚摸"朝圣者脸上的皱纹"，是环境新闻研究杂志不同于其他媒体最突出的编辑思想基础。

2. 编辑人员组成

为了贯彻这一编辑思想。在 *SEJ* 创立之初的 1990 年，环境记者协会就规定：参加 *SEJ* 编辑与采写工作的人员必须是"在职"的新闻记者，这样一方面保证编辑和记者不会因为从事 *SEJ* 杂志工作而没有经济来源；另一方面，那些真正战斗在第一线上的记者和编辑，才会对环境问题有最深认识，才具有最新鲜的话题。

为了更清楚地确定 *SEJ* 编辑人员所从事的事业，环境记者协会规定，*SEJ* 的编辑成员不允许做公关，不允许在各处做关于各类环境问题的游说活动。这种规定限制了杂志编辑人员因为身份复杂而有可能给杂志学术研究带来的伤害，如有的记者编辑在 *SEJ* 兼职，有可能会利用在职做记者期间，以 *SEJ* 为名，在公共关系、社会游说方面获得个人好处。所有的编撰人员在环境记者协会内部都降职为没有投票权的成员，目的是为了保证学术研究的中立性。

图 5-2 *SEJ* 杂志
2003 春季刊封面

这种严格的编辑规定的限制，体现出极高的环境新闻的职业理想，在这项规定确立的 1990 年 3 月，协会的人员只有 169 个，其中的 6 人是编辑人员；到 1990 年 7 月 9 日第一次协会正式会议日，又接受 79 人加入协会，9 人为编辑人员；到 1991 年 10 月 3 日第一次年会期间，入会人数达到 580 人时，其中有 10% 为编辑人员。到 1997 年，环境记者协会成员为 1100 人，编辑人员占 18%，全职雇用人员为 4 人，都不是编辑人员。

2002 年夏创办的 *EJ* 杂志诞生于密歇根州立大学纳尔特环境新闻中心，

① Michael Frome, *Green Ink: An Inroduction to environmental Journalism*, Ibid., p. 39.

由退居到大学的德特金先生创办并一直以来任执行主编。由于在大学相对单纯，编辑人员主要是学生，同时参加编辑的还有在校任课的老师，以及参加培训的在职记者，和 SEJ 运作相同，一律没有收入。

3. 组织资金运作

从 1990 年 8 月起，环境新闻类杂志及其相关机构就被美国国税局（Internal Revenue Service）归类为非营利性事业。德特金先生与其同仁就把发展与环境新闻杂志的活动做一个政策性规定：拒绝接受政府机构、非媒体组织、环境单位或利益集团的资助；作为一项有尊严和独立理念的事业，更不需要别人的怜悯和施舍。① 环境新闻类杂志的资金"仅仅来自个人、大学、基金或媒介同仁的捐献"，从不例外。这样才能够保证"完全独立的编辑思想"与"展示环境风险"。由于 SEJ 与 EJ 杂志是免费期刊，从一开始建立起，就面临着严重的生存危机。

在 1989 年环境记者协会创办之初，德特金先生向熟人借钱。如 1992 年他先后曾经向费城鸟类学家、W. Alton Johns 基金会主任米尔斯（John Peterson Myers）借钱。德特金先生曾经回忆说："有一天米尔斯到了我费城的办公室，我坐在电脑前面，匆匆提出我的想法，在很短的时间内，我们就有了 5 万美元的基金"，（到 1997 年，该基金一共给予 35 万美元的资助）。几乎同时，三年 7.5 万美金的基金从 Chares Stewart Mott 基金传过来。到 1996 年这个教育组织已经有了 35 万美元的预算，SEJ 的费用也有了保障。

虽然有很多人怀疑这种理念指导下的组织资金运作模式能够长久进行下去，但以德特金先生为首的环境新闻教育同仁们一直笃信这一理想，也赢得了社会各界的尊重。1994 年，德特金先生辞去环境记者协会主席职务，在得到纳尔特基金（The John S. and James L. Knight Foundation）的资助下在密歇根州立大学创立了环境新闻中心，把环境新闻教育带到大学，EJ 杂志在这种资金运作下随之诞生，并逐渐走向繁荣。

二 展现工业风险：内容编辑特色

1. 再现地球创伤

既然环境新闻研究要展示后工业社会的环境风险，环境新闻杂志记者要独立揭露环境破坏的阴暗面，抚摸创伤，以挽救日益被破坏的地球生态，这

---

① John Palen, "OBJECTIVITY AS INDEPENDENCE: CREATING THE SOCIETY OF ENVIRON-MENTAL JOURENALISTS, 1989 - 1997", Ibid., www. sej. org.

些主张对于环境新闻类杂志产生着重要的影响，每期围绕一个主题来论说。由于篇幅所限，这里就拿 *SEJ* 最初 2 年与最新 1 年为例，进行内容分析。内容分析如下（表 5 - 1）：

表 5 - 1　　　　　　　　　　**SEJ 各期杂志的报道主题概略**

	90 后半年	1991 前半年	2006 前半年	2006 后半年
春、秋刊主题	环境记者脱离草根	伊拉克油井破坏对环境造成破坏	南极气候变暖与环境	鱼类与气候变暖
夏、冬刊主题	射杀野生物的故事	巴西环境记者面临各方压力	禽流感、野生物迁徙	家用化学品及危害

以上 8 期内容时间相隔 17 年，具有连续性。所刊新闻报道、评论和讨论文章，几乎全是关于环境破坏的负面内容。而且每期都围绕一个热点环境问题来组稿，主题在封面的大幅彩色照片统领下得以突出，里面的文章通过彩色照片、数据、表格、卡通、故事及艺术作品等形式得以丰富地表现，在视觉与文字效果上都力求有冲击力，通过环境创伤的再现，达到震撼人心的传播效果。

2. 和谐社会的环境新闻教育

本着这一理想，作为构建和谐社会（Harmonized Society）一部分的环境新闻类杂志，其编辑思想里渗透着把环境新闻学作为一门科学去建构、然后传之于后人的理念。环境新闻学在美国诞生于 80 年代末，由于该门科学最早在业界人士积极努力下创建，其技术、感性成分远远大于学术、理性成分。要成为世代相传的成熟学科，尚需几代人的努力。

SEJ 就是"要提供环境和环境新闻类问题的文章，提供一个交流的平台"。在该杂志的第一篇文章里，主席德特金先生就指出："要和一个大学的新闻学院合作，如调查性的采编部门与密苏里新闻学院结合；如果您知道某个大学新闻学院能提供这样一个空间支持，请告知我们。"[1] 该刊每一期设置的"观点"栏，都要发表环境新闻记者的体会，试图把感性的经验理性化；"特写"栏目里，有大量专门报道美国国内业界、学界构建环境新闻学的情况；"环境记者协会新闻"栏里，既有该组织最新研究成果和动态，还有各地每年环境新闻研讨会（包括该机构的年会）最新内容。力图通过一点一滴的沉淀，不断建立起较为完善的环境新闻之科学。

学院派的环境新闻类杂志更是如此。密歇根州立大学的 *EJ* 杂志特别重

---

[1]　Jim Detjen, "Welcom to the Society of Environmental Journalists", *SEJoural*, Fall, 1990.

视年轻人的环境新闻学素质教育。每期第一个栏目是"校园",除了有教师、环境新闻记者探讨、环境新闻教育问题外,还有如何进行这门学科建设的各种探讨;在"特写"栏里,作者通过优秀的环境新闻报道和读者交流;也有评论,进一步理论化、系统化。该杂志每期目录部分写着杂志的编辑方针:"该杂志的目的是:在密歇根州立大学、在本地、在美国、在国际范围内,提供关于环境新闻的报道和评论。"

三　出版发行与杂志影响力

就专业性的环境新闻杂志来说,由于环境问题是一个公共问题,因而专业传递这类信息的媒体也就具有了一种公共服务性质。它的出版发行乃至媒体影响力也都围绕着这个中心来运作。

1. 出版与发行

EJ 杂志是密歇根州立大学纳尔特环境新闻中心所办的杂志,*SEJ* 是美国环境记者协会的会刊,二者都不是市场化的定位,在市场上买不到,而是向行业人士与大学图书馆免费赠送,资金主要来自纳尔特环境新闻中心与美国环境记者协会的预算。

EJ 杂志至 2006 年底印刷本在 4000 份左右,主要免费赠给美国大学、特别是开设环境新闻专业的图书馆,另一部分则赠送给环保单位与新闻记者。另外,对外这个杂志最大的发行通道在电子版上,由于是免费赠送,每一期大概有 1 万次的免费下载,而且读者来自世界各地。

SEJ 也包括印刷本与电子版两类,前者面向环境记者协会成员、大学图书馆、新闻界与环保单位免费赠送,截至 2006 年底每期发行量为 5000 份左右;电子版定期提供给协会成员;非会员不需注册即可免费下载,目前每期下载量在 1.5 万千份左右,读者来自世界五大洲。

2. 杂志影响力

首先,环境新闻类杂志目标读者面对社会高端读者,是社会上最有行动能力的人,这是影响力的首要来源。

其次,通过会议或在职人员培训来提升杂志影响力。环境记者协会自 1991 年以来已经召开过 16 次环境记者年会,都是来自全美国最好的环境记者,到 2006 年到会人数为 3500 名,是美国最大的环境记者讨论会。并且每年都会有最具影响力的讨论内容在 *SEJ* 上刊载,杂志已经成为最优秀环境记者交流的平台,杂志的影响力也就增加了。

EJ 每期通过大湖区环境新闻培训所(The Great Lakes Environmental

Journalism Training Institute）来自五大湖沿岸各州以及加拿大最优秀环境记者纳入编、写、读人员之列，既丰富了杂志内容，也扩大了杂志影响力。

另外，通过环境新闻奖项的评选也是提高杂志影响力的环节。SEJ 每年都要推出全美最"优秀环境新闻奖"评选，并刊载其上。EJ 除了设立美国重要的 Meaman 环境新闻奖以外，该杂志的编辑与作者也在不断获得美国最有影响力的奖项中提升杂志的注意力。

如 2003 年 EJ 编辑卢因斯坦（Kristen Tuinstra）获得美国州级最高环境新闻奖 The Ben East 奖；密歇根州立大学一个本科生因在 EJ 上报道中国四川天全县退山还林过程中出现的问题，而被授予全美最高环境新闻荣誉称号之一的"学院环境新闻作者"①，所有这些都提升着 EJ 的影响力与权威性。

3. 对中国杂志的借鉴意义

目前带有儒学气质的和谐社会构建理念在我国提出，目的是要改变过去快速经济发展建立在牺牲环境基础上的模式。和谐的对立面是"风险"，和谐社会的发展，从大范围上来说是人与自然的和谐发展。因此，作为研究环境风险传播的环境新闻应该走在前面。

令我们感到遗憾的是，我们国家现在既没有一个环境新闻理论或实践总结的刊物，也没有任何大学开设环境新闻教育。中国严峻的环境问题决定着环境新闻教育及其研究刊物迟早会诞生，而对 EJ 与 SEJ 的研究期望能够对我国的环境新闻研究起到推动作用，哪怕它仅仅是个开始。

第二节　中美环境新闻杂志的编辑思想差异之比较研究

随着生态危机的日益凸显，媒体在环境信息方面的传播显得越来越重要。所谓环境新闻杂志是指以传递环境最新信息为主的周期性刊物。美国环境新闻杂志代表有 1990 年创办的《环境记者协会季刊》（SEJ）、2002 年创办的《环境新闻》（EJ）等；中国环境新闻杂志代表有 1995 年创刊的《环境教育》、1973 年创刊的《环境保护》等。这两组环境新闻杂志在中美各自的国家拥有一定影响力。本书通过二者编辑思想差异性研究来挖掘这种现象的背后原因。

---

① Patrick Wellever, "Agriculture Wars", *Environmental Journalism*, Spring, 2005.

一 相信科技与怀疑科技的思想差异

《环境新闻》与《环境保护》杂志都是中国环境科学出版社主办的刊物，面向全国发行，是中国有影响的环境新闻杂志。从内容来看中国环境新闻的编辑思想中，其最突出的特征就在于相信科技的力量，科技在环境保护与环境治理中起着重要作用。以《环境保护》2008 年前三期为例：

《采用高科技，促进企业环保》，2008 年第3 期；

《洁白纸张的背后》，2008 年第 2 期；

《节能减排需要创新体制》，2008 年第 1 期。

图 5 - 3 08 年冬季刊 *SEJ* 的封面

这三篇共同的特点在于强调科技对于环保的重要性，特别是一些工业企业的减排。如第一第二篇文章指出，造纸废水治理在于新科技开发，在于高科技含量下的纸业排放高标准；第三篇认为通过市场力量，排污权有偿使用可以开发新的减排科技。可见，科技在环保中处于主导地位。

图 5 - 4 04 年 *EJ* 春季刊纪念三里岛核事故 25 周年封面

相比之下，在美国的环境新闻类杂志中，对科技的怀疑在编辑思想中较为突出。*SEJ* 与 *EJ* 上的文章都有这种特征；前者是美国环境记者协会办的季刊，后者属于美国密歇根州立大学办的半年刊，面对全美出版发行，很有影响力。仅以 *EJ* 为例，自2002 年创刊以来，几乎每一期都围绕着一个主题来进行报道，很多主题把环境污染的矛头直指科技，见以下三个例子：

电力带来的污染及对生物的危害，2007 年春季刊；

三里岛核事故的影响，2004 年春季刊；

电子计算机带来的环境污染，2002 年冬季刊。

第一组文章不仅暴露电力对能源的消耗、对空气的污染，而且还揭示电力的灯光照明导致昆虫与鸟类远离人类，甚至最终死亡；第二组文章报道了 1979 年美国三里岛核电站事故对环境和人心理造成的影响，并担心越来越多的核电站对人类未来环境的威胁；第三组文章报道了电脑科技的兴起给孩子的生活与学习带来的危害，电脑垃圾给环境污染带来的巨大压力，也给人类和生物带来各种疾病。所有这些主题都是把批判的矛头直接对准科技。

对于科技的态度，中美环境新闻杂志在编辑思想上表现出强烈的差异，这一点是非常鲜明的。这里其实具有历史和现实的深层复杂原因，需要我们弄清楚。

美国自 18 世纪建国以来，带着欧洲的人文思想与工业文明，在这块新大陆上迅速建立起世界最富强的工业国家。可以说美国建国以来的 200 多年历史实际上是工业化的历史；美国现在的工业文明与美国人的生活方式，是给地球造成目前环境压力的重要原因之一。在工业富足的基础上，在生活方式奢侈的情况下，面对着全球日益增大的环境危机，美国学者开始意识到工业对于环境的破坏力；而工业的核心部分倚仗的又是科技。

对于科技的怀疑始于 60 年代的卡逊。在她的《寂静的春天》一书里，根据翔实的材料和严谨的数据，卡逊饱含同情地披露被人类工业技术所屠杀的自然界各类生物，指出 DDT 的使用给生物、大地和水带来的毁灭性灾难。后来她的结论被反复证明是正确的，这给美国思想界带来了一场巨大的变革。从那时起，美国的环境保护主义者对通过工业带来利润的科技一直怀有敌意，这也是美国环境新闻类杂志怀疑科技的思想渊源。

然而，情况对于像中国这样的发展中国家又完全不同了。中国全面发展工业与科学技术也仅是改革开放以后的事，只是 30 年的时间。从中国的经济水平来看，13 亿人口中，尚有相当数目的人生活水平处于贫困线以下。从历史的角度来说，中国这样的发展中国家对环境污染没有历史责任；从现实角度来看，中国 13 亿人的生存压力又有发展科技与工业的必要。在美国等发达西方国家，占据世界20% 的人口却消费了世界 80% 的资源；即使世界40% 的人口像美国那样消费，就还需要耗费掉另外半个地球的资源，也就是消费了 160% 的地球资源。在美国，环境保护意味着媒体记者能够报道对生态造成威胁的工业、商业与技术；对政府失职行为的

图 5-5　05 年 *EJ* 秋季刊大气污染报道

检讨，对片面追求经济效益的反思，对工业社会与后工业社会文化的批判与改造。然而，在中国、巴西、印度与菲律宾等国家，环境记者认为环境保护

是与生存、发展分不开的。①

因此，美国环境新闻杂志对于环境保护的编辑思想不能照搬到发展中国家；同时，美国环境新闻杂志编辑思想中对于工业社会及科技的反思，很值得发展中国家研究与借鉴。

二　注重全面规划与反"阿富汗斯坦主义"的差异

中国的环境新闻杂志在传播环境信息时很注重从整体上规划，把全国作为一个整体来统一推行政策。以《环境保护》月刊为例，其 A、B 刊主要的内容板块都是面对全国的：如"国策要论"、"政策法规"、"法制经纬"等栏目，其平台与视点是全国范围，而非中国某一地点或者某一特定环境问题。仅以《环境保护》月刊 2008 年前三期"污染控制"栏目文章内容为例：

《回顾十一五，把握十一五》，2008 年第 3 期；

《为污染减排保驾护航——2007 环境检查行动大事记》，2008 年第 2 期；

《以不断完善的方案和政策推动污染控制进入 2008》，2008 年第 1 期。

图 5-6　*EJ* 05 年春季刊"大湖区报道"专栏

以第一篇文章为例，文中主要解读《国家酸雨和二氧化硫污染防治"十一五"规划》的国家政策，指出治理目标靠全国各级政府的目标任务分解，靠具体政策的执行指标来完成；其原则是"整体控制、总量消减、突出重点、分区要求"。因此，中国环境新闻杂志对于环境保护报道的编辑方针是：国家性的全面规划。

在此一点上，美国的环境新闻杂志之编辑思想与中国有很大的不同。它们的指导思想是环境报道的地方化，特别强调环境新闻记者应该报道与他们周围生活有关的环境问题。而把离记者或者读者生活较远的环境问题之报道现象叫做"阿富汗斯坦主义。"学者指出这个主义的最基本特征是："在报道国外环境问题时具有深谋远虑，但在处理国内相似的环境问题上目光短浅"；"在报道全球环境问

---

① Ann Filemyr, "Ethics and the Education of Environmental Journalists: An International Perspective"[J], *SEJournal*, Winter 1994, p. 23.

题上编辑思想大胆，在报道国内环境问题上没有声音"①。事实上，反对这种思想的结果是，这类杂志报道的重头内容是当地环境问题，然后是全美国，而国际的环境问题报道放在最后面，且内容很少。

以 EJ 为例，它是密歇根州立大学纳尔特（The Knight Centre）环境新闻中心创办的刊物，地处密歇根州的兰辛（Lansing）市。密歇根州实际上是美加交界处五大湖区中间的一个半岛，当地最大的环境问题是维护五大湖区的生态平衡。为此，从 2002 年创刊时起，EJ 的主要版面就放在专栏"五大湖区报道"（LAKES）上，每期都有，内容从沿岸的野生动物保护到水中的外来鱼种入侵，再到湖水所受到的工业污染及其治理，几乎无所不包。最多时一期的"五大湖区报道"围绕一个主题有五六篇文章；少的也有一两篇。另外，其他栏目，如"环境新闻报道"（EJnews）、"特别报道"（Special Section）多数调查性新闻均集中于密歇根州的五大湖区，充分体现出美国环境新闻杂志的反"阿富汗斯坦主义"的编辑思想。

在这方面，事实上中美两国环境新闻杂志编辑思想的差异具有较为复杂的社会背景。首先，中国环境新闻杂志的全国规划思想，其实是部门办刊与政府宣传员角色的结果。对于中国这样的发展中国家来说，随着短时间内工业的崛起，环境问题急剧凸显出来；由于国家工业基础相对薄弱，人民生活水平有待提高，仍然需要边发展工业边防治环境问题。这时，国家与政府在治理环境问题与宣传环保意识当中起着积极的作用。另外，由于工业发展给处于传统农业转型中的社会带来很多实际利益，多数的国民对环保意识并不十分强烈。因此政府的部门办刊就

图 5-7　03 年 EJ 春季刊"大湖区报道"专栏

需要传递这些规划思想；因为处于相对早期阶段，这些规划依然是全国性与方向性的。

美国工业社会经历了 200 多年的发展史，20 世纪下半叶又经过了绿色运动的洗礼，在经济上、思想上国民已经有了很高的环保意识。从杂志的创

①　Rubin, D. M. , & Sachs, D. P. , Mass Media and the Environment：Water Resources , Land Use , and Atomic Energy in California [M], New York：Praeger Publishers, p. 252.

办情况来看，美国的杂志多是民间办报，民间性质往往代表当地人的思想，与当地人民的利益息息相关，因此反"阿富汗斯坦主义"的编辑思想甚为普遍。客观地评价，立足当地问题的编辑思想在环境保护问题上更具有可操作性，更具体，效果可能会更好，属于环境问题治理的实质性阶段。然而，这种编辑思想又是历史的、社会的，需要一个过程。

其次，就美国环境新闻杂志的反"阿富汗斯坦主义"的编辑思想来说，又反映出在环境问题上的一些大国心态，它又是傲慢与冷漠的。"在报道国外环境问题时具有深谋远虑，但是在处理国内相似的环境问题上目光短浅"，其实就是希望美国的环境记者不要报道美国以外的环境问题；环境新闻报道一定要为美国的环境危机着想，为美国的环境保护服务。从历史角度来看，美国一直在大量地消耗着来自世界其他发展中国家的资源，在全球性的环境危机中，美国负有不可推卸的责任。然而美国在新闻报道上独善其身的做法其实是对第三世界国家环境危机的冷漠与傲慢。另外，这种思想有可能造成新的国际不合理的工业分工，把对环境有污染的制造业从美国迁至像中国这样的发展中国家来，把中国作为他们的"世界工厂"，从而形成了"环境殖民主义"①。

另一方面，反"阿富汗斯坦主义"又与西方环境新闻的指导思想相矛盾。当今世界的环境危机需要世界各国联手才能够应对；如全球变暖，海平面上升，物种灭绝等，没有一个任何国家可以单独在这样的危机中获得胜利，因此需要推进全世界范围内的环境保护意识②。美国环境新闻自60年代就开始出现相对成熟的文本，在指导思想上可以为发展中国家的新闻报道提供援助。然而目前的独善其身做法显然没有担负起作为大国的责任。

三　政策导向教育与行业素质教育的差异

媒体很重要的一项功能就是教育受众，环境新闻杂志也不例外。中国的环境新闻杂志的教育模式是政策导向性的，与政府阶段性的工作相协调。以《环境保护》杂志A/B刊为例，无论从文章结构还是报道内容，都体现出政

① Joshua Muldavin, "China's Not Alone in Environmental Crisis" [M], *Boston Globe*, December 9, 2007.

② Jim Detjen, "Promoting a Worldwide Culture of Peace" [J], *Environmental Journalism*, 2002 Summer, p. 6.

策导向性教育的编辑思想。

《环境保护》常见的结构首先是"国策要论"栏目，主要是对读者解说最近与今后一段时期国家的环保政策。如 2007 年 6 月 B 刊《减少污染排放建设环境友好型社会》一文中指出，今后一段时期环境保护的一项中心工作是减少污染物排放。"省长论坛"栏目是对省级官员的深入采访，特别是那些环境保护做得比较好的省市。如 2007 年 3 月 A 刊刊载《以科学发展观统领生态省建设》一文，是海南省领导介绍这些年生态省建设的有益经验。"高端访谈"栏目、"机关传真"栏目、"圆桌论坛"栏目等，都是从政策与执行层面引导读者认知，教育公众对当前环境保护的认识。政策导向性教育的特征在于，被教育的受众没有职业、行业、性别与知识背景等差异。

美国环境新闻杂志很重视教育，且这些杂志基本上都定位于某一个行业，而不是各类背景的社会大众；注重于素质教育，而不是政策导向。SEJ 是美国环境记者协会创办的全国性环境新闻杂志，面对的是美国的环境新闻记者；它的职责是为这些环境记者提供一个业务交流与理论教育的平台。其中的"环境记者协会新闻"（SEJ News）栏目、"独家报道"（Features）栏目、"环境记者协会主席的报道"栏目等，其教育与交流的对象都是环境记者协会的成员，或者环境记者，一般的公众对这些行业性的术语或内容会很少感兴趣。EJ 是密歇根州立大学纳尔特环境新闻中心的刊物，其主要职能是教育

图 5-8 2005 年 EJ 秋季刊关
于黑熊生存地危机的报道

环境新闻专业的学生，为他们提供一个理论教育与业务实习的平台。EJ 的每一期都有"校园/密歇根大学新闻与事件"（Campus/MSU news & events）栏目、"独家报道"（Featured Stories）栏目等，编辑思想都是面对在校的环境新闻专业的学生。其专业性内容与操作性技巧也很难吸引一般的公众。行业素质教育的编辑思想是美国环境新闻杂志的重要特征。

就环境新闻杂志编辑思想来说，政策导向教育与行业素质教育差异产生的原因有两个方面。一是因为中国这样的发展中大国把环境保护上升为国家基本国策，依靠政府的力量集中对公众进行教育，并通过行政力量积极贯彻落实这些政策。按照德国社会学家贝克（Ulrich Beck）的观点，现代的工业社会是一个风险社会，在这个社会里，财富生产的"逻辑"主宰着风险生

图5-9　2002年*EJ*冬季刊
以电子垃圾为专题的封面

产的"逻辑"①。因此，政府在发展工业的同时通过政策教育与引导公众，积极进行风险规避，防止财富生产主宰风险生产，实现经济与环境的和谐发展。而不是走美国这样先污染后治理的老路，故而媒体的政策导向性教育甚为重要。

二是因为中美两国的环境保护处于不同的阶段。环境的行业素质教育表明一些行业都开始把环境保护融入到职业理念甚至操作当中；而政策导向教育的下一步才是把环境理念融入职业。就美国历史来看，美国从60年代就开始出现过媒体对技术危害性的论战，如对于《寂静的春天》的讨论，胜败各方都是对公众的导向性教育，并促使政府立法。"仅至1962年底，已有40多个提案在美国各州通过，禁止杀虫剂的使用"②。

环境理念渗入到职业与生活是我们发展中国家努力的一个方向，因为环境问题的最终解决需要每一位公众的参与。就环境新闻来说，编辑思想还要渗入每一个人的生活，因为"环境新闻绝对不仅仅是一个职业，抑或报道与写作，而是一种生存方式"③。

第三节　网络环境新闻的编辑思想
——以生态博客为例

博客英语名 Blog 是由 Web 和 Log 两个词简化而来的，意为"网络日志"。普通的理解应该是由能够上网的人书写自己的生活与感受。正是因为博客代表着个体较为真实的声音，很多人把它归为人际传播，其博客的编辑思想反映出普通人对于一些问题的想法。最近，在西方欧美国家兴起了生态圈人以外的生物博客（我们不妨称之为生态博客），由于更新较为频繁，传播效率简直成为一种小小的媒体。这些博客内容怎样，背后有什么样的编辑

---

①　Ulrich Beck，《风险社会——通往另一个现代化的路上》[M]，汪浩 译，（台北）巨流图书公司 2004 年版，第iii至XII页。

②　[美] 卡逊：《寂静的春天》，李瑞兰译，吉林人民出版社 1997 年版，第3页。

③　Michael Frome，*Green Ink: An Inroduction to environmental Journalism* [M]，University of Utah Press，1998，pp. 21—23.

思想？这里我们就来一一论述。

一　爬行与哺乳动物的博客及编辑思想

为了研究的方便，我们把西方兴起的生态博客按照生物学的传统分类，归类为哺乳与爬行类动物博客、鸟类博客与植物博客三大类。在西方基督教的《圣经·旧约全书》中，上帝让"人"去"管辖""海洋里的鱼"、"地上的牛羊以及所有的野生动物和爬物"，没有这类动物的发言权，是被统治的对象；但以达尔文所说，人也是从动物变来的，那么哺乳类动物就该是人类的堂兄弟。在最近西方兴起的动物博客中，哺乳与爬行动物是感觉上最多的，而且与人类的生活关系最近，动物的语言化与拟人化的程度也最高，给人的感觉也最为亲切。

1. 海龟的博客

下面的一段话不是来自安徒生的童话，而是美国《科学》杂志在网络上的一个博客：

> 我是一个 86 岁的大海龟，来自遥远的南美加拉帕戈斯群岛（Galapagos Islands）中的孤岛存平塔岛（Pinta Island），是这个海龟家族中唯一的幸存者。自 1972 年被捕获以来，护养人一直想为我找个新娘，到如今还是一无所获。我只得在空虚寂寞中虚度光阴。①

当然，海龟（名叫乔治）不会上网，更不会做日志，所有这些日志都是由护养人与科学家为海龟做的。自网络博客兴起以来，以往要通过传统媒体传播唯一幸存的平塔岛海龟声音在网络博客上办到了，国家公园护养人员为海龟乔治建立博客"单身汉乔治"，并把乔治最新的情况及时告知全世界那些关心它的人。自 20 世纪 90 年代中期以来，护养人与科学家就想为海龟乔治解决它的终身大事：寻找新娘。这个消息于 2000 年以后在博客上刊登出来，就引起了世界范围内一直关心与新相识者的瞩目，乔治的新娘牵动着千万人的心。

美国的《纽约时报》借助自己在全球的影响力也想为乔治的终身大事出一点力量。2000 年以后，《纽约时报》在网络版的博客网页建立了"寂寞乔治"的博客。2007 年初，哈佛大学的科学家在加岛附近找到了一位相似

---

① 来自美国《科学》杂志网络版博客。网络链接：firstscience. com／home／blogs／george. html。

图 5 - 10　海龟乔治的博客

乔治的母海龟并与乔治见面，万万没有想到新郎对新娘并未表现出任何兴趣。让所有关心乔治及其终身大事的人感到失望。

与此同时，乔治在北美与欧洲的媒体博客有将近 10 来家，博客的影响力如此之大以至于很多传统媒体都长期关注与报道"单身汉乔治"的一些信息。如在英国就有《电讯报》、《观察家报》、《泰晤士报》等多家传统媒体在 2007 年 5 月报道了乔治寻找新娘的最新新闻。《电讯报》称虽然这是"寂寞乔治的最后机会"，科学家们基因监测"证据表明加岛附近可能还有其他的同类存在"①，显然是为了让大家继续关心乔治，不要失望。

2. 熊的博客

熊是大型的四足动物，也是最容易受到伤害或濒临灭绝的动物。西方关于熊的博客几乎都有保护主义的特色，种类也相当繁多，内容颇为丰富。

珍稀类的大熊猫。除了中国成都大熊猫繁育研究基地为大熊猫做博客以外，欧洲和美国都有中国大熊猫的博客，数量达到数十种。最为典型的例子是来自美欧和澳洲 8 位珍稀动物爱好者轮流做日志建立的"熊猫博客"②。

这个 8 人共做的熊猫博客，以强烈的爱为中心基调，包括"拯救大熊猫"、"热爱大熊猫"、"野生大熊猫"、"亚特兰大动物园大熊猫"与"熊猫外交"等 10 个专栏为内容，满怀激情地向世人展现中国大熊猫的憨厚可爱。由于多数人都不懂中文，内容更新较慢。但这个熊猫博客登陆的西方人很多，很多人表达了爱意，促进了西方人对中国大熊猫的了解与热爱。

---

① Bonnie Malkin, "Last Chance Looms for Lonely George", *Telegraph*, May 2th, 2007. telegraph. co. uk.

② www. thepandablog. com.

图 5-11　大熊猫的博客

艰难困境中的北极熊。和其他的动物博客不同，北极熊生活在寒冷的极地，一般都很少有人能够实地看到它们，更不用说接触。然而最近几年关于北极熊的博客在欧美骤然增加，背后的动力主要是北极熊由于受到气候变暖的影响，数量减少，生态环境急剧变化，生存遭受前所未有的挑战，多数为北极熊做博客的人均以呼吁拯救北极熊为目的，内容多来自媒体新闻与科学报告。做这类博客的多以"北极熊博客"冠之，如日本的 akihitok. typepad. jp 网、美国《科学》杂志网站、英国的 adamhopkinson. co. uk/blog 等。

其中一些商业网站也开始设立北极熊博客，介绍北极熊的艰难处境。如北美的"北极熊小街"网站①开设"北极熊博客"，这个以吸引游客到哈得逊湾去旅游的商业网站，也开始向世人介绍北极熊因为气候变暖所受到的严重威胁。如该博客 2007 年 9 月转载《美国地质勘探》报告，到 2050 年北极地区将会有 2/3 的北极熊灭绝，带有明显的保护主义思想。

3. 狗的博客

在各种各样的西方动物博客中，种类与数量最多的当数狗的博客了。这里既有私人为自己养的狗做博客，也有爱狗人团体组成的群体博客，也有珍贵狗的博客。几乎应有尽有。

狗眼看世界。所谓狗眼看世界是指在博客里通过狗眼睛的所见所闻来记录博客日志的内容，视角新颖，内容风趣。这种博客往往是狗的主人通过一些综合性的网站建立的博客，把自己养的狗放入博客，并通过狗的眼睛观察记录新近发生的情况。

①　www. polarbearalley. com.

　　例如美国明尼苏达州明尼阿波利斯市，一位名叫波斯格（Bosco）狗的主人简安（Joan）小姐，为自己的波斯格狗做了两年的"波斯格狗博客"日志。完全按照狗的眼光来看世界发生的一切。"从今天的表现来看，简安诡影匆匆。早晨她放了一个食物丸给我，我咬一半实在难以下咽，吐在碗旁的坐垫上……我只得跑到外面躬身而卧晒太阳"①。表面上看起来平淡无奇，可是能够用狗眼看世界实际是对传统的人类中心主义叙事方式的一种反叛。事实上波斯格狗博客如此吸引人的注意，以至于当地著名报纸《明星论坛报》（The Star Tribune）都在纸媒上报道了个新闻，影响进一步扩大，也进一步推动了这种博客的模仿潮。

图 5 - 12　狗的博客

　　以狗会友。佛罗里达州有一个"我的狗博客"的集体部落格。这是美国数十个狗爱好者团体部落格中普通的一个，到 2007 年 9 月中旬已经有685 人参加了狗博客的建造。世界各地的狗爱好者都可以免费加入，把自己养的狗照片传上来，为它们做日志，并与志同道合的朋友分享其中的经验与乐趣，相互以"好友"链接。另外，还有专门的"样品狗"博客，相互介绍一些优种的狗，推荐他们的卓越之处，并且内容可以通过电子邮箱报纸电子版 RSS 的形式既交朋友又相互分享养狗的乐趣，可谓一举多得。

　　4. 拯救四足动物的博客

　　哺乳动物与爬行动物的博客很多都是以拯救为目的，这类博客在西方互联网中几乎俯拾皆是。如拯救狗的博客②、西方发起拯救亚洲地区熊的博

①　"I'm Famous...", from Bosco Dog Blog, at the web：blog. lib. umn. edu/joanh/dogblog.

②　www. dogsblog. com.

客①等。这些拯救四足动物的博客中，最具有代表性、在西方乃至全球影响力最大的当数国际爱护动物基金会（IFAW）创办的"拯救四足动物博客"（IFAW's Animal Rescue Blog）②。

"拯救四足动物博客"是由国际爱护动物基金会（IFAW）发起的，博客内容均由这个非政府组织的人员制作。因为这个组织的人员分散在世界各地，甚至连北极和南极人迹罕至的地方都有这个组织人员行动的足迹，他们之所以到这些地方，就是因为当地的四足动物生存受到了威胁，这个组织要拯救它们。成员在世界各地传发到博客上最新的信息：哪一类四足动物的生存受到威胁，受到什么威胁，现在拯救情况如何等。博客内容更新频率很高，浏览量也很大。

IFAW组织的任务就是拯救四足动物，提高他们现在的生存状况，阻止人类对于动物的暴力与滥杀；保护野生与家养动物的生存状况，改善全世界范围内四足动物的生存环境；阻止象牙交易、藏羚羊羊皮买卖、传播吃大猩猩对物种的伤害，甚至还包括拯救海里的鲸鱼与海豹；IFAW的目标就是要创造一个人与四足动物乃至整个动物界和谐相处的新生态环境。而落实这些理想的都在这个组织成员的身上，他们的"拯救四足动物博客"把这些成员想办又办不到的不间断传播，向世界各地的世人传播着四足动物所受到的威胁。

图5－13　拯救四足动物的博客

从内容上来看，博客最显眼的部分是"全球拯救（四足动物）的照片"。上面有来自世界各地该组织成员新传（Updated）的关于他们拯救动物的照片。2007年9月最新的内容包括印尼受伤的犀牛、马来西亚被捉的

①　www. critternews. blogspot. com.

②　本博客网址为：www. ifaw. org/ifaw/general，本文相关资料皆来源于此。

大猩猩、南非因石油泄漏遭殃的企鹅、南非母子象和 IFAW 用 250 万美金为它们买的新家等。在这个栏目里，出版"每周（拯救）照片"（Photo of Week），让受众把每一周里最震撼人心的拯救照片评选出来，为此，每周这个博客都要把分布全球成员拍摄的拯救四足动物的照片传上来，还做成 MP3 和影像视频形式让受众浏览与下载，感受拯救四足动物的情景，体会这些动物所受到的威胁与痛苦。上面还有这样的文字："为了每日拯救全球范围内那些孤独、受伤害与被虐待的四足动物。"

博客的主体部分是最新更新的拯救全球各地四足动物的文字报道，同时还有图片。几乎每天都有各地成员传上来的照片，为了便于查看与更新，还分成很多板块：非洲、亚洲、加勒比海、欧洲、印度、中东、南美、亚太区、北美等部分。而"四足动物新闻"也被并列其中，目的是为了突出综合与最新的新闻信息。这些部分里，报道并不是平衡的，对于生态问题比较脆弱的地方报道得就比较多，如非洲、亚太区域；而对于生态相对保持较好的如加拿大与北欧报道较少。

现在我们需要研究这样一个编辑思想问题：对于四足动物的拯救为什么是博客而不是其他媒体的传播形式呢？原因也许很多，但是就博客来说，它是叙说主体在叙说自己故事的一种形式，拯救动物博客其实代表着四足动物在叙说着自己的痛苦与灾难，就像人类自己在叙说人类的酸甜苦辣、生老病死、悲欢离合那样，博客媒体传播代表着四足动物本身的语言，这种语言因为人类的挤压曾经使得它们失去说话的机会。其实这样看来，对于那些需要拯救的四足动物来说，博客意味着一种话语权利，一个叙说方式。

总的来看，西方兴起的哺乳与爬行类动物博客编辑思想基本上都是以动物自己的眼光来看世界、以动物的语言来叙述故事。也就是要把这些动物描述成像人一样有灵气的生命，甚至和人一样宝贵而有灵气，与人是平等的关系，这些是这类动物博客最突出的特征，明显地表达了"万物有灵"论的思想。

二 鸟类的博客与编辑思想

为了研究编辑思想的方便，我们把西方兴起的动物博客按照生物学的传统分类，归类为四足动物博客与鸟类博客两类，现在来论述鸟类。在《圣经·旧约全书》中，"空中的鸟"也是上帝授权"人"管辖的对象。然而，西方鸟类博客同样也赋予它们以生命，并像人一样有灵气，有思想，会说话。既有人类对它们的描述，也有鸟儿自己的语言，并与人类保持着平等的对话关系。这类鸟的博客，多出自鸟类爱好者、专业人士或保护主义者的手中。

1. 鸽子博客

在《圣经·旧约全书·创世纪》篇里，诺亚放出的第二只鸽子衔回诺亚方舟一枝橄榄树叶，翠绿欲滴的色彩宣告 197 天全球大洪水的结束与新生活的开始。鸽子象征着和平与新生活，一直被西方所爱戴，然而，自从工业化的资本主义社会以来，鸽子的命运很悲惨，后起的美国也不例外。

在 1947 年 5 月 11 日威斯康星怀路森州立公园里，威斯康星鸟类协会就为日渐减少的鸽子设立了纪念碑。早在 1949 年出版的利奥波德《沙乡年鉴》里，就专门有一篇《关于一个鸽子的纪念碑》的文章，称这是"由一个物种（人）来对另一个物种（鸽子）表示哀悼"，并悲哀"捕杀者减少着鸽子的数目，拓荒者切断了他的燃料通道，鸽子的火焰就熄灭了，几乎无一点星火，甚至无一缕青烟。"[①] 西方人对鸽子怀有特殊的情怀，这也许是各类西方鸟类博客中，鸽子博客是最多的原因之一。

首先是个人鸽子博客。美国网络上有一个叫"疯鸽子"（Crazy Pigeon）的博客，专门介绍各类鸽子的情况：包括专家对于喂养各类鸽子的看法，养鸽者的故事等。这个博客是由一个美国空军军官——网络中心行动（NCO）部队的一个名叫"疯鸽子"的上尉做的。"疯鸽子"是一个历史学学士、国家安全学硕士，是在网络媒体从事过多年的地缘政治分析家，本来这个博客是谈论政治事件与社会新闻分析的，但是里面却充斥着对鸽子各类事情的观察，也吸引很多浏览者的留言与讨论。最近，这位"疯鸽子"还上传不少鸽子的图像，在网络上建立起鸽子网站与博客的链接。这是一个很普通的个人鸽子博客，因为某种兴趣和爱好导致博客部分内容关怀鸽子，[②] 代表着一部分普通人开始关心鸽子的心路历程与生存状态。

某类鸽子博客。鸽子博客很多，如家养鸽子博客，动物园里的鸽子博客、珍稀鸽子博客等，但最有代表性的是某类鸽子的博客。如在英国伦敦，有一个关于伦敦鸽（London Pigeon）的鸽子博客（名为 PigeonBlog），由一群鸽子爱好者创建。博客的主人对这种伦敦鸽进行多方面的介绍，并对喂养

---

① ［美国］奥尔多·利奥波德：《沙乡年鉴》，侯文蕙 译，吉林人民出版社 2000 年版，第 104—105 页。

② "Dairy of the Mad Pigeon"，参见 themadpigeon. com/diary_ of_ the_ mad_ pigeon/pigeons。伦敦鸽网站网址：pigeonblog. wordpress. com。

伦敦鸽的各类知识做介绍，还有一些自己收养鸽子的故事。

　　令人奇怪的是，这类伦敦鸽并非是受保护的稀有品种，相反，英国的媒体和专家反复提醒：伦敦鸽满为患，政府颁布命令禁止以非规定饲料喂食鸽群，否则鸽子的健康将出现危险。[①] 但是网站还是有很多关于博客主人或评论人在伦敦鸽子广场与鸽子快乐合影场面的照片。

图 5 - 14　鸽子的博客

　　当然，这里也有为数不多的文章涉及鸽子与空气污染问题。因为伦敦鸽子广场的鸽子太多，游人又用各种食品随便喂养，结果造成鸽子在起飞与排泄的过程中放出太多的污染物。有一部分人在博客上讨论如何让鸽子的食物更卫生，以及健康养鸽子的一些方法。在这类博客中，更多的人在讨论或者询问博客主如何驯养信鸽（Racing Pigeon）、喂养一只鸽子从出生到会飞需要多长时间等。

　　这些鸽子博客与利奥波德时代人们与鸽子的关系不同。利奥波德在他的《沙乡年鉴》里这样写道："杀死最后一只猛犸象的克罗－马格诺人想的只是烤肉；射杀最后一只候鸽的猎人想的只是他高超的本领；用棍棒打死最后一只海雀的水手根本什么也没有想"[②]。利奥波德所描述鸽子与人的关系实为《圣经·创世纪》中亚当、夏娃与"飞鸟"、"爬物"的关系，也就是说，鸽子相对于人仅仅具有工具价值；而现在西方所兴起的鸽子博客中描述的人与鸽子的关系几乎不带有工具价值关系，而是把鸽子看成一个具有自身内在价值与独立道德身份的物种，这很大程度上实现了利奥波德所说的"由一个物种来对另一个物种"的关系。

---

①　伦敦鸽网站网址：pigeonblog. wordpress. com。

②　［美国］奥尔多·利奥波德：《沙乡年鉴》，第 104 页。

2. 啄木鸟的博客

啄木鸟被认为是森林医生，也是被西方乃至世界范围内的人认为是有益的鸟儿。喜爱啄木鸟其实表示人类对它工具价值的认同；为啄木鸟做博客形式上代表着对它道德身份的认同，而不仅仅是工具价值。因为博客象征一种话语方式，且啄木鸟在这里几近被描绘成"人"这一"物种"。

综合动物的啄木鸟博客。众多啄木鸟的博客被放在综合性的动物博客里，所谓综合性动物博客就是博客里的动物包括哺乳、禽鸟与鱼类等众多动物，啄木鸟只是其中的一个种类。这类博客多是动物保护主义者建立的，把一些认为是有价值的动物列出来，这类关于啄木鸟的博客在西方分布很普遍。

比如美国有一个"北灯塔安哥拉博客"（NorthLight's WunderBlog）就是这样一类。这个博客关于啄木鸟的内容包括两部分，一是图片，二是文字。图片部分有大量的啄木鸟照片，每一张啄木鸟的照片都不是同一只。照片中的啄木鸟色彩鲜明，眉清目秀，羽毛丰满而又干净，甚至每一只啄木鸟的眼神与面部表情都能够看得清楚，且多在树上啄虫子。啄木鸟在画面上像人一样有灵气、有情感，似乎与人类并无二致。其编辑思想的内涵也很容易被人理解：啄木鸟有灵魂、有情感、能工作，具有自己的内在价值，是与人类一样的生命物种。这类综合性的啄木鸟博客还有 BioMed Central Blog 等。

图 5-15　啄木鸟的博客

第二部分是文字部分，博客上的啄木鸟文章来源博客作者与读者。文章内容有介绍目前美国境内啄木鸟的生存状况，如美国因为人口增加而威胁自然生物，很多美国的啄木鸟飞到加拿大，使得美北部的森林啄木鸟减少；也有介绍啄木鸟的生活习惯与作用的文章。带有明显的动物保护主义的思想特征。

专门啄木鸟博客。专门为啄木鸟做博客的人对这个鸟类有较多的理解。在瑞士，有个啄木鸟的爱好者建立了"啄木鸟博客"①。啄木鸟往往生活在森林里，与树木为伴，以害虫为生，不易人工喂养，所以多数的啄木鸟博客主没有与这个鸟类共同生活的经历。"啄木鸟博客"则把瑞士国家范围内关于啄木鸟的网站链接起来，把普通浏览者的目光由这个啄木鸟博客延伸到整个瑞士范围内的啄木鸟生存状况。

在最近的西方网络世界，为某一类的鸟做博客的现象很多，还包括猫头鹰、白头雕、红胸鸲、白琵鹭等，多为西方国家所珍视的或濒临灭绝的鸟。为专门的鸟儿做博客一方面表现了对这些鸟的重视，希望通过专门的博客提升公众对这些鸟的认知；另一方面，通过博客中鸟儿的主体地位确立，突出这些鸟儿在自然界、特别是相对于人的话语权利。

3. 综合鸟类博客

综合类鸟的博客意在把博客主能够想到与写出来的鸟儿都列为博客的内容，这里既包括一些名贵与濒临灭绝的鸟儿，也有普通的鸟儿，特别是那些曾经受伤害或者正在受到伤害的普通鸟儿。这也许是为了避免 20 世纪 60 年代卡逊在《寂静的春天》里所预言的那个结果：再过一些年，春天里"再也没有鸟儿歌唱"。事实上，综合类鸟的博客以个人制作为主，而并不是集体创作，这一点有别于西方的鸟类保护主义的网站或者传统媒体网站。

地域性综合鸟类博客。多为鸟类爱好者与保护者所做，内容及其更新频率因人而异。如威斯康星州一位叫麦克的人做了个"麦克护鸟与数字媒体博客"②。网页首页就表明其创办博客的目的："通过威斯康星州鸟类的照片、信息、新闻、思考与冒险（探索），来标明鸟类生命的奇迹"。

个人制作的综合鸟类博客很多目光关注普通的鸟儿，因为越是普通的鸟儿，一般人越容易接触，威斯康星州的麦克博客也不例外。例如 2007 年 9 月 25 日博客第一条就是"麻雀又回来了！"的文章。在文章中，作者欢呼久违的麻雀终于又回到了威斯康星南部，因为他在此之前很久没有看到麻雀了。为了和读者分享他的喜悦，他把拍摄下来的白颈麻雀大幅照片（1024×768）传上博客，并说："多么伶俐的鸟儿！不是吗？我爱它！"

另外，麦克的博客里还有一些普通的美国鸟儿，多例举了它们目前的困境。如 40 年来美国北部山齿鹑、针尾鸭的数量也减少了近 80%；阿拉斯加

---

① www. blog. woodpecker. cn.

② Mike's Birding and digiscoping Blog，网络链接：www. birddigiscoping. com/blog. html。

斑背潜鸭少了大约70%；燕鸥、雪鸮、北美夜鹰、小蓝鹭减少50%。麦克在博客中还倡导为了减少空气污染和噪声，他如何减少汽车出行、如何徒步旅游与生活，以及这样的好处等。

跨国综合鸟类博客。如美国有一个叫詹姆斯（James）的鸟类爱好者，独自一人苦撑"鸟类观赏博客"①3年了，为了这个博客专门设立了独立的服务器，还申请了专门的域名。博客上的鸟儿分为"蒙塔娜鸟类"、"西班牙鸟类"、"夏威夷鸟类"等栏目，通过博客和世界范围内的鸟类爱好者、鸟类保护主义者交流，博客上的内容几乎每周都要更新。其热情与恒心值得人敬佩，也吸引了很多访问者。其实这样的鸟类博客已经与网站媒体没有什么不同了。

图5-16　综合鸟类博客

候鸟综合鸟类博客。英国利物浦有位叫作约翰·德姆普希（John Dempsey）的爱鸟者建立了"鸟类博客"②。这个博客其实是观察候鸟问题的网站。约翰是曾经在《每日邮报》做过30年候鸟专栏"乡村纪事"（Country Matters）的专栏作家。他的鸟类博客对冬季西南迁徙的鸟儿之生活与习性进行了细致的观察与描绘，对英国本土范围内候鸟异常现象进行分析，30年新闻工作者的敏感与专栏作家的深刻使很多内容值得人深思。

通过分析西方鸟类博客编辑内容与思想不难看出，这类博客都是地地道道的民间声音，反应了世界范围内的生态先觉者与普通人对于保护鸟类的呼吁与主张，这种声音以鸟儿的话语权形式（博客），博客主的观察与亲身体验形式传播出来。网络的兴起，使得人人成为传媒人，个个成为受众。在网络这个被浓缩了的世界里谈论鸟儿，欣赏鸟儿生命带来的奇迹，咫尺天涯皆

---

① Birdwatching Blog, 网络链接：www. birdwatchingblog. com。

② Birdblog, 网络链接：birdblog. merseyblogs. co. uk。

有缘，这样就会有更多的人参与其中。

三　植物的博客与编辑思想

传统西方文化中人对待植物的态度源自于《圣经·旧约全书》。上面说，亚当、夏娃被上帝逐出伊甸园，来到"受诅咒"的荒野，"那儿长满荆棘，只能吃荒野上的植物"（Holy Bible, Gen. 3）；为了摆脱埃及人的奴役，摩西带领他的族人在"荒野"上游荡了40年之久，历尽艰辛方才达到"福地"（Holy Bible, Exo. 7-14）；在《新约全书》中，基督在受到撒旦的诱惑后才进入荒野，在那里禁食40天（Matt. 4：1）。植物总是和受苦受难联系在一起。

在欧洲文艺复兴时期，诸如《鲁滨孙漂流记》中的草木，基本上和饥饿与孤独并无二致；典型的美国西部片里，杂草丛生的植物丛里，总是和凶残的野蛮人、吃人的老虎猛兽联系在一起。植物被染色成灰色，成为人类坚强意志与艰难生活的反衬物，甚至是人类生存与向善的对立面。植物失去了自己言说的机会，在人类描绘的环境里被肆意歪曲，并被迫保持沉默。因此，生态学批评家马内斯（Christopher Manes）对此认为：自西方基督教统治地位乃至人文主义确定以来，"自然从一个有灵的生命体变成一个象征性的存在，从一个能言善辩的言说者变成一个孤独的沉默者。这是妄自尊大的人类言说主体地位对她权利的剥夺"[①]。而西方兴起的植物博客似乎是对植物本身具有却又被人类压迫的演说能力的回归。

通过博客，首先表现这类话语方式回归于珍稀植物。珍稀植物是受到伤害最为严重的物种，也最需要能够言说自己或者被引起注意。这类博客在欧洲和美国都比较多，这里就以美国纽约州的"纽约珍稀植物博客"[②] 为例。这个博客的首页上面写着："寻找纽约州范围内的珍稀植物"。纽约州地处五大湖区伊利湖与安大略湖之间，北与加拿大搭界，西与密歇根湖隔岸相望。属温带大陆性湿润气候，冬寒夏凉，年均降水量820—1100毫米，多阴湿天气，植被具有多样性。然而由于工业的发展，纽约州的植物因为经济原因多样性受到威胁。大量种植牧草、畜养乳牛、牛奶产量列第一位；此外，

---

① Christopher Manes. "Nature and Scilence", Cheryll Glotfelty and Harold Fromm. eds. *The Ecocriticism Reader*, Athens: University of Georgia Press, 1996, p. 17.

② The New York Rare Plant Blog, Searching for Rare Plants Across New York State, 网络链接：Florablog. wordpress. com.

蔬菜、西瓜、甜樱桃、酸樱桃、梨、枫糖浆产量均为各州之冠。这种经济模式对那些非经济类植物多样性造成了极大的威胁。

50 年前利奥波德就对非经济类自然生命做出这样论述："大地共同体的大部分成员都不具有经济价值"；某些树种已经被有经济头脑的林业工人们'开除树籍'了，因为它们长得太慢，或者出售价格太低，所以它们对于伐木者来说无所收益。如美国的尖叶扁柏、落叶松、落羽杉等就是例子；因为这些非经济生物存在的理由在于"如果（就如我所相信的）这个共同体的稳定是依赖它的综合性，那么，这些生物就值得继续生存下去"①。纽约州与利奥波德所考察的威斯康星州仅仅隔伊利湖相望，情况具有相似性。纽约州大规模的经济植物已经排斥了某些非经济植物，从而动摇了"这个共同体的稳定"的"综合性"。那么"纽约珍稀植物博客"就是要找到并保护纽约州范围内那些曾经繁荣现在又消失的植物，让它们回到大众视野中来，回到大地共同体的"综合性"作用中来。

图 5－17　珍稀植物的博客

这个依附于"文字媒体"②博客网站的植物博客，充分利用网络媒体所具有的"长尾"优势：无处不在的网络内容生产者。按照美国网络"长尾理论"研究者安德森的理论，在网络内容生产中，越是利基产品（即长尾市场）创作队伍越业余，越靠近草根智慧，越不受金钱困扰，受众面越广，甚至消失了受众与作者之间的界限。"纽约珍稀植物博客"就这样发动无限的"长尾"创作者，让他们免费在 wordpress. com 上注册并建立自己的植物博客，把自己所能够发现的"珍稀植物"传上来，并介绍它们的习性与状貌。这个"长尾"市场是巨大的，因为没有物理世界空间的限制，全部在虚拟世界中进行。这种利用"人民战争"方法来发现与构建"纽约珍稀植

---

① ［美国］奥尔多·利奥波德：《沙乡年鉴》，第 200 页。

② http：//www. wordpress. com.

物博客"的方法极大地在普通人中传递了环保理念，很值得借鉴。

四　大地的博客与编辑思想

大地在犹太教—基督教的传统中是一个具有象征性的特定含义，曾是《旧约》解释荒漠的核心。无论荒凉不毛的荒野还是杂草丛生的大地都与富饶多产的伊甸园形成鲜明的对照。从伊甸园被逐到荒野，把荒野等同于夏娃屈从于蛇诱惑时带来的罪恶；与希腊传统相反，犹太传统把自然看做有待于打败和征服的对象，在基督教、甚至是加尔文这样的新教徒和新英格兰这样的清教徒，上帝授权人类去统治地球。① 这种传统在文艺复兴以后的科学新人那里得到进一步的延伸，培根认为："科学的新人绝不会认为'对自然的询问会在某处被禁止或拒绝'。自然必须作为一个'奴隶'来'奴役'，它将在'强制'中被机械技术所'铸造'。自然的研究者和侦探者们也会发现她的阴谋和秘密"②。在文艺复兴以后的西方文化里，大地似乎变成了一个等待人类掠夺与奴役的奴隶。

关于大地的博客各种各样，如美国河流博客③关心美国本土内河流的状况；也有关注撒哈拉沙漠状况的沙漠博客，④ 如此等等。然而，这类博客总体上可以分为大地综合类博客与特定地域的博客两种。

英国有一个综合性的"地球博客"（The Earth Blog）⑤，这个博客上面有一句话："给地球一个未来。"这个"地球博客"是为了展现地球上出现的各类伤害大地的人类行为，把个人的想法、思想与解决办法也集中起来成为文章，由各地到访者（包括欧洲、北美与南亚等地的大地保护主义者、环境主义者及关注环境的普通人）上传的文章。里面包括大量原创性的作品（包括反映大地问题的照片），这些文章富有影响力，希望能够认真而又积极地解决大地上出现的人为破坏问题。

这个"地球博客"主人是在英国奥斯特（Essex）生活的 37 岁的凯什（Keith Farnish），凯什称自己两世为人，作为妻子的丈夫、两个孩子的父

---

① ［美国］卡洛琳·麦茜特：《自然之死》，吴国盛译，吉林人民出版社，第 145 页。

② Francis Bacon, "The Great Instauration", in the eds of Benjamin Farrington, *The Philosophy of Francis Bacon*, Liverpool：Liverpool University Press，p. 20.

③ http：//www. Blog. americanrivers. org.

④ http：//www. blogtoplist. com.

⑤ "The Earth Blog", Article "4 Essential Ways to Save The Earth" by Keith Farnish is also from the web address：earth－blog. bravejournal. com.

亲，凯什前半生是一个商业 IT 公司的经理，在做生意的过程中发现人类对于大地的过度利用与开采；随后凯什开始了第二次为人，成为一个环境主义者与环境作家，目前已经从事环境保护活动 10 年了。早期主要在环境组织与传统媒体上做组织工作与媒体写作，网络兴起以后，凯什认为网络对于分散在世界各地的受众进行环境教育具有比传统媒体更大的有效性与吸引力，可以让更多的人参与其中，于是就创办了"地球博客"。不仅如此，凯什还在 Reduce3. com 网、theSietch. org 网上发表大地与环境问题文章，还共同创建了环境网"绿色公民"① 网站。凯什从生意人到创建环境保护网络的两种经历，也是西方普通人追求经济利益向环境保护转变的缩影。

　　凯什在《拯救地球的 4 种方法》中说："地球对于人类的掠夺已经无力反抗——动物、植物都在一天天地消失，她的整个功能缩减与变化，这种变化的结果是我们难以预料的；从长远角度来看维持我们自己生存的办法也越来越脆弱。我们现在该怎样做？我们将来该做些什么？"② 凯什这里已经把大地与人类的命运作为一个整体来看待，明显具有风险理念与深生态思想，摆脱了文艺复兴以来人类对大地的那种傲慢的、君主般的姿态。

　　地方性的大地博客也很多，就拿英国人网站的大地博客来说，就包括"阿拉斯加博客"③、"新西兰博客"④ 等。其中较有代表性的是"南极博客"（Antarctic Blog）⑤。

图 5 - 18　南极博客

　　① http：//www. greenseniors. org.

　　② "The Earth Blog", Article "4 Essential Ways to Save The Earth " by Keith Farnish is also from the web address：earth‐blog. bravejournal. com.

　　③ http：//www. alaskablog. co. uk.

　　④ newzealandblog. co. uk

　　⑤ Antarctic Blog, Nicola Rickett, the paragraph materials are from the web address：antarcticblog. com.

"南极博客"是一名叫尼可拉·里科特（Nicola Rickett）的英国人创办的。尼可拉是一位热衷南极旅游的人，是英国"发现地球南极与拉丁美洲计划"的负责人，她生活在南极已经6年了，对南极大地有着深刻的理解与热爱。她说："我的博客就是要与您分享在这个神奇白雪王国上的有趣事情与发现，让您与我共同分享我的激情。"尼可拉活动地之一为福克兰群岛（Falkland Islands），在博客上有专门的栏目"福克兰群岛资源保护"（FI-Conservation），涉及生物与雪地、冰层等变化的观察与记录，很多文章中都透露出对全球变暖给南极冰雪地带来变化的担忧。

尼可拉的"南极博客"页面做得特别漂亮：千里冰封的南极大陆映衬着碧蓝而深邃的天空，高远开阔与明亮的视野，清澈纯净的冰湖、憨态可亲的成群企鹅、娃娃般活泼可爱的海豹，每一页面几乎都镶上这样美丽的图片，让人感受到南极冰雪皑皑的大地到处充满生机。让人感到轻松的是，这个博客很少能够看到现代商业留下来的足迹，似乎这块大地上所有的东西都不具有经济价值，也就是不具有人类的工具价值；所有的生物，整个的南极大地似乎与人一样具有同等的内在价值，都是自然物，谁都不能够支配谁。

这也许是尼可拉编辑南极大地博客的高明之处，这种思想正好暗合了利奥波德的生态整体论（即生态共同体）思想。"一个孤立的以经济的个人利益为基础的保护主义体系，是绝对片面性的。它趋向于忽视、从而也最终灭绝很多在大地共同体中缺乏商业价值，但却是（就如我们所能知道的程度）它得以运转的基础成分"①。南极大地及上面的一切生命与无生命物都是地球生态共同体的思想似乎在此得到体现。

五　生态博客的编辑思想综述

随着生态意识的进一步提高与网络的发达，欧美近些年不断兴起为生态博客的现象，其背后表现着普通人的一种生态伦理编辑思想。

首先，从社会思潮上来说，自确立《圣经》倡导的西方基督教文明以来，《创世纪》中上帝说"让人类统治海洋里的鱼、空中的鸟、地上的牛羊以及所有的野生动物和爬物"，允许人"管辖所有其他生物"。文艺复兴以来，人类大肆宣传大写的"人"，使得自然在人类中心主义面前沉默，并不断退缩。近年来，随着生态灾难的频频发生，达尔文关于人是由猴子演化而来的声音开始被人们深刻领悟：天堂不存在，人不是超自然的，人与其他生

① 奥尔多·利奥波德：《沙乡年鉴》，第203页。

物在生态圈中相互依赖为生，一个环节受损，伤及其他。而目前最主要的是倾听其他动物的声音，感受他们的痛苦，特别是那些濒危动物，博客代表着动物相对于人的一种话语权利和言说方式，其实博客某种程度上表现了生态中心主义的编辑思想。

其次，网络媒体的兴起形成了一个传统媒体难以达到的长尾市场。网络长尾市场最突出的特点就是个体可以通过网络创作并传播，在无限的虚拟空间里完成个性化的交流过程：即对创作者来说在网络创作中书写个性化的生活与主张；对消费者来说个人寻求个性化的消费内容，并且相互转化。这种传播方式虽然分散但可汇溪流为江河，纳百川为大海。生态博客体现的编辑思想其实表明这种思想已经走出精英阶层，面向普通大众。

再次，从新闻学角度来审视，西方最近兴起的很多生态博客内容具有很强的新闻性。这些博客多是及时更新内容，有些是开放的，世界各地的生态爱好者或关注某一方面生态问题的普通人，可以通过注册及时成为博客一员，就可以上传自己的最新发现；有些则是成员共同维护，虽然身处世界各地，但共同的目标与使命感使得他们不断上传最新发现，如"拯救四足动物博客"。正是网络适应了世界范围内分散受众的需要，适应了生活，消除了受众与传播者的界限，才让很多生态博客俨然成为一个媒体，博客的生态编辑思想也会在这种新闻传递中变成"人民战争"，普通人成为积极的传播者。

最后，就传播过程来说，从某种角度看博客属于人际传播，人际传播具有大众传播不具有的真实性与亲切性。经二手传播的非经验潜藏着风险意识，这对生态保护是有害的。贝克在《风险社会》中也认为经二手传播的信息具有风险性。博客在形式上鼓励多样性，多属于博客主原创。这样编辑思想与内容相结合的生态博客传播效果可以减小风险性，在效果上会更好，也就更容易推进环保这个大目标。

第四节　视觉综合媒体环境新闻编辑思想
——以纪录片《不可忽视的真相》为例

纪录片与新闻具有相近的属性，某种程度可被归为新闻类，在此不必多述。作为视觉美学艺术，纪录片的画面美必须有机地承载着完整的编导思想。美国前副总统阿尔·戈尔的纪录片《不可忽视的真相》（*An Inconvenient Truth*，以下简称《真相》），因视觉美与生态思想的完美结合在 2007 年初获第 79 届奥斯卡最佳纪录片奖；12 月因此片在全球气候变暖宣传所作的贡献，戈尔在挪威奥斯陆获得了诺贝尔和平奖。《真相》的成功是纪录片发展的里程碑，核心原因在于它编导思想以生态中心主义美学对抗人类中心主义美学，这种美学特征开辟了纪录片或电视美学的新纪元。

多少人在你青春欢畅的时候，他爱慕你的美丽，这或许是真心，也许是假意；只有我爱你那朝圣者沧桑的灵魂，爱你那衰老的脸上痛苦的皱纹。

…*When You Are Oid*, William Butler Yeats.

一　以生态美挑战如画美

纪录片之美是一种画面、声音、解说词、音乐、思想等多种元素的综合，但核心表现为画面美。中国的美学老人朱光潜先生谈到美的时候引用马克思的话说："通过实践来创造一个世界，即对有机自然界进行加工改造，就证实了人是一种存在"[1]；朱光潜老人认为美的目的是为了"证实""人的"存在。无独有偶，苏联美学家鲍烈夫认为："美是这样一种结果——具有自然品质的客观现象被社会生产和实践吸引到人的利益范围中，并对人类具有肯定价值，被劳动人化，并成为自由的范畴，即人把握现实的范围。"[2]不难看出，传统美学核心元素在于肯定人对自然的改造从而肯定人类自我的存在。现代的视觉美学，包括绘画、电视、电影、纪录片等都是建立在这种美学理念基础之上的。

纪录片《真相》从两个方面的画面美学元素否定了这种现代美学标准。

图 5 – 19　发电厂的烟囱

---

① 朱光潜：《谈美书简》，上海文艺出版社 1980 年版，第 50 页。

② ［苏联］鲍烈夫著：《美学》，乔修业、常谢枫译，中国文联出版公司 1986 年版，第 74 页。

第一，人为风景与自然画面的对立。

纪录片《真相》一开始便出现这样一幅图画：在层层绿树掩映下一条清澈的、缓缓流动的河流。远处是茂密的森林，中间为宽阔而碧绿的河水，近处是阳光穿透的下垂绿叶；声音：流水潺潺，鸟鸣吟吟，虫声咯咯；画外音："你看到这条河流，缓缓流动；也看到树叶，迎风摇摆；你也能听到虫鸣鸟叫，树蛙阵阵，还有远处的牛叫声。你触摸清翠的草地，河岸的泥地微微地塌陷……我忘了大自然有多美"。戈尔在纪录片的开始和结束部分都呈现了这幅生态美的画面，为了设立说理的美学目标。这种画面美是按照自然的内部规律进化的有机体，它也许"不排斥人的参与，管理或者利用，但它确实认定了自然美继续存在的权利，至少它们是在自然状态下的持续生存。"① 它具有不依赖人而存在的内在价值，是以生态自身规律为中心，人是不能超越其规律的其中普通一员，这就是生态美。

很快镜头开始转变：马路上川流不息的车辆，城市里密密麻麻的人流，高耸入云的工业烟囱，满天穿梭交织的电线网，不断倒塌入海的冰川，已经死亡的珊瑚礁……片中穿插着大量这样的画面，然而很多画面很难用传统的美学标准来审美。比如高耸陡峭的格陵兰岛冰裂、漂流在广阔洋面上的壮观冰川，在微风中摇摇欲睡的醉翁树（Drunken Tree）等。这些都是诗人笔下或者传统纪录片中所要表现的自然的伟大或壮观画面，然而，这些传统纪录片中的美学视觉元素，却是戈尔在本片中从头到尾都在批判的"如画美"（Picturesque）。

"如画美"起源于18世界的欧洲，后来随着现代媒体兴起而广泛运用于电视、电影等综合视觉艺术。它是通过人类的眼睛把自然按照人类的标准来分割、编码，获得某种意义，以表现人类的价值。比如高耸的工厂被认为是人类进步的象征，花园里种植起来的花草代表着主人的情操等。"如画美不必要画在画布上——它只需要一个有鉴赏能力的观者框起来即可"②。如画美是建立在脱离生态规律基础上、以人类利益为中心的割裂生态规律的美学，处处都有人类外力作用的痕迹，它的最直接后果是造成生态危机。戈尔在他的纪录片《真相》里，批判如画美的画面俯拾即是。

① Aldo Leopold, "Land Ethic", *A Sand County Almanac*, New York: Oxford University Press, 1989, pp. 201—226.

② Alison Byerly, "The Users of Landscape: Pituresque Aesthetic and the National Park System" in eds. *Glotfelty and Harold From*, *The cocriticism Reader*, University of Georgia Press, 1996, p. 55.

比如，高耸陡峭的格陵兰岛上面的冰裂，是由于人为的全球变暖造成的表层冰雪融化，池水渗透冰底，整个冰原像是被白蚁蛀空而从岩床脱落；那些在微风中摇摇欲睡的大片醉翁树，生长于阿拉斯加等北极附近的"永冻土"里，因为气候变暖，北极的夏天到来时土壤冻冰融化，导致根部松懈而摇摇欲坠；北大西洋上戴维斯海峡漂浮的冰川，是因为大气与海水升温从北极漂来，在不停地融化，每年都有很多游客前来欣赏这壮观的场面，其实这是人们在欢呼冰川的死亡。就视觉美学意义来说，《真相》以生态美否定了传统纪录片中人类中心主义美学标准。

图 5 – 20　　冰河国家公园的前后变化

第二，以历史自然画面否定现实景物画面。

就单一画面或者影像来说，我们有些时候很难看出是不是如画美。美国环境新闻学者弗洛姆对此就曾经总结："从一方面来看，环境问题中的某些损害在人类的眼中是缓慢的，""如果环境记者花时间做一个历史的审视，就会看到问题的全景"①。戈尔在《真相》里，为了批判"如画美"，解释人类中心主义与导致生态危机的实质，就运用了历史比较的方法。

纪录片里这些图片包括：36 年前的乞力马扎罗山到处冰雪覆盖，今日只剩下山顶上一缕白雪；冰河国家公园 1996 年前冰封雪飘，目前只能看到裸露的灰色山脉；哥伦比亚美丽的大冰河 1980 年前的白色积雪一直延伸到山脚下，目前雪线已经升至山腰；1978 年喜马拉雅山冰川山口厚厚的皑皑积雪映衬在深蓝的天空下，2004 年同样的山口只有裸露的银灰色岩石，附近占全球 4 成的人口将会面临严重的水危机；南美 15 年前秘鲁两山之间的冰河与山齐高，目前是一个深深的冰河；75 年前南美巴塔格尼亚一望无际

----

① Michael Frome, *An Introduction to Environmental Journalism*, Ibid., pp. 94—95.

的厚厚冰原，现在变成一个蔚蓝色的大湖泊……

　　就现在拍摄的照片来看，无论是乞力马扎罗山顶上的白雪，还是喜马拉雅山口的灰色岩石，乃至巴塔格尼的亚蔚蓝色大湖泊，在常人的言中都是美丽的，在纪录片里也应该有美感，然而它们在《真相》里已经不具有美学特征，因为这些图像已经被人类活动摧残了其原有功能，是正在死亡的"自然"；虽然它们也曾经拥有过符合其自身规律的生态美，但目前这种权利已经被剥夺。因此，面对着这些"如画美"，戈尔警告："这是一个教训，也是全球的一个现象，我们可以从这些冰河（照片）学到很多"。这里也指出解决生态危机的出路在于回归生态美（历史上的生态画面），要求人类在自然面前隐退，最起码要符合生态美学规律。

二　以荒野悲剧否认人类悲剧

　　悲剧是美学中一个重要的元素，也是纪录片等综合性视觉艺术震撼人心的核心表现手法之一。车尔尼雪夫斯基对悲剧的定义是："悲剧是人的伟大的痛苦，或者是伟大人物的灭亡；"鲁迅对悲剧所下的定义是："悲剧就是将人生有价值的东西毁灭给人看"。传统美学的悲剧焦点是"人"，现代纪录片美学悲剧的对象也都是人，是人的毁灭给其他人的震撼所带来的美学特质，是人类中心主义的；而纪录片《真相》完全颠覆了这种悲剧美学特质，最核心元素是以荒野悲剧否认人的悲剧。具体从海洋和大地这两个主要的荒野元素来表现。

　　如前文所述，纪录片《真相》充满了冰川融化、烟囱遮天蔽日、土地干裂的图像，其实这是戈尔在表现一种"荒野"（Wildness）理想。"荒野"是西方环境伦理中的一个名词，也是一种美学理想。它是指"人类未涉足的地方，土地和水的位置、大气蒸发、热波动（Mean）、植物分布都未受到人类影响，是一切价值之源，也高于一切价值"。比如，"是荒野创造了人类，而不是人类创造了荒野"①。纪录片《真相》里处处表现人类对荒野这种"最高价值"之毁灭的悲剧，与传统悲剧美学毁灭的主题之"人"大相径庭，因为毁灭了荒野，一切价值都不存在。基本视觉美学元素是荒野里最主要的成分：大地、大气与水。

　　第一，以人造大地之殇否认天然之灾。西方社会伦理深受基督教《圣经》的影响。从传统社会理念来说，大地"长满荆棘，只能吃荒野上的植

---

① G. P. Mash, *Man and Nature*, Havard University Press, 1967, pp. 29—30.

图 5 - 21　达尔富尔干旱的土地

物"，是亚当夏娃被逐出伊甸园后的受难地（《旧约·创世记》）；大地充满狼虫虎豹，摩西带领族人逃出埃及在荒野历尽艰辛长达40年（《旧约·出埃及记》）；莎士比亚四大悲剧中美丽主人公都在黑暗与雷雨交加的泥泞大地上毁灭或备受煎熬。大地是该"诅咒"的。然而，在戈尔的纪录片《真相》中，人类的天灾是人为的大地之殇；被摧毁的是大地，摧毁它的凶手是人类。

达尔富尔问题一直被认为是人道危机，是种族与宗教矛盾；然而，纪录片《真相》中认为，是人类工业气体排放的二氧化碳促使大气变暖的结果。由于大气变暖，使得土地中水的蒸发变快；大气高含量的水蒸气很容易在某些气流寒冷的地方形成降雨，改变了大地水分蒸发的速度，也改变了全球降雨的分布。因此，有些地方出现了长年的干旱，有些地方又形成了反常的降雨。比如在撒哈拉沙漠边缘地带，苏丹达尔富尔与尼日利亚受到高温大气笼罩，水分蒸发最为严重，造成土地干裂与沙化，大地即将死亡。戈尔在纪录片中说，在地球存在的20亿年里，在没有人类的绝大多数时间地球上都有生物与大地，然而大地却因为人类人为改变而即将死亡，荒野即将不复存在，这是高于人类价值的毁灭，是大地的悲剧。

作为以视觉为主的艺术，纪录片《真相》中为了表现大地之殇的悲剧效果，采用了有视觉冲击力的画面：像《圣经》里描述地球大灭亡一样场面的孟买大逃亡人流，大地茫茫一片森无生机；尼日尔与达尔富尔之间的查德湖近几十年完全干涸，由蔚蓝色变成黑褐色，像熬尽最后一滴血的老人受伤之胸口；巨网状深度干裂的达尔富尔大地，一直延伸到遥远的地平线深处，像衰老之人脸上痛苦的皱纹……所有这些画面的悲剧审美价值取向指向是大地，而不是人类。

第二，以大气与海洋的悲剧取代海啸中人类的悲剧。大气和海洋是荒野有机体的重要组成部分，在纪录片《真相》中都是有生命的。戈尔在描述

图 5 - 22　美国工业气体排放

大气的生命性存在时就指出过这样的生命率动：地球上大部分植被分布在北半球，当太阳靠近时（北半球的夏季），地球上的绝大部分植被长出绿叶，开始吸收大量的二氧化碳，放出氧气供人类呼吸，让太阳热量及时反射出大气层；当太阳远离地球时（北半球冬季），植被凋零，释放出的二氧化碳在大气中堆积，等到来年春天万物变绿时就会重新被替换成氧气。地球的这个轮回其实就是在做呼吸：吸入氧气，吐出二氧化碳，像人类一样具有生命的率动（片中画面地球大气做呼吸状，如同生命体），构成一个形象的荒野结构图。

　　然而，从 1958 年有记录的资料显示，大气中的二氧化碳在增加（图像中一个斜线由左至右上升）：人类工业气体排放增加，地球森林砍伐与大火、植被衰退都使大气中的二氧化碳含量增加，破坏了地球大气的生命率动，地球也就患上了"肺气肿"。为了证明这种地球"肺气肿"的存在，戈尔列出了 65 万年里地球大气二氧化碳的含量曲线。在这 65 万年里虽然受冰河期气候的影响，但地球大气中的二氧化碳含量从来没有超过 3009（工业社会之前）；只是到了 20 世纪，大气中的二氧化碳急速增加，使得大气层变厚，困住更多来自太阳的热量，因此地球温度升高，温度升高又导致植被加速灭绝。大气二氧化碳含量多少与气温高低成正比，这 65 万年间的双曲线也证明了这一点。

　　为了把这种人造的变化转成可视化的纪录片效果，戈尔把 65 万年间的二氧化碳大气含量与气温变化区间限制在与自己身体稍高的比例位置；然后从 65 万年前的大气二氧化碳含量曲线延长到现在，在大约戈尔两倍身高以上的位置，这一位置比 65 万年里任何波峰都高得多。戈尔说："为了强调这一点，工作人员试图教我用这玩意儿（升降梯）。"说着镜头转向一个长长的升降梯，"我希望不会被摔死！"。升至两倍高以上时，戈尔指着大气二氧化碳含量曲线顶端说："我们现在已经到达这个位置，超出自然的循环含量太高了，这都是人类造成的！"他在梯子里继续说，"在接下去的50年内，在座的小朋友到他这个年纪，二氧化碳含量会继续升高到这个位置。"这时，红色线直线上升，随之戈尔及升降梯继续上升。这时，戈尔已经远离地面，已把目前二氧化碳含量的位置踩在脚下。这种直观场面的设计把抽象的数据变成令人震惊的画面，使得观众过目难忘。

戈尔进一步把荒野延伸到海洋。由于气温变高，海洋水温与洋面气流温度随之升高，洋流涌动加速，造成海洋的"高血压"。快速流动的洋面与高含水气体会造成威力更强的暴风。纪录片以图像来刺激悲剧效果：在蔚蓝的地球海面上被卷起的一个个巨大的白色气旋，它们包括飓风吉茵、飓风法兰西斯、飓风伊凡、2004年日本的10个飓风、2005年破天荒在大西洋里形成的袭击犹加敦半岛的艾米丽飓风、还有灭绝人寰的卡特里娜飓风等；南极大陆在哭泣，北极冰川在消亡；墨西哥湾世界上最大的石油钻井台支离破碎地倾斜在海里，新奥尔良医院遍地躺卧的伤病人员；在房顶上翘首待援的人群；像野狗一样无人问津的浮尸。有朝一日上海地区也会被升高的海线全部淹没，将产生4000万无家可归的难民……所有这些，让人感到人类生命的脆弱，人文主义思想的虚假，上帝之手的虚无缥缈。

纪录片《真相》在于通过人类的悲情来表现荒野的悲剧。大气与海洋属于荒野，属于最高价值的自然有机体，一切价值之源泉，如果这一价值受到伤害，一切其他价值变得苍白而无所依从。大气在人类的影响下患上了严重的"肺气肿"，海洋在人为改变下得了"高血压"，那么人类的价值将无所依托。正是荒野这个价值之源受到摧残，受到毁灭，人类才受到"痛苦"，这也是荒野价值毁灭的悲剧性表现。纪录片《真相》悲剧审美之震撼人心的魅力之处也在于此。

三　以风险美学对抗人文美学

美学是建立在一定哲学理念基础上的审美思想，而文化则是让哲学大众化的一种软组织结构；美学之于文化犹如水与鱼之关系。因此，美学需要表现文化，才能够真正表现一种完整的美学状态，纪录片等视觉为主的综合艺术也不例外。因此，《真相》生态中心主义审美价值也需要相应的文化价值来呈现完整的生存状态，这就是该片中表现的"风险美学"（The Aesthetics of Risk）。

第一，以风险审美解构科技万能。纪录片《真相》中通过对比的画面，展示了大量科技变革的画面：工业革命以前的人类用弓箭长矛或枪炮厮杀，现在的人类用原子弹相威胁共同走向死亡，"因为这种高科技的发明，完全改变了战争的结果"；早期人类用牲畜或简单机械耕地，现在用推土机等大型机器改变自然数亿年进化来的精密生态有机分布，"我们一直在滥用地球资源"；早期人类用人工灌溉土地，现在用错综复杂的农业灌溉体系抽干江河里的水，"江河在流尽大海之前已经死亡"，苏联的咸海因开辟两条人工运河而干涸成累累黄沙。纪录片《真相》引用大量的资料与震撼性的图像表明科技给人类带来的空前生态危机，目的在于运用"风险美学"价值解构人文美学价值。

"人文审美"（Humanism Aesthetics）来自人文主义思想哲学，是文艺复兴时期新教徒根据《圣经》里的章典杜撰出来的精神，即《旧约·创世记》里所说的，"人是按照上帝的样子"被造出来的，又因为上帝告知人类可以支配地球上一切其他生物，因此，人具有超自然性，是"万物之灵长"（哈姆雷特），哪怕像《巨人传》里卡冈都亚那样贪婪都是可爱的。其实这是人文主义者杜撰出来的，因为达尔文发现"人是从猴子变来的"，尼采早就说"上帝死了"，之所以人文主义审美依然存在，靠的就是工业革命以来人类利用科技奴役自然，使得人类成为生态统治者与短期的既得利益者。"风险美学"是德国社会学家乌尔里奇·贝克在《风险社会》一书中提出的。"风险社会"理论扼要地理论化了这样一个道理：人类的工业革命财富生产伴随着风险生产，后者掩盖了前者，是缺少反思的现代化，使人类社会处于文明的火山口；人类需要第二次现代化，即化解风险的反思性现代化，核心是世人对于高科技隐藏的风险（特别是环境危机）不能再视而不见，必须考虑有效手段来积极回应。① 在这个阶段，戈尔说"一旦犯下错误，后果不堪设想"。

科技成为人文审美价值的核心还在于它能够直接创造财富。为了说明这种缺少反思性的人文审美价值，戈尔在纪录片《真相》中做了形象视觉审美阐释。在第二次现代化阶段，风险审美价值就像一端有地球另一端有黄金的天平，风险价值取向在于在地球和谐与财富之间寻求平衡，绝不会因为财富而丢弃整个生态，因为它是一切价值之源；人文审美价值只注重整个的金块那一端，而不要地球。他强烈地批判现在的布什政府就是这样一种短视的人文价值取向。说到这里，现场响起了诙谐的笑声与如潮的掌声，还有一张张感动的面孔，场面十分热烈。把风险审美价值的视觉形象生动地表现出来。

---

① Ulrich Beck, *The Risk Society: Towards a New Modernity*, Ibid., p. 11.

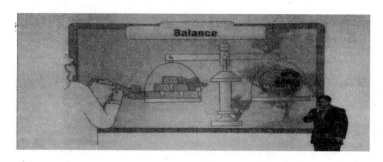

图 5－23　以地球与黄金阐释风险美学

第二，以风险文化取代工业文化。在纪录片《真相》的结尾，戈尔认为要彻底解决环境危机，必须依靠每一位大众生活方式的改变，即以风险文化取代工业文化。"风险文化"（Risk Culture）是由贝克的《风险社会》中来的，由伦敦大学拉什教授完善，是指非制度性、反制度性、水平分布、非功利性、反思性、非决定性背景下建立的共同体，并可以识别环境风险和其他风险；与只追求与创造财富、缺少反思性的工业文化相对。[1] 戈尔在纪录片《真相》中批评美国布什政府领导下的社会大众被工业文化所笼罩，在这种物质财富丰裕的文化里，人们渐渐地缺少风险意识，导致生态危机继续恶化，这种文化里大众的生活状况必须被新的文化所改变。

图 5－24　以青蛙做比喻批评工业文化

为了符合纪录片的审美艺术特征，《真相》中作了形象的视觉阐释。一只绿色的大青蛙被扔进一杯热水里，它马上受到强烈刺激跳了出来（在风险文化中的人们具有灵敏的反思性）；这只大青蛙被放入温水杯里慢慢加热时，最后它动弹不得（指舒适的工业文化里，大众缺少风险意识）。戈尔说"直到它被拯救出

---

[1]　Scott Lash, "Risk Culture", in (eds) Barbara Adam, Ulrich Beck, *The Risk Society and Beyond, Critical Issues for Social Theory*, Ibid., pp. 47—62.

来（否则就会慢慢死掉）"。这里，戈尔形象地指出由风险文化替代工业文化的途径——"拯救"。"把青蛙拯救出来很重要！"在结尾戈尔满含深情地说，"我为自己定下了目标：清楚地呈现事实。就是走遍每一个城市，说服每一个人，拜访每一个家庭。我有信心，大家的观念会改变。"①

第五节　环境新闻在风险社会的市场运作

环境新闻在西方也逐渐走向市场化运作，这也许是一种必然趋势。走向市场的卖点在于先进的风险预警与保护机制，可以避免客户或者受众在后工业社会的风险中遭受信息损失；推行媒体市场的绿色经营，其卖点是整个人类社会的可持续发展，它需要社会政策系统支持，也需要有社会责任感的大媒体企业走在前面。

一　以风险为卖点——美国《灾后恢复》季刊的营运模式

美国著名市场调查机构 Gartner Research 的资料显示，"9·11"发生后，在世贸大楼办公的企业中，因袭击造成重大信息灾难，有 40% 的企业在接下来的 5 年内改行或被迫停业；很多企业的信息或资料丧失殆尽，使美国企业界认识到信息系统要防范突如其来的灾难，就须避免公司单一的办公室或资料管理系统。因生态危机与恐怖主义灾难在当今的世界上呈现频发趋势，美国有一个专业从事信息灾后重建的杂志——《灾后恢复》季刊（*Disaster Recovery Journal*）（以下文中简称《灾后》季刊）②，由美国传媒界传奇人物理查德·L. 阿纳尔德（Richard L. Arnold）于 1987 年创办，以恢复企业信息为中心，该杂志是世界上第一本专门传递灾难重建信息的周期性出版物。本书研究这本杂志独特的营运模式。

1. 《灾后》季刊定位于后工业的风险社会

《灾后》季刊的特质首先归功于其独特的市场定位，因为市场定位决定营运模式；其次是杂志的编辑思想，因为编辑思想决定杂志的具体内容。

（1）《灾后》季刊的市场定位

从市场需求来看，这本杂志立足于恢复灾后被摧毁的企业信息系统。对

---

① ［德］乌尔里奇·贝克：《风险社会》，第 85 页。

② 本节未标明资料来源的皆出自"灾难恢复季刊网"［EB/OL］，网络链接：http：//www.drj.com.

一个企业的信息管理部门来说，为避免灾难，要么去自己构建一个备用的IT设备储存系统，要么选择一个灾后恢复的IT外包服务公司。从实践来看，在美国"9·11"事件中，一部分企业得到实惠，因为它们事前已经将自己公司的IT系统外包给《灾后》季刊及其数据库Cybercon储存库。"9·11"事件以后是《灾后》季刊市场发行量增加最快的几年，《灾后》季刊的市场生存空间也在于此。

图5-25　《灾后》季刊创办者理查德·L·阿纳尔德

为了这个市场定位，《灾后》季刊划分为三个功能区位。第一，《灾后》季刊的纸媒，传递避免灾难的信息；"季刊网络版"（drj.com），更新季刊在出版周期上的滞后信息，适应新媒体环境下的读者阅读习惯；打造一个高智力的信息研发中心，即灾难恢复国际研究所，为《灾后》季刊各类版本提供原创性的信息。第二，组建一个与互联网相通的Cybercon数据中心，为客户企业的信息进行备份与恢复，获得市场产业收入。第三，以"世界"交流会为形式扩大杂志影响力，以《灾后》季刊纸媒、"季刊网络版"与电子版季刊《快递》（DR Express）为渠道传播灾后恢复信息，然后把注意力售卖给广告主。这些部分浑然一体，服务于企业信息的灾后恢复。

从媒介生态位来看，媒体市场存在一些大市场，如消费市场、时尚市场、政治资讯等。然而，这些领域都是美国大媒体、大资本聚集的领域，而《灾后》季刊则另辟蹊径，着眼于后工业社会重重的风险所带来的灾难，以及在这些灾难中有可能受到伤害的工业和商业信息系统，这些IT系统的恢复可能是一个巨大的市场；而且从媒介生态位来看，这个水草丰盛的市场区域在《灾后》季刊创办之前，是一个空缺的"虚生态位"，在1987年这个杂志的创立之时，是美国媒介市场的第一家。初创刊时，这个杂志仅有22页，订户也只有3000人；而经过21年的市场开辟，这个杂志目前每期页数达到100页以上，且发行量达到近60000册，证明该杂志当初市场定位的正确性。

（2）风险社会的编辑方针

杂志内容是季刊特质的主体部分，集中体现在编辑思想上。《灾后》季刊编辑思想有一个深层的指导"风险社会"理论。这个理论最早由德国慕尼黑大学社会学教授乌尔里奇·贝克提出。贝克认为，工业社会是一个简单化的现代社会，这个社会里工业财富生产的逻辑掩盖了风险生产的逻辑。比如，工业社会因为利润所致使人类过多提倡消费主义，却无视地球能源有限性这一事实；也创造出对环境有害的现代科技物，如工厂、电子垃圾等，导致动植物、土地、森林等迅速减少。因此，工业社会风险重重，人类生活在文明的火山口上；人类需要第二次现代化，即对工业社会反思基础上的现代化，这个现代化是对工业社会里所制造出的风险的反思与纠正；信息的灾后恢复就是一种纠正。

在实现第二次现代化之前，"现代化风险是一笔'大买卖'，它们是经济学家们所追求的无以结算的要求。我们可以将饥饿填补，把欲望满足。但文明的风险却是无底的深渊，无以结算、无以穷尽，却又能够自生再制"。在工业社会里人类只是追求利润，往往掩盖了重重的社会风险之生产，导致灾难频发；而这种风险造成的灾难可以为反思者带来商机，因为风险是"无底深渊"，它以环境灾难、生态危机、文化冲突、恐怖主义等形式虎视眈眈地注视着人类社会。① 当今的人类社会以信息为中心，而追求利润的企业最经受不起信息灾难，"9·11"所带来的世贸中心里40%企业的停业至今是全球企业界挥之不去的阴影。《灾后》季刊的编辑思想是把超前的反思性的现代化理论——"风险社会"作为编辑指导思想。

以《灾后》季刊2008年夏季刊为例，该期杂志共有2个专题：距离与灾难；信息的绿色化。在距离与灾难的专题讨论中，文章以反常的气候问题（2005年卡特里娜飓风）、人类造科技物风险（查尔斯顿城的"化学谷"对全城人的威胁）、恐怖主义（"9·11"）等为例，认为在充满风险的工业社会里，（离灾难的）距离并没有给人类安全，人类需要从工业社会的根本上来解决风险问题。② 这一点与贝克的"风险社会"理论吻合，因为他认为风险的制造者与受害者最终都不会有幸存者，因此风险需要全人类共同面对，改变现有生活方式，防止灾难的进一步发生。

该期信息绿色化的讨论认为，现代企业的信息储存系统应该建设成环境

---

① ［德国］乌尔里奇·贝克：《风险社会》，汪浩译，台北巨流图书公司2004年版，第9页。

② John Glenn, "Debating Distance and Disasters" ［J］, *Disaster Recovery Journal*, Summer 2008, pp. 21—24.

图 5-26　《灾后》季刊封面

友好型的绿色资料库，因为气候变暖、二氧化碳增多带来的灾难可以部分归咎于企业的信息储存系统。如美国企业资料储存每年消耗掉全美 1.5% 的电力，为 610 亿千瓦/时，45 亿美元；一个企业信息部门平均需要 75 名雇员、占据 125000 平方英尺；造纸业排放物严重污染环境。[①] 这种思想也是来自"风险社会"理论，该理论认为环境危机的根源来自于人类利用技术创造出来的生产工具，因为它在工业社会里是牟利工具，"技术产品是为特定功能而创造出来的，没有认识到生活的网络互联性，它是作为一种'外来物'进入生活世界的……都无可避免地失去了对这些创造物产生后果的控制"[②]。《灾后》季刊这个论题就是对企业信息储存系统的技术性反思，属于"风险社会"理论范畴。

2. 《灾后》季刊如何服务客户或受众

《灾后》季刊的受众服务主要包括两方面：一是新媒体客户企业信息储备与恢复系统，这是《灾后》季刊不同于传统杂志的地方，因为它直接把信息传播与产业市场开发结合起来；二是智力支持系统——即灾后恢复国际研究所（DRI International）（简称研究所），研究企业信息系统如何预防与避免灾难，主要内容在《灾后》季刊纸媒或者网络版上刊载。二者以《灾后》季刊为中心对受众服务。

（1）《灾后》季刊的灾后恢复服务

新媒体互动服务（即 Cybercon 数据中心）是《灾后》季刊的信息灾后恢复部分，与其纸媒或网络版功能相区别，它依托于《灾后》季刊的内容与影响力。客户企业每月花上数百或上千美元即可获得不同的服务。具体地讲，Cybercon 数据中心是通过以下网络技术系统为客户企业干活的。

---

① Sai Gundavelli, "The Need To Be Green: Data Center Strategies Becoming More Eco-Friendly" [J], *Disaster Recovery Journal*, Summer 2008, pp. 52—55.

② Barbara Adam, Ulrich Beck, *The Risk Society and Beyond*, *Critical Issues for Social Theory* [J], London: SAGE. 2000, p. 6.

1. 虚拟服务器（Virtual Servers）保障客户企业随时的网上服务要求。Cybercon 数据中心的网络服务器叫虚拟服务器，采用 VMWare、XEN 与微软超 V 虚拟化技术，这个服务器可以用来为客户上传、激活与升级，并随时完成客户服务。保证在任何时间里灾难发生时，《灾后》季刊客户企业信息受到毁坏时，数据库服务器都能正常服务，这是一个没有时间限制的客户网络服务平台。

2. 热网自动切换到毁坏的客户企业网。这是客户企业的电子商务或 IT 系统服务，提供者既非 Cybercon 数据中心也非客户企业的硬件设备，而是互联网领先的数据同步复制软件技术。当客户企业网络的生产系统放慢或毁坏时，在几分钟内，热网服务器会自动切换至客户企业网，保证客户企业在灾难发生时不会出现停机事件或丢失数据。

3. 冷网（cold-site）激活客户企业备用的网络硬件系统。与热网的移动恢复功能相对，一旦损毁的信息被热网恢复过来，就需要一个能够持久支持这些信息的硬件系统，冷网就是《灾后》季刊数据服务中心根据各类企业的特征而配备的硬件备用系统。当客户告知灾难以后，数分钟之内客户企业的网络会被 Cybercon 硬件系统激活与运转起来。

图 5-27　《灾后》季刊网主页

4. 在线数据储存（Online Data Storage）保存客户企业关键信息。客户企业的一些关键性资料，如数据库、服务器图片等，被复制或备份于 Cybercon 的储存系统的硬件中；这些硬件已被客户企业购买，并安置于 Cybercon

数据库中心；当灾难发生，《灾后》季刊客户企业的数据系统被毁时，就可以重新复制出来。

《灾后》季刊的 Cybercon 数据中心通过网络技术设备为客户企业的信息恢复服务，这表明在新媒体环境下，杂志的市场定位需要配套的技术设备来支持，二者是思想与技术运用的有机结合，这部分网络服务是《灾后》季刊市场收入的主要部分，它并非来自杂志的广告与发行费，而是产业服务费。

（2）《灾后》季刊的杂志信息服务

《灾后》季刊杂志内容主要是预防后工业社会里灾难的发生，包括调动一切人类的积极因素，因为风险社会思想认为，工业与后工业社会出现的频繁灾难，往往与人类活动有关；人类需要反思自己的思想、文化习惯与生活方式等，才能够真正做到防止灾难的发生。因此，《灾后》季刊的纸媒与电子版内容的文章以防止灾难的发生为主，从而 Cybercon 数据中心的灾难恢复服务形成时间上的先后对照：前者注重防范，后者着重于危机处理。

由于防范灾难的内容涉及生活的各个方面，有理论也有实践，这需要有一个原创性的内容。它要求《灾后》季刊不从其他媒体复制，因为美国媒体市场生态位上仅此一家灾难恢复的资讯资源。为此，《灾后》季刊早在创立之初的 1988 年就创办了灾后恢复国际研究所，由《灾后》季刊主编理查德兼任执行董事会主席。为了减少研究所的商业性质，该研究所定期为美国及国外的信息灾难恢复产业提供人才教育并颁发证书。这些行为使研究所带上了较浓厚的公益色彩，也提高了杂志在公众心目中的形象。

研究所是《灾后》季刊的核心智力部门，其人员具有丰富的行业经验，又有风险与危机处理的理论水平，这从骨干领导就可以看出。布兰特·沃德沃斯（Brent Woodworth）是该研究机构的主席，他在 IBM 公司工作过 30 年：他领导的应急队出色解决了 IBM 公司在全球 49 个国家的 70 起灾难突发事件；研究所的 CEO 约翰·B. 格本海沃（John B. Copenhaver）在克林顿政府时期被任命为美国联邦紧急措施署（FEMA）的地方主任，在 2001 年萨尔瓦多与秘鲁大地震中，约翰通过网络协助这些政府恢复了信息系统；2001 年世贸大楼被袭击以后，约翰也是通过网络恢复一些企业的信息；如此等等。正是这些具有丰富经验的人才加盟，才使得《灾后》季刊杂志拥有出色的研究队伍，为《灾后》季刊出色的内容创作提供了智力支持，教育客户企业怎样去改变现有生活方式去预防灾难。

3.《灾后》季刊如何在出版发行中盈利

出版与发行的市场业绩首先要靠注意力，因为媒体讲到底是一种注意力经济；《灾后》季刊为了扩大发行量，主要通过"受控发行"免费赠予客户，然后再利用网络与电子版，精确受众身份以提高广告效果，然后向广告主转卖注意力。

（1）扩大出版发行的关键是打造媒体注意力

对于《灾后》季刊来说，获得注意力就是获得一种持久的财富。市场经济条件下，一个企业抑或一个媒体是否比另一个更"富有"，固定资产不是最重要的，最重要的是看其"潜在和已经占有的注意力资源"；"只有赢得广泛持久的注意力并赢得赞誉，才能创造出真正的网络奇迹"①。《灾后》季刊的媒体注意力打造也是其准入市场的关键部分。

《灾后》季刊主要面对企业界的电子商务与 IT 管理部门，如何把他们的注意力吸引到《灾后》季刊上来是盈利的重头戏，因为这些高层人物是灾后信息恢复产业的主要市场。为此，从 1989 年开始，《灾后》季刊的高层就开始着手打造这方面的注意力，举办世界上规模最大的信息灾后恢复交流会——"世界"。

这个企业高层与专业人才参加的交流会分为春、秋两季，吸引世界各地的参加者。交流会全方位地讨论灾后企业信息的恢复，包括企业计划的持续性与商业的完整性等。通过《灾后》季刊设置的会议、讲习班、演示与网络操作等，与会者可以获得这些方面的知识与技能，并为与会者开设培训班。

《灾后》季刊以交流会来打造媒体注意力的方式相当成功。从 1989 年初创时参加"世界"交流会的百余人，至 2008 年第 38 届加州圣迭戈的春季会，到会者达到 1200 多人。《灾后》季刊已经把"世界"交流会办成了信息灾后恢复产业里在全世界上最大的交流会，世界各国企业 IT 高层与电子商务领导云集于此，在《灾后》季刊的媒体文化与价值观里接受熏陶，学习经验，改变思维，设计前途，这对提高《灾后》季刊在市场的注意力、提升其影响力至关重要。会后世界各地企业的 IT 与电子商务领导层要想与《灾后》季刊保持联系，就必须继续订购与阅读《灾后》季刊杂志，登录"季刊网"，这也就进一步推动了《灾后》季刊的出版与发行工作。

---

① Michael H. Goldhaber "Attention Shoppers" [J], *Wired Magazine*, Dec, 1997: 17.

**图5－28　《灾后》季刊
之《世界》封面**

（2）《灾后》季刊明确的受众身份与多样的
发行渠道

实行纸媒与电子版并重，《灾后》季刊以媒
体影响力为中心带动出版与发行；在扩大纸媒发
行量与提高网络浏览量的基础上，把媒体注意力
通过广告的形式售卖给广告主。由于网络是一个
互动媒体，能够通过注册、电子邮件、网络研讨
会（webinar）与网络评论等形式实现及时互动，
《灾后》季刊可以精确地为广告主确定它的受众
身份，这是提高广告效果的前提。

首先，为提高广告效果而精确受众身份。
《灾后》季刊纸媒在市场上买不到，而是通过
"世界"交流会、《灾后》季刊研究所、展览会、与客户企业互动等形式确
认受众身份后免费赠送；《灾后》季刊网络版则需要受众在线申请，需仔细
填写个人资料，升级为VIP客户等形式，免费发送《灾后》季刊的电子版
本；网络登录的读者要想看到较为全面的《灾后》季刊内容，需要呈递用
户材料来完成注册。这样，《灾后》季刊能够较为全面地掌握读者的各类情
况，为广告商提供明确的受众资料。

传统媒体与新兴网络媒体广告效果不好的最重要原因是受众的身份难以
明确，故此广告客户因为目标受众身份不明确而广告效果不好。《灾后》季
刊则明确发布自己的受众身份，甚至不同时期的变化。2008年7月的受众
中，企业信息灾后恢复人员占总读者数的17%；企业持续发展计划人员
16%；工商业为15.5%；IS/IT信息部门经理13%；董事会副主席8%；企
业顾问7.5%；企业安全与风险管理部门7%；CEO、CFO、CTO、COO等
阶层占6%；其他人员为10%左右。这是一个有着行为决定能力的重点人
群，故此具有很高的影响力，对广告客户具有极大的诱惑力。

其次，多样的出版发行渠道是扩大收入的途径。《灾后》季刊通过纸媒
与电子网络版并重的方式，成功地吸引了众多内行人的注意力：《灾后》季
刊纸媒发行量近6万份；电子版《季刊快递》4.2万份；《灾后》季刊网络
版每月独特访客达到6.3万人。

为此，《灾后》季刊对广告版面进行了细分，且费用因有效性而更昂
贵：纸媒《灾后》季刊双页整版广告费用为6483美元；单页全版为3905美
元；2/3版面为3144美元；1/2版面为2480美元；1/4版面为1635美元；

1/8 版面为 1250 美元。对于电子版的季刊《快递》，每一个电子版群发的邮件广告收费为 5000 美元，它可以在 1 秒钟之内把广告发到 4000 多个目标受众那里；《灾后》季刊网络版的每期横幅广告也可达到 4000 美元。所有这些广告收入，都是在《灾后》季刊收取了客户企业信息灾后恢复与信息储存系统费用之外进行的。

二　以媒体环保为卖点——IBM 的体绿色化经营模式

媒介公司经营与管理多在追求其经济利益的最大化，却很少有人注意到媒体在市场运作中的环境成本。环境危机与生态灾难在不断发出警告，人类必须学会与生态环境和谐相处。德国社会学家贝克认为，"在工业社会内，财富生产的'逻辑'主宰着风险生产的'逻辑'"①。美国传媒业估计，信息与传播科技的二氧化碳排放量占据全球温室气体排放量的 2%，媒体急需踏上绿色化经营的新路。2007 年 5 月，美国 IBM 媒体公司宣布了"绿色创新工程"（PBG），②计划该公司每年投资 10 亿美元去实行媒介的绿色化经营，以减少传媒业对环境所造成的巨大压力，开辟出传媒界一条绿色化的经营之路。

1. 从生态成本价值指数看 IBM 公司整体绿色经营思路

早在 1971 年，IBM 就出版了该公司第一个"公司环境承诺"（CEC），并随后建立起其企业帝国的"全球资产恢复服务"（GARS）。从 IBM 制造传媒产品原料到消费者市场，再到 2007 年的"绿色创新工程"（PBG），该公司建立了一套相对完整的绿色化经营规划。

首先，通过媒体产品或服务的流通程序来看绿色化经营的思路。这里涉及一个名词——生态成本价值指数（EVR = Eco-cost/Value Ratio）（其流程见下图的模型），③该模型考察了产品或服务的流程，与传统传媒经营不同之处在于：市场价格并不含有环境成本。

图 5-29 说明，工业品或服务从生产到报废整个过程都会对环境产生不利影响，带来生态成本；传统市场没有考虑生态成本，生态成本并不等于市场价格，因为能源与原料的市场价格、消费者所实现的产品价值并不包含环

---

①　Ulrich Beck, *Risk Society*: *Towards a New Modernity* [M]. SAGE, 1992, p. 8.

②　本节关于 IBM 公司的 "Project Big Green" 数据，来自 "IBM Project Big Green" [OB/OL] 专题网站，网络链接：www-03. ibm. com/press。

③　Joost G. Vogtlander, "Communicating the Eco-efficiency of products and services by means of the eco-costs/value model", *Journal of CLeaner Production--ELSERVIER* [J], 2001 Issue 3.

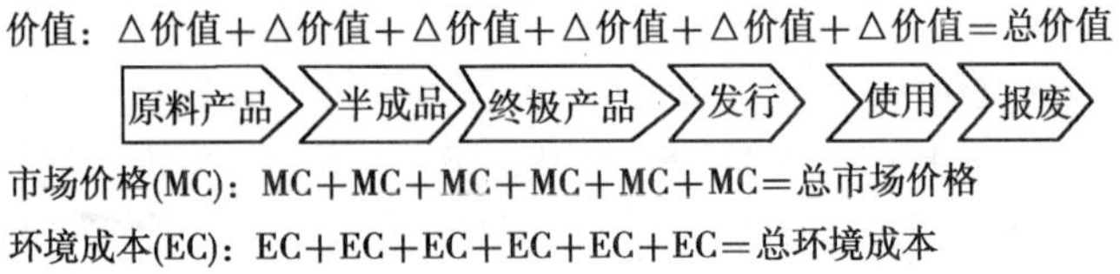

价值：△价值+△价值+△价值+△价值+△价值+△价值=总价值
原料产品
半成品
终极产品
发行
使用
报废
市场价格(MC)：MC+MC+MC+MC+MC+MC=总市场价格
环境成本(EC)：EC+EC+EC+EC+EC+EC=总环境成本

图5－29　生态成本价值指数流程模型图

境成本的价格。因此，传统市场中，环境成本价格被转移到生态物上，形成风险。如果要使产品在其生命周期中不影响社会的可持续发展，需要额外成本来预防污染的产生和资源过量消耗，该成本就是绿色经营的费用（即生态成本）；产品或服务的生态成本与实际市场价格之比即生态成本价值指数；EVR值越大，该产品的生态效率越低。IBM公司属于电子媒体，发行环节基本实现了绿色化，故其绿色化经营重在原材料的节省（IBM在硬件、软件及服务器方面的新举措）、使用中的节能（如IBM公司的能源利用效率论证体系）、报废物的循环再利用（IBM公司的全球资产恢复系统）三个环节。

为了更清楚地厘清IBM公司的绿色经营思路，根据图5－29中的“环境成本”、“市场价格”与“价值”三个参数，把这EVR模式进一步细分，目的是要把环境成本具体到各相关事物上，见图5－30。[①]

排放物
劳动力
贬值额
能源额
原料额
利润
税收
劳动力
贬值额
能源额
原料额
社会形象
服务价值
产品价值
生态成本
市场价格
价值量

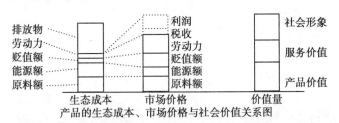

产品的生态成本、市场价格与社会价值关系图

图5－30　产品的生态成本、市场价格与社会价值指关系数模型图

图5－30表以实物的形式把产品的生态成本、市场价格与受众方价值做了展示，既区分了三者关系，又把环境成本在实际操作中通过价格得以统一，便于运作，如IBM公司“绿色创新工程”每年预算需10亿美元。这样看来就很容易理解在生态成本考察过程中，为什么IBM公司也把废物排放

① Vogtlander JG, Brezet JC., Hendriks ChF., “The ‘Virtual Eco－costs’99, a Single LCA－Based Indicator for Sustainability and the Eco－costs/Value Ratio (EVR) for Economic Allocation” [OB/OL], From the Web: Int J LCA. “Online First”, 2000. At: www. ecomcd. dc/journals/onlineFirst.

作为绿色经营的一环。因为自然资源（能源与原料）、劳动力的价值最终来自地球的生产能力，对于它们的消耗不能超过地球同一时间的生产能力；废物的排放也不能超过地球同一时期的消化能力，否则就是非可持续发展的，需要一个生态物的"贬值额"（及生态物的折旧费）；如不能恢复，价值不能以市场价格来估量。① 排放物包括废水、废气与废热等，需要对其进行处理，以保持生态平衡，这些都是 IBM 媒体绿色化经营的整体思路。

基于此，IBM 公司以"绿色创新工程"为主的绿色化经营之路，在本书大体上从三个方面展开：媒体原料的绿色化经营（节省与废物再利用）、媒体的节能化营运（能源利用效率论证与数据中心的节能）、排放物（包括废气、废热与废水）的绿色化处理。

2. IBM 媒体公司原料使用的绿色经营

现代公司的经营过程始于原材料，原材料的绿色经营主要在于它的可持续发展性。媒体公司的经营也要遵循这样一个可持续发展的规律，使得媒体经营所消耗的能源数额尽量不断减少，因为目前多数企业的营运模式多是不可持续发展的。IBM 公司属于科技领先型的新媒体集团，原料的节省主要体现在节约硬件用量、实现废旧产品的循环再利用两个方面。

首先，增加软件功能与整合服务器以减少硬件的原材料用量。IBM 之 PBG 计划第二步（称为 PBG2.0）首先从硬件、软件及服务等方面节约原料，实现可持续发展。IBM 开发出多类型模块化数据中心技术和高密度区，通过加大服务器功能、减少对存储硬件系统需求的形式降低数据中心对原料的消耗。

开发出节约原料的服务器。以开发新技术为中心，IBM 的 BladeCenter QS21 刀片服务器给计算机带来更高性能。这款刀片服务器每消耗 1 瓦的电能就可以产生每秒 10 亿次以上的浮点运算能力，产生的同样的能效对原料的要求只是以往的 x86 服务器的 1/4；在硬件节省方面，要达到同样的功能，其他电脑（如惠普），经常不得不添加额外的接阵列存储器、自动磁带装载机、网络交换机、多电脑切换器以及电源分配装置等。这些装置不仅耗费掉大量的原料，而且更可能不节能。

整合服务器节约原料。以 IBM 公司的数据中心整合为例，IBM 公司目前运行着全球规模最大的商业技术设施，在全球六个大陆拥有 800 万平方英

---

① Herman Daly, Kenneth Townsend, *Sustainable Growth*: *An Impossibility Theorem* [M], Boston: Massachusetts Institute of Techology Press, 1993, pp. 267—268.

尺的数据中心。IBM 将 3000 台 Unix 服务器上的工作负载移植到 30 台可以应用 Linux 系统的主机 z10 上，这些应用覆盖了 Websphere、LotusDomino 和 Unix 的应用。IBM 公司采用 30 台 systemz 大型主机取代了 3900 台分布式服务器。这种替换，使得硬件设备减少，精简为 CPU、储存与 I/O 这三个主要的硬件系统，对存储虚拟化，存储可以提升 80% 到 100% 的使用率，高使用率的目的是节省原料，支持服务器的其他硬件原料就可以被节省下来。而这些硬件支持功能的冗余度主要由软件冗余性质来保证，保证应用的高可用性。其目标与优点很明显：既保证了媒体的功能，又节约了原料。

其次，全球资产恢复（GARS）计划对废物的循环利用。IBM 公司从事世界范围内的废物回收、提取与再利用已经 20 多年了，主要通过 GARS 计划来实现。其成为世界上最大、最有效的工业与商业废品回收与再利用的生态友好型机构之一，这个系统包括论证使用装备（CUETM）与资产恢复解决方案（ARS）两个子系统。通过科研来寻求方案，并把那些旧机器或工业、商业废物进行再改造。然后通过 ibm. com 网、"私物兑换"（PTE）部门乃至面对面的交谈进行收入与卖出。

GARS 计划的废物回收与再利用大体上包括三方面的功能：重新回炉制造或重新清洁来处理废旧机器或废品；把废旧物品进行拆卸，其有用部分被重新卖到市场；使用的 IT 设备以刮瘝的方式使旧产品得以改造，以满足环保法规的要求、或者改造自己公司的硬件系统。这项工作繁杂而重要，IBM 公司通过其传媒帝国遍布世界各地的网络组织，在范围广大的地区或国家间，完成对废旧物的回收与循环再利用。2008 年 IBM 公司提高了对固体废弃物利用率的要求，标准从 67% 上升到 75%，在中国实际上的回收利用率是 76%—77%。

IBM 公司的 GARS 计划所完成的废物回收与再利用的成绩斐然：2002 年 GARS 回收了 1270 万个旧机器的部件，改造后使它们重新回到市场或用来装备 IBM 公司的设备；2005 年 GARS 回收了 26430 吨的报废品，经过加工，仅有 2.28% 的废物被丢弃，高出 IMB 原定计划的 3% 丢弃率；2007 年 GARS 通过废物回收的原料，加工出 4 万台机器，约重达 180 万吨；2006—2007 年，GARS 加工了 25100 吨的报废钢材，比用来建造三个埃菲尔铁塔的原料还要多；从 2005 年到 2007 年，GARS 共从报废品里加工出了 88512 吨原料，相当于 157 架空中运输机的载量，或泰坦尼克号满载量的 1.6 倍。IBM 还是全球第一家收集和处理电子废品达到 10 亿磅的 IT 公司。

3. IBM 媒体公司的节能经营

从生态成本价值指数（EVR）流程图可以看出，信息产业在产品使用阶段也会产生环境成本，原因是要通过能量的消耗来维持机器本身的功能化作用。IBM 公司的这一环节的绿色化经营着重于两方面：通过管理体系的 EECs 计划，IBM 公司在全球建立起统一的能量消耗标准，并进一步影响其他媒体公司；以数据中心的节能为中心，把"绿色创新工程"的目标贯彻到实际经营当中去。

第一，能源利用效率论证（EECs）计划。IBM 公司根据自身在信息产业上的领先技术，经过第三方对各家企业的能源利用之有效性进行评估，是对包括媒体公司在内的整个企业界宣传的节能经营指标。这个项目是 IBM 在 2007 年初公布的，并将作为一项服务提供给 IBM 的用户。这项评估服务并不太适用于中小企业用户，只是对媒体的设备供应商来说尤其适用。其步骤为：

通过第三方 Neuwing（Neuwing Energy Venture）公司的工作人员将对用户企业（包括供应商）的现有设备进行评估。然后 IBM 公司的人员会给被检公司安装新的设备和软件。Neuwing 公司使用专门的设备来对被检公司的数据中心进行测量，计算出安装的新设备比之前的旧设备节省了多少能源。Neuwing 公司将使用 IBM 的内置大型主机监控设备、UPS 测量器和计量断路器等设备来测量出新旧设备的节能水平差异。然后 Neuwing 颁发被检公司一份 EEC 认证书，其中会标明设备升级后的节能量。应该说能源有效许可证计划是企业真正实现节能的一个重要保证。自 2007 年以来，通过实施 EECs 计划，IBM 总共帮助 2000 多家企业实现 40% 的能源节省。

第二，数据中心系统的节能计划是节能的核心环节。现代企业的信息储存系统应该建设成环境友好型的绿色数据中心，因为气候变暖、二氧化碳增多带来的灾难可以部分归咎于数据中心系统。据统计，美国企业数据中心每年消耗掉全美 1.5% 的电力，为 610 亿千瓦/时，45 亿美元；平均一个数据中心需要 75 名雇员、所占面积 125000 平方英尺[①]。企业的节能决不能轻视或忽略数据中心的能源消耗这个环节，IBM 公司的节能计划把其中的一个重要目标放在数据中心系统。

IBM 作为全球性的传媒帝国，有遍布世界的数据中心与相关机构。按照

---

① Sai Gundavelli, "The Need To Be Green: Data Center Strategies Becoming More Eco - Friendly "[J], *Disaster Recovery Journal*, Summer 2008, pp. 52—55.

上文的计算，应该消耗不小的资源。然而，从 1997 年起，为了减少能源消耗，IBM 公司在不断增加数据中心功能的情况下，减少数据中心的数量以减小占用空间、减少器械装备，以科技开发为中心，增加硬件或软件系统的功能来减少能源消耗。

首先减小数据库占用空间。从宏观上具体表现在把 200 多个数据资料中心减少至 10 多个；把 IBM 全球范围的首席信息官（CIO）从 128 个减少到 1 个；把 155 个主机数据中心缩减成为 1 个；把网络托管中心（WHC）从 80 个减少成 5 个；把网络从 31 个归总为 1 个；而应用程序从 1.5 万千个减少为 4700 个，目的是使数据中心及其相关机构在功能不减的情况下实现空间的浓缩。

企业、特别是跨国企业内部的数据中心往往存在大而全小而全的现象，既不利于管理，也不利于实际运作，更消耗了大量的能源，增加全球温室气体排放量。在媒体绿色化经营的新思路上，需要规模效益。以技术提升功能为中心，通过整合把 IBM 公司数据中心的用电量与空间占有量减少，IBM 在全球拥有超过 800 万平方英尺的数据中心，通过能使其在空间占有上减少至原来的 1/10。其中，依赖的技术成就之一是可移动式模块化数据中心（PMDC），这一项就可以减少原来数据库面积的 50% 以上。

其次减少能量消耗。空间与能量消耗的减少首先依赖于 IBM 推出的企业级模块化数据中心（EMDC）。在此之前，一个企业运行一个数据中心消耗的能源成本相当于 60% 的成本花费和 50% 的运营花费。因此，对于企业而言，设计和制造一个高能效数据中心以减少空间与能量消耗意义重大。EMDC 数据中心由四个 5000 平方英尺的模块组成，最多达到 2 万平方英尺。相比以往定制模式，企业级模块化数据中心的速度可以提高 25%，并且可以进行横向和纵向的扩展。如果前期多投入 10% 的资金，就可以满足四个模块三倍的纵向增长，以及电力和制冷能力多达 12 倍的增长。EMDC 能把用户数据中心最高扩容 12 倍。因此，这样可以节省用户 40% 的成本和 50% 的运营费用，同时减少能源消耗。

可移动式模块化数据中心（PMDC）也是高科技的节能数据储备系统。功能包括数据中心全部的基础设施，如机架、制冷系统、不间断电源和电池、灭火系统、配电、冷却系统和远程监测。与传统定制系统相比，这个数据中心可以最多节约 30% 的成本。高密度区（HDZ）也是一个模块化系统，能够为已达到最大规模的数据中心提供额外的冷却与电源，与重新配置一个数据中心相比，该系统可以最多节约 35% 的能源成本消耗。

据 IBM 公司估计，数据中心总运营成本中，能源成本占据总数据中心成本的 50%。其中有超过 66%—86% 的现有公司都在规划数据中心的扩张，多数依靠消耗更大的能源来达到目的。而 IBM 公司在不增加能耗或二氧化碳排放量的情况下，通过科技为中心的节能计划使其数据中心的各项能力扩大一倍，每年节省电能相当于美国中小城市一年的耗电量。这实为现代社会媒体绿色化经营的典范，值得其他媒体在市场经营中学习。

4. IBM 媒体公司的减排经营

工商业所带来的废弃排放物其实是技术对于科学的误用。英国威尔士大学社会学教授芭芭拉·亚当认为："技术产品是为特定功能而创造出来的，没有认识到生活的网络互联性，它是作为一种'外来物'进入生活世界的。它一旦被塞进了生活环境以后，它们就开始与其网络化环境产生了相互作用。"因为科学与技术在后工业的风险社会已经分道扬镳，需要科学对技术改造过的排放物进行再修正，这就是减排。IBM 公司就是通过科学管理与技术产品的科学再改造，使得工业废物与网络化的周围环境产生良性互动。

碳排放管理是 IBM 公司减排的首要一环。如前文所述，全球信息产业的二氧化碳排放量占到了全部二氧化碳排放量的 2%，这种排放量与飞机产业大体相等。这个统计还不包括手机和个人电脑之外的其他消费电子产品，主要是企业和政府部门的信息系统、全球的电讯系统等。IBM 很早就是减排和回收的积极实践者，自 1974 年以来，减排就是 IBM 环境管理体系的一个完整部分。

在"绿色创新工程"中，由于采取了硬件与软件新技术，加之有效的管理，IBM 公司对减少二氧化碳排放量做出巨大贡献：从微观来看，仅就一个面积为 2.5 万平方英尺的数据中心来说，IBM 公司的客户可以实现 42% 的节能，相当于每年减少 7439 吨的碳原料的废气排放；从宏观来看，由于 IBM 公司的 System z 大型主机能够取代数百台虚拟服务器，每减少 1000 台传统的服务器，每年就可以节省大约 540 万度电，相当于减少 5093 吨二氧化碳。由于 IBM 公司领先的绿色化经营实践，从 1990—2005 年，该公司削减二氧化碳排放量相当于 1990 年排放量的 40%。IBM 公司是世界上削减二氧化碳排放量最成功的企业之一。

全氟化物的减少。全氟化物在半导体生产中溢出，其全球变暖的效果是二氧化碳的万倍以上，是温室效应的隐性元凶。IBM 公司作为信息行业绿色经营的倡导者，早在 1988 年公开宣称明确削减全氟化物（PFCs）排放。在 2000—2005 年间，IBM 公司采用新技术当年削减其全氟化物排放量的 58%，且把这种绿色创新技术与同行业共享。IBM 公司的此一绿色经营举动，树立了整个信息半导体行业的楷模。IBM 一个公司消减二氧化碳排放量如此卓著，以至其研发部门和资产管理部门获得 2006 年度 IBM 总裁环境奖。

　　处理工业排放的废热。工业废热的排放也是增加全球温室效应的因素之一，如果能够把废余的工业废热利用起来供暖，既可以处理废热，又能够节省能源。这不是科学想象，而是 IBM 公司在瑞士的实践。2008 年 4 月，IBM 首先在瑞士的苏黎世城，依靠 GIB-Services AG 技术，把数据中心的废热与公共游泳池联系起来，使得他们之间实现能量交换。然后又在瑞士的Uitikon 镇，通过同样的技术建立一个热量交换中心，将电脑产生的废热透过热交换器送到隔壁的小区游泳池。这个小镇只要负担一部分建设成本，便能够获得免费的热水。这样的结果实现了双赢：小镇省下了加热水池的费用，而 GIB-Services 省下了处理废热排放的费用。

图 5 – 31　IBM 利用 GIB – Services AG 技术利用废热模型图

　　IBM 公司这种新科技废热处理卓有成效。仅在瑞士 Uitikon 镇，这一装置每年可以消化掉 2800 兆瓦时（MWh）的工业废热，可以提供给 80 个家庭一年的供暖与热水使用；这种废热的处理，使得数据库的电能有效利用率达到了 90% 以上，相当于 130 吨的炭能源被节省下来。

　　零排放的太阳能利用。利用太阳能发电是未来能源利用和企业环境保护的一个发展方向。2008 年 6 月，IBM 公司采用集中器光伏发电技术实现了从 1 平方厘米面积的太阳能电池板上提取 230W 的能量。由于技术上的逐渐成熟，IBM 宣布与东京应用化学公司合作推出这一零排放的新能源获取方式。IBM 公司这一计划的推广，将会使媒体公司通过零排放获得能源有了一个更清晰的发展方向。

水资源的监测与预警。企业对水资源的污染是当今社会水资源危机的主要原因之一，对水资源进行检测与预警是限制企业减排的重要一环。为此，IBM 公司与贝肯研究所（Beacon Institute）合作，通过高性能计算、流计算（Stream Computing）等关键性技术，对美国哈德逊河实时监控。在 315 英里的河流上布置传感器，实时收集与分析河流的生物、水质、化学物质等信息，并可视化整条河流，达到对废水排放进行检测与预警的目的，以至于人们在发现水资源被污染之后，能够及时挽救。

小结

IBM 公司的媒体绿色化经营之路遍及生态成本价值指数流程的各个环节：从原料到产品的可循环性、硬件材料的节省程度。通过新技术，降低能源消耗、提高能源利用率；当报废产品实现可回收以后，废气、废水与废热是主要的废物形式，对此三者进行处理或再利用。这三方面的结合，使得进入流通领域的原料与能量消耗减少，企业废物可以跟上地球消化速度，人类对于能源的消耗等于或者小于地球同期能源生产的速度，也就逐渐实现了可持续发展。IBM 媒体公司绿色经营的意义就在于开启了一个新方向。

在中国每年 800 亿的政府能源消耗中，50% 来自信息产品的能源消耗。今后几年信息领域能源消耗将以每年 8%—10% 的速度增长。2007 年中国信息产业的总耗电量在 300 亿—500 亿度之间，几近等于三峡水电站一年的发电量，而数据中心占据此耗电量的 40%，相应地给予生态环境的压力也大。对于中国信息产业来说，IBM 媒体公司的绿色化经营是一条崭新的路径。

三　以生态文化为卖点——以电影《阿凡达》的理念为例

电影《阿凡达》（Avatar）在全球公映刚 2 个月就创下新的电影票房纪录，把 20 多亿美元收入囊中。究其原因，投资方与发行人 20 世纪福克斯公司一语道破天机："全世界这么多的观众追捧《阿凡达》，让我们感激万分，保护环境、尊重生命、渴望和平的主题把全世界观众拢在一起"[①]。20 世纪福克斯公司认为该部电影成功的首要因素不在于大成本的制作，而是它的环保理念与尊重生态物的存在权利并与之和平相处的思想。本文以电影《阿

---

① 法新社洛杉矶 2010 年 1 月 26 日电文稿，"《阿凡达》用 39 天登顶影史票房"［N］，《参考消息》2010 年 1 月 28 日转载。

凡达》（下文简称《阿》）这一成功的艺术品为中心，以生态美学为基础，多角度探求其在全球范围内的成功传播要素。

1. 以普世的生态中心主义定位顺利实现跨文化传播

时至 2010 年 2 月底，电影《阿》在全球很多国家均取得票房的历史新高：在北美的美国和加拿大获得 7.22 亿美元；世界其他国家获得 18.84 亿美元，占总收入的 72.2%。不仅在北美开创新的票房纪录，在南美的智利、阿根廷，东欧的俄罗斯、乌克兰，西欧的比利时、西班牙，中东的卡塔尔、约旦，亚洲的中国、新加坡等至少 30 个国家或地区都开创了历史票房新高①。之所以取得这种全球性的票房成功，20 世纪福克斯公司认为是其主题所宣传的生物多样性（biodiversity）。这是生态中心主义（ecocentrism）的一个核心概念，主张生态系统或生物共同体本身的重要性，而不是它的个体成员。其经典性著作来自阿尔多·利奥波德（Aldo Leopold）的《沙乡年鉴》。他认为生态共同体是生命系统的一部分，人类应该考虑整个生态系统，而不是把个体与其中的母体分隔开。因为生态系统的稳定性取决于共同体的综合性，强调生态物各系统之间是一种平等关系。电影《阿凡达》主要通过两类戏剧冲突来传达这种普世价值：人类的环境殖民主义与纳美人反抗环境殖民主义的斗争、人类以万物"灵长"身份自居与纳美人尊重物种平等性之生活方式的冲突。

首先，纳美人对抗人类的殖民掠夺并最终取得胜利，推翻了人在宇宙中的主宰地位，以此来否定人类中心主义，也否定了人本主义。人本主义借助文艺复兴运动，继承了"存在之大链"，对它予以扭曲与篡改，其经典话语是哈姆雷特的对白，人是"宇宙之精华，万物之灵长"。在电影《阿》之前，人类在绝大多数艺术品里是不可战胜的，而《阿》却颠覆了这一形象。电影《阿》中塑造了一个比人类更有灵气的纳美人，为了与人类这个种族相区别，电影把这群叫作纳美的生态族群，安排在一个遥远的叫作"潘多拉"（Pandora）的星球上。为了表明与人类的完全不同，电影里塑造了一个与地球人完全不同的潘多拉星球生长环境：资源丰富而又完全不适合人类生活，空气对人类有毒，参天大树、巨型动物与其他物种和谐相处随处可见。潘多拉星球的环境也造就了与人类不同的一群生物：10 英尺高的蓝色类人生物纳美族。其实，纳美人只是生态圈中一个普通的成员，电影以这一族群

---

① Box Office Mojo. Internet Movie Database. boxofficemojo. com/movies/? id = avatar. htm. Retrieved March 1, 2010.

图 5 – 32　电影《阿凡达》宣传海报

形象最终战胜人类的入侵，来达到否定人文主义者自命的"宇宙之精华，万物之灵长"的宇宙统治者地位。

电影《阿》中人类的形象显然是处于宇宙主宰者的统治地位。电影批判性地描绘人类来到潘多拉星球的目的是掠夺资源，并借助杰克·萨利（Jake Sully）的口，告诫人类"早晚，你会醒悟的"。为了表现人本主义，人类掠夺潘多拉星球的矿物"unobtanium"，是想利用它来彻底改变人类的能源产业，这是人类制定"阿凡达计划"的原因。这群人很像拉伯雷《巨人传》里的卡冈都亚，但不具有人文主义者笔下的可笑与可爱，却胃口巨大而又面目可憎。为了夺得为人类所用的资源，他们武装到了牙齿，不惜毁掉一切。正如男主人公杰克·萨利在战争之前对纳美人所作动员时说的："人类给我们纳美人带来了信息，他们能够得到任何他们想要的东西，（人类相信）没有任何生灵能够阻止"；而阿凡达计划的前线指挥官科勒内尔（Colonel Miles Quaritch）信誓旦旦地认为，地球人是为"生存而战"，要"毁掉抵抗者"。电影把这群人类部落描绘成具有很强人本主义理念的人，只不过这群人在此处以被纳美部落彻底击败而告终。

其实，反对人本主义精神是后工业社会环境保护的一项重要思想变革。1967 年林恩（Lynn White）在《我们生态危机的历史根源》一文认为，基督教文明及文艺复兴以来的人文精神给生态带来了前所未有的摧残，这种人文精神是我们时代生态危机的历史根源。电影《阿》传播的是生态中心主义，其前提也是推翻人类宇宙灵长的统治地位，这是电影艺术在生态思想上的一场深刻的变革。自从文艺复兴以来，在各类艺术形象里生态环境的形象经历了许多变化，影响和制约着我们关于生态物的话语，而人文主义者大写的"人"似乎一直立于不败之地。然而，在电影《阿》中，前线指挥官科勒内尔"以武力还击武力"的战争最终战败，是生态中心主义对人本理念的胜利。

其次，电影《阿》主张生态各成员之间的平等性，平等性是生态整体性的一个重要论断；而人本主义者则强调人在生态圈的"灵长"地位，在电影《阿》中二者的艺术形象是对立的。对于周围生态物的态度，潘多拉星球上的纳美人与来自地球的"人本"人表现出完全不同的态度。这种鲜明的对照是通过杰克·萨利的阿凡达这个艺术形象表达出来的。

潘多拉星球上的生物族群之间的地位是平等的，与人本主义理念的生态秩序完全不同。杰克·萨利转变成人类与纳美族的阿凡达之初，在雨林中高举火把行进，遇到了潘多拉星球毒狼（Viperwolf）的攻击，被初遇的纳美族姑娘萘亚蒂莉（Neytiri）所救。在救助的过程中，萘亚蒂莉在无奈中用弓箭射杀了数只围攻的毒狼，并把杰克招惹是非的火把扔入水中熄灭，然后萘亚蒂莉来到倒地呻吟的毒狼身边，为正在死去的毒狼的灵魂祈祷。这些艺术中的细节描绘在后来杰克感谢萘亚蒂莉而遭到拒绝的时候得到阐释：因为"都是你的错，毒狼本来不该死的！""你就像个孩子，弄出噪音不知该怎么做！"这一段艺术创作就揭示出潘多拉星球的生态族群之间是一种平等的秩序，互不凌驾于对方族群之上，这就是生态整体观。

图 5-33　纳美族姑娘萘亚蒂莉在《阿凡达》中造型

电影《阿》主张生态各成员之间的平等秩序植根生态中心主义，经典论述来源于利奥波德的"土地伦理学"。他认为"土地伦理是要把人类在共同体中以征服者的面目出现的角色，变成这个共同体中平等的一员和公民。它暗示着对每一个生态成员的尊敬，也包括对这个生态共同体本身的尊敬"。电影《阿》通过萘亚蒂莉拒绝杰克（当时他身上显然具有人类 DNA 中的人本主义思想）的感谢且为杀死毒狼而自责的描述，展示了潘多拉星球生态中心主义的族群生存规则。长期以来，西方文化占强势地位的是"神本"和"物本"，前者成就宗教信仰；后者形成科学与形而上学（哲学）；文艺复兴以来，人文主义者又把二者合流，伪称人类成为地球生态物的"灵长"，其他生态物处于被支配的沉默地位。而电影《阿》中的潘多拉星球的生态物秩序是一种全新的生态中心主义秩序，的确是电影艺术在思想上的绿色转向。

在电影《阿》首映前后，正值全球哥本哈根气候峰会开幕之时，12 月 7 日英国《卫报》等 45 个国家或地区的 56 家报纸联合发表社论，以英文、中文、阿拉伯文等 20 种语言发出共同声音，要求"我们必须立即携手采取果断措施，否则，气候变化将会肆虐我们的星球"。这从另一个方面佐证了电影《阿》生态中心主义的普世性价值，是其在跨文化传播中取得票房成功的思想基础。

2. 以后工业社会的风险传播否定科技万能

风险传播是后工业社会的理念，内涵是在独立判断基础上传递给外行人须知的有关健康、安全与环境的风险的信息。学者摩根（Millett Granger Morgan）在梳理风险传播的七个历史阶段时发现，处于制造风险核心地位的是科技[1]。人类中心主义（anthropocentrism）之所以认为人类处于宇宙万物的"灵长"地位，其现实的物质力量支撑是现代科技。科学技术曾经是人类的解放者，现代技术使人类摆脱了饥饿、疾病与贫困，所以它常常被人类看成了万能的解放者，它被誉为物质进步和人类完善的物质保障。技术是"征服大陆"、"驯化荒原"、"控制自然力"的工具，托克维尔（De Tocqueville）甚至写道："信任技术发展的好处是美国的一个显著特征"。而在电影《阿》中，潘多拉星球的生态规则完全是另一种状态，纳美族人相信万物有灵（animism）与荒野（wilderness）智慧，信仰万物有灵，强烈反对人类采用科技对潘多拉星球进行开采；而人类自信能够通过科技战胜野蛮的纳美族人。人类与纳美族人之间的战争在这两种不可调和的信仰中展开了。

① Millett Granger Morgan, *Risk communication: a mental models approach* ［M］, Cambridge University Press, 2002, pp. 4—9.

　　首先，电影《阿》对科技进行了无情地批判，这也是风险传播的环境伦理学的特质①。批判又借助戏剧冲突，这个冲突在于地球人依赖科技盘剥自然与纳美人尊重荒野栖息而生的生活状态的矛盾。电影《阿》为了表达纳美人反对科技改造的理念，把矛盾的焦点放入到保护圣树不被人类推土机摧毁这个冲突上。阿凡达项目负责人帕克（Parker Selfridge）与前线指挥官科勒内尔这两个代表着被科技武装起来的人类角色，命令杰克与纳美人DNA合成的阿凡达在三个月内规劝（其实就是驱赶）纳美人离开他们的土地。因为他们的村庄下面储藏有大量的矿物元素"unobtanium"。帕克坚信这些纳美人会离开的，"如果你（杰克DNA与纳美人合成的阿凡达）不去劝离，我们杀了那里的纳美人，就会给潘多拉星球上的人留下不好的坏印象"。帕克与科勒内尔这些为商业而来的雇佣军，之所以这样肯定纳美人会离开，主要靠的就是人类拥有强大的科技武装起来的各种装置。科勒内尔接着就威胁杰克道："给你（杰克）三个月时间去劝纳美人离开，否则推土机就开到了（强行推倒纳美人村庄和那里的一切）！"。事实上，电影借助这些艺术形象的对白，表现了人本主义者在科技的支撑下维持着高消费的生活方式，也不得不过度地开发自然，实质上就是破坏生态与盘剥自然，就是使"攻击进入生活本能的领域，使大自然越来越屈从于商业组织"。

图5-34　霸王飞龙与人类飞机战斗的雄姿

　　电影《阿》不仅表现了人类利用科技改变自然，而且还依赖科技杀戮生态物，对自然进行无情地摧残，这正是风险传播的重要特质。在与纳美族人相处的过程中以及从潘多拉星球上的所见所闻，杰克看到与地球人完全不同的另一种生态秩序，纳美族人一直以来都与其他物种和谐相处，过着一种

① 王积龙：《西方环境新闻文本的环境伦理学研究》，《西南民族大学学报》，2009年第12期，第213—218页。

简朴天然的生活。帕克与科勒内尔为代表的工业人类却相信依靠科技建立起来的武装系统，能够轻而易举地毁掉所有对抗人类意愿的生态物。随后人类开始启动飞机、大炮对手无寸铁的纳美人与其周围的生态物发动了大规模的屠杀。电影通过大量的好莱坞语言，极力描述人类利用科技对生态物所犯下的滔天罪行。科技让荒野血流成河、满目疮痍，令人痛心。

人类之所以对科技热衷、对自然傲慢，主要来源于现代物本的科学理论，其中笛卡尔与牛顿的理论是核心。笛卡尔的自然世界是由没有生命的物质和作为机器的其他物种构成；牛顿以及他的追随者们认为，自然是由无情感因素的物质和力构成的，它们根据确定的规律而运行，牛顿的世界是客观化的自然，基本上与人相对立。二者的共同点是否认自然进化的魅力与荒野的智慧，即"既然自然是机器，它当然没有属于自己的权利，我们当然要毫不犹豫地操纵它、使用它"[①]。这种精神在工业社会期间因为适应了利润的扩张，进而得到确认。而电影《阿》中呈现的人类正是这群被科技武装、利欲熏心而又气势汹汹的大写的"人"。

风险传播的目的就是对目标物的预警。电影《阿》的风险传播在于告知当前生态危机的根源所在。存在主义大师海德格尔认为，技术座驾是当代生态危机的根源。恩格斯也曾警告过人类："我们不要过分陶醉于我们对自然界的胜利。对于每一次这样的胜利，自然界都报复了我们。每一次胜利，在第一步都确实取得了我们预期的结果，但是在第二步和第三步却有了完全不同的、出乎预料的影响，常常把第一个结果又取消了"。电影《阿》否定"科技万能"，其实就在砸碎人类赖以支撑其宇宙君主地位的物质基石。从科学的角度上来说，潘多拉生态规则具有合理性："科技是为特定功能而创造出来的，没有认识到生活的网络互联性，它是作为一种外来物进入生活世界的。它一旦被塞进了生活环境以后，就开始与其网络化环境产生相互作用。一旦这样，科学家也好、工程师也罢，都无可避免地失去了对这些创造物产生后果的控制"[②]。电影以风险传播否定科技万能的目的在于重建人与自然的关系，这也是人类摆脱全球生态危机的重要一环。

3. 以女性生态主义美学塑造全新电影人物形象

人物形象塑造是电影表情达意的核心艺术，其立意来自各种思想流派。生态女性主义（the feminism of ecology）反对人类中心论的男性中心论（an-

---

① Ian G. Barbour, *Technology, Environment, and Human Values*. Ibid., p. 15.

② Barbara Adam, Ulrich Beck, *The Risk Society And Beyond* [M], Sage. 2000, p. 6.

drocentrism），主张改变人统治自然的思想，并认为这一思想来自人统治人的思想。它赞美女性本质（是自然的本身属性），它反对那些能够导致剥削、统治、攻击性的男权价值观（其实就是人类统治大自然的观念），生态女性主义是建立在批判男性中心的知识框架内的，目标是建立一个遵循生态主义与女性主义原则的乌托邦。与好莱坞传统类型的电影不同，电影《阿》中主要通过生态女性主义理念从两个方面来塑造全新的人物形象：一是潘多拉星球的女性气质之美与一群特殊角色的女性反抗来自地球的男权主义的生态压迫，二是塑造一位在大自然与女性面前自惭形秽的地球男性杰克·萨利。

　　首先，在电影《阿》中，把潘多拉星球作为一个完整的人物形象表现其女性气质，利用杰克·萨利的眼睛，看到了潘多拉星球上流光溢彩的女性气质之美：潘多拉星球的美景简直无法用语言来形容，高达 900 英尺的参天巨树、星罗棋布飘浮在空中的哈利路亚群山、色彩斑斓充满奇特植物的茂密雨林、晚上各种动植物会发出美丽灿烂的光芒，就如同梦中的奇幻花园……这是一个被荒野进化得无与伦比的完美女性气质的生态圈。这是因为生态女性主义认为生态系统（地球）作为养育者是母性的，她是一位仁慈、善良的女性，在一个设计好了的有序宇宙中提供人类所需的一切。只要地球被看成是有生命、有感觉的，对它实行毁灭性的破坏活动就应该视为对人类道德行为规范的一种违反①。

图 5 - 35　《阿凡达》中纳美族人的神灵之树

　　电影中塑造了一大群为保护生态而战的全新女性人物形象。生态女性主义理论的核心是号召女性参与生态危机的解决，电影中塑造的有情节的女性

---

　　① ［美］卡洛琳·麦茜特：《自然的死亡：女人、生态学、与科学革命》［M］，吴国盛 译，吉林人民出版社 1997 年版，本文相关内容参照第 2—4 页。

角色都是潘多拉星球的捍卫者，纳美族的女性自不必说，连地球上阿凡达项目研究人格蕾丝·奥格斯丁（Grace Augustine）博士、女飞行员特鲁迪（Trudy）都加入捍卫潘多拉星球生态的保卫战中。电影是赞美女性形象的大联唱，有情节的女性无一例外地参加了潘多拉星球生态保卫战，与发动战争的科勒内尔、帕克之男性身份形成鲜明对比。这种理论基于法国理论家弗朗西丝娃·德·奥波妮（Francoise d'Eaubonne）的理论阐释，她最早提出"生态女性主义"（ecofeminism）这一术语，认为女性具有与自然相通的属性，强调人类对妇女的压迫与对自然的压迫有着直接的联系；女性在解决全球生态危机中可以发挥特有的潜力，号召妇女起来领导一场拯救地球的生态革命，并在人与自然、男性与女性之间建立一种新型的关系①。

　　其次，为了表达生态女性主义思想，电影中还成功地塑造了一位自惭形秽的男性人物形象——杰克·萨利。他具有地球人与纳美人双重的血缘与复杂身份，在茱亚蒂莉等众多女性的帮助下，他深悟到大自然的美丽、痛恨人类对生态物的摧残。作为地球人与男性，他强烈地感受到自然的魅力又为自己的身份深感自责。环绕在他周围的人多数是女性，电影《阿》是一部赞美女性在环保中独特作用的大联唱，她们不仅有着如潘多拉星球一样美丽的外形，还有比外形更完美的内心。然而，这些女性都受到来自地球人的摧残甚至扼杀，电影里到处都弥散着一种悲剧气息，这些悲剧是因为一种有价值的东西被不断地毁灭而弥散出来的，那就是生态中的女性与富有女性气质的潘多拉生态的不断毁灭。生态女性主义把人（之前只有男人才具有的价值）的内在价值完成到女性的延伸以后，又进一步把这种价值延伸到生态物。

图5–36　《阿凡达》中潘多拉星球之哈利路亚山的母性气质

---

① Francoise d'Eaubonne. *Le Feminisme ou la Mort* [M]，Paris：Pierre Horay，1974，pp. 52—54.

同样在电影《阿》中，杰克·萨利经常有一句告诫自己也是告诫地球人的话："早晚你会醒悟的!"之所以这样说，是因为觉醒的他作为男性（自然统治者的身份）的自惭形秽。杰克与萘亚蒂莉在一起时，他对萘亚蒂莉的聪慧与生活方式着迷，而萘亚蒂莉常说的一句话是："你愚蠢无知得像个孩子!"。杰克曾经自责道："我是一个被抛弃者、一个背叛者和一个外国人，我真是一无是处!"这些话把作为地球人的自责与价值上不如萘亚蒂莉那样的纳美人的自惭表现得很鲜明。电影《阿》中，以一个男性不如女性、被女性气质的生态系统所折服、震惊与自惭形秽来表现大自然的内在价值。若大自然真的像人文主义者或《圣经·创世记》里所描绘的那样可以任人主宰，那么就不会有这样的悲剧氛围。这一自惭形秽的男性形象的塑造，是对人类的祛神化，强调生态物的内在价值；人只是生态圈中普通的一员，应该从统治与掠夺的高位上隐退下来。

4. 以 3D 技术完美呈现"万物有灵"的视觉效果

在美国放映《阿》的 3457 个电影院中，有 2032 个电影院采用 3D 技术；在海外 106 个国家或地区的 14604 个电影院中，有 3671 个电影院采用 3D 技术，创历史新高。电影《阿》在上映期间，美国 gamealmighty. com 通过电影售票的随机调查发现，75% 买票者认为 IMAX 3D 技术增加了电影主题的表现力。这其中，潘多拉星球的各类生物的灵性借助 3D 技术得到惟妙惟肖地表现，把《阿》的万物有灵理念在视觉传播中充分表现出来。

电影《阿》中万物有灵思想在视觉效果上得到完美表现，令人目不暇接：落英缤纷的圣树种子（能够识别一位陌生来访者勇敢的心），色彩斑斓的精灵水母（Medusa）（能够自动避开外界伤害），蓝光闪烁的毒狼（Viperwolf）（人不犯我我不犯人），凌空飞翔的斑溪兽（Banshee）（一生只选择一个主人），奔腾咆哮的闪雷兽（Thanator）（在千里之外就能感知到猎物），动作灵敏的潘狐猴（Prolemuris）（能够迅速感知外物的侵入）……借助 3D 表现出的潘多拉星球生物的灵性，其溢美之情不绝于耳，观众有史以来第一次体会到全方位浸入式的生物灵性的立体影视效果，体会到万物有灵的真谛。

电影的 3D 效果在表现细节视觉时极为传神，以处于冲突中心的艺术形象——圣树（Sacred Tree）为例，格蕾丝·奥格斯丁初入雨林时向观众展示荒野智慧时，3D 技术通过电极植入帮助合成发声，用意识来移动电脑光标。此外，电影中还有研究正试图凭借可穿戴的机器接口来让已断裂的骨髓周围

图 5 - 37　杰克·萨利的阿凡达在电影中的造型

的神经信号改道重连大脑，进而让正常的身体肌肉发挥作用。只有通过这些 3D 技术的展示，奥格斯丁的话才让观众信服："这些树在奥玛提卡亚（Omaticaya，纳美人的一个部落）是神圣的，是一种无法想象的圣树"；"在这些圣树之间，有一种光学连接的神经；在树的底部，像神经元之间的突兀，……如果使用推土机，这些记忆系统就被破坏了"。

　　通过 3D 技术，电影《阿》中多角度展示了与人类完全不同的价值方式——崇尚万物有灵、顺从荒野生生不息的生活状态。为了表现万物有灵，电影中也不吝奢华地表现了潘多拉生态圈中自然物的智慧与美丽，其实在此指出了人类解决当前生态危机需要的生活方式的重要转变。巴里·康芒纳（Barry Commoner）是万物有灵论的重要阐释者之一，他认为"自然界所懂得的是最好的"；"实际上，每一种生物出来之前都有大约 2 亿—3 亿年的探索与发展"；"如果这些变化危害了有机体的生存能力，它就会在这种变化传给后代之前杀死这个有机体"；"那些不能与整体共存的可能安排，便会在长期进化的过程中被排除出去"，因此现存的生物是自然长期进化的结果，充满了大自然的智慧。因此，一种人工科技改造过的"有机化合物，却在生命系统中起着作用，就可能是非常有害的"①。

　　正如电影中杰克·萨利内心受到的震撼："我尝试着去理解这些——深刻的、大自然的和谐理论；萘亚蒂莉说过，这是一个力量的网络，贯穿

---

① ［美］巴里·康芒纳:《封闭的循环》［M］，侯文蕙 译，吉林人民出版社 1997 年版，第 33—34 页。

着整个生物链"。3D 技术与生态思想的融合，在电影艺术传播中首次成功地塑造灵气十足、充满智慧的万种生态物，在创影史的票房成绩的同时，也极大地促进了生态中心主义文化在世界范围内的传播。因此，美国一些分析家认为 3D 技术丰富了表现力，提升了票房，这一点《阿》是个成功的范例①。

① Levin, Josh（December 10, 2009）. "Here Come the Cats With Human Boobs. Is Avatar destined to flop?". Slate. The Washington Post Company. http://www. slate. com/id/2238079/. Retrieved December 20, 2009.

第六章　西方环境新闻教育研究

西方的环境新闻教育来自于美国。是美国环境记者把环境新闻带入大学，在欧美、澳洲或日本，也是在美国环境记者的帮助下，按照美国大学的环境新闻教育模式来构建这些西方国家的环境新闻教育。可以说西方甚至世界其他地方的环境新闻教育都是在美国的影响下建立起来的，我们在分析环境新闻教育的时候集中于美国的教育理念和办学模式来研究，就可以大体看出西方环境新闻教育的总体轮廓。

在20世纪的60—70年代，很多环境新闻记者在没有系统化理论的支撑下，就开始在一些大学做一些讲座，或者时而上一门环境新闻写作或摄影课。因为早期在大学里不是全职教师，为兼职，人员分散，时间不固定，课程简单，没有教学计划，没有大纲，且学科具有交叉性，很难确定是不是环境新闻教育。有的学者认为，记者开始在大学里教授简单环境新闻课程时就算环境新闻教育已经诞生。持这种观点的宾夕法尼亚州利哈伊大学（Lehigh University）资深环境新闻教授萨伦·弗莱德曼

图6-1　西方环境新闻教育的核心人物吉姆·德特金（Jim Detjen）

（Sharon Fiedman），他认为大学里的环境新闻教育应该开始于60年代末的威斯康星大学。[1] 后来环境记者陆续进入大学开课，如1982年美国杂志环境记者弗莱德·斯莱贝（Fred Strebeigh）在哈佛大学森林学系讲授环境新闻；1991年美国环境作家简·凯（Jane Kay）在加州大学伯克利分校开设环境新闻写作课程。因此美国环境新闻教育带有一种浓厚的实用主义色彩。

---

[1]　Bob Wyss, "Environmental Journalism Education". 资料来源：www. environmentwriter. org/resources.

第一节　全美大学环境新闻的教育宏观模式分析

按照威斯康星大学的统计，2006 年美国设立环境新闻教育的大学或学院至少有 50 家以上。全美国范围内的环境新闻教育并非按照哪一家的模式建立起来的，而是各有自己的特色。因为环境新闻教育是一个全新的领域，对于多数的美国大学来说，要想完善这个新兴的教育领域几乎没有模子可以去套，美国也没有全国统一的教育规划，这时发展只能与各自学校较为优势的相关传统学科或新兴学科相结合。从全美的环境新闻教育的构建来看，基本上可以分成与传统新闻学教育结合、与传播学结合、与科学新闻结合、与环境学结合、与当地环境问题结合等类型。在此，本书对美国具有代表性的 32 所重要大学或学院①的环境新闻教育进行分类分析，探求美国大学环境新闻教育的构建方式。

一　与新闻学相结合

环境新闻教育很多方面符合传统新闻学理论的研究，在初始阶段，很多环境新闻记者把这类教育带入大学的时候就是按照传统新闻理论的方法教授环境新闻，这是环境新闻教育的开端。另一方面，这类学校在传统学科领域往往较有影响，或者在新闻学领域较有某种特色。

加州大学伯克利（Berkeley）分校的新闻研究所（Graduate School of Journalism）的环境新闻教育就属于此类情况。该校是享誉世界的美国综合性高等学府之一，该校在文、理、工等学科领域都有着极强的教学和科研实力，地处太平洋东岸的柏克莱，与亚洲尤其是东亚的文化联系尤为深远，该校的东亚学项目（Programs for East Asian Studies），更是被美国教育部评为国内高校第一。② 其新闻教育也直接影响到日本、中国与南亚各国，在新闻学教育上，较有自己的特色。1982 年，《旧金山记事报》（San Francisco Chronicle）环境记者简·凯（Jane Kay）来到伯克利分校新闻研究所教授环境新闻。由于伯克利地处西部，开发相对较晚，生态问题较为突出，她讲授的环境新闻教育往往是按照传统新闻学的理论来分析环境问题，包括媒体关

---

① 本节资料主要来自各大学相关学院的网上内容，因为涉及 30 多个院校，时间是 2007 年 10 月止，在此就不一一标出。故有些网址列出，有些则省去。

② 资料来源：http：//www. journalism. berkeley. edu.

注的生态危机。方法多是收集媒体上的环境新闻报道，然后分析评论，得出一些规律性的东西。这种教育方式后来直接影响到日本的环境新闻教育。

在美国大学环境新闻教育中，较多利用新闻学知识设立专门的环境新闻写作课程。环境写作为环境新闻教育的核心课程，是媒体工作的基本技能，美国有很多大学环境新闻专业仅仅开设一两门课就有这门课程。这种教育思路认为环境新闻除写作外，其他和传统新闻理论没有多大出入。美国利哈伊（Lehigh）大学环境新闻教育就规划为科学与环境写作专业，对自然科学与工程专业的学生进行环境新闻写作教育，并开设 4 门传统的新闻学核心课程。毕业后授予新闻学或科学写作的硕士学位。蒙大纳（Montana）大学新闻学院每年提供给新闻学硕士生一门环境新闻课程，随着实践的发展，希望能够给新闻学系学生提供更多环境新闻课程。中田纳西（Middle Tennessee）州立大学新闻学院则设立一门环境新闻学科的选学科目；同时也在英语系设立环境新闻写作课作为选学课程。这种课程设置，通过英语语言文学在传统新闻学框架内构建环境新闻写作的学科用意明显。①

另外在新闻学框架范围内也有创新的尝试，试图把环境新闻教育瞄准新媒体环境，即为以互联网为代表的新媒体培养环境新闻人才。内华达大学里诺（Reno）校区从 2007 年 7 月 30 日暑假开始面向全美范围启动互动环境新闻（Interactive environmental Journalism）专业，培养硕士学位的学生，教育期限为 10 个月。② 从目前的情况来看，该项目共有 12 位资深的环境新闻记者来从事教学，并以地处加州与内华达州交界处太浩湖（Lake Tahoe）为样本来研究新媒体环境下的环境新闻报道规律。这确实是环境新闻教育对传统新闻学的一次开拓，效果值得关注。

加州州立大学北岭（Northridge）分校的新闻系也是按照这种教学模式建立起环境新闻教育，只是这个学校仅仅提供给本科学生一门环境报道课程，主要作为新闻学专业学生的选修课。这类环境新闻教育的学校还有中央密歇根大学新闻系，也有一门环境报道的选修课程；科罗拉多大学漂石分校环境新闻中心与科罗拉多州立大学（CSU）科技传播与新闻系提供一门或数门环境新闻教育，并且在传统新闻学学位的基础上拥有环境新闻专业的学士或硕士学位。这类学校的环境新闻教育带有传统新闻学特色，往往利用新闻学理论、模式来研究环境报道。

---

① 资料来源：www. mtsu. edu/—jourr.
② 资料来源：www. unr. edu/journalism.

二 与传播学相结合

因为传播学一直被认为是社会学研究的一部分，学科体系较为散乱，故与传播学相结合的环境新闻教育也就相对庞杂许多。20世纪70—80年代以来，很多新兴的学科借助传播学来研究信息传递，如环境、卫生、风险等研究，也分别延伸出一些新的研究领域，这些被称为新兴传播学领域。而环境新闻教育与传播学的结合既有传统传播学的结合，也有科学传播、风险传播与健康传播的结合。

与传统传播学的结合。与传统传播学相结合的环境新闻教育多数认为，环境新闻应该归于一个新兴的学科环境传播，也有不少美国大学直接把环境新闻纳入环境传播的科目之中，美国的北亚利桑那大学新闻学系就是这类环境新闻教育的代表。①

这个授予科学学士学位的环境传播教育主要集中三门课程：环境传播，即以环境传播代替环境新闻，包括借用传播学的结构、过程以及一些方法来研究环境新闻；传播艺术的环境范畴（Environmental Perspective on Communication Arts），这门学科涉及环境传播的艺术、方法、策划与策略，也有在各类媒体传播与设计的表现与方法，如视觉艺术、文学性与新闻文本修辞等；环境研究与报道，主要教授环境新闻报道的特性、新闻特质、写作特色、研究方法等，这里不仅有新闻学理论，更多是传播学方法。北亚利桑那大学的环境新闻教育的各科目明显以传播学为研究与教学的框架，代表着美国环境新闻教育的一个类别。

与科学传播的结合。科学传播是指由媒介传播科技知识，以达到社会科学普及、民智发达的理想境界。设在纽约州的康奈尔（Cornell）大学传播系通过科学传播把环境问题连接起来，以此为坐标来研究生态危机。在开设的几门课程里，研究内容在传播学范围内相互交叉，形成环境新闻教育在科学传播学范围内实现多维关照。对此，康奈尔大学环境新闻教授吉姆·莎纳汉（Jim Shanahan）总结得最为精辟："康奈尔大学传播系多视角地审视环境问题。我们的方法是在传播学理论范围内强调理论基础（学习），对科学和环境问题采取可操作的现实方案。"这些课程集中于：传播过程与运用，科学与环境传播、普及性的环境科学与政策等。这种教育模式通过科学地传播环境危机来促使问题的解决，以至取得政策与法律的认同，使环境问题的

---

① 资料来源：www. nau. edu/sbs/communication/programs. htm.

解决在科学传播的框架内制度化、法律化。①

　　与风险传播的结合。风险传播源于 80 年代德国社会学家贝克的"风险社会"理论，是 2000 年前后刚刚兴起的一个新兴学术领域，在于分析人类传播过程中的一些不科学的因素给社会与环境带来的风险，着重于人与环境的可持续发展。田纳西（Tennessee）大学新闻与电子媒体学院（SJ&EM）的科学传播专业包括环境报道、科学写作与风险传播等 7 门相关的环境新闻课程，其中涉及环境传播、环境写作、环境新闻、科学报道、科学写作等部分，均运用到风险传播的理论来研究问题，并指导新闻报道与写作。这种把风险传播贯穿于环境新闻教育的方式是一种可贵的尝试，试图为人类工业化、信息全球化造成的环境危机找到出路，特别注重科技运用与文化上的原因。②

　　多学科的传播学结合。传播学属于社会学的一个研究分支，广义上的传播几乎涉及人文社会科学的每一个领域。又因为环境包括的范围很广，所以在研究环境新闻的时候可以把很多学科同时放入传播学领域来考察，一方面可以开拓环境传播的研究领域，另一方面也可以为研究其他方面的传播提供一个新学科视阈，使得各类教育与研究相得益彰。

　　私立的伊利诺伊大学厄巴纳香槟（Urbana-Champaign）分校人类与群体发展系（DHCD），把农业、环境与教育归为传播学教育，把自然科学与社会学结合起来研究与构建环境新闻，它的教育方向是让环境新闻服务于农业与人类的发展。此类直接把环境新闻与农业为主多学科结合的传播学设计，在美国大学中树立自身特色。

　　威斯康星大学麦迪逊（Madison）分校的新闻与大众传播学院在构建环境新闻教育的时候别出心裁。学院的传统强项在于传播学，而招生进来的硕士生与博士生的环境新闻学生则几乎不限制他们的研究方向，根据学生本科或硕士的学科背景以及自己的兴趣和爱好，设计与构建个人所要学习的科学与环境传播研究方向，然后根据这些研究成果，授予文科硕士或博士学位。此类构建环境新闻教育的方式非常大胆，鼓励学生充分利用威斯康星大学各学院、各学科的资源，尊重学生的个体差异，在这个新兴的学科领域内大胆开拓，突出自己的个性与学科特点。这种教育模式在全美的环境新闻教育中

---

　　①　资料来源：www. comm. cornell. edu.

　　②　资料来源：www. cci. utk. edu/ - jem.

极为标新立异，值得教育界观察与研究。①

马凯特（Marquette）大学传播学院的环境新闻教育容纳多个新兴传播学科，这个专业叫做"科学、健康与环境传播"（SHEC），层次为本科或硕士教育。这个专业为各个背景学科的学生传授传播理论、研究领域与方法、基础专业知识等。多学科的传播学结合的教育具体包括以下两方面内容：一方面，在科学、健康与环境传播框架内研究社会、组织和个人传播；另一方面，依赖多学科的背景，运用传播学理论与技巧，根据传播目的，把一些涉及环境、科技与健康信息的专业内容顺畅地传递给各类受众，特别是非专业化的普通受众。

就马凯特大学多学科的环境传播课程教育目标来说，它所培养的人才能够顺利有效地完成环境信息的传播过程，达到理想的传播效果，主要是能够对一些专业化的环境信息进行大众化的再编码，让普通人看得懂，听得明白。重视过程，强调效果，带有明显的传播学结构特点。

三　与环境学相结合

相对于环境新闻来说，环境学是一个相对成熟的学科。环境新闻与环境学具有某些共同的研究领域，且环境学是基础学科而环境新闻学是工具学科，因此，很多美国大学把环境新闻教育与环境学相结合，寻求学科的特色。从大的学科内容来看，环境学包括大气、人口、土壤、水体、农业、资源等众多研究领域，还包括繁杂的环境问题研究。在美国大学的环境新闻教育中，这种结合也是相当广泛的，各相关大学具有自己的学科特点。

哥伦比亚（Columbia）大学在地球与环境科学方面是世界最具声望的高等学府之一，这个位于纽约市曼哈顿晨边高地与哈德逊河畔的地球与环境系，一直是世界各地该专业学者的朝圣地。哥伦比亚大学新闻学院充分利用这种资源，其环境新闻教育走地球与环境科学系与新闻学相结合的路子，创建了"地球与环境科学新闻"（E&ESJ）专业，并授予环境学与新闻学的双重硕士学位。②

哥伦比亚大学这种构建环境新闻教育的目的在于，经过课程训练，环境新闻工作者既有自然科学背景也能进行新闻技术操作，及时告知公众地球与环境科学方面的最新发现及过程、观察与争议等，力求有趣而又准确。这些

---

① 资料来源：www. journalism. wisc. edu.
② 资料来源：www. jrn. columbia. edu.

图 6-2　哥伦比亚大学环境新闻教学楼夜景

学生都要经过纽约各大媒体（纸媒、广电与互联网）手把手的训练与操作指导，毕业后授予新闻学、地球与环境科学的文理科双重硕士学位。入学与毕业都有相当的难度，但很受媒体用人单位的欢迎。

克拉克森（Clarkson）大学是美国最好的环境工程技术大学之一，在环境学为主的生物、化学、毒物等自然学科及其工程学方面具有明显优势，利用这些环境学科来研究环境问题可以拓宽危机的解决途径，为很多的政策出台提供依据。利用环境学，该校把环境新闻纳入生物学、化学、环境与政策、工业卫生及环境毒物学的多学科背景中来。其教授环境新闻的目的是想给环境问题提供一个专业的考察，给环境政策提供一个科学依据。[①]

内布拉斯加（Nebraska）大学林肯分校的环境新闻教育直接设在农业科学与自然资源学院（CASNR），不隶属于新闻学或传播学，而是产生于环境科学。这个属于环境科学的分支学院把环境新闻作为环境学分支学科，其教育内容多为自然科学的农业课程与资源课程，并在少量比例的时间内学习新闻学的主要课程。在学习自然资源与农业科学的同时在媒体训练，逐渐培养起新闻敏感与写作能力，毕业后授予农业新闻科学学士（BSAJ）。这种环境新闻教育的独特之处在于，除了媒体的培训以外，环境新闻几乎被认为是环

---

① 资料来源：www. clarkson. edu/comm.

境学科的知识体系，其培养出来的学生在报道环境新闻时具有完全的自然科学专业视角。

密苏里大学哥伦比亚分校（University of Missouri Columbia）新闻学院把环境学里的自然资源融入环境新闻教育。该学院把自然资源学院与新闻学院的教育结合起来，让自然资源专业的本科毕业生进入到新闻学院硕士学习，建成新闻学与自然资源专业。先后学习基础新闻学、科学写作、调查性报道、环境写作与自然资源科学。这门环境新闻课程开设的目的很明确：保护自然资源，让人类利用自然资源走可持续发展的道路。训练的技能在于使学生具备自然资源知识，掌握目前热点的资源危机与潜在的问题，并能够通过新闻调查、写作、报道传递给公众最新自然资源信息，毕业前要经过严格的媒体实际能力考察。密苏里大学新闻学院更注重自然资源的可持续发展，内容很有针对性与可操作性，在自然资源危机日益突出的时代，值得同行观察其教育效果。[1]

四 与新兴学科或多学科的结合

与健康传播、科学传播不同，环境新闻教育与新兴学科的结合（如健康新闻、医学新闻、科学新闻等）不是把它们纳入传播学的框架来研究，而是述诸于新闻报道或者媒体来研究，其核心研究方法往往是新闻学的而不是传播学的。虽然与健康传播、科学传播有共同研究的部分，但二者不同的地方相当明显：科学传播抑或健康传播是在传播学学科范围内的延伸，科学新闻、健康新闻是新闻学与自然科学、新闻学与医患关系的交叉。

这类环境新闻教育在全美范围内数量很多、分布很广，最具代表性的是纽约大学新闻系[2]。纽约大学新闻系早在 1982 年就建立起"科学与环境报道"（SERP）专业，2006 年后把健康研究也加入到专业里，成为"科学、健康与环境报道"（SHERP）。这个专业成立的时间很早，是在科学传播、健康传播乃至环境传播尚未出现的时候，为满足媒体人才培养的需要，视野是新闻学的。可以说是自然科学、环境危机、健康问题在新闻学领域的延伸。这种教育特色一直延续到现在，以至于传播学方法已经被各学科研究广泛采用时，纽约大学的新闻学教育仍然保持着它学科的传统与个性。

该校课程内容带有明显的新闻特征。环境新闻教育主要面对硕士生，教

① 资料来源：www. journalism. missouri. edu.

② 资料来源：www. journalism. nyu. edu/courses.

育期限为 16 个月，实行小班制，一个班人数在 12—15 人之间，为了培养较为全面的环境、健康与科学新闻记者的需要。这些学生既要掌握相对复杂的知识，又要能够进行熟练的媒体操作，故此班级人数不能太多，与传播学教育明显不同。他们的课程包括纸媒报道、广播电视报道与网络报道，各类媒体写作，媒介伦理；还有当前科学、医学、环境学领域的热点报道写作等课程。

授课教师也多是纽约市的一些资深媒体记者，他们多在环境新闻报道方面卓有成效。该专业的入学竞争相当激烈，候选人具有本科或者硕士学历，并且自然科学学科背景（如医学、环境、化学与物理）的学生竞争都相当激烈，文科学生要想进入则需要付出更大的努力。与此相类似的学校还有得克萨斯 A&M 大学，把理工类的科学与技术结合起来，建成科学与技术新闻（STJ）硕士学位，必修课程主要是自然科学、技术课、新闻学等。报道对象为科学、技术与环境问题的新闻，一般文科学生很难有机会进入该专业学习。

公共与环境事务是在环境问题被提到国家议事日程之后出现的新学科，它的主要功能在于让环境问题上升到公共事务乃至最终变成政策法律甚至是国家意志上来，以促进环境问题的解决。印第安纳大学的环境新闻教育就是把新闻学院、公众与环境事务学院（SPEA）联合起来，充分利用公众与环境事务这个新兴的学科，把环境新闻变成公共事务与国家议事日程。学生毕业将授予文科硕士与环境科学硕士双重学历。这种教育模式在于伸张环境新闻的社会舆论功能。

明尼苏达（Minnesota）大学从 2003 年起开始建立健康新闻文科硕士专业（M. A Health Journalism），这个专业具有新兴学科的特色，是把环境问题、公共健康与新闻学结合起来，主要课程为环境健康，也就是媒体新闻如何处理公共健康与环境问题的关系，很有独特性。这种教育要求公共健康学科背景的学生专修新闻学、记者专修公共健康课程，另外他们还有很多共同的课程。这种教育模式是典型地走新闻学与新兴学科相结合的路子：该校新闻与大众传播学院（SJMC）、公共健康学院（SPH）为此类教育提供了丰富的资源，并且设在新闻与大众传播学院的保健记者协会（AHCJ）也为此类教育的成功提供了条件。①

与此相似的还有西北大学，其新闻医患学院（Medill School of Journal-

---

① 资料来源：www. sjmc. umn. edu.

ism）的环境新闻专业必修课包括：医学、环境科学、环境报道三门主要课程，并有手把手的自然科学实验课程。培养的学生能够进行环境问题与医患关系的新闻报道，如 SARS、禽流感等新闻就是他们报道的强项。

与多学科相结合。环境新闻涉及的内容很多，如上到太空大气、下到岩石层与地球构造，都涉及环境问题，记者在报道此类新闻的时候需要有相关的学科知识，因此环境新闻教育还存在一个多学科融合的问题。这一类的大学教育较有代表性的当数乔治·华盛顿（Deorge Washington）大学。该大学之绿色大学前驱计划（Green University Initiatives）就是把环境新闻融入到 175 个学科或专业里，融合各类学科知识，本科与硕士课程均围绕着热点环境问题展开。通过问题研究、课程交叉、操作与户外实践来使得这种跨学院、跨系跨专业环境新闻教育出来的人才，能够通过媒体报道为环境问题提供更多的解释与解决方案①。但是这种教育模式有它的困难：一般规模的大学可能不具有这种教育的智力基础；综合大学做起来头绪繁多，工作量大；学生因为知识结构或时间分配不足，很容易流于形式。但是，这种尝试对于环境新闻教育来说是必要的，因此，这类教育的动向很值得学术界与业界的长期观察。

五　与当地环境问题相结合

美国大学环境新闻教育有着"面向世界，行动于当地"的理想。大意是环境问题需要全世界联合起来才能够解决，因此在报道环境新闻或进行环境新闻教育的时候需要一个世界眼光；同时，环境新闻或者环境新闻教育能够面对当地的环境问题，为当地的生态危机服务，从实际做起，反对环境新闻教育的"阿富汗斯坦主义"。因此，围绕当地的生态问题构建特色的环境新闻教育就成了美国大学的另一大特色。

实现这种理想首先是为当地的记者或者环境新闻记者提供环境新闻方面的大学教育，为当地的环境危机或问题提供针对性的新闻培训，重在问题的解决。南加利福尼亚大学（USC）的安南伯格（Annenberg）新闻学院环境新闻教育就属于这种教育。② 从 2007 年开始，该学院环境新闻专业专门为在职的新闻记者提供为期 10 个月的硕士培训。这种环境新闻培训面对当地普通媒体记者或者环境记者，教授的内容与当地的环境问题紧密相连。学生可以选择四个专业的任何一个方向：教育、宗教、科学与都市生态。这些研

---

① 资料来源：www.gwu.edu/greenu.

② 资料来源：www.ascweb.usc.edu.

究与教学的内容多与南加利福尼亚地区多宗教背景、多教育形式、快速城市化对生态影响的实际情况相结合。

　　为了更新在职记者的环境新闻素养及拓展相关知识面，除了在安南伯格新闻学院专修新闻学相关专业外，记者还要加入 USC 学术地位很高的学院相关专业的课程学习，包括罗塞尔（Rossie）教育学院（RSOE）（城市教育的责任、多样性、领导能力等）、政策规划与发展学院（环境政策、城镇环境规划、经济发展与环境关系）、文学艺术与科学学院（训练语言能力）。这种环境新闻教育是针对当地记者及其环境的特殊性，不按照任何一种学术流派、也不照抄其他学校的教育模式，与当地的环境问题相结合，培养出能够观察当地环境问题、能够用新闻语言表达、对政策有用、对发展有益、服务于当地可持续发展的环境新闻记者。

　　与当地环境问题结合最典范的是密歇根州立大学纳尔特（Knight）环境新闻中心的环境新闻教育。密歇根州是地处于北美五大湖区之四大湖中间的两个半岛，那里最大的环境问题就是五大湖区的环境危机，包括水质污染、水位下降、入侵物种对湖内生物多样性的危害等。密歇根州立大学纳尔特环境新闻中心位于红杉河（Red Cedar River）畔的兰辛（Lansing）市，红杉河流经大学并向西北注入密歇根湖。平时湖水清澈干净，大雨之后，沿岸城市的污水注入湖区，造成水质、土壤的严重污染。纳尔特环境中心的环境新闻教育在研究与课程设置上主要面对当地大湖区生态问题，并着重实际问题的解决。[1]

　　该中心最大的一个教学项目"本土环境研究项目"（RISE），招收 MSU 五个学院包括环境、数学、化学、生物、水产等专业的学生，对五大湖区的生态与人居环境进行调查与研究，教授他们在环境报道中怎样发现问题与进行新闻报道。"土地政策项目"（LPP）立足于密歇根州及大湖区的土地、土壤问题，对 MSU 的各相关自然科学院系学生招生，对当地的土壤、土地利用及相关政策进行调查研究，推动这类问题的报道，最终为了合理、科学的土地政策能够出台。这些项目都是跨专业的，并对当地的记者开放再教育。全美唯一的环境新闻协会（ASJ）也设在纳尔特环境新闻中心，对大湖区的记者进行培训。

　　另外，纳尔特环境新闻中心出版的研究性杂志《环境新闻》（EJ），其开设最大的专版"大湖区新闻"也是面对当地环境问题；中心开设的环境

---

　　[1]　资料来源：www. ej. msu. edu.

写作、调查性环境报道等主要 10 门课程，几乎都是面对大湖区环境问题，并以此为依托拓展到世界范围内的环境问题。密歇根纳尔特环境新闻中心的教育与当地环境问题相结合得如此成功，以至于加拿大、东亚、南美、欧洲等许多国家环境新闻记者假期来此接受培训。这也是环境新闻教育"面向世界，行动于当地"理想较为成功的实践。

六　结论

环境新闻教育本来是一个跨学科的新领域，其涉及的范围几乎涉及了所有的环境科学与主要的新闻学领域；在新闻报道上又涉及政策、法律，进而走入国家议事日程。环境新闻教育是一个新兴的学科，不同于传统新闻学理论的构建，也没有前人的模式可以沿袭，也不容沿袭照搬。美国环境新闻高等教育的优势在于，它没有一个正式的全国规划，各州不仅有综合大学，还有州立大学、私立大学等。这种体制下，各类大学在构建环境新闻这个庞杂而又深奥的学科教育时，可以抛弃大而全小而全的规划模式，按照自身学校的学科优势，突出环境新闻教育的某一点来发展自己的学科，甚至是紧密结合当地的环境特点，立足解决当地生态危机来办教育。这样从大的范围来看，美国的环境新闻教育既不流于形式，也没有出现重复性建设，整个体系相互补充，多元对照。多元化是人类智慧的真正来源，是世界真实面貌，也是全面缓解乃至解决环境问题的真正智力源泉。美国大学环境新闻教育没有一个正式的规划，实行公立与私立混合的体制，鼓励相对优势与多元化的做法，值得高等教育以组织管理严密、统一规划的其他国家或地区观察、研究，乃至学习。

第二节　美国大学环境新闻教育的微观构建研究
——以密歇根州立大学为例

我们所说的微观构建相对于前一节总体构建而言，环境新闻教育的师资、课程设置、教学与研究模式等具体化的教育方面。美国有分散各地的 50 个大学设置环境新闻教育，在教研规模和内容上也日渐成熟。密歇根州立大学（MSU）环境新闻中心（Knight Center for Environmental Journalism, Michigan State University）因其地处五大湖区（Great Lakes）具有地方特色，又由环境新闻教育传奇人物吉姆·德特金（Jim Detjen）1994 年创办，时间较早，规模大、运作较为成熟，影响力非凡，故最具代表性。对其进行个案分析，以求对美国乃至西方的环境新闻教育。

一　有深厚业界背景的师资队伍

作为一种新兴的新闻学教育，其发起者最早来自于业界积极的实践者，而不是高校老师、研究机构人员或者政府政策制订者。这就决定了环境新闻从一开始就是一个经世致用的科学，为实实在在地肩负社会责任而来的，深厚业界背景的师资保证了环境新闻教育的可操作性与实践性。

吉姆·德特金是密歇根环境新闻中心的建立者和第一个环境新闻教授，一个忠实环境保护主义者。之前，他在媒体做了 21 年的记者，后 12 年（1982—1994）在《费城问讯报》（Philadelphia Inquirer）做记者期间，从事大量的环境新闻的报道。先后到过七大洲的 45 个国家进行过环境新闻采写，曾经在零下 65 度的南极进行环境新闻采访，深深感受到作为一个环境新闻记者的重要性。[1] 他相继荣获了 50 多项州、国家或国际颁发的各种大奖，包括普利策奖的 8 次提名和 3 次入围。1996 年哥伦比亚大学授予他"杰出成就奖"，在环境和可持续发展问题方面，1997 年圣地亚哥《地球时报》评价德特金先生是世界上最有影响的 100 位人物之一[2]。他还积极从事环境新闻教育的社会机构建立活动：1990 年，在德特金先生的努力下，美国环境新闻记者协会（Society of Environmental Journalists）成立，该组织现为美国最大的环境新闻教育机构，他担任首届主席；1993 年，帮助创建了国际环境新闻记者协会（International Federation of Environmental Journalists），从 1993 年到 2000 年，德特金出任该同盟的两届主席。[3] 退出媒体以后，德特金先生几乎把他所有的精力都投入到环境新闻教育的开拓与研究领域。一方面，他积极地从事环境新闻的理论研究，先后指导美国环境新闻记者协会之《环境协会杂志》的编辑工作（1990 年秋季起）、担任密歇根州立大学环境新闻中心之《环境新闻》杂志（Environmental Journalism）的执行主编（2002 年夏季起），另一方面，他创作了《环境报道者野外指南》（*Changing work environments of environmental*

---

① Jim Detjen, "Worlds apart, With bags packed and adventures awaiting, China offers environmental and journalistic challenges", *Environmental Journalism*, Winter, 2002.

② 资料来源：Applied Environmental Education and Communication, 网络链接：http://www. aeec. org.

③ 资料来源：Society of Environmental Journalists, 网络链接：www. sej. org/about/index2. htm. International Federation of Environmental Journalists, 网络链接：http://www. ifej. org.

reporters）等4部环境新闻奠基性的专著。德特金先生认识到了环境新闻具有全球性的特点，积极倡导全球性的环境新闻教育。欧洲、独联体部分国家、澳大利亚、拉丁美洲和日本的环境新闻教研工作之建立，很多都得到他的帮助。2002年冬，德特金先生携妻儿一道来中国，在天津南开大学新闻系讲授了中国大学里的第一个环境新闻课程。在中国的6个月期间，德特金先生在各处的大学和新闻媒体，甚至中学课堂里讲授环境新闻，也急切希望中国这样环境问题严重的发展中大国，其大学里能够建立起环境新闻。[①] 也正是德特金先生有这么丰富的业界、学界经历，才使得他拥有足够的能力去创建与运作大学里的环境新闻教育。

图6-3   2004年墨西哥城德特金先生与参加培训的环境记者在一起

吉姆·伽巴拉（Jim Jabara）在环境新闻中心教授环境新闻摄影课，是环境新闻中心的主任。在此之前，伽巴拉有过20多年的自然和野生生物摄影记者从业经历。伽巴拉的野生生物摄影的足迹遍及世界各地，并获得过很多奖项。先后服务于BBC、《国家地理杂志》（National Geographic）、CNN等媒体。他的纪录片代表作《我们这颗小行星的总产量》（*Our Small Planet Production*）现在已经成为该中心环境新闻摄影课的奠基之作。伽巴拉先生与德特金先生共同教授环境摄影课，他强调学生的实际动手能力，要求学生的环境摄影短

① Jim Detjen，"Promoting a worldwide culture of peace"，*Environmental Journalism*，Summer，2002，p.6.

片要反映环境问题，有灵气，有独特视角，并积极总结，进一步研究。①

从 MSU 最初建立环境新闻中心的 12 个教师到现在不断加入的队伍，所有教师都是有着深厚业界背景的环境新闻记者。以后的趋势也不会有太大的改变，有该中心一则招聘广告为证：

我们正在寻觅一位集记者和教育家于一身的人才，通过他的智慧可以让我们的事业更上一层楼：使我们的环境新闻中心成为世界前列的教研机构。应聘者至少具备学士学位，最好工作在环境新闻领域，三年任期从 2003 年 1 月开始。②

"问渠哪得清如许，为有源头活水来"。仅凭中心老师们的力量是不足以保证达到教育者所希望的目标。由于以德特金先生为首的教师队伍与业界有着紧密的联系，每年都要求媒体著名的环境新闻记者作客大学：国家地理杂志的资深环境新闻记者丹尼斯（Dennis Dimick），纽约时报的环境作家安德鲁（Andrew Revkin），芝加哥论坛报的环境作家凯瑟（Casey Bukro），CNN 的环境和政策作家德伯拉罕（Deborah Potter）等都曾做过环境中心的授课老师。另外，环境保护署（Enviromental Protection Agency），国家海洋大气管理部门（the National Oceanographic and Atmopheric Administration），大湖区环境研究实验室（the Great Lakes Environmental Research Laboratory），以及美国各大相关研究机构、大学和环境组织（如环境记者协会）都与密歇根州立大学环境新闻中心保持着良好的互动关系，定期到中心来给学生讲学。澳大利亚、墨西哥、欧洲等相关机构的环境新闻工作者也经常到访，与师生们共同学习一些新鲜的环境新闻问题。③ 这一方面保证了环境新闻这门新兴学科充足的师资队伍，也使大学环境新闻教育努力保持着与实际相结合的学科特点。

二 面向实际的课程设置

作为一门新兴的学科，环境新闻的课程似乎比传统新闻学"有术无学"的特点更鲜明，更"实际"（Practical）。从教育学上来讲，这种因重视生活

---

① 相关资料参见："MSU to offer environmental filmmaking couse in fall 2002"，*Environmental Journalism*，*Winter*，2002，p.4；Tyler Sipe，Fild and screen，*Environmental Journalism*，Summer，2002.

② "Job Opening：Assistant Director and Environmental Journalist in Residence"．*Environmental Journalism*，Summer，2002.

③ 凡是本文未曾标注的资料，均来源于 Knight Center for Environmental Journalism，MSU，网络链接：www. ej. msu. edu.

而学习的教育理念也是全面教育观的一部分，是对传统失衡教育中重学习而轻生活理念的一种纠正。从这个角度来说，环境新闻课程具有跨学科性和综合性，突出人的主体地位，注重受教育者各种素质的协调发展。联合国教科文组织1972年报告曾经批评传统教育："为了训练的目的，一个人的理智认识已经被分割得支离破碎，其他的方面不是被遗忘，就是被忽略；不是被还原到一种胚胎状态，就是随它在无政府状态下发展。为了科学研究与专门化的需要，对许多年轻人原来应该进行的充分而全面的培养被弄得残缺不全。"① 社会要协调发展，应该从教育开始。反观环境新闻课程设置，其面向实际、重视学生素质的教育，似乎是对传统的一种颠覆。

图 6 – 4   2008 年密歇根州立大学环境新闻系的野外活动

野外生存与环境写作（Wilderness Experience and Environmental Writing）是一门锻炼学生野外生存与职业敏感的课程，学生将来想要成为环境新闻记者必须具备这样的基本素养。每年 9 月的周末，秋高气爽、天凉水清之时，学生们在密歇根州的野外宿营，吃美食，观察自然，过集体生活，写关于自然的日记，文章内容来源于自己的经历。为 1 学分。

环境写作（Environmental Writing）这是环境新闻的核心课程，由德特

---

① 联合国教科文组织国际教育发展委员会编著：《学会生存的今天和明天》，教育科学出版社1996年版，第193—194页。

金先生亲自教学，在春学期开课。有关环境新闻写作的历史、怎样研究、报道、与写作环境新闻是必学内容。修这门课的环境新闻学生必须写一篇反映环境问题的深度报道，并在杂志上发表。各媒体的环境新闻记者也常被邀请为客座教师，指导学生某一方面的课程学习。为3学分。

调查性环境报道（Investigative Environmental Reporting）开课的时间在春学期，由环境新闻中心主任助理大卫·伯尔森（Dave Poulson）先生教授，一些资深的记者与环境专家以客座教师的身份前来讲课。学生首先要学习先进的报道技巧，分析一些优秀的调查性环境报道，还要熟悉和使用科技器材。这门课程目的是发展学生的动手能力，能够解决实际问题。为此，以往的课堂要求学生对密歇根州内受污染的地区做深度环境问题报道，并放在报纸刊登、广播电视上播出。为3学分。选修这门课程的学生不必全是媒体人员或环境新闻专业的学生，只要申请，其他专业的同学也可以学习，其目的就是要培养各专业人才的环境保护意识与素养。

电脑辅助报道（Computer-assisted Reporting）这是一门与环境新闻报道相连的技术课，在春、秋学期由大卫·伯尔森先生教学。通过空白表格程序、数据库和地理信息系统软件，教会学生怎样分析数据。为3学分。虽然这种技术并不紧紧限制在环境问题的报道上，但是对于一个聪明、会"藏舌头"的环境新闻记者来说，这种技术是他所迫切需要的，因为环境新闻"是在制定决定过程中，在调查研究的基础上"，"以充分准确的材料为依托"的。[①]通过数据整理，让事实说话，就能够写出激动人心的环境新闻报道。

批评性环境新闻报道（Muckraking）也可以叫作"环境问题揭黑报道"。由中心主任德特金先生教学，为3学分。环境新闻精神核心就是"独立地反应环境问题"，通过揭黑引起人们的注意，达到保护环境的目的。这门课程要系统地研究美国新闻史上具有讨伐性的优秀新闻记者的作品，包括约瑟夫·普利策（Joseph Pulitser）、林肯·斯蒂芬斯（Lincoln Steffens）等人的批评性新闻报道；还要学习怎样根据揭发内容的不同、使用最恰当的表现手法，如电视报道、文字写作、卡通、照片等形式。力求形式为内容服务，达到震撼人心的效果。

健康与科学写作（Health and Science Writing）这是一门颇受欢迎的本科生课程，主要教授学生怎样去写作复杂的医药、健康与科学问题的学问，

① Michael Frome, *Green Ink: An Inroduction to environmental Journalism*, preface, Ibid., p. Ⅸ.

由德特金先生执教，为 3 学分。密歇根州立大学阿布莱姆天文馆（the MSU Abram Planetarium），国家食品安全和毒理学中心（National Food Safety and Toxicology Center），斯保罗医院（Sparrow Hospital）和其他研究机构的专家经常被邀请来交流或讲学。这门学科与每个人的生活相关，琐碎、复杂，志在培养学生综合素质，这对于环境新闻教育来说是一项甚为艰巨的工作。

环境、健康和科学冲突报道（Coverage of Environmental，Health and Science Controversies）这是一门本科毕业生专题讨论课，为 3 学分。主要审视媒介报道在科学、环境和健康冲突中所扮演的角色。这是一门检验即将毕业的本科生从业素质的课程，课前学生必须仔细阅读有关材料，参加班级讨论后必须针对具体冲突议题写一篇深度分析的文章。这些论题都与美国甚至密歇根州人的生活密切相关，如多溴联苯（PBB）污染对密歇根州牲畜的影响，Donora 的烟气排放，疯牛病，艾滋病，SARS，炭疽病等议题。无论议题还是学生所写文章，都体现出环境新闻实用性的特点。.

其他课程。除上文提到的环境新闻摄影（Environmental Filmmaking）课外，还有为海外环境记者提供培训的课程如澳大利亚：媒介，环境和文化（Australia：Media，Environment and Culture）；针对大湖区环境保护的课程如土地使用与环境的报道（Reporting on Land Use and the Environment）、大湖区环境问题报道（Reporting about Great Environmental Issues）等。值得提及的是，密歇根州立大学环境新闻中心所开设的课程不是都固定不变的，生活中如果出现了较为严重的环境问题，很快通过环境新闻记者的关注而被设为课程，如 SARS 的传播，禽流感问题现在已经成为环境新闻课程中学习的内容。面向实际、反映生活中的环境问题渗透到各课程的方方面面，以求得社会和谐发展。学生根据专业的要求和所修学分，可以获得学士、硕士和博士学位。

三　本地化的教学和研究

美国现在有 38 所大学拥有环境新闻教育，分散于美国各地。而每一个大学新闻系教研的对象都会有所区别：西南部的亚利桑那大学（University of Arizona）环境新闻主要研究以新墨西哥州为中心的畜牧山区的环境问题；科罗拉多大学漂石分校（University of Colorado at Bould）设立的环境新闻中心以中西部农业平原区的环境问题为目标；密歇根州立大学环境新闻中心则是以大湖区环境问题为对象。这种本地化的教学和研究与传统的新闻学又有很大的不同，也体现了美国环境新闻实用性的特点。

立足本地人居环境的 RISE 教研项目 RISE 是"环境学习住地第一步"（the Resident Initiative on the Study of the Environment）各词第一个大写字母的缩写。从环境上来说，红杉河（Red Cedar River）流经密歇根州立大学，受到当地林木砍伐带来的水土问题，还有工业污染现象。经雨水冲洗流入到河里，影响动物饮水、人们用水。为了唤起当地人的环境保护意识，环境新闻中心特别设置了这样一个本地化的教学与研究项目。

RISE 教研项目同时对五个学院的学生开课，除了环境新闻专业以外，数学、生物、化学和土地专业或学院的同学经申请，可以加入该项目的学习或研究。之所以这样做，就是要参加学习和研究的人员有一个独特的、跨学科的视角来学习和研究身边的环境问题。作为环境新闻的老师或研究人员，也可以通过这种形式的课堂或研究，发现更多问题，形成更丰富的积淀。老师和同学们经常开展一些户外活动：向当地居民解释乱排污水、随意扔垃圾、路边丢废汽油等都会污染河流，经雨水的冲洗又重新回到人们的生活；游说州立法机关通过禁止红杉河上游州的垃圾经过密歇根境内的法案；帮助小学生园艺和种植植物以使孩子们懂得食物生态系统；通过地下水的测试找出受污染的地带等。相类似的场面有这样一段新闻报道的描述：

RISE 课堂上，当学生们把知识用来解决现实生活中的问题时，他们的腿湿了，手也脏了。那些新手们说，将来真正有职业竞争力的从业者是能够解决现实问题的能手。[1]

这种叙事性知识的教学是全面教育观的一部分。按照著名教育家利奥塔（Jean-Francois Lytard）的理解，叙事本是生活世界里始源意义的知识，科学知识为叙事的一部分，因为教育来自生活。自启蒙运动以来，科学知识逐渐被理念化、绝对化，超越始源的叙事知识而上升为统治地位的"大叙事"、"元叙事"，具有普遍的、绝对的权威性，并把生活的叙事知识贬低到无足轻重的地位，最终造成"生活知识"与"科学知识"的尖锐对立，是社会不和谐的一部分。[2] 密歇根州立大学环境新闻则通过本地化的教学与研究，把科学知识与生活知识有机融为一体，达到教育内部的平衡，也促进了社会和谐发展。

还绿水家园的大湖区环境新闻培训所。大湖区环境新闻培训所（The

① "RISE students Get Their Feet Wet"，Knight Center for Environmental Journalism MSU．网络链接：http：//www. ns. msu. edu/rise/about. html.

② 邬志辉：《教育的内在失衡与重建》，《出版工作》2005 年第 12 期。

Great Lakes Environmental Journalism Training Institute） 是一个以环绕在密歇根州五大湖区的生态环境报道为培训内容的、本地化的环境新闻培训机构。每期受培训的 25 名记者，都来自五大湖沿岸的印第安纳、密歇根、纽约、伊利诺伊、宾夕法尼亚、威斯康星、俄亥俄和明尼苏达 8 个州，还有处于湖区北岸的加拿大安大略省的环境新闻记者。这些记者都是全职的媒体工作人员，而且在大湖区的环境新闻报道中卓有成效者、成绩斐然。

　　每期培训时间为一周。前 1—2 天的高强度培训在于学习他们所生活的家园——大湖区周围所面临的最为严重和紧迫的环境问题。首先由老师上课，接下来 25 位来自不同省、州的前线环境新闻记者发言，大家针对某一个重要的问题进行讨论，使问题更深入，视野更广泛。参加者还要学习当地的水资源问题、土地利用、有害物入侵、湖区沿岸财产所有权和鱼类污染等知识。

图 6 - 5　密歇根州立大学校园一角

　　然后几天是户外活动，与五大湖区的环境亲密接触，近距离地发现大湖区的环境问题。以往的活动包括：徒步旅行，驾独木舟，寻觅化石；有时甚至游到湖区北岸的加拿大森林去调研资源保护、通过温尼伯湖里的鱼来发现环境问题。然后再回到课堂，各自发言、集体讨论。① 这个培训最有价值的地方也许就在于，这些优秀的环境新闻记者在面对同一个环境问题挑战的时候，可以分享更多同行的智慧。听听一位受过培训的环境记者的肺腑之言吧：

---

① "Training Days", *Environmental Journalism*, Autumn, 2003.

这是一个有着深邃洞察力的一周，我会把自己的经历强烈地推荐给我公共社团广播的同仁们。……斯科特·古瑞恩，KGOU 公共广播。①

为了同一个目标，芝加哥论坛报、纽约时报以及美国环境新闻记者协会等媒介或机构的记者、研究人员也前来讲学，分享智慧，迎接共同的挑战，为建造一个共同的绿水家园而紧密地走到一起。

抚摸创伤的《环境新闻》杂志。环境新闻走进大学也就成为了一门科学，不仅有教育，还有研究。作为一门新兴学科，研究的重要性更为突出。《环境新闻》杂志是由密歇根州立大学环境新闻中心出版、由学生创办的半年刊，德特金先生任执行主编，指导办刊。这份杂志很大程度上继承和发展了《环境协会杂志》的风格：提供大量、广泛的环境新闻深度报道、评论，也创造一个学习和探讨环境新闻教育的理论平台。文章有的来自环境新闻专业的同学，也有跨学科、跨专业的。角度多样，观点新颖。其实这本杂志自2002 年创办以来已经引起了广泛的注意，以至于现在全国大学相关专业同学的优秀文章也经常见之于其中。

这份杂志最突出的特点在于关注由于环境破坏所带来的创伤，特别是密歇根州所在的五大湖区生态破坏之创伤。从已出版的 8 期内容上看，除去有关环境新闻教育的篇章之外，上面的新闻报道、评论和讨论文章，几乎全是关于环境破坏的负面内容。而且每期都围绕一个热点环境问题来组稿，见表6－1。②

表6－1　　　　　　　　《环境新闻》杂志各期主题

	2002 年	2003 年	2004 年	2005 年
春季刊的主题	生态旅游带来的环境破坏	运输工具给环境保护带来的压力	不正常的季节现象与环境破坏	野生生物的生存危机与环境破坏
秋季刊的主题	电子革命带来的环境伤害	土地不当使用与政策失误对环境的破坏	水资源污染带来的环境危害	温室效应带来的气候、环境变化

每一期的主题都通过封面的大幅彩色照片来加以统领和突出，里面的文章通过彩色照片、数据和表格、卡通、故事及艺术作品等形式得以丰富地表

---

① Scott Gurian, environmental Journalist of KGOU Public Radio, a full service public radio station on January 1, 1983 at the direction of the Board of Regents of the University of Oklahoma. from: http://www.ns. msu. edu.

② 资料参见 *Environmental Journalism*，从 2002 年夏季版至 2005 年秋季版 8 期杂志。

现。值得指出的是，每一期的主题都以大湖区或密歇根州的环境问题说开去，向世界热点环境问题辐射。杂志里开辟专栏《大湖区》（LAKES），集中论说某个主题的环境问题；然后在《校园》（CAMPUS）栏目里探讨表现这一类环境问题该如何用镜头摄影、怎样拍摄新闻照片、如何写出环境新闻报道、评论的特色等；再接下去是《环境新闻报道》（E·J·N·E·W·S）栏目，里面多是关于环境新闻教育或研究的最新动态，很多新动向都在进一步系统化地教授或研究怎样发现、报道不断受到破坏的环境问题。以大湖区环境为中心，抚摸灾难和不幸、揭示大自然的创伤，是《环境新闻》杂志始终如一的主题。

四　社会良知与责任是教育的软实力

美国是一个高度发达的资本主义国家，市场经济的理念几乎渗透到每一个美国人的基因中。然而，环境新闻在美国的产生与发展却不是用传统的市场作用力可以解释的。因为对于一个普通的公民来说，如给你钱，你就要给予我相应的东西作为回报。密歇根大学环境新闻创立者德特金先生，把他在创立和发展环境新闻记者协会的精神也带到了大学的专业教育中来。从1990年8月起，环境新闻及其相关机构就被美国国税局（Internal Revenue Service）归类为非营利的教育事业。德特金先生与其同仁就把发展与环境新闻关联的活动做一个政策性规定：拒绝接受政府机构、非媒体组织、环境单位或利益集团的资助；作为一项有尊严和独立理念的事业，更不需要别人的怜悯和施舍。① 然而，从1990年环境新闻教育在美国诞生到目前在大学里的繁荣，其生命力何在，软实力是什么？

答案很简单，环境新闻教育靠的是社会良知与责任。环境新闻教育的传播就是要传递环境新闻的记者在进行环境问题报道时要有"独立精神"，要"独立地揭露环境问题"，"独立评论"，而不能够受到利益集团的引诱或政府干涉。环境新闻教育的资金"仅仅来自个人、大学、基金或媒介同仁的捐献"，从不例外。1996年在环境新闻活动最为艰难的时候，德特金及其同仁拒绝百家得基金（Bacardi Foundation）100万美元赞助就是一个很好的说明。

尽管不少人曾经写文章批评环境新闻教育不可能做到完全的"独立精神"，但以德特金先生为首的环境新闻教育同仁们一直笃信这一理想，也赢

---

① John Palen, "OBJECTIVITY AS INDEPENDENCE: CREATING THE SOCIETY OF ENVIRON-MENTAL JOURENALISTS, 1989 – 1997", Ibid., www. sej. org.

得了社会各界的尊重。环境新闻记者协会由 1990 创办之初德特金先生向熟人借钱，到 1996 年这个教育组织已经有了 35 万美元的活动预算。1994 年，德特金先生就是在得到纳尔特基金（The John S. and James L. Knight Foundation）的资助下在密歇根州立大学创立环境新闻中心的。这个私人基金 1950 年由纳尔特·约翰和詹姆斯兄弟报业公司创办，该基金致力于推动"独立的新闻报道、为大众服务精神和更完美的记者职业能力"这一理想。对于以德特金为首的环境新闻教育者们来说，是社会良知与责任让他们与纳尔特基金走到了一起，也使环境新闻教育在密歇根州立大学茁壮成长有了肥沃的土壤。由于该环境新闻中心卓越的教育成绩，2005 年春获得了纳尔特基金 220 万美元更大项目的资助，德特金先生和他的同仁们正雄心勃勃地设计一个第三世界国际环境新闻教育的计划：建立培训发展中国家环境新闻记者的教育机构，让更多环境新闻会议能够在中国和拉丁美洲举办，让环境新闻走到最需要它的地方去。①

---

　　① Jim Detjen, "Looking ahead Knight Foundation awards Knight Center ＄2. 2 Million", *Environmental Journalism*, Spring, 2005.

第七章　环境新闻与西方社会

　　环境新闻与西方社会是研究媒介生态的，即环境新闻在什么样的社会背景下运行。这种研究重点在于媒介（包括记者、媒体内部运作以及传播内容）是鱼，媒介以外因素（包括政治、法律、经济与组织行为等）是水；环境新闻与社会其实就是研究鱼与水的关系。环境新闻是20世纪60年代以来兴起的一门新学科，它的媒介环境也是在传统媒体环境中产生，又因为其任务的特殊性，随着自身的发展与壮大，逐渐地形成了自己独特的媒介环境，并进一步反作用于社会。本章不在于从史学角度梳理环境新闻与社会关系的发展流程，而是以事情为材料，把西方环境新闻（包括媒体在内）、环境记者与环境记者组织（协会）作用于社会的政治、法律、商业等方面的功能做大体上的研究，试图摸清其规律，并作经验总结。

第一节　环境新闻与政治

　　对于环境新闻（或媒体）与政治关系研究的书很少，而在西方的研究资料中，唯有看到利哈伊大学的教授沙龙·M. 弗莱德曼（Sharon M. Friedman）的成果《20年环境报道》（指70—90年代）① 以及其后写的《报道在继续：环境新闻的第30个年头》（1990年代至2000年代），② 另外加之一些散见的学术期刊文章。这些资料是我们研究环境新闻与政治关系的基础。

一　影响政治的基础：环境新闻与公众认知

　　1988年美国的干旱使得媒体把很大的注意力都放在了人与环境的冲突当中来。因此，根据弗莱德曼的一份调查发现，1989年这样一个东西方格

---

　　① Sharon M. Friedman, "Two Decades of the Evironmental Beat", Craig L. LaMay, Everette E. Dennis, *Media and the Environment*, Island Press, Washington, D. C., 1991, pp. 17—28.

　　② Sharon M. Friedman, "And the beat Goes On: the Third Decade of Environmental Journalism", Susan Senecah, *The Environmental Communication Yearbook*, Language Arts & Disciplines, 2004, pp. 175—188.

局面临解体的大新闻年代，电视新闻（调查中的样本）一共播出了 774 分钟的环境报道，超过历史上的任何年月；而在 5 年后的 1994 年，播放时间降到 122 分钟。随着全球变暖的趋势明显，电视中的环境新闻播出时间开始回升，1996 年为 174 分钟，2000 年为 280 分钟①。这段时间把人们的注意力吸引到环境问题上来，从而为美国的总统大选年带来了前所未有的挑战：即总统候选人对于环境的关注。由于媒体的关注度在空前的强化环境问题，人们对于环境的担心开始反映在政治上，直接表现在政治选举当中。"冰冻三尺非一日之寒"，当然这里首先考量的是媒体对于公众的影响。

　　佛罗里达州立大学教授董娜琳·鲍姆卜（Donnalyn Pomper）对这一时期媒体的环境报道层次进行研究，她发现媒体关于环境的报道是多层次、全方位的，这意味着环境报道对于美国人的影响是全面的、立体的。鲍姆卜分析了 6000 条环境新闻的文章，这些文章是 1983—1997 年间《纽约时报》、《今日美国》、《国民问讯》（National Enquirer）上面刊载的环境新闻，以此研究发现，这些关于环境的新闻报道无论在语言、题材选择、内容制作以及风险规避上，都存在着相当的差异。《纽约时报》的环境报道是严肃内容与优雅的文风，资料有 3/4 内容来自政府或产业的权威机构，对准的是上流社会读者；《今日美国》主要对准中产阶级，权威机构的资料引证大概为 2/3；《国民问讯》报语言较为通俗、直白，对于精英阶层的采访报道都比较少，引证政府权威机构的材料也较少，外行人、民间的材料约占据 1/2 以上。②美国媒体环境新闻的这种分布，对于媒介效果来说是较为理想的，因为它最大程度地影响了美国各个阶层人对于环境问题的关注。

　　为了说明问题，考察环境新闻对于政治的影响，我们不妨根据已有的资料对这三大报的三个层次进行分析，这样为我们进一步分析 90 年代以来的美国总统选举为何总是要考量环境因素有帮助。这段时间，环境新闻报道已经渐趋成熟，环境新闻虽然是一个科学写作，但是在这期间，在此三大报中，皆是一些较为引人入胜的故事，且注重新闻报的接近性，以期达到报道效果的最大化。根据鲍姆卜资料研究的描述"具有戏剧性"。新闻传播的技巧其实很大程度上来讲，在内容上表现为讲故事的艺术，环境新闻之所以长

---

　　① Sharon M. Friedman, "And the beat Goes On: the Third Decade of Environmental Journalism", Susan Senecah, *The Environmental Communication Yearbook*, Language Arts & Disciplines, 2004, pp. 177—178.

　　② Jan Knight, "New Journal Explores E - coverage in 2000 Election and 1990s", *SEJournal*, Fall 2004, p. 11.

时间效果不好，就在于文科背景的记者不懂报道内容，自然科学背景的记者不会讲故事。

就接近性来说，这一时期的环境新闻主题都尽量能够与人们的生活息息相关，并且有意识地寻求环境问题的根源所在，在这个过程中，很容易就归结到社会问题集结的中心——政治。鲍姆卜这样写道："每日的环境报道内容都列举出那些腐烂的垃圾、喷出的化学物，以及这些废物正在导致的环境秩序紊乱。而这些化学物质与腐烂物质已经被政府与工业的发言人说过了，他们说已经把这种局面控制住了"。批评"官僚机构缺少效率"①。既然众多媒体环境的新闻报道把问题的症结归结于政治，当然在总统选举的时候就要把候选人的条件（当然它还不是决定因素）拿出来考量，这种现象在美国乃至西方领导人选举当中还是一件新鲜事。可以说这是环境新闻报道效果在民间积累的结果。

二　重要形式：环境新闻内容分析与总统选举

1992 年克林顿竞选美国总统的时候就与环境问题的专家阿尔·戈尔搭档，许诺将改善美国的环境问题。1996 年，克林顿再一次与戈尔搭档争取连任。与戈尔搭档就是考虑到自己的经济专家优势与戈尔的环境专家优势。在 1996 年的选举当中，由于公众对环境保护意识的进一步提高，候选人环保的承诺显得比以前更为重要。美国环境记者格理·李（Gary Lee）对此进行过专门的研究。克林顿对着激动的人群曾经多次做过这样的许诺："到 2000 年（任期结束时），我要让美国没有孩子生活在废弃有毒的垃圾附近，没有父母亲会担心他们孩子的饮水问题"②。为了兑现许诺，从选举的时候起，克林顿还列出了他的环境（处理）议程，包括加快有毒废物的处理、打击工业利益集团的恶意中伤、褐色地缩减项目等。

在西方政治选举史上，这是美国总统选举中一次较为全面检测候选人环境政策的大选。共和党总统候选人罗伯特·多尔（Robert Dole）的环境政策也需要在选举中亮相。多尔认为全球变暖与工业气体排放之间存在着"复杂"的关系，因此，多尔告诉公众，如果他当选，在采取行动控制工业排

---

① Jan Knight, "New Journal Explores E-coverage in 2000 Election and 1990s", *SEJournal*, Fall 2004, p. 12.

② Gary Lee, "Elections Offer Chioce, Rebulicans and Democrats On Basic Environmental Positions", *SEJournal*, Fall 1996, p. 1.

放之前，他赞成对"温室效应"进行更多的研究；努力通过立法去限制各类机构对工业的规定，但要赔偿土地所有者的损失，因为任何立法都会对财产权产生冲击。多尔的选举主张受到了工业界的强力支持，却受到了环境保护主义者的强烈反对。对此，美国的媒体给予评论，并进一步影响到了公众的认知，媒体认为"这是两个完全不同的立场"，"在全球变暖这个议题上，克林顿将可能获得很多的选票，因为连任后，克林顿与他的副总统戈尔将会在公众的期待里继续强化他们的领导力，去减少'温室气体'的排放，放缓全球变暖的进程"①。戈尔的失败也许是多方面的，然而在环境政策上"站错立场"也许是很重要的一面，最起码他失去广大的环保主义者与在环境恶化中受害的公众之支持。

　　这种环境因素的政治考量一直延续到克林顿以后的总统选举当中。2000年的美国总统大选里，美国媒体批评布什在得克萨斯州"休斯敦地区臭名昭著的空气污染问题已经变成了他2000年总统选举的软肋"；并批评"得克萨斯州政府及布什的支持者夸大了布什在污染控制方面的成就"；"甚至是体面的媒介组织也很难证明（布什环境控制方面的成就）是确凿的"②。

　　与此形成对照，美国前副总统戈尔因为长期重视全球变暖问题，并利用自己的政治身份积极在全球宣传阻止工业气体排放，从而获得全美乃至全世界的尊重。在2000年的选举期间，有媒体人士专门对美国19个城市报纸与美联社共20个媒体进行研究，在1998—2000年期间，对110篇环境新闻内容进行研究，发现什么样的环境报道内容可以帮助候选人加分。大体上发现选举期间的环境报道可以分成形象性（Image-based）报道与问题性（Issue-based）报道；前者集中于具体问题报道，后者集中于一种立场（也就是一种理念）。在选举中民众"关心一些琐碎的具体问题"，而戈尔的主张主要在于全球变暖，是一个系统问题，"很难具体"，因此，选举期间戈尔的环境政策并未给他加分。③

---

　　① Gary Lee, "Elections Offer Chioce, Rebulicans and Democrats On Basic Environmental Positions", *SEJournal*, Fall 1996.

　　② Bill Dawson, "Smog Lingers Over Houston, Media Muddle Bush's Record as Air Progress Slows", *SEJournal*, Spring 2000.

　　③ Michael Nitz and Holly West, "Framing of Newspaper News Stories During a Presidentail Campaign Cycle: The Case of Bush - Gore in Election 2000", Suan L. Senecah, *Environmental Communication Yearbook*, Volume 1, pp. 205—226.

三 国际视野：环境因素促成新国际地缘政治

在西方媒体的报道中，在国际政治舞台上，因为环境问题（核心是全球变暖之责任分配问题）逐渐地形成了一种新的地缘政治：为"生存排放"的国家加之环保人士的一方，地缘相对以"奢侈排放"为代表的另一方。这种理念往往被媒体用来报道环境问题、分析当前的国际政治格局。

西班牙《先锋报》的一则新闻报道 2007 年 12 月联合国巴厘岛全球变暖会议时就体现了这种观点。记者拉斐尔·波奇认为，在国际分工中，中国是"世界工厂"，但其中生产的 27% 的产品流往国外，但这 27% 的气体排放也算在中国的头上。中国 2006 年 1 月实施了《可再生能源法》，但对经济增长需要保持年 7% 增长的大国来说只是小的开始。中国电力的 74% 都是来自煤炭，这种污染后面是占世界 1/5 人口摆脱贫困的渴望。中国在巴厘岛联合国气候变化大会上反对限制其二氧化碳排放的措施，因为中国在全球变暖问题上不负有历史责任，并区别了发达国家的"奢侈排放"与发展中国家的"生存排放"，认为发达国家应该率先作出榜样。[①]

2007 年 12 月，为了缓解全球变暖进程，联合国气候变化大会各国代表在印尼巴厘岛进行各国工业气体减排谈判。12 月 14 日是巴厘岛谈判的最后一天。最受关注的是，《联合国气候变化框架公约》各缔约方将对大会已经形成的一份决议草案进行最后讨论，但从谈判桌上传来的消息却是，美国、日本和加拿大不愿像欧盟等发达地区一样认可这个量化减排指标的提法。这时，刚刚从挪威奥斯陆到达巴厘岛的戈尔出现在容纳 1000 人的会议厅。"我要说出一个不可忽视的真相。"戈尔说，"我自己的国家，美国，对巴厘岛进程受阻负有主要责任。"台下掌声如雷。这场面，这言语，立即成为各国媒体争相报道的新闻。后来，美国布什政府受到包括戈尔在内的国际与国内的压力，被迫在谈判桌上让步。这表明，由媒体培养起来的公众，随着意识的提高，不仅使得环境问题成为本国的政治议题，也使得环境议题成为影响国际政治舞台的重要议题。这种政治环境的变化，为媒体进行环境报道提供了一个有利的媒介外部生态；也因为成为政治议题，环境新闻可以以更高的频率与更大的篇幅出现在主流媒体上。从另一方面来说，正是由于这种外部政治环境的变化，也在促使环境新闻在文本表现、语言叙述、科学性与思想性方面趋于成熟。

---

① ［西班牙］拉斐尔·波奇：《中国：全球变暖的英雄与平民》，西班牙《先锋报》2007 年 12 月 6 日；转引自《参考消息》2007 年 12 月 8 日。

第二节　环境新闻与法律

环境新闻的报道与传统新闻最大的思想基础差异在于前者是环境中心主义的，而后者是人类中心主义的。因此，环境新闻的报道对西方数百年传统形成的人文主义理念与价值体系形成了全面的冲击，从而要求在政治及其制度性规定——法律上进行重新的修订。因此，环境报道影响公众，公众的认知影响政治，政治进一步推进了法律的制定与修改。

一　DDT 的禁用——由媒体争论到政府立法

卡逊《寂静的春天》从今天新闻题材分类来看它属于环境问题的深度报道，今天的大多数环境新闻都是在长期调查研究基础上形成的。在卡逊生前曾经为了促使政府立法做过很多的努力。1945 年她曾经想通过《读者杂志》来呼吁 DDT 对自然与人类的伤害性，但是没有成功。后来为了解决纷争，美国当时的总统肯尼迪曾经在国会上讨论这本书，并指定一个专门小组求证与核实《寂静的春天》的科学性，后来科学性得以确认。在国会求证以前，卡逊认为最基本的人权应该被保证的是："在面对他人运用毒药的时候，公民有权利保护他自己和家人的安全"；由于玩忽职守与贪婪，政府允许"有毒的、富有权利的生物化学品"落入到"那些不加任何区别的人手里，这些人完全忽视了这些化学品对其他人的伤害"。卡逊进一步批评政府：当公众抗议的时候，政府拒绝承担责任或承认伤害的证据。卡逊挑战这样的道德缺失，说"应该给予公众知情权"[1]。

美国媒体对卡逊发起了责难。《时代周刊》指责她使用煽情的文字，甚至以捍卫人民健康的名义，说卡逊是"大自然的女祭司"，德高望重的医学学会也站在化学工业一边；1962 年 7 月《纽约时报》头版头条发起了论战，说"卡逊搅起了这场冲突，农药制造商的内心在哭泣"；"一些农药问题和化学问题促使科学家开始逐字逐句地分析卡逊的著作。其他公司准备保卫他们产品的辩护状；华盛顿和纽约在举行会议；声明在起草；反击在筹备中……"[2] 也正是这样全美范围内媒体的大辩论，促使美国各州和联邦政

---

[1] Linda Lear, "Rachel Carson: No Peace for Me If Ikept Silent", *SEJournal*, Winter 2002.

[2] Phillip Sterling, *Sea and Earth*, *The Life of Rachel Carson*, New York: Thomas Y. Crowell, 1970, p. 172.

府不得不采取行动。到 1962 年底,已经有 40 多个州通过立法以限制杀虫剂的使用。阿尔·戈尔回忆说:"1970 年环境保护署(EPA)成立了,这很大程度上是由于卡逊所唤起的意识与关怀杀虫剂和食品安全调查机构都从农业部移到了新的机构。"①

图 7-1　卡逊在野外调研

由于工业与商业利益集团的干涉,事实上联邦政府的立法过程异常艰难。在卡逊逝世 20 年后,美国联邦政府通过杀虫剂、杀真菌剂与灭鼠剂法案(FIFRA)的规定,全面禁止 DDT 的使用和销售。这项法案经过多次修订,最后一次是在 1988 年,它规定所有的农药使用必须经过环境保护署的批准。尽管美国环保署能够随时对一种化学品发出禁令,但它必须补偿制造商的库存费用。因此,如果找不到其他合法的方式卖出这些库存农药,美国环保署将会破产。因此,美国前副总统戈尔批评说:"真实的结局是,《寂静的春天》出版后 22 年,法律、法规和政治体制都没有足够的反应。因为卡逊不仅熟知环境,也深谙政界的分歧,她已经预料到了失败的原因。"结果导致市场上流通的许多化学品没有经过一个公正的组织进行彻底而可靠的检测。②

然而卡逊作品的出版以及在媒体形成的争论,以至于到后来的艰难立法,其作用是不可小视的。因为在人类中心主义者的人文主义者看来,人类是天之骄子,是万物之精灵,而这种自豪却是来自于这种技术性装置的支持。卡逊一个弱女子经过出版物与媒体上的争论来迫使当局采取行动,禁止各类科技装置的使用,对人类中心主义者的信仰是一个巨大的打击。虽然立法过程经历漫长而又艰难的过程,但作为先行者,她却为后来的此类立法铺平了道路。从这个角度来说,戈尔评价"《寂静的春天》的影响力可以与《汤姆叔叔的小屋》媲美"是中肯的。

二　"丛林肉"——从新闻报道到国家讨论立法

现代社会的人类生活在一个传媒化生存的时代,几乎所有的信息都是通过大众媒介传播到普通人那里。从 20 世纪 90 年代开始,西方人从媒体上获

---

①　[美]卡逊:《寂静的春天》,第 3—14 页。

②　G. Tyler Miller, Jr. , *Living in the Evironment*, *Belmont*, CA: Wadsworth Publishing, 1996, p. 598.

知在非洲这个遥远的国度里正在发生着一场大屠杀——丛林肉（Bush Meat）。人类的近亲黑猩猩正在遭遇有史以来的大灭绝，到 90 年代，《新科学家》报道野生的黑猩猩仅存 20 万只，其中西非 11.1 万只，东非低地 1 万只；"数量被认为 20 年减少一半"①。

图 7－2　喀麦隆首都雅温德市德一个丛林肉市场

《纽约时报》描写的场面更是血腥、令人发指："这个（喀麦隆首都雅温德市德一个丛林肉市场）市场距离总统府和住宿费 200 美元/夜的希尔顿饭店只隔几个街区，步行 500 英尺就可到达……"更为恐怖的是，"堆积着突出有（像人一样的）长臂骨头的尸体，显然是黑猩猩和大猩猩。在生物摊位，人们买到黑猩猩的手掌、大猩猩的头骨、大象鼻子的圆切片和濒临灭绝灰鹦鹉的红尾巴"②。当部分西方人认为屠杀远离西方文明时，媒体又报道了人们身边难以容忍的"文明屠杀"。

宾夕法尼亚大学教授汤姆斯（Thomas Gennarelli）在做头部伤害的研究时，动物解放联盟从他的实验室里查出一大堆伤害动物的录像带，并予以曝光。场面之残忍不堪入目，立即引起全国激愤。③ 面对媒体一大堆的血腥描述，西方世界震惊了！人们开始关注问题的何去何从，学术界、新闻界与政府机构都在积极地考虑对策。

①　Laura Spinney，"mokey Bussiness"，*New Scientist*，May 2，1998.

②　Donald G. McNeil Jc.，"The Great Ape Massacre"，*New York Times*，May 9，1999.

③　Gregory E. Pence，*Classic Cases in Medical Ethics*，Boston：McGraw－Hill，2000，p. 225.

作为西方新闻界一个积极的反应,一个主题为"丛林肉"(Bush Meat)网站(并带有"丛林肉"的环球主题调查)做出以后,在短短的 0.17 秒钟之内,大约有 2170 人次登录网站,都访问了一个阻止屠杀和保护类人猿的组织①。在此之前,学术界也积极配合新闻界的报道,深入到最血腥的"丛林肉"地带进行采访,并积极出版关于"丛林肉"的新闻出版物。

图 7-3　格达尔(Jane Goodall)
在坦桑尼亚与黑猩猩在一起

美国人类学家路易斯·里凯(Louis Leaky)就分派他的三位优秀的学生(Jane Goodall,Dian Fossey,Birute Galdikas,)去非洲与印尼研究"丛林肉"。到 90 年代,她们先后出版了关于丛林肉的书籍:《迷雾中的大猩猩》(后来改编成电影)、《伊甸园的思考:我和婆罗洲的猩猩一起度过的日子》(是好莱坞大片《金刚》改造前的生活原型)以及附有大量新闻图片的书《丛林肉中的奥德赛》,②这又使得她们的身份变成了环境作家。简·格达尔(Jane Goodall)在坦桑尼亚的格木贝(Gombe)国家公园花了 40 年时间研究黑猩猩,以至于出来以后形象上几乎与黑猩猩没有什么区别。她们的新闻出版物、新闻报道乃至社会演说涤荡着西方乃至全世界人的灵魂,西方人开始认真地从政治与法律角度考虑解决问题的途径。

这项国家立法的努力在 1999 年被推上高潮。1999 年国际类人猿计划首先在新西兰争取到"人权",要求新西兰国家议会投票通过这样的法案:"确认非人类的类人猿作为世界上第一流动物的身份,赋予它们在法庭上站得住脚的基本权利:生命权、不受虐待和不受低级待遇的权利"。然而,在 1999 年 5 月新西兰议会投票的时候,这项法案并没有得到通过。然而它的成功是史无前例的:新西兰议会建议,除非为了类人猿的利益,否则不允许

① Jane Goodhall Institute Press Release, April 1999. from the eds. Lisa H. Newton Watersheds, *Ten Cases in Environmental Ethics*, Wadsworth Pub. Group, 2001.

② 这三本书的英文为:Dian Fossey, *Gorillas in the Mist*, Biography & Autobiography. 2000;Biruté Marija, Filomena Galdikas, *Reflections of Eden*:*My Years with Orangutans of Toronto*, Little, Brown, 1995;M. Birute, F. Galdikas and Nacy Briggs, *Orangutan Odyssey*, New York:Abrams, 1999.

任何类人猿的实验。①

虽然人类社会第一个为类人猿像人类一样拥有权利的立法失败了，然而它的意义不可小视。从基督教确立以来的近两千年里，西方世界根据《圣经·创世记》里的阐释，把人类放在支配万物的超自然位置。在媒介信息的构建与引导下，在自然日益受到压迫与摧残的现实面前，人类开始意识到他们自己只是生物界的普通一员，并注意保护其他的非人类物种，赋予它们道德与法律身份，这是人类文明的巨大进步，也为未来人类与自然和谐相处做了认真的尝试与努力。

三　温室效应的立法——从媒体认知到全球谈判

全球变暖的思想最积极、最有影响力的推动者是美国前总统戈尔。他60年代曾经在海洋学家罗杰·雷维尔博士手下做过研究，罗杰是在西方最早发现全球变暖的科学家之一。1988年，年轻的参议员戈尔在华盛顿主持听证会，众多媒体在场，全球变暖经过媒体传播迅速成为一派有影响力的观点。也是1988年，联合国成立了政府间气候变化问题研究小组（IPCC），吸纳了戈尔的观点。接下来1992年里约热内卢会议，当年戈尔被选为美国副总统，借助政治身份的影响力，即引导了美国的媒体，又影响了1997年出台的《京都议定书》的内容，虽然后来戈尔做出大量努力，美国参议院并未接受这项国际条文。但对戈尔本人来说，他的主张得以在世界范围内迅速传播，并进一步影响媒体的导向。②

2000年总统大选过后，虽然惜败布什，但戈尔一直在世界各地考察气候变暖的证据与因果关系，在2007年年初，他的纪录片《不可忽视的真相》获得奥斯卡奖，极大地普及了他的全球变暖主张。由于这部纪录片已经和正在帮助数以亿计的公众理解气候变化，2007年12月，基于他为全球气候变暖宣传所作的贡献，戈尔在挪威奥斯陆获得了诺贝尔和平奖，与他共同获此殊荣的是联合国政府间气候变化专门委员会（IPCC）。这把戈尔的政治影响力与科学精神结合起来，使得他取得了在美国总统位置难以获得的成果，因为这种成果具有了世界性，也让戈尔成为在环境领域具有世界影响力的人物。

---

① News Item, *New Scientist*, May 29, 1999.

② Christopher Booker and Richard North, "The Deceit Behind Global Warming", *Telegraph*, November 11, 2007.

2007 年 12 月的印尼巴厘岛，在为期 13 天的联合国会议闭幕，达成了具有法律约束力的《联合国气候变化框架公约》，规定到 2020 年，发达国家必须减排二氧化碳总量的 25%—40%，称为"巴厘岛路线图"。这之前，美国出人意料地对草案表示反对，戈尔在大会上愤怒斥责美国政府行为，加之发展中国家的强烈反对，美国政府最后撤案。这不能不说与全球媒体所树立起来的戈尔环保英雄形象的影响力有关。联合国秘书长潘基文会后称赞这项国际协定说："这是一个标志性时刻。所有的 188 个国家认为对全人类，乃至整个地球来说都是一个重要的日程"[1]。

有关环境新闻对于立法的作用，有很多环境记者认为媒体及其传播内容只是充当守门人的作用，而并非法律的直接催生者；也有记者直接怀疑环境新闻要求立法阻止污染的可行性。美国环境记者弗莱德·史密斯（Fred L. Smith），环境立法的历史表明，"环境立法几乎保证不了（推进）环保进程"；结果是，很多环境专家（包括弗莱德自己）赞成自由市场环境主义。也就是说，在工业社会里，环境的破坏者是工业产品及其配套的市场体系，因此，环境问题的最终解决离不开市场的力量，而不是仅仅离开市场的行政立法。[2]

美国前副总统戈尔也呼吁利用市场的力量来抑制全球变暖。戈尔认为："问题在于二氧化碳对经济的影响完全看不见，经济学家称之为'外部因素'。然而，我们忽略的问题给我们的未来制造前所未有的巨大威胁"。戈尔表示，关键是每个国家都要对二氧化碳的排放征税。这样，把立法建立在市场的规律之上，就可以让超出《京都议定书》排放限额的国家向没有超出限额的国家购买排放额度，这样才能够从根本上抑制全球变暖。[3] 作为把行政立法作为主宰思想的环境报道来说，这种理念确实值得深思。

第三节　环境新闻/媒体与经济利益

环境新闻反映的核心问题在于公共空间里的生态问题，同时环境新闻的风险性价值主要着眼于未来的某种伤害，因此，它的受益者在短暂的时间里

---

① 路透社电讯稿：《联合国气候大会落幕》，转引自《参考消息》2007 年 12 月 16 日。
② Fred L. Smith JR. "A Fresh Look at Environmental Policy", *SEJournal*, Winter 1993.
③ 法新社：《戈尔呼吁利用市场力量抑制全球变暖》，转引自《参考消息》2007 年 12 月 11 日。

很难感受到这种好处。另一方面，当环境新闻蓬勃兴起的时候，西方已经进入了市场无所不在的高度发达资本主义时代，市场力量主宰着一切，媒体尤其如此，如果不能够获得足够的市场份额，任何远大的理想、光荣的使命都将会在生存的抗争当中消失殆尽。因此，研究环境新闻的媒介生态重点在于媒介与经济或者商业的关系。

一　媒介所有者的经济利益对环境新闻的影响

作为美国乃至世界性的大报，《纽约时报》在2005年经历经济上的严冬之后宣布减员1/4，并进一步缩小开支。这对美国各大媒体来说是一个不祥的信号。最近两年，随着新媒体的兴起，报业等传统媒体的发行量、收视率急剧下降，也威胁到它们的市场生存状况。作为媒介所有者的老板，为了吸纳年青的受众，不得不增加一些娱乐性内容的新闻，从而转换传统新闻价值，也降低了传统媒体的社会责任。因此环境新闻因为是非事件性的、不具有戏剧冲突，难以吸引年轻人的眼球，可能会在经济利益的面前，为了市场生存，渐渐地在媒介所有者眼中失去应有的重量。持这种观点的人是以美国最著名的环境记者、学者德特金先生为首的人士。[1] 这批媒介人士担心由于媒介业主受到市场的挤压，像《纽约时报》这样严肃性的大报内容开始小报化，比如取代北极变暖、南极冰融而变成了充斥着影星妮可尔·姬特曼与歌星迈克尔·杰克逊这样的报道，这样，很多在历史上负有重大社会责任的传统媒体之新闻报道，为了追求股东的利润目标，把新闻价值仅仅集中于对社会名流的追踪与对社会犯罪的渲染。

这一类学者与业界人士同样担心环境新闻因为业主追求利润的目的，会大幅减少开支，从而导致传统媒体报道内容的减少，同时也会挤压环境新闻应有的版面空间。这种担心很快也就被印证了。标志性的传统大报《纽约时报》宣布从2008年中期将缩小报纸的版面，版面宽度从现在的13.5英寸缩小到12英寸。瘦身的目的在于期望每年节省开支4200万美元。同时，该报计划在2008年前裁员1/3，并关闭下属一家印刷厂。并且驻国外的记者站与记者数量都需要减少，其中首当其冲的就是那些产出量低、耗时耗力的调查性新闻记者与机构。这种变革其实是为了娱乐化以及及时性的新闻价值需要。这些减员中，环境记者的特性正好适合这些标准，使得环境新闻面临着巨大的发展挑战。

———————————

① Jim Detjen, "Detjen Questions the Profession's Direction", *SEJournal*, Winter 1994—1995.

　　环境新闻的另一个威胁来自媒体的大规模并购与巨无霸似的集团化。为了迎接新媒体的挑战与市场利益的最大化，美国媒体的集团化并购步伐正在加速度进行。就拿 2007 年前 3 个季度的并购速度来说，这 3 个季度大媒体间并购次数为 637 次，交易值为 951 亿美元；相比 2006 年，全年并购次数为 637 次，全年交易值为 606 亿美元；2005 年全年并购次数为 542 次，交易值为 540 亿美元。① 这表明媒介并购已经完成了小媒体之间的并购，正在朝着跨国巨无霸大媒体集团并购的方向发展，市场越来越集中于少数几个媒体所有者手中，市场的利益集团已经变得简单，趋向于市场集权。当所有的冲突往上追溯可能都会集中于一个老板的手中。

　　环境法规限制了污染，不允许过分开采资源与土地开发，这些都与企业主的市场利润相抵触。在自由竞争的资本主义市场经济体系下，如果媒体报道的环境新闻批评企业污染的太多，企业就不会在这类媒体上作广告，结果可能使得媒体生存出现困难，处境尴尬。更有甚者，当媒体之间并购到一定规模的时候，具有讽刺意味的是，往往媒体在环境新闻中批评的企业污染，就是这个媒体所有者手下的一个子公司。这样环境新闻的批评与监督功能会戛然而止。美国《绿媒体》（Greenwire，主要是网络出版）的出版者斐尔·莎卜可夫（Phil Shabecoff）曾是《纽约时报》的环境记者，1991 年环境新闻在美国各媒体遍地开花的时候，莎卜可夫建立了这个绿媒体，是专门提供能源与环境政策的出版业。后来，这个媒体被《国家杂志》（*The National Journal*）并购，这个杂志隶属于时代 - 明镜（Times-Mirror Publication）出版集团，这个集团是一个涉及产业面很广的集团，特别是广告营销市场涉及盘根错节的利益关系，后来莎卜可夫发现企业主已经对《绿媒体》的环境报道没有了要求。因此，媒体并购的结果，对环境新闻的监督功能是一种伤害。② 当然，很多业界人士与学者认为这种影响可能不会那样直接地显现出来，它可能是微妙的、间接的与缓慢的。

　　然而，媒体集团大规模的并购造成的所有者利益的集中，并不意味着环境新闻的终结。相反，从某种角度来说，因为达到资源共享，更加促进了专业化。即使媒体集团化使得很多小媒体集中于少数大企业主手中，但是西方

---

① Client Briefing: Mergers & Acquisitions for the Media & Information Industries, October 2007, the Jordan Edmiston Group. Inc, p. 1.

② Amy Gahran, "News Titans: How Will Big New Owners Affect the Beat?", *SEJournal*, Summer 1999.

新闻专业主义精神是媒体人的普遍信念；另一方面，大媒体集团的所有者在市场上他们的利益也不相同，再加上媒介内容也受到受众需要的控制。全球变暖等已经是当今世界普遍关心的头等问题，媒体不可能舍弃这部分受众的需要。在媒体大规模并购之前，只有一些中型甚至大型媒体才具有环境记者；媒介并购以后，更加促成了记者的分工，使得环境新闻朝着更加专业化方向发展①。从美国现在媒体的实践来看，媒体集团化造就了部分媒体利益与企业利益的趋同，从而导致环境新闻的批评功能下降；另一方面，又使得环境新闻朝着更加专业化方向发展。这其实是一个问题的两个方面。

二 工商业集团利益对环境记者的牵制

在西方的媒介控制理论中，记者所受到的压力最为复杂，几乎处于控制金字塔的最底层。就环境新闻来说，首先，环境记者首先受到媒介所有者及其周围商业集团经济利益的控制。媒体老板的喜好、判断乃至经济利益直接影响到编辑，然后反映在记者的采访任务与计划的制定当中。其次，政治因素。虽然西方政治因素是无形的，但是一旦环境记者的采访触动了政治红线，政治就会施压给媒介所有者，然后作用于环境记者，这时记者要么受处分收敛，要么辞职。再次，记者还受到受众需要的控制。在西方资本主义国家里，媒介处于高度发达的市场经济体系中，媒介要生存必须获得受众以提高市场利润。对于环境记者来说，一个原本硬新闻，为了迎合受众口味，需要变成软性的、故事化的叙述方式来报道，这样势必影响到环境新闻的效果。最后，环境新闻记者还受到新闻专业主义精神的控制。作为西方记者代代相传几百年的传统，记者"看门狗"的作用已经在读者心目中根深蒂固，成为记者的基本操守，美国的普利策新闻奖及其他奖项也就是为了专门鼓励这种专业主义精神，这不得不是新闻记者始终提醒自己应该追寻的目标。在专业主义精神方面，环境记者还受到了环境伦理的控制，西方的环境伦理是建立在自然科学基础之上，如利奥波德的大地伦理、卡逊对现代技术的批判、康芒纳的封闭循环理论等。又因为西方对于环境立法的进程推动很慢，所以很多环境记者作为职业选择的理由，不得不把坏境伦理作为基本的职业操守。这些都形成了对环境记者的控制。

作为西方环境伦理与社会批判的核心，现代工业及其卵翼下的技术被认为是造成当代环境危机的罪魁祸首，从美国哲学家林恩《我们生态危机的

---

① Mark Crispin Miller, "Free the Media", *The National*, June 3, 1999.

历史根源》到德国社会学家贝克的《风险社会》，从卡逊《寂静的春天》到斯蒂芬·赛弗（Stephen Safe）的《失窃的未来》（*Our Stolen Future*），无不如此。这种理念控制如此之深，以至于很多环境记者对利用技术赚钱的工业企业形成了某种可以称之为"偏见"的定式。

1993 年美国通信协会（Foundation for American Communication）的调查显示，36% 的受调查者反映"很多记者有反商业的偏见"；在对 512 位记者的调查中，只有不到 5% 的环境记者认为商业或者工业的环境资料可以用作环境报道；超过半数的记者认为商业与工业企业是生态恶棍。无独有偶，1991 年哈特曼集团（Hartman Group）做过同样的调查问卷。当问及环境记者信任哪些部门的资源作为环境报道的材料时，答案分别是大学、新闻媒体、环境组织、政府机构……商业或工业企业。商业与工业部门无可挽救地排在了最后一位。仅有 13% 的回应者认为公司的信息是"环境报道中可以信赖的信息资源"。调查还进一步延伸到与记者难以划清界限的编辑那里。1992 年，《商业新闻记者》（TJFR Business News Reportes）半月刊的问卷显示，2/3 的编辑认为这种称述是假的："我基本上相信从公司领导那里获得的信息"；调查进一步发现有 2/3 的编辑与记者的选题资料、报道材料来自环境组织。① 似乎环境记者对工业与商业公司已经形成了固有的看法，因此，这导致了很多环境记者成为商业工业集团攻击的目标，说他们缺少公正的报道。这种抵制一旦在盘根错节的市场利益面前，在巨大财团之间的对撞中，弱小的环境记者很容易成为牺牲品。

从 1986 年到 1990 年，莎卜可夫在《纽约时报》做过 14 年的环境记者，后来被《纽约时报》解雇。莎卜可夫回忆说，当时负责他的报道编辑让他少报道环境受到工业伤害的新闻，多报道环境保护需要很高经济代价的消息。后来《纽约时报》干脆把莎卜可夫重新安置到国内税收服务采访部门，与他以前的环境新闻记者身份格格不入。这表明，即使是全美乃至世界性的大报，环境新闻记者也可能会受到经济利益的控制。② 《爱达荷政治家》（Idaho Statesman）报记者斯特博勒（Stephen Stuebner）在该报做了 12 年的环境记者，凭着自己长期建立起来的职业操守，他认为"报道对公共荒地

---

① Joel Makower, "Covering Companies: Is Good News 'News'?", *SEJournal*, Spring/Summer, 1993.

② Randy Lee Loftis, "The Tough Times: Reporters Under Assault by Critics and Economy", *SEJournal*, Winter 1992.

破坏与威胁的新闻是我的工作"，可从 1991 年 8 月起，他的编辑却指责他的爱达荷白水河（White Stream）保护的报道"存在偏见"。其实斯特博勒已经报道这个问题 5 年了，主要是来自商业与工业的威胁，并多次获得新闻奖，在全美新闻界也有一定影响。斯特博勒反复核对以前的报道，觉得自己没有问题，于是在 1992 年春天时当编辑反复指责时，他拿来自己的全部报道请编辑具体指出"偏见"何在。编辑说在报道白水河环保事件中，斯特博勒指称环保人士为"好人"，而他的反对者们（工商业主）却没有表述，这是有立场的"亲环保"，是新闻的"虚假平衡"①。后来，斯特博勒被《爱达荷政治家》报解雇。斯特博勒后来知道这是自己触动了广告主的利益，从而与媒体的经济利益相抵触。

　　环境记者有时受到的控制远非直接的经济利益，还有一些敏感的、甚至微妙的政治与经济关系。《新墨西哥人》（Santa Fe New Mexican）报的凯利·里查蒙德（Kelly Richmond）在该报从事过多年的环境记者。从 1991 年开始，里查蒙德想去采访美国洛斯阿拉莫斯国家实验室（LANL），来考察这个实验室对北新墨西哥州环境的影响。他与责任编辑大卫·米特契尔（Dave Mitchell）商量选题，大卫觉得很好并给予全力支持。责任编辑反复强调"要发现（实验室）对环境、对公共安全、对工人人身、对公共健康有什么影响"。后来经过长期的采访，做成了 32 个"完好平衡"的系列报道。② 后来这件事情被《新墨西哥人》的老板罗伯特·麦克肯尼（Robert M. McKinney）知道了，责任编辑大卫被当场解雇，记者里查蒙德处境艰难。当时美国环境记者协会主席德特金先生称，这是记者触动了"复杂"的"经济和政治利益"，因为在美国，政治规则往往代表着经济集团的利益。这种控制在美国的新闻界是一种"潜规则"控制，即使老练的环境记者在某些时候也要时时提醒自己。因此，对于环境新闻来说，在美国这样西方典范的"自由世界"，绝对的新闻自由也是不存在的。

　　要解决、甚至摆脱这种经济乃至与政治相纠缠的媒体控制，西方环境记者所能做的事情也许是有限的。当时的美国环境记者协会主席德特金先生对此提出几种应对方法。第一，核对再核对所写环境新闻的准确性；第二，注意平衡，把各个方面的意见都囊括在内构成事物完整形态，达到客观；第

　　① Stephen Stuebner, "Reporters Watch out: Are You too Green for Your Boss?", *SEJournal*, Winter 1992.

　　② Randy Lee Loftis, "Reporters Under Assault by Critics and Economy", *SEJournal*, Winter 1992.

三，必要的含蓄与柔韧性措辞；第四，等到某些敏感的事件发生以后再报道（如国家实验室与环境危害）；第五，攒足"下地狱的银子"，以便老板让你无法忍受的时候你不会下地狱①。德特金先生的话虽然直白，但对行走于盘根错节的经济与政治利益中的环境记者来说，确实是很实用。

三 受众对环境媒体/新闻的牵制

在西方资本主义国家里，媒介处于高度发达的市场经济体系中，媒介要生存必须获得受众以提高市场利润。对于环境媒体来说，要报道什么、怎样报道往往需要首先考量到受众的需要，这种情况从而形成了对环境新闻的另一种控制。

首先，受众需要决定媒介生产。德特金先生认为，20世纪末的1990年是环境新闻报道的繁荣期，这一年借助地球日的宣传，公众对环境的知情权发展到了高峰，那时，美国新闻界为了满足受众需要而大量报道。后来渐渐衰退，主要是因为受众的注意力转移到失业与无健康保险等问题上。因此环境新闻报道受到受众需要的影响而会在报道量上出现起伏。

就拿1990年地球日后不久的广电数据来看，当时对96家广电编辑室进行了调查，25家拥有全职的环境记者，并且继续有需求；74家编辑室反映他们经常分配环境报道任务给普通记者。媒体人士认为是地球日宣传激起"公众对于环境新闻的胃口"。这中间巴尔的摩WMAR-TV电视台就是一个大量播出环境新闻的媒体。它的环境记者布莱德·贝尔（Brad Bell）谈论起这段时间的原因时说："这是迎合受众兴趣最诚实的反应，这也是胜利赢得受众的途径；""（我们）老板说，环境新闻也能挣钱，让他（环境记者布莱德）去采访吧！"② 报业老板与新闻记者处于市场的最前沿，他们的这些观点也最有说服力。正是因为这种关系，美国的媒体在1991年纷纷增加环境新闻报道的预算，TBNE（Turner Broadcasting's Network Earth）电视台的环境新闻预算就比上一年增加了23%。

当然，所谓一种信息传播，公众的需求往往来自于自身生活与交往的需要，美国媒体都承认，1990年以后美国媒体的环境新闻报道数量渐渐下降，但是2000年以后逐渐回升，根本原因来自于环境灾难所带来的受众信息需要。2005年8月卡特里娜飓风期间，人们想了解灾难情况，媒体的环境报

① Jim Detjen, "Environmental Reporters Come Under Fire by Employers", *SEJournal*, Fall 1991.
② Davidp. Ropeik, "Environment Beat Hangs Tough in Big TV Market", *SEJournal*, Winter 1992.

道数量急剧增长；随着情况的逐渐好转，数量在慢慢下降。有数据显示：
2005 年 8 月 29 日至 9 月 15 日，美国报纸以"卡特里娜"为部分标题的报
道有 10908 篇，后半个月减少到 4767 篇；10 月前半月数量为 2432 篇；后半
月为 1994 篇；11 月下半月更减少至 1233 篇。环境新闻报道数量受到受众
需求影响十分明显。①

　　其次，受众需要决定媒介框架。就内容来说，媒体有构建框架的作用。
从传统的传播学理论来看，这种框架就是由媒介所有者设定观点。然而，在
环境新闻的报道中，西方学者发现受众的需要也是一种构建框架的力量。这
种力量来自于市场利润的压力，及媒介所有者或者编辑、记者知道受众喜欢
什么样的环境报道，偏好哪些叙事风格、甚至往往把环境的责任归于谁，在
能够活动的空间里，尽量迎合受众，从而形成了对环境新闻的控制。这样说
来有些耸人听闻，可西方的学者研究结果表明，在某种程度上，情况的确
如此。

　　2005 年美国一家媒体调查机构对洛杉矶与纽约市的报纸进行调查，时
间跨度是 29 年；内容是 29 年（1972—2000 年）里这些报纸、特别是主流
报纸环境新闻内容；目的是研究文本构成的某些规律。结果发现，73% 的环
境新闻认为工业是环境灾难的制造者；79% 的内容认为政府应该对环境治理
负责；31.3% 的环境新闻认为空气污染对个人健康有害；7.7% 的内容认为
空气污染对地球有害。有研究者进一步发现，从这个研究中抽取 1180 篇环
境新闻，共有 15 家报纸，包括《洛杉矶时报》、《纽约时报》在内，各家报
纸都属于不同的报团，也属于不同的老板，也就是说在市场上这些报纸都是
相互竞争的对手，从所有者角度来看没有利益的趋同性。最后研究者得出来
的结论是："媒体的框架效果依赖于个体受众的'胃口'（Schema）——他
们获取知识的意识组织系统，他们用这种组织作为框架来理解新的信息"②。

　　这种现象说明受众的影响力是巨大的，这种力量有时对媒体的控制甚至
会超出常人的想象。就拿环境新闻的内容构建系统来说，究竟是什么原因使
得媒体要屈就受众的这种需求？原因也许是多样的，但是从西方学者研究的
结果来看，其实媒体在很大程度上满足受众心理上的需求。如某个环境污染

　　①　Robert A. Thomas, "Hurricane Katrina Jolts Journalism – and New Orleans", *SE Journal*, Winter 2005.

　　②　Jan Knight, "Air Pollution Coverage and How Reader Views Affect Story Impact", *SE Journal*, Fall 2005.

危害很大，但是暂时又无法解决，受众心理会不平衡，这就产生了一种精神或者心理上的需求——抚慰需求。这时，环境新闻把责任归咎于政府、归罪于整个工业体系，并把它们大骂一通，这时媒体的按摩功能就出现了。受众在了解到环境危机的同时（这个危机暂时没有办法解决，其实多数的环境问题都难以在短期内得到解决），心理上也就得到了抚慰。当然这种解释仅仅是一家之言而已。

　　最后，受众需要控制往往屈就政治压力。在市场经济的西方社会，媒体所有者与媒体从业人员首先考虑的就是读者的需要，应该说受众的需求影响到了媒体运作的很多环节。当媒体报道环境新闻与其广告主的利益相冲突时，媒体往往会在两者之间的利益上权衡，但是从长远的目标来看，媒介所有者往往多会屈就于受众需求的控制。但是，媒介的受众控制绝不是最顶端的部分，在金字塔最顶端部分是政治控制，政治控制的核心在西方民主社会里往往是国家安全。当受众需求控制与国家安全控制相冲突的时候，媒介所有者会没有选择地屈从于后者。

　　《新墨西哥人》报老板麦克肯尼解雇环境新闻部门的责任编辑大卫·米特契尔就是一个很好的证明。里查蒙德回忆说当时考虑到受众对洛斯阿拉莫斯国家实验室具有浓厚的兴趣，当时环境报道几乎涉及了生活的所有方面，阿拉莫斯国家实验室是个例外，满足受众的信息渴望是根本的动因。《那不勒斯每日新闻报》（The Naples Daily News）环境新闻记者史蒂夫·哈特（Steve Hart）很有感慨，他的评论是："一个原因是我们的读者，在这个国家里他们可能是最信息灵通、最想获知信息的人。"① 美国华盛顿的环境变化与安全项目（ECSP）主任希蒙斯（P. J. Simmons）认为，在美国环境新闻报道需要屈就于三种大方向的安全利益：经济安全利益、军事安全利益与安全机构利益（如国家保密系统）②。在希蒙斯看来，这种控制在美国正不断强化，它是无形的，也是无条件的。

　　正是种种有形无形的媒介控制，美国人对于媒体的信任度开始下降。1994年的民调显示：对于报纸有信心的公众从1979年的51%下降到1994年的29%；相比当时的总统克林顿的公众信任比例37%，21%的公众认为

① Randy Lee Loftis, "Reporters Under Assault by Critics and Economy", *SEJournal*, Winter 1992.
② P. J. Simmons, "Green Grenade: Is Environment Linked with National Security?", *SEJournal*, Fall 1996.

报纸可信。① 由此看来，环境新闻在西方媒体上报道出来，要受到各种控制，绝不是完全的自由。就客观反映现实世界来说，是要打上一定的折扣，最起码在公众心目中如此。

第四节 环境记者组织与社会

环境记者组织在西方社会是一个比较活跃的团体，相对于记者的社会活动家这样一个身份，环境记者还需要成立团体进行大量的社会活动，来建立他们的媒体环境、进行环境新闻记者内部的交流，教育公众，进行学术研究以及影响社会等。在环境新闻诞生地美国，环境记者协会（SEJ）是最有影响力、也是把环境新闻理念传递到其他地方去的组织。相对于社会影响来说，美国环境记者协会（SEJ）是必须要研究的议题。

一 环境记者业务交流与研究的平台

环境新闻研究的学者与记者普遍认为 1990 年前后是西方环境新闻发展较为活跃的时期，而这个活跃的中心在美国。美国斯克里普斯 – 霍华德报系（Scripps-Howard Newspapers）的助理总编辑部经理大卫·斯道尔博格（David Stolberg）（在该报系做过 38 年的环境新闻记者，在业界颇负盛名）建议在爱德华·米曼（Edward J. Meeman）新闻奖中设立环境奖。第一任环境记者协会主席德特金先生在会议阶段初创时期的计划时，认为斯道尔博格建议正式开始的时间是 1989 年春，从那时起，斯道尔博格与他进一步讨论为环境记者建立一个协会的计划，很快得到环境记者响应，次年环境新闻记者协会也就开始运行。

中央密歇根大学教授约翰·帕伦（John Palen）谈论起该协会第一次会议时（1989 年 12 月 6 日于华盛顿），环境新闻记者们首先确定了协会的功能。确定"环境记者协会是在职环境记者相互帮助的团体"；当时德特金先生（时为《费城问讯报》环境记者）这样阐释它的功能："反映环境新闻记者这样的愿望：（在环境记者协会内部）通过工作网络、新闻信息与年度会议的形式，彼此分享信息"②。因此，环境记者协会最基本的功能是记者的

---

① Jim Detjen, "Detjen Questions the Profession's Direction", *SEJournal*, Winter 1994—1995.

② John Palen, "Objectivity as Independence: Creating the Society of Environmental Journalists, 1989—1997", p. 4., from the web www. sej. org.

内部交流。这在环境新闻尚未完全成熟的发展阶段是非常必要的。

环境记者协会业务交流平台大体上有三个：一是每年举行的环境记者年会，讨论环境新闻记者所面对的最新挑战；二是内部刊物《环境记者协会季刊》，这个刊物从 1990 年开始创刊，刊登记者的心得体会与困惑，还有学者的研究性文章供内部交流；三是后来建立起来的 sej.org 网站，每周更新，供环境记者交流。对于这一基本功能的最好证明就是关于环境新闻"倾向性"的讨论。作为一个新兴的新闻实践领域，环境新闻相别于传统新闻的地方在于它的科学性，科学性是否意味着环境新闻不允许像传统新闻那样存在倾向性（advocacy），这一点是一个根本的问题，理论需要解决才能够对实践有指导。

作为最为重要、频率最高的交流平台，《环境记者协会季刊》从第一期开始就由维尔·克赖特（Will Collette）发起对坏境新闻"准确性"的探讨。[①] 从第二期起这个争论全面展开，由明尼苏达公共广播环境记者密尔斯曼（Tom Meersman）"发难"，在头版头条刊登《倾向性的争论》，在整个文章中，其实很大程度上作者是有些不知所措的，[②] 但却引起了时间最长、至今尚未有结果的争论。从涉及的人员来看，上到环境记者协会主席，下到普通读者来信，都讨论过这个问题。长期以来，以德特金为首的"客观派"与以科罗拉多大学（漂石分校）新闻学院教授怀特（Jan White）为代表的"倾向派"相持不下。这也许是真理的两个方面，这种交流对指导环境记者实践具有不可估量的价值。当然还有很多业务的探讨，这就反映出环境记者协会的基本功能：为环境记者提供业务探讨的平台，为他们的新闻实践提供理论指导。

二　协调环境记者的社会行为

环境新闻记者与传统新闻记者的处境不一样，因为几乎所有的环境新闻都是负面的，这就使得很多利益集团在利用环境新闻报道中的疏漏或者缺失对记者发难。从这一点来说，环境记者的处境比传统的同行们要面临更多的困境、承受更大的压力，有些时候很需要一个团体为伍，需要一群志同道合的人为他们提供危机处理的办法，协调环境记者的社会行为，可以以一个社会群体的面貌面对各方压力。环境记者协会就有这样的功能。

---

① Will Collette, "Why Won't Press Hear out Grassroots Activists", *SEJournal*, Fall 1990.

② Tom Meersman, "The Advocacy Debate", *SEJournal*, Winter 1990—1991.

　　美国环境记者协会在德特金"客观"与"独立"的新闻理念指导下，不接受利益集团的资金，"仅仅来自个人、大学、基金或媒介同仁的捐献"，从不例外。对社会来说，它把环境记者这群人整体形象呈现出来，也对个体环境记者的行为做了规范。当环境记者受到社会组织或者利益集团的攻击时，环境记者协会可以以一个整体作为回应，这样从整体上维护了环境记者这个群体的形象。

　　斯蒂芬·塞弗（Stephen Safe）博士是《失窃的未来》（*Our Stolen Future*）的作者，有人认为他在环境伦理方面的地位仅次于卡逊。1997年他在《华尔街日报》上发表文章，以环境记者组织接纳阿尔顿·琼斯（Alton Jones）基金为证据，指责环境记者有为社会利益集团服务的倾向。[1] 因为塞弗特殊的身份，他的这篇文章在社会上引起很大的反响。也就是在这件事发生后不久，环境记者协会开了专题小组会，并在《环境记者协会季刊》上做了集体回应。"SEJ各项目是由资深科学家与环境记者设置的，没有考虑到任何基金的议程"；"琼斯基金从来没有想要控制我们的项目，为了扩大科学的、新闻的乃至公众的利益，我们不会谋求基金的利益"[2]。对于一些有影响的人或者团体的质疑，环境记者个人的力量是弱小的，如果通过群体发言，力量就大得多，对社会回应也就显得正式得多，也能维护环境记者这个群体的社会形象。

　　环境记者协会还有处理危机的能力。在环境记者协会建立后不久的1991年，美国很多环境记者因为在新闻报道中，触动了经济与政治利益集团的利益，先后被媒体老板解雇。更为甚者，这些环境记者感到自己很委屈，从而伤害到他们的环境新闻理想。如果任其发展下去，对环境新闻的发展来说这可能是一个灾难性的。面对这种情况，德特金先生利用环境记者协会的资源，先在《环境记者协会季刊》上提出解决问题的个人经验，并积极组织记者在杂志上讨论。他说："《环境记者协会季刊》就是我们讨论这样严重问题的论坛。请您加入到这里来，说出您的解决方法；说出您的苦衷来。"[3] 接下来的一期里，《环境记者协会季刊》以《艰难时刻》为题，组织一批被解雇环境记者的文章，又收集了一些业界与学界的一些原因分析，并提出解决办法。在1992年的年会上专门讨论这个问题，提出解决的方案。

---

①　Stephen Safe, "Another Enviro Scare Debunk", *Wall Street Journal*, August 20, 1997.

②　"SEJ and Wall Street Journal Collide", *SEJournal*, Fall 1997.

③　Jim Detjen, "Environmental Reporters Come Under Fire by Employers", *SEJournal*, Fall 1991.

这些努力在协调环境记者社会行为方面作用十分明显。

三 环境新闻教育的桥梁

　　教育在人类知识的传递过程中起到承上启下的桥梁作用。从马克思主义的认识论来看，先有实践后有意识，环境新闻也不例外。从环境新闻教育早期的情况来看，美国最早的环境新闻教师也是环境新闻记者。美国利哈伊大学宾州分校资深的环境新闻学教授沙龙·弗莱德曼（Sharon Friedman）认为20世纪60年代威斯康星大学是最早开设环境新闻学的地方，且是环境记者在教授。① 再过20年左右，《旧金山纪事报》（San Francisco Chronicle）环境记者简·凯（Jane Kay）在加州大学伯克利分校开设一些专题讨论的环境新闻课。但是从现有的资料来看，这些环境记者在大学设立环境新闻课程是较为分散的，而且人数很少，在较长的时间跨度里，能够找到的记者非常有限。

　　环境记者协会建立以后，这种教育状况被改变了。

　　首先，它把业界的环境记者与大学教学或者研究联系起来。从环境记者协会1990年最初的章程来看，"内部法规规定以下的四类人"，第三位的是"学界"，提供一个"支持教育的网络体系"②。每一年的年会上，都要邀请大学环境新闻教师、学生或者研究者参加；为了进一步加强这种联系，很多次年会都专门在大学里举办，多数都是由新闻系或者新闻传播学院协办（第一届年会就是在科罗拉多大学举办，并带动该大学环境新闻教育的建立与发展）。美国环境新闻记者艾美·汉森（Amy Hanson）就此认为："很多环境记者觉得在当记者几个月时间里，觉得比大学四年里学的还要多；但是他们很快发现大学与继续教育在胜任高科技环境报道方面，还有继续接受大学教育的必要性"③。作为环境记者协会的一员，在该组织的牵头下，汉森就在密歇根大学完成了交叉学科的双重硕士学位。这个学位在环境记者协会的帮助下，把密歇根大学的新闻学院教育与自然资源学院教育结合起来，适应环境新闻记者实践的需要。

　　其次，环境记者协会有意识地向大学输送环境新闻教师，有目的地在大

---

① Bob Wyss, "Environmental Journalism Education", *Environment Writers*, from environmen writer. org.

② John Palen, "Objectivity as Independence: Creating the Society of Environmental Journalists, 1989—1997", Ibid., from the web www. sej. org.

③ Amy Hanson, "Graduate Programs Offer Time for Deeper Insight", *SEJournal*, Spring 1992.

学课堂开辟环境新闻，而且输送教师数量巨大。就拿 1995 年 1 月来说，环境记者协会主席德特金先生决定把自己 20 多年来做环境记者的经验，以及当前环境新闻需要什么样的合格人才的理念带到大学时，同一时期环境记者协会就由一大批记者受到德特金先生的影响进入大学。比如德特金先生进入密歇根州立大学纳尔特环境新闻中心，此前他是《费城问讯报》记者；大卫·布罗德（David Broder）进入杜克大学新闻系任教，此前他是《华盛顿邮报》的专栏作家与记者；菲利普·米勒（Philip Meyer）进入北加利福尼亚大学新闻系做教授，此前他是"精确新闻"的提出者、并在纳尔特－里德华盛顿新闻社（Knight Ridder's Washington Bureau）作过 20 年的环境记者；约·里查（Joe Richie）进入佛罗里达农工大学（Florida A&M）做环境新闻教师，此前他在底特律自由新闻社（Detroit Free Press）长期作编辑与记者；约翰·吉恩（John Ginn）进入堪萨斯大学做环境新闻教师，此前在南卡罗来那一家报纸作主席与记者。① 也就是说，通过环境记者协会的桥梁作用，环境记者进入大学是有意识、甚至是有组织、有目的的，并且通过环境记者协会这个交流平台，使得大学环境新闻教育更能够与实践相结合。

　　最后，环境记者协会作为一个桥梁，加强学界与业界的交流，使得教育能够为业界培养能力全面的合格人才。最为典型的是大学里环境新闻的跨学科教育模式。据环境记者协会统计，美国开设环境新闻的大学有 30 多个；据威斯康星大学统计，全美设置环境新闻教育的大学有 50 多个。但是两个统计单位却有这样一个共识：美国大学开设的环境新闻教育几乎没有两家教授的内容是相同的。如密歇根州立大学环境新闻教育主要与当地的环境问题相结合；利哈伊大学就规划为科学与环境写作的环境新闻教育；伊利诺伊大学厄巴纳香槟分校把农业、环境与新闻学结合起来构建环境新闻教育；如此等等。主要原因就在于各个大学的环境新闻教育几乎都有环境协会或者业界进来的记者，他们最了解情况，通过环境记者协会这个平台在全美范围内形成一个完整的体系。② 在美国，政府或者国家不对大学教育进行规划，因此形成一个严密的体系往往根据各个大学的优势与现实需要，环境记者协会正好把这两者很好结合起来。

　　① Jim Detjen, "SEJ President to Enter Academia", *SEJournal*, Summer 1994.
　　② Refering to Two articles: Dan Fagin, John Palen, "Objectivity as Independence: Creating the Society of Environmental Journalists, 1989—1997", from the web www. sej. org. ; Bob Wyss, "Environmental Journalism Education", *Environment Writers*, from environmen writer. Org.

四 向世界范围传播环境新闻理念的基地

环境记者协会一直把向世界传播环境新闻理念作为自己的重要目标之一。协会主席德特金先生认为，现在任何一个国家都不可能单独解决环境问题，全世界必须联起手来共同面对挑战，新闻界尤其如此。因此，在环境记者协会建立之初的 1991 年 1 月 22 日，环境记者协会就邀请东欧国家 9 人组成的环境记者团，到总部设在费城的环境记者协会参观学习，并参加圆桌会议。这个圆桌会主题为"记者帮助记者"。这 9 位记者分别来自捷克斯洛伐克、匈牙利、波兰与东德，在东西方冷战铁幕尚未落幕的情况下，这种理念的传播与交流极为难得。这 9 名记者将在费城环境记者协会与华盛顿环境健康中心接受为期两个月的训练。①

环境记者协会后来又对独联体国家环境记者、非洲环境记者、南美记者同行进行着长时间的培训，并在年会上邀请这些国家的记者参加。在亚洲，美国环境记者协会帮助日本大学建立起了环境新闻教育；在中国，德特金先生携妻儿到中国南开大学常住半年，在中国很多大学与新闻媒体机构传递他的环境新闻理念，并描述中国学生："渴求学习与了解环境新闻与西方风格的环境报道。"② 1993 年 10 月 25—26 日，在环境记者协会与德特金先生直接影响下，号召了世界各地 26 个国家的 100 多位记者，在德国卫生博物馆（Hygiene-Museum）创建国际环境新闻记者协会（IFEJ），德特金先生出任首届主席。从此，美国的环境新闻理念在国际上正式成立。德特金先生自豪地称："环境记者协会在此扮演着持续的重要角色。"③

---

① "SEJ Cohosts Meeting with East European Reporters", *SEJournal*, Winter 1990—1991.

② "Detjen from China: Send more Chalk and other Tall Tales", *SEJournal*, Summer 2002.

③ Jim Detjen, "SEJ Plays Role in Organizing International Reporters' Group", *SEJournal*, Winter 1994.

第八章　环境新闻的跨文化研究

　　环境问题是一个世界性的问题，任何国家都不能单独解决这个问题；环境新闻是当今世界各地获得全球变暖等生态危机信息的重要形式。在一个信息全球化的时代，任何一个国家的媒体、任何一个单一的文明世界都不可能全面地应付所有的环境问题。因此，全世界的环境记者需要联手共同面对日益加剧的环境危机，探讨解决的方案有其迫切性与必要性。在西方国家环境新闻刚刚全面兴起之前，国际环境新闻记者联盟（IFEJ）在德国的成立就是为了这个任务。"这个新组织的目的是要把全世界的环境记者组织联系起来。它的工作就是要跨越国界的（环境记者）信息交流，帮助那些仍然受到审查的环境记者（脱出困境）"①。换一句话说，国际环境新闻记者联盟就是要在尊重环境新闻规律的基础上，建立多边文化的记者交流机制，摆脱政治的束缚，寻求新闻规律，以更好地适应全球范围内环境新闻报道的需要。

　　从深层次的角度来看，文化在人的行为中起着思想上的指导作用，环境危机的程度在各个国家之间存在着差异，这种差异是人为造成的，而存在于头脑中的文化之差异又是很重要的因素。英国社会学家拉什在《风险社会及其超越》一书中，提出了"风险文化"这一概念，并深刻指出文化对于解决环境危机的作用；另外，从东西方文化的差异来看，东西方文化中由于对环境的态度不同，在历史的发展过程中造成人与自然的生存状态也不相同。当然人类面临共同的环境危机时，当全世界人们都主要通过大众媒体认识与解释世界时，跨文化研究成为解决环境传播的必需步骤。

第一节　不同文化价值与环境危机的关系

　　要弄清楚不同文化价值与生态危机的关系，首先要厘清文化价值取向与环境危机的关系。就西方学者来说，较早探寻这种关系的是德国的马克斯·

---

① Jim Detjen, "SEJ Plays Role in Organizing International Reporters' Group", *SEJournal*, Winter 1994.

韦伯（Max Weber），1904 年他在《新教伦理与资本主义精神》一书中论证了基督教对于西欧理性化资本主义的诞生所起的作用，并旁及研究了西方基督教文化与环境的关系；1938 年，美国社会学家默顿（R. K. Merton）又论证了 17 世纪清教伦理对英国科学体制的社会认可提供的支持。这些论证表明基督教与生态环境之间存在着这样的因果关系：对自然征服与主宰地位的文化传统来自于基督教《圣经》；基督教应该对人与自然的同一生态系统属性的剥离关系负责（即人的神圣化与自然的"去神圣化"），使得牛顿以后的机械论的自然观得以成立；基督教的神学二元论使得人只关心人的灵魂得救，而忽略肉体和自然的关系，如此等等。① 后来加入讨论的还有环境史学家纳什、历史学家汤因比（Arnold Toynbee）等，为后来的学者积淀了大量的观点与论证。

真正全面揭示西方文化与生态危机关系的是美国中世纪史学家林恩·怀特（Lynn White）。1967 年，林恩在著名的《科学》杂志上发表了《我们生态危机的历史根源》② 一文，完整地论述了文化与生态危机之间的关系。他在文中一针见血地指出："我们的生态危机是一个新兴、完全新型、民主之文化产物。"也就是说，在林恩的眼里，文化是导致我们生态危机的"历史根源"，这种关系在这句话中表达的再明白不过了。

一　西方文化价值与环境危机的关系

作为文化研究的东西方学者对于文化与宗教的关系大体上有这样一个共识："作为终极关切的宗教是赋予文明意义的本体，而文明则是宗教的基本关切表达自身的形式总和。简言之，宗教是文明的本体，文明是宗教的形式。"③ 而文明与文化往往又是一个概念的两种表述。林恩主要从三个方面论述了这种关系。

首先，基督教文明确立以来的行为规范准则，基督教中的条文一直对西方人的行为规范、政治体制、民主制度以及人文主义发挥着无可取代的作用。早在 2 世纪，罗马神学家德尔图良（Tertullian）和艾伦纳斯（Irenaeus）认为亚当（人类的祖先）是上帝按照自己的模样造成的，因此人在生态圈

---

① ［德］马克斯·韦伯《新教伦理与资本主义精神》，于晓、陈维纲等译，三联书店 1987 年 12 月版，第 64 页。

② Lynn White, "The Historical Roots of Our Ecological Crisis", *Science*, Vol: 155, 1967.

③ Paul Tillich, *Theology of Culture*, London: Oxford University Press, 1959, p. 42.

中带有着上帝的非自然成分，人是优越于其他物种的。

其次，《圣经·创世记》一章中上帝创造了万物以后，"让人类统治海洋里的鱼、空中的鸟、地上的牛羊以及所有的野生动物和地上所有爬物"，人类要"管辖所有其他生物"。又因为在《圣经·出埃及记》中，上帝命令世人（当时的摩西）"我是你祖的神，是我把你们带出奴役你们的埃及。你们不可以信奉别的神……也不可信奉天上、地下或水中的任何东西"。按照林恩的理解，这种信仰训条在实践中造成了对自然的冷酷无情。在古希腊、古罗马时期，每一棵树、每一条河流都有自己的地方神（Genius Loci）对这些东西精心守护，古人开掘河流、砍伐树木都需要祈求神灵的宽恕。基督教的"十戒"剥夺了自然的"万物有灵"论，使得西方世界对自然万物放手屠杀。

再次，林恩进一步研究了环境危机的帮凶科技与文化的关系。指出这两个部分在中世纪及其以前都是分离的，然而，"直到四代人以前，西欧与北美安排了这两个东西的婚姻，这种理论与经验结合的方式来应对我们的自然环境"。林恩指出，这种科技产生于13世纪之后，神学试图从自然物中理解神和人的交流。这种研究的前提条件在于人具有超自然性，其他的自然物是机械的，神的旨意授予人支配与感受神的恩典的东西。在这种宗教传统条件下，文艺复兴以后处于进一步为人所用的发展中，文化传统对生态危机负有巨大的罪责（Bears a Huge Bueden of Guilty）。

对于解决生态危机的出路，林恩指出："人们怎样对待自然，这由人们怎样认定人与环境关系的文化所决定；我们对于自然与终极归宿的信念深深地决定了人类生态系统的命运，人类的信念又由宗教思想深深地决定着。"林恩对文化中最根本的东西——宗教批判以后，接着又批判道："或好或坏，当前流行的说法是，我们生活在一个'后基督教时代'。可以肯定地说，很大程度上在我的眼中，世上之物依然与基督教时代有惊人的相似之处，虽然我们在思维与语言形式上已经不再是基督教时代"。林恩认为解决环境危机的途径是文化，其中最为基本的方法是宗教。他说："除非我们找到一种新的宗教、或者重新思考我们旧的宗教；否则，更多的科学与更多的技术将不会使我们摆脱目前的生态危机。"

就西方主要的传统来说，林恩所分析的西方文化传统对于生态危机的关系是值得深思的，并在西方引起了至今还在不断努力改进的思潮。如果林恩对于文化与环境危机的分析为真，那么我们在进行跨文化研究的过程中，可以对一些文化思想加以批判，找出当地环境危机的思想根源；同时，也可以对一些文化中较为尊重生态规律的思想加以借鉴，来解决我们的时代所面临的生态危机。

事实上，林恩关于文化与生态危机关系的论述，深深地激起西方人的文化危机意识。西方很多文化学者不相信基督教能够提供人与自然关系和谐的基础，他们的目光转向了东方。他们惊喜地发现了中国道教中的"天人合一"论，找到了佛教中的"万物有灵"思想，还有日本神道教里的"禅宗"等琳琅满目的绿色东方智慧。

二　东方文化价值与环境的关系

鲁迅先生认为"中国根柢全在道教"。在以中国文化为代表的东方文化中，处于本土地位的道教是深层文化的核心，因为"宗教是文明的本体"。1995 年，西方的《生物伦理百科全书》中出现了"道教"的词条，这样解释："道教假定存在一种宇宙伦理，这种伦理不仅存在于人类而且还扩展到所有生命存在物这一更宽广的领域中。这种世界观鼓励个人及群体去从事那些有利于促进个人、社会和自然的和谐一致性。"① 在西方人的眼里，虽然没有突出这种东方宗教生态伦理与众不同的精神特质，但道教存在着生态伦理，并且这种伦理关系存在于生命和自然界之中，其作用是促进个人、自然和社会三者之间的和谐一致。

西方生态学家汤姆·雷根（Tom Regan）认为，环境伦理学需要满足以下两个基本条件才能够算得上是一门学科：第一，必须承认某些非人类存在物拥有道德身份；第二，必须主张拥有道德地位的生存物不仅限于那些拥有意识的存在物，而且包括无意识的存在物。只有这样才是真正的环境伦理学。② 如果雷根的观点为真，那么我们可以考察道教的生态伦理观，也就是生态系统各物与人的关系。

首先，对非人类存在物与人的关系。早在 2000 多年以前的中国古代，对于人与天地之间各物就有朴素而精辟的认识。《道德经》第二十五章说："道大，天大，地大，王亦大。域中有四大，而王居其一焉。人法地，地法天，天法道，道法自然。"这表明，在天地各物当中，人与道、天、地是平

---

① Warren T. Reich, "Taosim", *Encylopedia of Bioethics*, 2d ed. New York: Macmillan, 1995, p. 1347.

② Tom Regan, *The Nature and Possibility of an Environmental Ethic*, In Environmental Ethics, 1981, pp. 19—34.

等的，而人仅仅是其中的一个普通元素而已。在谈到人与自然规律关系的时候，老子认为自然决定人，人取法自然，人和自然是认知的两头。道家认为，"天地有大美而不言"；"天地与我并生，万物与我齐一"。这里表明人并不能凌驾于自然，而人相对于自然来说是卑微的。庄子的"齐物论"思想朴素地回答了人与自然各物的平等关系。也就是说，人与自然物是没有高下之分的，如果人类有道德身份，那么其他自然物也是有道德身份的。

这里最主要的是对人以外自然物内在价值的承认。当然，在古代中国由于科技没有得到充分发展，因此其环境伦理观点不可能达到当代环境伦理那种合理的认识。庄子在"不龟手之药"中就论述了各类物种自身的价值。这种价值可能不是人的使用价值，而是自身价值。当然，庄子说的"今子有五石之瓠，何不虑以为大樽，而浮乎江湖？而忧其瓠落无所容？则夫子犹有蓬之心也夫！"，虽然仍然是人类中心主义的，但当时庄子的思想其实在表述万物各有所用的内在价值。庄子的这种思想在其他章节中依然是随处可见的。

其次，道教环境伦理在中国的数千年历史中进行着实践。就哲学与宗教的关系而言，哲学主要属于精神思辨的范畴，它是在社会精英阶层中传播；宗教虽然自身是哲学的基础，但同时非常重视对教理、教规、教律与教戒的实践。因此，宗教的传播主要是在民间，是大众的，影响范围在东西方都极为深远。道教的思想在文学艺术与哲学、政治与文化、民俗与生活乃至建筑与服饰中都得到了体现。比如在道家的多神论中，直接导致了万物有灵论的思想。地有地神、门有门神、河有河神、树有树神，其结果是老百姓长期以来对自然各物怀有敬畏心理，这当然对保护生态环境是有帮助的。从政治上来说，历朝历代的国君都想通过道教的方术来表达对自然的敬畏，从而获得统治的精神支柱。南朝的道士陶弘景虽然隐居茅山，梁武帝有关军国大事往往前向咨询，被称为"山中宰相"，这就是一个很好的例子。民间的敬畏心理更是在数千年里长盛不衰。中国数千年的古代文学（自新文化运动以前）一直可以被称作"绿色文学"，其中的人与自然物是和谐的。所有这些对促进人与自然的和谐起着巨大的规范作用。

当然，对道教所产生的绿色环境效果研究是一件不太可能的事情，更多的因果研究多集中于文化与环境伦理方面的论证。对于这些方面的总结性论述不一而足，这里我们选择的是道教与环境伦理关系的论述，以接近我们研究的环境新闻这个主题。研究道教哲学与生态伦理的学者何怀宏先生总结认为："中国古代的道家为生态伦理提供了一种独特的精神视野和风景，至少在庄子以及随后在中国传统社会里存在具有道家风范的中国隐士那里，它的有关思想和精神也许是更个人化的，甚至是更精英化的，但也更为彻底，更亲近自然，更亲近个人珍视的生命。并且，看来也与今天西方的生态哲学在意蕴上更为接近，它对常常导致环境污染的科技和经济发展的古老批判，在现代世界中也仍然具有一种独特的感人力量，引起当今有识者的共鸣"①。也就是说，中国古代的道教传统虽然与西方的基督教文化不同，却在很多方面暗合现代的生态伦理哲学，环境伦理学的基础又在现代科学。

三　文化价值与环境新闻的关系

1. 消费社会大众传媒新闻的文本属性

处于文化消费时代的大众媒体，其新闻具有什么样的属性？是否与传统意义的新闻价值属性或者功能有所不同。蒋荣昌先生认为，消费社会里新闻文本很大程度上已经是一种文学文本。他认为理由主要是消费社会的文学文本已经表现为多语言文学文本，日常生活与艺术之间的界限正在消失，其实质就是传统文学的艺术语言的垄断地位已经消失。②

结合蒋荣昌先生这种论断，并联系当前的新媒体环境，可以从以下四个方面进行理论支撑。首先，由于传媒科技的发展，文学制作的特权已经普及，地位转向大众。传统文学文本因其垄断地位消失从原来的位置上退居下来，被搁置在不耀眼的地位，成为少数人自娱自乐的东西。写诗的人比读诗的人更多就说明文学影响力在消费社会的地位。其次，传统文学的创作遵循着某种特定的"规制"，个人的文学创作需要遵循这种"规制"才能具有某种合法性；而消费社会的文学文本的合法性获得来自于市场选票，这种市场选票在媒体的表现上以收视率、点击率、发行量等决定，因此，也就把文学文本生产的"传统规制"搁置一旁。消费社会里文学文本地位的获得往往取决于这种市场选票的"市场规制"，因为在消费社会里，它是普遍有效的、趋之若鹜的，也是有利可图的。

消费社会里由于消除了传统文学里"规制"的限制，因此就第三方面

---

① 何怀宏：《生态伦理学：精神资源与哲学基础》，河北大学出版社 2002 年版，第 43 页。

② 蒋荣昌：《消费社会的文学文本——广义大众传媒时代的文学文本形态》，四川大学出版社 2004 年版，第 145—149 页。

来说，文学家有效身份对于每一个消费者来说从理论上都是成立的。就明星而言，个人身体的几何形状也成为了一种供消费者阅读的文学文本，普通的民众也可以借助一种传播平台进入这种文本制作当中来，从而成为消费社会的文学文本。2005 年湖南卫视"超级女生"的脱颖而出也就是一个很好的例证，她们后来的表演也就成为一种文学或者艺术文本的制作，从而成为了一种"公众形象"。因此，消费社会中，新闻文本所涉及的每一个社会岗位，每一个新闻事件，都成为某种规范语言的提供者。环境新闻上面的灾难性报道有时与好莱坞的大片场面其实别无二致。

最后，大众传媒在把生活事件转化为"公共文本"方面做了卓有成效的努力，特别是网络兴起的新媒体时代，由于公众兼有受众与传播者的双重身份，这种"文学文本"的制作随时随地都在发生。更有甚者，新媒体时代的网民是分散的、星罗棋布的、无所不在的，他们呈现出"长尾"的分布模式，保证了生活事件转化成"公共事件"的完整性与全面性，也保证了故事叙说的多元性、生动性与连续性。诸如新的传播形式如网络博客、手机视频等从草根到社会精英阶层分布，保证了媒体在转化生活事件到"文学文本"的题材全面性、表现形式生动性等，它们的内容属性远比纪实文学丰富与宽广得多、生动得多。因此，可以说消费社会里，新闻文本很大程度上已经转化成了消费的文学文本。

2. 新闻文本与文化价值

新闻是通过大众媒体传递客观事物变动的信息，它要求做到客观性。当然，作为绝对的客观任何媒体与出版物都不可能做到，真正有指导意义的是尽量做到各方面的平衡。台湾地区的文化人李敖先生认为，英国哲学家说一切文学都是为了宣传，美国新历史主义认为一切历史也都是为了宣传，李敖先生认为一切文字都是为了宣传。这种说法就新闻传播来看，个人认为是有道理的。

第一，从新闻的制造过程来看，新闻从业者皆是拥有价值判断的人，文化是其中最基本的因素。

首先，媒体所有者拥有自己的价值观念，这种价值观念建立的基础是文化以及其上的政治理念。就西方国家而言，媒体的所有者多是大资本家或者工业、商业的利益集团；就文化来说，他们主张的是后工业或者工业文化。因此，在环境新闻的报道中，他们希望能够把环境危机纳入到不伤害工业与消费利润的轨道上来。在实际操作中，媒体所有者往往采取不伤害自己利益集团的方式来报到环境新闻；更有甚者，因为媒体所有者具有话语权，他们可以和工商业集团结合，把某些公司、产品或者服务伪装成"绿色公司"①。因此，环境新闻在高位置上受到媒介所有者文化价值的改变。

其次，环境新闻受到记者与编辑的文化价值观念的改造。记者与编辑生活在一定的社会阶层里，他们的眼睛在成长中已经浸润着文化，他们眼中的所见，都是被文化编辑过的，虽然多数的记者与编辑都不承认。2002 年春季刊《环境记者协会季刊》刊登麦克·丢尼（Mike Dunne）经过调查得出的结论，环境记者在报道环境新闻时，更多地是注入了主观价值判断，而不是仅仅提供事实。美国新闻论坛报的记者杰弗·弗里斯科恩（Jeff Frischkorn）认为，所谓的传统的新闻客观性是不存在的，"环境记者的问题在于，这种客观性既损害了我们的职业形象，也伤害到我们的读者。渐渐地，我发现环境记者协会的成员在报道环境问题时，他们不仅缺少客观性，而且他们的主观性连环境主义者的口味都不如"②。因此，环境新闻记者基本上都会有自己的主观文化价值加入到新闻的报道中。问题在于我们怎样引导这种文化价值导向。对于多数的环境记者来说，他们自己生活中形成的文化价值理念至关重要。

最后，受众的文化价值以及文化价值判断也形成了环境新闻的文化价值偏好。媒体研究者约翰·巴特洛摩（John Bartolomeo）在美国专门进行过环境新闻的受众调查。结果发现"环境议题已经成为热点新闻"，很多媒体所有者"吃惊地发现增长是如此之快"。"美国有45%的受访者对环境问题非常感兴趣"；"有61%的受访者认为对影响环境的新闻感兴趣"；相比较健康与健美的42%，消费保护的36%，科技的31%，体育的33%，环境新闻的市场诱惑是巨大的。媒体要想获得受众，必须在原料上加入油盐酱醋，适应受众的口味，就需要加入文化价值判断。③ 就美国大报媒体来看，东部的《纽约时报》与西部的《洛杉矶时报》因为地处东西方移民文化的不同，其文化价值也不一样。这个道理，只要打开报纸，凭借常识就可以识别出来。

第二，从文本构成来看，新闻文本有意转向消费文化的构建。

从环境新闻文本构建来看，它的特征已经与消费社会的文学文本没有二致。美国环境新闻记者、环境新闻研究的奠基人吉姆·德特金（Jim Dete-jen）先生对此有过详细的描述。他认为环境新闻目前正面临着各个方面的

---

① Jon Entine, "Beware of 'Green' Firms", *SEJournal*, Fall 1997.

② Jeff Frichkorn, "Are We Injecting Favorite Flavors into Reporting?", *SEJournal*, Summer 2002.

③ Amy Hansen, "Newspapers Find Readers Hungery for more Environmental News", *SEJournal*, Spring 1992.

挑战而被迫改变。首先，因为传统媒体（包括报纸、电视、广播和杂志）正在面临着受众流失的严峻现实，因此，环境新闻这样科学性的报道不得不增加它的人情味（Human Interest），因此环境新闻的信息告知功能不得不退居其后。因为后工业社会的受众很忙、也很累，他们需要媒体内容（包括任何新闻在内）能够带来快乐。另外一个因素在于，媒体中的新闻报道已经开始故事化叙述。受众在流失，媒体想要尽一切所能挽留住读者，因此，新闻（包括环境新闻在内）开始借用文学与艺术中的情节、环境、形象等故事化思维，尽量把新闻传递变成一种故事片。① 这也许就是我们所说的消费社会的文学文本。

就拿日本富士电视集团（FNN）来说，FNN 在日本全国 11 处采访机构设立 12 架专用新闻采访直升机，配合地面采访车，可以把日本境内任何一个较为重大的环境新闻事件，多角度、全方位、立体化地传遍四面八方。2003 年 7 月，FNN 最新引进了昵称为"新闻蜜蜂（News Bee）"的新闻转播专用大型直升飞机，由于该机可最多同时搭乘 10 名采访人员，配备远距离空运转播器材，使 FNN 的采访能力在电视新闻采访的速度和画面质量上都达到极致。如果需要，可以把一个重大题材的新闻事件做成一个场面宏大的"好莱坞大片"。正是因为如此，美国《新闻学评论》的尼尔·格伯乐（Neal Gabler）认为，在过去的 20 年里，新闻已经把自己最基本的信息交流功能转变成故事表现功能。②

从文学角度来看，传统的文学或者艺术核心的特征在于通过讲故事的方式来提供某种艺术真实，其中形象扮演着承载意义的功能。这里之所以提供的是艺术的真实，是因为生活真实可能不够典型，也就是不具有代表性。然而，进入消费社会以来，这些情况改变了。因为艺术的真实最终在于反映生活真实，消费社会的媒体无处不在，制作"艺术品"（在消费社会里如新闻）的垄断地位被打破，生活真实的"艺术品"随处可以被制作出来（如新闻），因此这个时候人们在众多的生活真实中稍微加工也就获得了某种典型。又加上媒体技术的发达，视觉媒体的呈现多姿多彩，文字媒体的故事化转向，新闻文本提供的消费社会文学属性也就具备与完善了。这样，经过制作者的意义编码，很容易成为传达某种价值的消费文本。

---

① Jim Detejen, "Detjen Questions the Profession's Direction", *SEJournal*, Winter 1994—1995.
② 同上.

第二节　东西方文化价值中环境理念的比较研究

一　道教自然理念不同于西方环境伦理

有人认为，既然中国传统文化中的核心文化——道教看来也与今天西方的生态哲学在意蕴上更为接近，那么作为东方人，我们仅仅通过学习道教文化就可以提炼出完整而科学的环境伦理理念，而不需要作东西方的跨文化研究。如果有这种思想是可以被理解的，然而，却又是错误的、十分有害的。就西方的基督教文化来看，西方基督教有一个十分珍贵的传统：赎罪心理。基督教文化认为，人类的智慧是有罪的，是没有经过上帝允许而偷吃禁果的后果。因此，基督教文化传统能够对自身发展进行积极的反思、批判乃至推动新的改革，最后达到与时俱进。自20世纪40年代以来，西方通过积极的文化批判对基督教文化进行反省，并结合科学的成果，在反省原有基督教文化之上，推出新的环境伦理理念，这些理念与时代的科学成就相结合，体现出与东方道教生态理念不同的思想。请看下面两段东西方对于同一主题的生态理念论述：

> 南海之帝为儵，北海之帝为忽；中央之帝为混沌。儵与忽时相与遇于混沌之地，混沌待之甚善。儵与忽谋报混沌之德，曰："人皆有七窍，以视听食息，此独无有，尝试凿之。"日凿一窍，七日混沌死。（《庄子·应帝王》）

庄子的这段描述传递的理念很简单：人类要尊重自然规律，不能够随便地改变自然规则，否则就会带来生态灾难。就内容来说，庄子谈论的是大地之王（中央之帝）混沌，属于大地伦理学的范畴。我们接下来看西方生态伦理里面相似的论述：

> 从生态观点来看，由于个体生物几乎不是散离的客体而是连续的整体；尽管有所区别，自己与其他部分的差别是模糊的……想象你从你的有机体的核心逐步向外走，在你自己和你所处的环境之间，你找不到清晰的划分……世界事实上就是你的身体的延伸。①

---

① Callicott, J. Baird, "The Metaphusical Implication of Ecology", eds. In *In Defense of the Land Ethic*, Albany: State University of New York Press, 1989, pp. 112—113.

　　这段文章的论证来自于德国哲学家凯利克特（Callicott）的《土地伦理的辩护》一文，他是为了进一步论证利奥波德的"大地伦理学"的观点。凯利克特对利奥波德的生态系统整体主义的论证基础是有机论，即建立在现代生物学基础上的有机系统组成论来论证。为此，他纳入了自我联系的观点，又把自我主义转化为环境主义。这是以现代生物学理论为基础，凯利克特从生态学推理到形而上学，再到伦理学，再次做到从生态学事实到伦理学价值的推论。然而，我们回过头来看庄子的《应帝王》篇，这里仅仅给出了一个寓言似的朴素哲理，并没有论证，只有因果。因此，它是一种借象说理，是没有严谨的科学为基础的，是朴素的。

　　因此，我们研究多元文化中的生态伦理关系，可以弥补各类文化生态伦理中的不足，可以取长补短。西方生态批评家格特利部（Roger S. Gottlieb）在他的代表作《神圣的地球：宗教·自然·环境》中倡导西方的生态批评应具有开放性的特征，也希望世界其他文明能够相互挖掘不同民族文化的生态智慧，来共同应对环境危机。这也是我们研究环境新闻时需要的，因为一种新的伦理就代表着一种新的新闻文本，也表明一种新的眼光所看到的世界与新解释的世界。这种智慧对于解决环境问题是有帮助的。

二　不同文化对于环境新闻报道的意义

　　伦理学首先为环境记者提供一种科学基础，它能够指导环境新闻的文本构建，避免人为的主观印象。因为现代的环境伦理思想是建立在当代社会科学成果的基础之上；一些古代的环境伦理又是经过生活长期证实了的理论，就社会层面来讲，在某种程度上可以看成真理。美国著名的环境新闻记者、学者德特金先生面对记者写作的困境时指出，"要用伦理学，从长远着手会有帮助"。他认为"当记者面临伦理困境的时候，我认为用伦理学指导环境报道从长远角度会有帮助；对于记者来说，没有比可信度更重要。声誉是长时间建立起来的，读者已经足够聪明，他们能够判断出谁说的是真话，谁掩盖了真理"。德特金先生又说，"《环境记者协会季刊》的环境新闻主题就是建立在伦理学的基础上的。这是记者、编辑与制作者每天都必须抓住的主题"①。在德特金先生看来，这种被称作伦理学或者

---

① Jim Detejen, "On Ethics, Thinking Long Term Helps", *SEJournal*, Spring/Summer 1993.

道德规范的东西，能够帮助记者避免倾向性，保持着环境新闻的某种客观呈现与中立性。

对于环境伦理来指导环境新闻写作的情况，多数记者都倡导，但理由不同。美国环境新闻记者、学者弗洛姆认为："环境新闻报道需要主观意见，而不是客观，它需要价值体系"；"任何一个（记者）在做环境新闻报道的时候都会抽取人类心灵与精神里的无形价值判断，并赋予环境问题（报道）之中。对于这些价值的历史审视会发现，这些价值观集中于环境主义的感念与发展之中"；"从一方面来看，环境的某些损害在人类的眼中是缓慢的"，"如果环境记者花时间做一个历史的审视，就会看到问题的全景，例如像露天空间在减少这样的环境报道就会生动起来"①。弗洛姆没有像德特金先生那样去拒绝主观性，而是倡导主观性，只是这种主观意识的呈现必须在伦理学的、历史的考察与构建中才不是随意性的主观意见。因为就单个的环境新闻报道来说，一些环境问题是细微的，不易察觉的，通过伦理学与历史方法的结合就能够看清楚变化的事实所在。这些论述正好表明文化价值观在环境新闻报道中起着解释与观察环境问题的角度。文化价值代表着一种思想，多元文化价值观代表着多种智慧。这个结论从两位环境记者的观点中很容易推导出来。

因此，对于环境新闻记者来说，多元文化的环境伦理思想或者生态观的交流是必要的。在西方人的眼里同样能够在东方哲学中获得智慧。澳大利亚环境哲学家希尔文（Richard Sylvan）和本内特（David Bennett）将道家思想与西方的深层生态学理念相比较说："道家思想是一种生态学的取向，其中蕴涵着深层的生态意识，它为'顺应自然'的生活方式提供了实践的基础；"② 深层生态学家德维尔认为，"当代深层生态主义者已经从道家《老子》和13世纪日本佛教大师道元的著作里发现了灵感"③；格特利尔博（Roger S. Gottlieb）认为道家思想中蕴藏着对自然的尊重与顺应自然的"无为"、"天地父母"的谦卑，这些都是与基督教人的超自然性理念截然相对，西方文化对此应该自省与学习。④

① Michael Frome, *An Introduction to Environmental Journalism*, Ibid., pp. 94—95.

② 雷毅：《深层生态学思想研究》，清华大学出版社2001年版，第76页。

③ Bennett D Sylvan R. "Taoism and Deep Ecolgy", in the eds. Jan J. Boersema, *The Torah and the Stoics on Humankind and Nature*, BRILL, 2001, pp. 148—150.

④ Roger S. Gottlieb, *This Sacred Earth：Religion, Nature, Environment*, Routledge, 1996, pp. 48—49.

就环境新闻来说，这些多元文化里生态伦理思想的对话促进了生态理论的进一步科学化，反过来又可以指导环境新闻的写作与其他实践，对于最终解决环境危机意义重大。

第三节 跨文化视野中环境新闻的几个热点问题

一 跨文化新闻界环境保护的不同理解

环境问题的伦理学基础在东西方表现出惊人的一致，但是在国际新闻界却表现出对环境保护的极大差异。从全球范围来看，特别是在南北差异。美国位于黄温泉市（Yellow Springs）的安提亚克学院（Antioch College）传播与媒体艺术系的环境新闻教师、曾经做过环境记者的安·斐勒米尔（Ann Filemyr）很早就从事环境新闻的跨文化研究，也关注这个问题很长时间。1991 年 11 月整月的时间，在联合国里约热内卢环境会议（1992 年 6 月）之前，他专程在巴西会见与采访了提前到来的各国环境新闻记者。因为这也是第一次国际环境新闻记者的大聚会，对于研究跨文化中的环境新闻记者不同价值理念来说机会难得。从这以后，斐勒米尔就一直与很多国家的环境记者保持联系。

在地球高峰会之前的一个月即 1992 年 5 月，在巴西召开了绿色媒体（Imprensa Verde/Green Press）交流会。来自世界 28 个国家的 950 位环境记者参加了这次瞩目的国际会议。这些环境记者是跨文化、多国界的，来自俄国、印度、日本、欧洲、非洲、北美与南美地区或国家。5—6 月会议期间，斐勒米尔发现各国的环境记者在定义环境保护问题上存在很大的差异，特别是在不同文化的富国与穷国之间。在美国，环境保护意味着媒体记者能够报道对生态造成威胁的工业、商业与技术；对政府失职行为的检讨，对片面追求经济效益的反思，对工业社会与后工业社会文化的批判与改造。然而，在巴西、印度与菲律宾等国家，环境记者认为环境保护是与发展分不开的。[①]

这些国家的环境记者认为，饥饿与无家可归被认为是最大的环境问题，繁重的国际债务与生存压力使得这些国家几乎用尽了自己国家的自然资源；

---

① Ann Filemyr, "Ethics and the Education of Environmental Journalists: An International Perspective", *SEJournal*, Winter 1994.

人口爆炸几近失控，女性的不平等、艾滋病传染、缺少医疗护理、没有社会
保障体系、儿童缺少教育机会等，使得这些国家控制与保护环境的概念与发
达国家相去甚远。而在美国环境记者看来，这些困难都是难以想象的。在美
国等发达西方国家，占据世界 20% 的人口却消费了世界 80% 的资源；即使
世界 40% 的人口像美国那样消费，就需要耗费掉另半个地球的资源，也就
是消费了 160% 的地球资源。如果发展中国家的环境记者把新闻报道的矛头
指向尚未健全的工业体系、还未发展的商业体系、甚至像美国那样要求把耕
地变成国家公园，那将是灾难性的后果。

　　2007 年 12 月印尼巴厘岛联合国气候变化大会期间，发达国家与发展中
国家就气候变暖的责任问题难以达成共识。从根本上来说就是在跨文化、跨
国界的多边关系中，人们对于环境保护内涵有着不同的理解。以中国为代表
的发展中国家认为，发展中国家在历史上对气候变暖不负有责任；而发达国
家在长达数百年的历史中对全球变暖的后果难辞其咎；就现实情况来看，发
展中国家面临着艰难的生存危机，他们工业中的二氧化碳排放实质是"生
存排放"；相比较发展工业数百年的发达国家，他们是"奢侈排放"。因此
发达国家要在环境保护方面为发展中国家做出榜样。① 后来，美国等发达国
家被迫在这个规则上让步。

　　当然，这种新的国际环境秩序是发展中国家对发达国家斗争的结果。就
环境秩序的内在规律来说，仅仅这样要求发展中国家还是一种暂时性的要
求，最终还是要纳入到生态科学系统的轨道上来。就环境记者来说，在报道
环境新闻的价值选择中，既要照顾到发展中国家的历史与现实国情，同时最
终还要尊重生态规律。就发展中国家的环境记者来说，掌握当代生态伦理与
环境的风险文化知识是必要的，随着社会经济力量的发展，还要能够及时转
换到用与时俱进的、符合生态规律的伦理学基础的价值观念上来，用以指导
环境新闻报道的实践。这才是一个历史规律。

二　跨文化视野中环境殖民主义

　　虽然一些环境记者喜欢从自己的文化价值观来考察与衡量其他文明里发
生的新闻，替政府说话，如在环境问题上指责中国是全球变暖的怪兽格斯拉
（好莱坞电影中由于原子辐射影响而变异的吃人巨兽），归咎于中国并让她

---

① ［西班牙］拉斐尔·波奇：《全球变暖的英雄与平民》，西班牙《先锋报》2007 年 12 月 6
日；转引自《参考消息》2007 年 12 月 8 日。

对全球变暖负责，在 2007 年 12 月份巴厘岛联合国气候变化会议期间也是如此。然而，西方多数的环境新闻记者普遍地具有一种新闻专业主义精神，能够从一些生态伦理学与历史结合的考察中全面地看待问题。2007 年 12 月 19 日，美国《波士顿环球报》刊载了撒拉·马尔达温的分析报道《中国不是环境危机的唯一责任者》，反映了一种新的理念——环境殖民主义。①

马尔达温认为，西方经过漫长艰苦的"努力"，才使中国成了今日之中国：一个集中了某些最有毒、最有害的生产过程的世界工业平台。在向中国转移制造业过程中，引导中国走上了这条能源密集型破坏环境的发展之路。中国官方统计的数据显示，大量的中国人口死亡于环境污染，河流被污染或者干涸，动植物死亡或者大量灭绝。喜马拉雅山雪线的迅速上升向中国、印度以及东南亚国家暗示出一种可怕的后果。而这是由当前西方制定的生产营销体系决定的，这个体系将赢家和输家隔离开来，令少数人受益，而多数人受害，因而极其不平等和不可持续发展。仅就 2004 年来说，中国出口到美国的产品，其中所蕴含的二氧化碳排放量高达 18 亿吨，相当于美国当年二氧化碳排放总量的 30%。讲到底这是一种不合理的国际秩序，实质上是环境殖民主义。对于此种情况，日本《呼声》月刊上刊载京都造型艺术大学教授竹村真一的分析报道，他认为这种环境殖民体系造成的结果是："全世界在污染中国。"②

国际新闻界在 2007 年特别关注这种文化殖民注意倾向。早在年初，西方各大媒体纷纷报道了中国南方的洋电子垃圾现象，一直持续到年底。2007 年 11 月 18 日，美联社对这种现象进行分析。认为中国大多数电子垃圾来自海外，对于西方国家来说，由于严格的环保标准使得处理这些电子垃圾的成本大大增加。如果把这些电子垃圾出口到发展中国家处理，费用仅仅是当地发达国家处理同样电子垃圾的 1/10。全球每年生产 2000 万—5000 万吨的电子垃圾，其中有 70% 被运送到中国销毁。虽然根据《巴塞尔公约》电子垃圾不允许转移处理，但仍然有国外的走私者源源不断把这些垃圾运往中国。③

早在 1950 年，西方环境经济学家卡普·威廉姆（Kapp. K. William）就论述了一个长期被西方经济学家忽视的问题：商品的环境成本（或者当时

---

① Joshua Muldavin, "China's Not Alone in Environmental Crisis", *Boston Globe*, December 9, 2007.

② 竹村真一："世界中が中国を汚している"，月刊"Voice"，2007 年 11 月 10 発売号。

③ 美联社 2007 年 11 月 18 日电文稿，《电子垃圾给中国带来生态灾难》，转引自《参考消息》2007 年 11 月 20 日。

称之的"社会成本",因为当时大规模的环境污染并未出现)。卡普认为任何私营企业(从我们现在看来,国有企业或者公有企业同样出现这种问题)体系性质必须具有维持生态系统稳定性的成本,这是企业正常生产的基本条件。然而从现实的情况看来,很多企业本身没有能力担保或能够提供"付清自然债务"的成本,而这些债务被自然承受了。当自然承受到一定阶段不能再承受的时候,生态危机便出现了。这时治理生态危机就必须把欠生态系统的债务重新还上,这时的成本就是企业的社会成本(也就是我们现在所称的生态成本)。① 就当前的环境殖民主义的实质来看,那些发达资本主义国家把所欠的"自然债务"转嫁到发展中国家的头上。如把全世界电子垃圾的 70% 转移到中国来销毁,结果造成了生态灾难,然后又要中国去"付清自然债务"的成本,实质上依然是一种殖民主义的资源掠夺。

环境问题是一个全球性的问题,任何国家都不可能全身而退。因为一个国家的生态危机很容易影响到其他国家。比如中国的沙尘暴能够吹到日本的东京上空,甚至影响美国加州沿岸城市的能见度;全球工业气体排放造成的气候变暖,既形成了 2007 年英伦上空 60 年一遇的大降雨,达尔富尔的人道危机,也带来了美国历史上最温暖的冬天。也正是这样,一些发达的资本主义国家在环境殖民主义政策上开始收敛,也有经过发展中国家争取国际环境新秩序的积极努力,一些发达国家开始与发展中国家携手努力治理环境问题。2007 年巴厘岛气候会议就达成了发达国家向发展中国家提供环保技术的共识。2008 年 1 月,《日本经济新闻》报道了日本政府向发展中国家新的环保援助:福田内阁决定向发展中国家提供 100 亿美元的无偿资金,帮助发展中国家减少温室气体排放,普及太阳能设施等。其中中国陈旧的煤炭火力发电站也是关注的重点。② 英国也表示在 3 年内设立 8 亿英镑的发展中国家环境改善基金。这些努力对于消解环境殖民主义,建立公正的国际环境新秩序无疑是有帮助的,不过这还只是一个开始。各国环境新闻记者在消解环境殖民主义并在为推动这一进程要做的事还很多。

三 国际新闻界的环境种族主义

环境种族主义(Environmental Racism)是从 20 世纪 90 年代开始从西方

① William K. Knapp, *The Social Costs of Private Enterprises*, Cambridge, Mass.: Harvard University Press, 1950, pp. 13—17.

② 报纸新闻《日本将向发展中国家提供百亿美元环保援助》,《日本经济新闻》2008 年 1 月 10 日;转引自《参考消息》,2008 年 1 月 11 日。

世界兴起的一种思潮，伴随着全球性的环境危机，由媒体推动并逐渐进入公共空间的讨论中。美国环境新闻记者与环境新闻研究者德特金教授认为："简而言之，环境种族主义就是指很多有色人种认为，他们的社区已经变成了工业废物的垃圾场，因为他们很穷，也没有权利，更不是白人。"① 德特金先生的定义是相当谨慎的，因为他不仅从事过 20 多年的专职环境记者，先后到过七大洲的 45 个国家进行过环境新闻采访，而且还到世界各地讲学与调研。从这个定义来看，环境种族主义产生的原因主要在于这群人贫穷、没有权利，也不是白人。应该说环境种族主义是没有国界的，因为无论富国还是穷国都会有这样的人群；就其分布来说，发展中国家相对较为集中，从国际大格局里面来看，很多穷国就像富国家里面的贫穷社区，像富国家的贫民垃圾场。但对环境殖民主义来说，内涵与外延上二者是有区别的。

1993 年 6 月，由于美国环境记者的推动，美国环境保护协会对全美范围内进行调查研究，结果表明这种所谓的环境种族主义在美国是真实存在的。在美国从南到北、从东到西的城乡调查后发现，美国的少数民族团体大量生活在有害的化学废物当中，这些社区周围因为垃圾堆放而灰尘乱舞、臭气冲天、硫酸与一氧化碳气体四处横流。对于此，得克萨斯、路易斯安娜、加利福尼亚等有色移民聚集较多的州里，很多民间团体对这种现象提出抗议，他们引用美国民权宪法与西方人权宪章来要求消除环境种族主义。积极推进这项运动的组织包括：总部设在纽约的促进黑人民权国家组织——全国有色人种协进会（NAACP）；维护美国宪法自由权利的美国公民自由联盟（ACLU）；专门促进环境公平原则的联合基督教会种族正义委员会（UC-CCRJ）等。这些民间组织的加入，大大地推动了美国社会对于环境种族主义的认知与反省，并为它推向全世界打下基础。联合基督教会种族正义委员会还发表了《有毒废弃物与种族》的研究报告。该委员会主席本杰明·查维斯（Benjamin F. Charvis）的一句名言至今被新闻界作为报道环境种族主义问题的座右铭："民权应该把公民有不受污染的自由包括在内。"②

国际新闻界对环境种族主义的关注也是较为集中、非常持久的。为了应对这个问题，美国环境记者协会（SEJ）也在采取力所能及的对策。1992年，当反环境种族主义在美国方兴未艾的时候，美国有色人种的环境记者的所占比例非常低。为此，环境记者协会开始着手改变这种局面。当年，他们

①　Jim Detjen, "Environmental Racism Grabs Attention", *SEJournal*, Winter 1993.

②　from the web site：www. self – learning – college. org/depository/ee_ env_ justice_ 02_ sc. doc

发展了一个有色人种环境记者项目，接收非洲裔、西班牙裔、亚裔的有色人种进入环境记者培训计划中来。当年一个旅行机构自由论坛提供了 1.5 万美金支持这项培训。当年 11 月在安何伯（Ann Arbor）召开的美国环境记者交流会上，SEJ 就对 26 名有色人种环境记者进行了专业培训。① 后来，在密歇根州立大学的纳尔特环境新闻中心、在 SEJ 以及美国的其他大学，还设立专门培训第三世界环境新闻记者的项目。

西方世界普遍认为环境种族主义是一个环境正义问题，它是全球的公平问题之一。在经济发展水平拉大以后，社会人群因为能够支配的资源或者权利有限，被迫处于一种不平等地位，他们承担更多的是本来不属于自己的东西。虽然解决的途径是立法——但这些解决不了问题，最主要是做到社会公平，并走可持续发展的道路，这样就会从根本上杜绝工业垃圾的生产。② 当然，就环境种族主义本身，环境记者能够做的还是比较有限的，更多的是发达国家的权力机构能够行动起来，不管是在发达国家内部，还是相对于第三世界国家。

第三节　中西比较看中国环境新闻教育的缺失

近年来，随着全面小康、科学发展观、和谐社会构建等一系列具有新儒学特质之治国理念的提出，社会全面发展的教育观开始受到教育界的重视，环境新闻越来越多进入中国人的视野。目前，我国山东大学等少数教育研究机构也尝试进行环境新闻的研究。然而，从中国的新闻学教育整体内容构建来看，环境新闻仍是一块尚待开垦的处女地。由于中国高速发展的经济带来了严重环境问题，环境新闻在中国从诞生到繁荣也是件迟早的事。

环境新闻在美国产生与发展已经几十年了，并在 2000 年前后引入中国。1986 年在北京成立中国环境新闻记者协会，1993 年，中国加入了国际环境新闻记者协会（SIEJ），随之又出现一批绿色新闻网站，一时间，环境新闻在中国得到了重视。然而，就中国环境新闻教育来说，环境新闻是缺失的，这与中央和谐社会的构建的大战略很不协调。所谓中国环境新闻之缺失就是以中国环境报道对象、一种有目的、为公众而写的、以严谨准确的数据为基

　　① Jim Detjen, "Environmental Racism Grabs Attention", *SEJournal*, Winter 1993.
　　② Barry B. Boyer, "Building Legal and Institutional Frameworks for Sustainability", in eds, David Kairys, *Legal Theory in the Politics of Law: A Progressive Critique*, Pantheon Books, 1993, pp. 93—281.

础的反映环境问题的新闻教育之缺席。此文只在从中西比较视角来解析这种缺失，以及这种缺失给中国和谐社会构建所带来的困难，以此来呼唤环境新闻教育在中国大学教育的诞生。

一 从学科生态位看中国环境新闻教育的缺失

所谓的学科生态位，其生态学一词是由生物学上引过来的概念。俄国生物学家格乌司通过实验首先发现：在自然界中，生物种群的生存总是分层错位的。也就是说，具有相同生活方式或相同生活习性的物种，在时空上总要寻求分层错位，在各自的生态位上下寻求生存和发展。有些时候，在同一生态圈里会有大量的同一物种生存，由于自然界的资源在同一生态圈里是有限的，过多的生物依赖它时，就会导致畸形的生物生存。借用格乌斯的这一理论，那么新闻学科生态位就不难理解。在市场经济条件下，新闻学的每个专业所培养出来的人，都要面对着激烈的市场竞争，他们的生存圈大多都受在校读书时学科生态位的限制。换句话说，新闻学科生态位基本决定学生未来职业竞争的市场生态位。

2004 年全国有 232 所高校开办了与新闻有关的专业，2004 年 110 所相关高校及院系共有 5 万多名在校生，再加上没有参加该协会的新闻院校和民办高校的学生，目前全国新闻院校在校生人数可能已达到 10 万人以上。复旦大学"2003 中国传播学论坛"的消息称，大多数新闻单位表示，一般的采编人员已经饱和，毕业生供大于求的情况十分明显。媒介需要的除新闻专业外，还需要掌握另一门学科基础知识的复合型人才。[①]

21 世纪的中国注定是一个社会舆论高度关注环境问题的世纪。西部大开发的号角，"绿色奥运"的提出，和谐社会的构建以及传媒技术的现代化使全国即使发生在偏远地方的环境事件也成为无论专业媒体还是社会媒体普遍关注的事情。新华社四川分社前任社长何大新先生非常重视环境新闻，希望中国大学能够设立环境新闻专业，能够为媒体提供环境新闻人才。而四川分社在何大新社长领导期间，就是从环境专业里选入记者的，中国其他地区媒体的情况也差不多，中国大学急需建立环境新闻学专业。

就美国的环境新闻教育来看，美国现有的 50 多所大学设置的新闻学教程没有国家统一的规划与要求，而是各个高校与学院按照自身的优势来创办不同特色的新闻学教育。像中国 110 所高校及院系有 5 万多名学生使用相同

① （卷首语）《新闻进行时》，《新闻与传播》2004 年 2 月，首页。

或相似的教材、采取相似的教育模式，其实是一种重复性建设，对于教育与人才都是极大的浪费，因为社会上根本消化不了这些相似品质的人，结果造成了新闻教育某一生态位过度膨胀的局面。新闻系大学生为了一点点的生存工资而被迫到处求职。在美国就完全不一样，就环境新闻教育来说，美国现有的50多所大学环境新闻教育没有国家的统一规划，也没有统一教材，说到底是为了避免人才的重复性建设。

举几个简单的例子来说明。美国利哈伊大学环境新闻教育把科学与环境纳入新闻教育当中，学生毕业以后就会在新闻报道中科学地解释环境问题；哥伦比亚大学把地球、环境科学纳入新闻学院的教育，毕业后学生可以关注土地生态方面的新闻；明尼苏达大学把环境问题、公共健康与新闻学结合起来，学生工作后主要报道公共健康与环境方面的问题；密苏里大学哥伦比亚分校把自然资源学院与新闻学院的教育结合起来，这类记者将来会对自然资源方面的报道更内行；而密歇根州立大学的环境新闻教育则是与当地环境问题结合起来，学生将来会为美国五大湖区的生态报道服务。如此等等，其结果是环境新闻的学科生态位错落有致，均匀分布，这样就不会出现中国新闻教育某一生态位里生物过度膨胀的困局。

根据格乌斯的生态位理论，在自然界的生态圈中，由于种种原因所致，也会出现这样一种现象：生物界中存在着生态环境很好、其他动物又未发现的、处于原始状态、猎物不少却没有竞争对手的生态位，这种生态位叫"虚生态位。"

自然界生物生存的生态位现象，对我们研究新闻学学科设置不无借鉴意义。因为在市场经济这个生态圈里，一个个的媒体就是一只只为获取猎物而自下而上的市场生物。它们为了自己的生存和发展，就得想办法去猎取食物。对于新闻学科或专业这样的向市场生物输血的造血库要想生存，首先要找好自己的生态位，在一个动物繁多的市场生物圈里，新闻科只有不断发现虚生态位，不断去开辟新的虚生态位，才能在市场的造血中标新立异、树立品牌、在竞争中显出优势。

环境新闻学是60年代以后在西方兴起的一项新型的跨学科研究，中国在这个领域的研究刚刚始于2000年前后，可以说是刚刚起步。目前山东大学（威海分校）已经设立环境新闻与国际传媒研究中心，然而，更多的意义在于形式大于内容。当然环境新闻教育也不是一蹴而就的事情，需要一个过程。纵观我国新闻学学科设置，到目前为止，没有哪一家大学开设专门的环境新闻专业教育，面对社会招生，甚至连相关的课程开设也没有。

事实上，中国新闻业界与相关职能部门已经开始注意到了这些问题，并开始打破这种被动的局面。2002 年，由中国记协记者俱乐部与美国使馆新闻文化处共同举办的题为"环境新闻学的调查报道"研讨会，美国密歇根州大学纳尔特环境新闻学中心主任吉姆·德特金教授等参与主题发言；北京早在 1996 年就建立了中国"绿色大学生论坛"，以北京的大学生为基础成立的学术机构，其目的是要唤醒中国年轻人的环境保护意识，近年又开设了网站，扩大宣传力度；华东地区高校还专门成立了"中国绿色新闻学术网"，为中国首家由高等学校科研机构运营的环境新闻学术研究网站，开设此网站的目标是想成为年轻学生与行业人士了解环境新闻信息的窗口。然而这些活动并没有改变大的教育格局，因为至今环境新闻教育还是没有走进大学，"中国绿色新闻学术网"也很少有人更新，中国大学的环境新闻教育依然处于缺席状态。

因此，纵观我国大学新闻教育，不仅各所高校的新闻学院或专业没有相关课程，几乎所有学科都基本上限制在传统的新闻采访与写作或传统的新闻理论的学习上。更让人担心的是，我们大学新闻学专业那些辛勤耕耘于新闻教育事业上的老师们，总体上还没有意识到环境新闻教育对于传统新闻学发展与时代要求的重要性。一方面，新闻学专业毕业的学生素质难以满足用人单位新的要求，学生难以找到一个满意的工作；另一方面，新闻学教育又难以适应和谐社会构建的社会实践，用人单位难以找到合适的环境新闻人才。百年大计，教育先行。环境新闻教育的缺失令人深思。

二　从和谐社会构建看中国环境新闻教育的缺失

马克思主义的发展观认为，任何一个事物的发展都与其外界其他事物保持着一种不以人的意志为转移的客观联系，一事物的发展不能脱离其他事物的发展而发展。和谐是事物发展过程中的协调状态，这种状态表现为不同事物之间（包括构成事物的不同要素之间），彼此为了自身的存在和发展而相互要求和相互依存达到一致。所以，和谐本身也是一种矛盾关系，即不同事物、同一事物的不同方面之间是既对立又统一的关系。所以，胡锦涛同志说"我们所要建设的社会主义和谐社会，应该是民主法治、公平正义、诚信友爱、充满活力、安定有序、人与自然和谐相处的社会。"因此，和谐离不开自身内在的矛盾。中国国土面积为 960 万平方公里，300 万平方公里的海疆；国土东西跨度 5400 公里，南北跨度 5200 公里；人口 13 亿多，地形极为复杂。这样大的国家，应该有着与世界其他国家或地区完全不同的"自身"，因此，应该有自己的环境新闻教育。这样才能够真正找到"和谐本身的一种矛盾关系"，美国的环境新闻研究与教育模式也是按照这种自身规律而来的，避免"阿富汗斯坦主义"。

例如，我国2007年新闻界报道了很多环境新闻。2007年年初，中国广东的"洋垃圾"事件中，我国的记者多数报道都围绕着这些"洋垃圾"对当地生态环境的影响，却很少有记者利用"环境殖民主义"与卡普·威廉姆工业产品的"社会成本"理论来分析，究其原因在于环境记者缺少环境问题的政治经济学教育；8月份湖南洞庭湖沿岸的"鼠灾"多数被报道成"人鼠大战"，却很少有人通过大地伦理说来解释地貌与水系改变对老鼠繁殖的影响，究其原因是环境记者缺少生态伦理教育；中国长江、淮河百年不遇的大水年年遇，多数记者报道为"天灾"，很少有记者从生态有机体理论来说明这是"风险文化"里重复的"人祸"；2008年年初遇到的全国50年不遇的大雪，又有几位中国环境记者能够从"拉尼娜"现象或其他科学知识来做过仔细的分析？

再来看看以前报道的禽流感、非典肺炎新闻，多数记者都是迷迷糊糊跟着感觉走。而2008年的"周老虎事件"最后更是成了对媒体与记者公信力质疑的闹剧，完全失去了环境保护的新闻属性。所有这些都表明，中国的环境记者素质与日益凸显的环境危机之需要不相协调，亟待面对中国环境问题的中国环境新闻教育的诞生。因为任何一次大的环境危机报道，对于公众来说都是一次教育的好机会。否则"周老虎事件"的闹剧还会出现。

不仅中国的环境新闻教育要面对中国生态问题，而且中国环境新闻教育内部也要注意到东西差异，否则有可能出现中国式的"阿富汗斯坦主义"。这种只注重报道环境灾难而忽视当地生态问题的形式主义，曾经给70—80年代美国新闻界带来过混乱，而美国环境新闻教育之多样性确立以后，面对当地环境问题与注意多方面报道与分析的环境新闻就成为美国新闻界的主流。

就拿中国西部来说，一方面，中国西部地大物博，资源丰富，建立环境新闻学来指导西部开发与和谐社会构建具有充分现实依据。西部包括12个省、自治区、直辖市，国土面积685万平方公里，占全国的71.4%；2000年末人口为3.55亿人，占全国的28.1%；国内生产总值1.66万亿元，占全国的17.2%。西部具有完全不同的人文环境风貌，民族风情多样，遗迹丰富。历史上，西部曾经是我国最繁荣的地区之一，著名的"丝绸之路"、"楼兰古城"、"西夏王朝"等都发生在这里。另一方面，西部环境破坏严重：不把西藏包括在内，1999年西部地区水土流失面积为104.37万平方公里，占全国水土流失总面积的 62.5%；西部地区平均产草量下降 30%—50%。与此形成鲜明对照，四川大学新闻系安躺在臭气冲天的府南河畔，兰州大学新闻系沉睡于西部戈壁与沙漠的汪洋大海之中。在我们这个东西部发展很不平衡的时代，很容易被东部发展所忽视，环境新闻教育也是一样，西部完全可以建立自己的环境新闻教育，以有针对性地指导和谐社会的构建，因为没有西部和谐社会的构建就不可能有中国整体和谐社会的构建。

那么中国的环境新闻如何构建呢？其实通过美国大学的环境新闻构建模式很容易找到答案：各个高校或学院按照自身的学科优势来创办环境新闻教育即可。

一方面，每个高校或学院的优势不同，如清华大学的环境新闻教育可以与土木工程、建筑与材料等一流学科结合，学生毕业以后可以胜任这一方面的环境报道；北京大学环境新闻教育可以与医学结合，从事报道健康与医学方面的环境新闻；浙江大学环境新闻教育可以与电子工程专业结合，这样的学生将来可以报道"洋垃圾"这样的事件；这样环境新闻教育可以有高质量的师资，能够保证质量。

另一方面，由于各高校各有优势，这样环境新闻教育就呈现出学科生态位的均匀分层局面，学生毕业后有就业保障；还能够使得各类环境问题得到及时报道与科学解释，能够及时教育公众，促进环境危机的及时解决。如四川大学可以与道教研究结合，研究道教思想、中国与中国环境的关系；中国科技大学可以与天体物理专业相结合，考察全球变暖究竟是与工业气体排放有关还是与太阳活动有关；中国农业大学环境新闻教育可以研究农业与环境关系的报道。这样，当中国乃至世界遇到任何环境问题的时候，中国的环境记者都能够很好的分析报道，指引受众。这不是天方夜谭，因为美国大学已经做到的事情，中国这样的大国也同样能够做的。

最后，环境新闻教育也要注意到一些地区的脆弱生态环境，进行有紧迫性的环境新闻教育构建。比如 2007 年中国太湖绿藻事件震惊全世界，而无锡市报道的声音几乎听不见。其实无锡市有 20 个左右的高校，如果在这个城市的某一所高校（如江南大学）构建一个与水产水利系相结合的环境新闻专业，专门研究太湖问题的新闻报道，还愁将来毕业后找不到工作？美国密歇根州立大学环境新闻教育，就是为了美国中北部的五大湖区生态报道而建立的，五大湖区的任何环境问题都会得到及时报道，连亚洲来的鲤鱼吃掉一些小鱼种的事情也都让全世界知情。像这样的环境新闻教育培养出来的环境记者，我们国家还是值得向他们学习的。

　　江泽民指出："实现我国经济和社会跨世纪发展目标，必须始终注意处理好经济建设同人口、资源、环境的关系。人口众多，资源相对不足，环境污染严重，已经成为影响我国经济和社会发展的重要因素。……必须从战略的高度深刻认识处理好经济发展同人口、资源、环境关系的重要性，把这件事关中华民族生存和发展的大事作为紧迫任务，坚持不懈地抓下去。"① 中国环境新闻教育也必然会在这样的使命中迟早诞生。

三　由师资看中国环境新闻教育的缺失

　　师资是构建一门学科的智力基础。那么，对于中国大学来说，环境新闻是一门崭新的事物，任何一个新事物的诞生都需要有一个孕育它的母体，中国环境新闻学教育已经具有了这个条件了吗？事实上，任何事物都具有自己的共性与特殊性，从新闻从业人员的实践、学科的交叉性与现代媒体资源共享性来看，环境新闻教育已初步具备了自己的师资条件。

　　首先，从中国新闻从业人员的实践、从业人员与大学新闻系老师的双向交流视角。与中国的发展有相似之处，在 20 世纪 20 年代以后，美国西部开发（Westward Movement）中的农业化已经完成，开始城镇化进程。在这个过程中，出现人类开发与生态破坏的问题。1929 年美国为了适应社会的这种变化，改当时实行的强调基础的英国教育为强调专业面和系统性的德国教育，至此，新闻教育在美国显现雏形，并且关注社会全面发展。从环境新闻产生的世界范围来看，美、欧、俄、澳和日本环境新闻最早都不是从大学里产生的，而是来自于新闻从业人员的社会实践，然后转入大学，环境新闻教育尤其遵循这种规律。

　　19 世纪美国的资源保护运动到 20 世纪后半期走向成熟，到 19 世纪 80 年代，各国环境组织的建立，北美、西欧、日本、澳大利亚的环境新闻报道开始建立，出现了一大批专门从事环境新闻报道的记者。利哈伊大学资深环境新闻教授萨伦·弗莱德曼，他认为美国大学环境新闻教育始于 60 年代末的威斯康星大学，也是由环境记者把理念的种子带入课堂。② 1982 年，美国环境记者弗洛姆进入大学教授环境新闻，在大学从事环境新闻的学术研究。

---

　　① ［通稿］《江泽民在中央人口资源环境工作座谈会上的讲话》，载《人民日报》，1999 年 3 月 16 日。

　　② Bob Wyss, "Environmental Journalism Education". 资料来源：www. environmentwriter. org/re-sources.

他先后在爱达荷（Idaho）、佛蒙特（Vermont）大学教授环境新闻与环境写作，后来在西华盛顿大学教书，还从事包括公共土地、自然资源与环境新闻的教学和研究。在此期间学术成果丰硕，在 90 年代初期，他出版了第一本环境新闻学的书《环境新闻入门》，成为经典之作；紧接着的 1991 年美国环境作家，因资源保护报道出色而两次获得 Edward J. Meeman Award 奖的简凯（Jane Kay）开始在西部的阿森那大学（University of Arizona）讲授环境新闻学；后来，美国环境记者协会主席德特金先生进入密歇根州立大学，建立纳尔特环境新闻中心，学术成果丰硕。很快美国的环境新闻教育繁荣起来。

中国的环境新闻研究起步较晚，中国高校的环境新闻教育则尚未诞生。但是，中国环境记者的实践却已经初具规模。目前，在我国几乎所有省市自治区都开设了环境或生态网，并锻炼出一大批环境新闻记者，并创办了一批环境类期刊。如四川省开设有"四川环境网"，是为西部大开发和四川社会经济、环境的可持续发展营造良好的舆论氛围，也得到四川省环保局和中国环境报的大力支持，作为环境保护宣传教育中心、有 20 多名记者编辑为之服务；在新疆维吾尔自治区，开设有"新疆环境保护网"，全面介绍新疆环境现状，宣传环保知识，并把"新疆环境新闻"作为该网的核心工作，每日更新。新疆大学的环保协会、新疆农业大学的"绿色家园"、新疆医科大学的"绿之源"、新疆师范大学"绿色阳光行动组织"等大学环保组织都加入其中。

目前，一批环境新闻记者也开始注重理论研究：许正隆先生的《追寻时代把握特色——谈谈环境新闻的采写》，赵凡的《环境记者的责任感》，李景平先生的《论 21 世纪环境新闻的走势》，陆红坚先生的《环保传播的发展与展望》，张威先生的《环境新闻学的发展及其概念探索》等文章已经具有了相当的学术价值。如果高校的新闻学老师与业界的环境新闻记者有一个像美国环境记者协会那样的年度交流会，环境新闻记者像德特金先生那样走进校园，那么，中国环境新闻教育就是骚动于母体中的婴儿。

其次，环境新闻学同时也是一个交叉学科，师资的另一个来源是跨学科的老师。在美国早期成立的环境新闻其师资很大一部分来自环境或生态学院。1992 年的美国科罗拉多大学漂石分校设立环境新闻中心，早期相当一部分老师来自于环境学院，通过环境学院的教师给新闻系的学生讲授环境课来丰富环境新闻学的专业知识。

在美国私立大学利哈伊大学（University of Lehigh），环境新闻讲授不仅有自然科学的教师，而且自然科学、卫生、环保、文秘写作、政府管理、公共关系、教育、医疗、工业科技、法律、商业、哲学与营销专业的学生都可以把环境新闻作为选修课程，以使环境新闻知识在更大的社会领域里得到运用，也使环境新闻教育体系不断走向丰富发展，使这门学科更精密、更科学、更完善，同时，目前美国的环境新闻学已经遍及到 50 多个大学。

再次，美国环境新闻记者协会每一年度的交流会都在美国大学里举行，并且多在非新闻专业或学院。如 2006 年 10 月 25—29 日召开的年会就在 University of Vermont 的法学院（Vermont Law School）举行。中国高校同样也具有这样的优势，仅以四川大学与兰州大学为例，两所大学环境及相关学院都拥有国家重点实验室、西部环境与生态保护的国家课题或研究项目，在四川大学还拥有专门的西部开发研究院。对于西部环境与生态保护来说，这两所大学具有一流的师资与资金优势。另外，这两所大学相关专业除了获得国家西部开发的大量科研资金以外，还与国际学术界有广泛而紧密的联系，视野开阔，应该说这两所高校新闻系至今没有环境新闻教育确实令人惋惜。

最后，现代媒体特别是网络的繁荣，改变了传统师资的生存与再培训状态。现在，包括美国在内的世界各国环境新闻组织、大学环境新闻学专业，以及相关的学术作品、教育状况、操作方法都呈现在网上。换一句话说，只要中国的新闻老师想要获得国外环境新闻学教育和研究的成果，在网上就很容易得到。使师资培训由单一变为多样，传播速度更快，方式更多，范围更广，数据库相结合，使论文更准确、更科学、阅读更方便。只要有为中国环境新闻教育作贡献的激情，中国一定会出现像德特金、弗洛姆那样的杰出学者与教师，中国的环境新闻教育也一定会很快诞生。

结 束 语

在西方，环境新闻学实质上是对环境新闻的研究，因为中国与其他发展中国家对这类研究起步很晚，有的国家或地区环境新闻报道根本没有新的理论指导，只能按照传统新闻的理论与文本形式采编与出版环境新闻。而环境新闻在美国已经有40多年的发展历史了，且吸收了西方社会一系列的环境伦理学、自然科学与社会科学领域的知识或理论，对西方传统社会的人文主义理念进行了相对系统的价值颠覆。因此，我们研究环境新闻的时候只能够对相对成熟的西方社会之环境新闻进行研究。然而，环境新闻研究不能够离开这个特定社会的文化传统与在此基础上的社会理论，还有产生这类文本与媒体运作的社会环境，否则就会断章取义，难以看到它的整体，也不利于我们批判性地吸收其有益而普遍的理论。因此，本书副题即署"环境新闻学——在西方的理论与实践"。

理论化是重点

环境新闻在西方社会的研究是向心的，或者说是发散式的，很多理论需要对实用主义色彩很浓的环境记者之文章进行深入阅读，另外还要查阅一些社会学的理论著作。因此要总结出一些规律其实并不是一件容易的事情。然而，就学术研究的目的来看，任何研究最终都要回到实践中来，为指导实践服务。

作为这个目的的重要环节，必须通过理论化才能够总结出一些有普遍规律性的东西，只有这样才能够为指导实践奠定理论基础。环境新闻其实是新闻学与环境科学、新闻学与环境伦理学、新闻学与生态学、新闻学与风险社会学等诸多学科与理论的交叉研究，其中新闻学处于核心位置。然而，研究西方学者的环境新闻成果会发现，虽然研究的角度很多，到目前为止还没有哪一位西方学者对这一领域做过系统的梳理，甚至是归纳其主要理论领域。因此，本书对其理论化是一个相当艰辛的过程。

这里，应该说环境新闻文本分析与已有的跨学科性的理论著作，是最为

　　可靠的两个坐标；另外还有各种跨学科理论所产生的社会背景与新闻文本的媒介环境。为此，本书主要是从环境伦理学与风险社会学这两个理论体系，结合环境新闻的文本分析，加之一些西方的环境新闻研究著作来进行理论构建的。这种理论体系主要表现在第三章环境新闻理论部分，比如，环境新闻的风险性新闻价值，环境新闻的客观性、主观性与科学性的辩证关系，环境新闻文本用生态整体性、肯定生物内在价值、风险文化等理论来整合，都仅仅是一种尝试性研究。事实上，这些特征在西方环境新闻研究者那里仅仅是星星点点地论及，并没有系统的论证。或者这些论证是哲学家或社会学家的事情，环境新闻仅仅是为了突出这种科学理念或观念，环境新闻也是一种宣传而已。

　　在本书中，笔者的理论化尽量把新闻文本与哲学理念、科学精神结合起来论述，力求这种理论阐释能够科学，具有规律性。当然，这也许只是一个初级性的理论研究阶段，但希望后来的研究者能够拓宽这个理论范围，特别是利用环境科学、生态科学来加以丰富，而不仅仅是环境伦理学与风险社会学，否则这个框架就是一个窠臼。

　　另外，就本书中的一些新闻理论，仍然需要深化。比如环境新闻的核心新闻价值是对环境问题的风险性判断，然而，从事新闻业务的人会有某种程度上的异议，因为新闻报道如果过多地关注未来，会降低新闻价值，特别是面对市场受众需要。其实风险在时空上是相互衔接的，在做风险报道时需要与当前发生的事情联系起来。比如现在发生的环境危机报道依然可以采用风险理论，因为现在的环境危机是过去的环境风险，是过去人们没有正视的风险在现在转化成了危机。当然，这需要进一步地去系统化。本书为作者以后的学术研究开辟了一个新的方向，也奠定了某种程度上的理论基础，后继研究需要进一步深入。

系统化是难点

　　作为西方理论支撑的环境新闻研究，从新闻文本到理论分析，笔者都需要使用欧美国家的材料。因此，把环境新闻纳入新闻学的框架下来系统研究，需要涉及新闻史、新闻理论、新闻采访与写作、新闻编辑、新闻教育、媒体与社会和跨文化研究等相对独立的板块以组成有机系统，这是一件非常困难的事情。因为相对于传统新闻研究来说，环境新闻是一个全新的领域，几乎没有多少书本可以提供体系作参照。

为了做这种体系的研究，资料收集具有相当的困难。比如，笔者不仅要长期密切关注欧美各国重要媒体最新的环境新闻报道，而且要收集这一领域的国外学术期刊的研究近况；更要从以前经典生态或环境伦理学、文学生态批评中去寻找理论宝藏。为此，除了纸媒版本的资料收集，笔者还通过互联网查看原版生态批评与环境伦理学的电子版书籍。

虽然国内有一些欧美经典生态批评与环境伦理学的著作，笔者也购买了一些这类经典书籍的汉文版，但是这些汉文版本译文有些地方还是比较生硬。不是语言有问题，而是专业知识在翻译者那里还存在一些障碍。有时在一些关键的理论部分还是要查看原文。Google 图书搜索给了笔者很大的帮助，但是也存在不少问题。

比如为了查看卡逊《寂静的春天》的英文版，在 Google 图书搜索里需要几经周折。因为网上图书搜索的版面几乎都有版权保护，任何一个版本的这本书都不会提供给查阅者完整的内容，仅有部分的阅览权利。这样，为了能够查看到自己核对的这部分或者那部分内容，不得不浏览多个英文版本的《寂静的春天》。在本书里，笔者在网上至少查找了 1962 年、1970 年、1987年、2001 年与 2002 年五个版本，这样才勉强核对了需要使用的重要理论部分。其他的还有诸如《封闭的循环》、《风险社会》、《沙乡年鉴》等英文版本的书。因此，今后要想在系统化研究上有所突破，需要在资料收集上更进一步。对于学者来说，所谓的专家就是第一手资料较为齐全的研究人，西方环境新闻研究尤其如此，因为我们处在这种大文化氛围之外。

本土化是目的

西方环境新闻研究的目的是学习西方新闻报道中先进的理念，让我国的学者与环境记者、编辑少走弯路，最终为我们国家新闻界科学分析与报道环境问题而服务，为引导与教育我们国民科学应对自己国家的环境危机而服务。因此，西方环境新闻研究的一系列成果都需要一个本土化的过程。但是，西方国家有不同于我们的文化、宗教、政治、经济乃至媒介环境，需要我们批判性地吸收，而不是全盘接受。因此本书的西方环境新闻研究仅仅是一个开始。

作为学术研究，这种批判性吸收的第一步可能是比较研究。比如从环境新闻发展的历史来看，美国则是先通过民间先觉人士对于资源保护的宣传，开始把环境问题的报道推向新闻与出版界，然后通过新闻与出版界进入媒体论战，又由媒体论战进入国家议事日程。在我国环保历史上，国务院分别在1981 年、1984 年、1990 年、1996 年和 2005 年发布了 5 个关于环境保护工作的重要决定。在改革开放之初的 80 年代，我国政府就把环境问题作为我们国家的基本国策。在那时，我们国家还是地地道道的农业国家，根本就没有多少工业污染。而我国环境保护宣传完全是从上到下的。这种情况与工业高度发达的美国正好相反。

这种情况表明，作为党和政府喉舌的我国媒体，不要等待环保意识像美国那样从民间到政府的由下而上的推动；而是相反。因此在环境报道方面，我们国家的环境记者与媒体应该比西方国家有更高的自觉性去提高环境素质，在环境新闻报道中去科学地解释与宣传避免环境危机的各种知识。

这种责任感与危机感比以前任何时候都要紧迫。因为目前我国已经是"世界工厂"，是世界第二能源消耗大国，经济发展对环境产生的压力越来越大；再加上我国正在向着和谐社会发展目标的转轨，这些都需要媒体与环境记者通过环境新闻报道，科学地教育与引导公众。因此，需要我们的西方环境新闻理论通过比较研究，再结合实践的基础上实行本土化。这样我们才能殊途同归，一起大江东去。

主要参考文献

（中文以著者姓氏拼音字母为序，外文以著者姓氏字母为序）

Ann, Ronald, *Reader of the purple sage*: *Essays on western writers and environmental Lierature*, Reno: University of Nevada Press, 2003.

Anthony J sadar, Mar D. Shall, *Environmental risk communication principles and practices for industry*, Washington D. C. : LEWIS Publishers, 2000,

Baines, John. *Environmental Disasters.* New York: Thomson Learning, 1993.

Barbour, Ian G. *Technology, Environment, and Human Values.* New York: Praeger Publishers, 1980.

Bate, Jonathan. *The Dream of the Earth.* Harvard University of Press, 2000.

Bate, Jonathan. *The Song of the Earth.* Harvard University of Press, 2000.

Bateson, Gregory. *Mind and Nature.* New York: Bantam Books, 1980.

Bennett, John W. *Human Ecology as Human Behavior.* New Brunswick (U. S. A): Transaction Publishers, 1993.

Bloy, Myron. *The Crisis of Values.* New York: Seabury Press, 1962.

Buell, Lawrence. *The Environmental Imagination*: *Thoreau, Nature Writing, and the Formation of American Culture.* Harvard University Press, 1995.

Buell, Lawrence. *Writing for an Endangered World*; *literature, culture, and Environment in the U. S and Beyond.* The Belknap Press of Harvard of University, 2001.

Commoner, Barry. *Making Peace with the Plannet.* New York: Pantheon Books, 1990.

Commoner, Barry. *The Closing Circle.* New York: Knopf, 1971.

Cousins, Norman. The Limits of Superabundance In Frederick Gentles & Melvin Steinfield, ed. *Dream on, America.* Vol. 2. Canfield Press, 1971.

Davenport, William H. *The One Culture.* New York: Pergamon Press, 1970.

Dubos, René. *The Wooing of Earth.* New York: Charles Scribner's Sons, 1980.

Eagleton, Terry. *Literary Theory*: *An Introduction.* 2nd ed, Oxford, 1996.

Elder, Frederic. *Crisis in Eden.* NashVille Tenn: Abingdon Press, 1970.

Emerson, Ralph Waldo. *Nature* in *The Norton Anthology of American Literature.* Vol. 1. 2nd ed. W. W. Norton & Company, 1985.

Environmental Journalism (Biquarterly Magazine), from 1990 to 2008.

Fox, W. *Toward A Transpersonal Ecology.* Boston: Shambhala Publications Inc. , 1990.

Frank, Graham, *Since Silent Spring*, Boston: Houghton Mifflin, 1970.

Fromm, Erich. *The Revolution of Hope: Toward a Humanized Technology.* New York: Bantam, 1968.

Glotfelty, Cheryll and Harold Fromm. eds. *The Ecocriticism Reader.* University of Georgia Press, 1996.

Gore, Al. *Earth in the Balance.* New York: Houghton Mifflin Company, 1992.

Gottlieb, Roger S. *This Sacred Earth: Religion, Nature, Environment.* New York: Routledge, 1996.

Griffiths, A. Phillips. *Key Themes in Philosophy.* Cambridge University Press, 1989.

Guha, Ramachandra. *Social Ecology.* Oxford University Press, 1994.

Habermas, Jurgen. *Toward a Rational Society.* Boston: Beach Press, 1970.

Hamlyn, D. W. *A History of Western Philosophy.* Penguin Books, 1987.

Hay, Peter. *Main Currents in Western Environmental Thought.* Indian University Press, 2002.

Holy Bible, *King James Version.* New York: American Bible Society.

Karen J. Warren. ed. *Ecological Feminist Philosophy.* Indiana University Press, 1996.

Karen J. Warren. ed. *Ecological Feminism.* Routledge, 1994.

Kazancigli, Ali. *Environmental Awareness.* Vol. XXXVIII, No. 3, Basil Blackwell Ltd for Unesco, 1986.

Kroeber, Karl. *Ecological Literary Criticism: Romantic Imagining and the Biology of Mind.* Columbia University Press, 1994.

Leiss, William. *The Domination of Nature.* New York: George Braziller, 1972.

Leopold, Aldo. *A Sand Country Almanac: And Sketches Here and There.* Oxford University of Press, 1997.

Lovelock, James. *The Ages of Gaia: A Biography of Our Living Earth.* Oxford University of Press, 1989.

Marcuse, Herbert. *One-Dimensional Man.* Boston: Beacon Press, 1964.

Marshall, Peter. *Nature's Web: An Exploration of Ecological Thinking.* Simon & Schuster Ltd. , 1992.

Marx, Leo. *The Machine in the Garden.* New York: Oxford University Press, 1964.

Mednick, Fred. *An Introduction to American Literature from Newcomers to Naturalists.* 河南大学出版社, 1989。

Merchant, Carolyn. *The Death of Nature: Women, Ecology and the Scientific Revolution.* New York: Harper & Row, 1979.

Michael Frome. *Green Ink: An Inroduction to environmental Journalism* University of Utah

Press, 1998.

Michael R. Lindell, *Communicating environmental risk in multiethnic communities*, London: Sage Publications. Inc. 2004,

Mills, Stephanie. *In Praise of Nature*. Washington, D. C. : Island Press, 1990.

Milton, Kay. *Environmentalism and Cultural Theory*. London and New York: Routledge, 1996.

Moncrief, Lewis W. "The Cultural Basis of Our Environmental Crisis". Science170 (1970).

Murdy W. *Anthropocentrism: A Modern Version*. Science, 1975 (187).

Murphy, Patrick D. ed. *Literature of Nature: An International Sourcebook*. Chicago: Fitzroy Dearborn Publishers, 1998.

Murphy, Patrick D. *Farther Afield in the Study of Nature-oriented Literature*. University Press of Virginia, 2000.

Naess A, *Ecology Community and Lifestyles*. Cambridge: Cambridge University Press, 1989.

Naess, A, *The Shallow and The Deep Long-Range Ecology Movemnent: A Summary. Inquiry*, 1973.

Naess, A. *Spinoza and Ecology*. Philadelphia, 1977.

Nash, Roderick F. *The Rights of Nature: A History of Environmental Ethics*. The University of Wisconsin Press, 1996.

Nash, Roderick F. *Wilderness and the American Mind*. rev. ed. New Haven: Yale University Press, 1973.

N. N. Inozemtsev. *Global Problems of Our Age*. Moscow: Progress Publishers, 1984.

Paul, Sherman. "Resolution At Walden" in Charles Feideson and Paul Brodtkorb, eds. *Interpretation of American Literature*. New York: Oxford University of Press, 1959.

Pepper, David. *Eco-socialism: From Deep Ecology to Social Justice*. Routledge, 1993.

Pepper, David. *The Roots of Modern Environmentalism*. Croom Helm, 1984.

Phillip, Sterling, *Sea and Earth, The Life ofRachel Carson*, New York: Thomas Y. Crowell, 1970.

Plog, Fred and Daniel G. Bates. *Cultural Anthropology*. 2nd. New York: Alfred A. Knopf INC, 1980.

Ramphal, Shridath. *Our Country, The Planet*. Washington, D. C. : Island Press, 1992.

Richardson, Robert D. Jr. , *Henry Thoreau: A Life of Mind*. Los Angeles: University of California Press, 1986.

Robert Dardenne, Mark Jerome Waters, *Examining the Handbooks on Environmental Journalism.* Florida: Lisa Rademakers. 2004.

Rolston H. *Environmental Ethics: Duties to and Values in the Natural World*. Philadelphia: Temple University Press, 1987.

Ronald, Ann, and Melody Graulich, *Reader of the purple sage: Essays on western writers and environmental Lierature*, Reno：University of Nevada Press，2003.

Rubin，David M.，and David P. Sachs，*Mass media and the environment：water resouces，land，and atomic energy in California*，New York：Praeger Publishers，1973.

Ruether，Rosemary. *New Woman，New Earth.* New York：Seabury Press，1975.

Rust，Eric. *Nature - Garden or Desert?* Waco Tex：Word Books，1971.

Sachsman，and Renee M. Rogers. Sachsman，*The symbolic earth*，The University Press of Kentucky，1996.

Santmire，H. Paul. *Brother Earth.* New York：Thomas Nelson，1970.

Schweitzer，Albert. *Out of My Life and Thought.* New York：Henry Holt，1933.

Schweitzer，Albert. *Reverence for Life：The Words of Albert Schweitzer.* ed. Harold Robles. Harper Collins Publishers，1993.

Smith，Henry N. *Virgin Land：The American West as Symbol and Myth.* Cambridge，Mass：Harvard University Press，1950.

Stuart Allan，Cynthia Carter，Barbara Adam，*Environmental Risks and the Media*，London：Routlege，2000

Taylor，Paul W. *Respect for Nature，A Theory of Environmental Ethics*，Princeton University Press，1986.

The Rolling Stone Environmental Reader. Washington，D. C.：Island Press，1992.

Titus，Harold H. *Living Issues in Philosophy*，3rd. ed. New York：American Company，1959.

Toffler，Alvin. *Future Shock.* New York：Bantam，1971.

Ulrich，Beck，*The Risk Society and Beyond，Critical Issues for Social Theory*，London：SAGE Publications，2000

Ulrich，Beck，*The Risk Society：Towards a New Modernity*，London：Sage Publications，1992.

White，Lynn. "The Historical Roots of Our Ecological Crisis" in *This Sacred Earth：Religion，Nature，Environment.* Roger S. Gottlieb，ed. New York：Routledge，1996.

White，James E. *Contemporary Moral Problem*，5th. ed. the United States of America：West Publishing Company，1997.

Willis，Jim and Okunade，Albert Adelowo，*Reporting on risk：The practice and ethics of health and safety communication.* Connecticut：Praeger，1997.

Worster D. *Nature'Economy：A History of Ecological Ideas.* Cambridge：Cambridge University Press，1985.

《十三经注疏》上、下册，上海古籍出版社 1997 年版。

埃德温·埃默里、迈克尔·埃默里：《美国新闻史》，展江译，新华出版社 2001 年版。

艾伦·杜宁：《多少算够》，毕聿译，吉林人民出版社 1997 年版。

奥尔多·利奥波德：《沙乡年鉴》，侯文蕙译，吉林人民出版社 1997 年版。

巴巴拉·奥德:《只有一个地球》,《国外公害丛书》编委会译,吉林人民出版社1997年版。

巴巴拉·亚当,贝克:《风险社会及其超越》,赵延东译,北京出版社2005年版。

巴里·康芒纳:《封闭的循环》,侯文蕙译,吉林人民出版社1997年版。

比尔·麦克基本:《自然的终结》,孙晓春等译,吉林人民出版社2000年版。

戴斯·贾丁斯:《环境伦理学》,林官明等译,北京大学出版社2002年版。

丹尼斯·米都斯:《增长的极限》,利宝恒译,吉林人民出版社1997年版。

傅华:《生态伦理学探究》,华夏出版社2002年版。

胡志红:《西方生态批评研究》,中国社会科学出版社2006年版。

卡洛琳·麦茜特:《自然之死》,吴国盛译,吉林人民出版社1997年版。

乐黛云:《跨文化之桥》,北京大学出版社2002年版。

乐黛云主编:《跨文化对话14》,上海文化出版社2004年版。

雷切尔·卡逊:《寂静的春天》,吕瑞兰、李长生译,吉林人民出版社1997年版。

雷毅:《深层生态学思想研究》,清华大学出版社2001年版。

塞缪尔·亨廷顿:《文明的冲突与世界秩序的重建》,周琪等译,新华出版社2002年版。

世界环境发展委员会:《我们共同的未来》王之佳译,吉林人民出版社1997年版。

梯利:《西方哲学史》,葛力译,商务印书馆2001年版。

万以诚:《新文明的路标》,吉林人民出版社1997年版。

王诺:《欧美生态文学》,北京大学出版社2003年版。

王佐良、祝珏:《欧洲文化入门》,外语教学与研究出版社1997年版。

乌尔里奇·贝克:《风险社会——通往另一个现代的路上》,汪浩译,台北巨流图书公司2004年版。

乌尔里希·贝克:《风险社会》,何博闻译,译林出版社2004年版。

徐恒醇:《生态美学》,陕西人民教育出版社2000年版。

许正林:《欧洲传播思想史》,上海三联书店2005年版。

扬胜良:《道家与中国思想史论》,厦门大学出版社2002年版。

叶朗:《中国美学史大纲》,上海人民出版社2001年版。

叶维廉:《道家美学与西方文化》,北京大学出版社2002年版。

余谋昌:《惩罚中的觉醒——走向生态伦理学》,广州,广东教育出版社1995年版。

余谋昌:《生态哲学》,陕西人民教育出版社2000年版。

约翰·缪尔:《我们的国家公园》,郭名悼译,吉林人民出版社1999年版。

曾繁仁:《生态存在论美学论稿》,吉林人民出版社2003年版。

曾永成:《文艺的绿色之思》,人民文学出版社2000年版。

詹姆斯·奥康纳:《自然的理由——生态学马克思主义研究》,唐正东、藏佩洪译,南京大学出版社 2003 年版。

张立文等编:《玄境——道学与中国文化》,人民出版社 1997 年版。

张世英:《天人之际》,人民出版社 1995 年版。

张月超:《欧洲文学论集》,江苏人民出版社 1981 年版。

章安祺编:《西方文艺理论史精读文献》,中国人民大学出版社 1996 年版。

后　记

　　首先感谢导师蒋晓丽教授。本专著从选题到写作，都得到了蒋老师的精心指导。感谢我的硕士阶段导师四川大学文学与新闻学院蒋荣昌先生，是他指导我完成了硕士期间的学习，为我博士期间的论文写作积累了很多知识和经验。感谢博士研究生学习期间给我知识与帮助的老师和同学，他们的教诲与友谊对我弥足珍贵。我要特别感谢台湾政治大学新闻系主任冯建三教授对我长期的指导与支持，从他那里获得了大量的英文资料；冯老师还赠给我多本外文书籍，使得我的博士论文资料得以成熟；感谢政大蔡琰与臧国仁教授，从构思到理论构架，他们夫妇都给予我很多指导与鼓励，并从伦敦购买了英文生态书籍给我；感谢人民大学的陈力丹教授，在我的这本专著定题阶段，陈老师给了我方向性的指导，并对我的部分成文做过细节修改；感谢美国密歇根州立大学纳尔特环境新闻中心主任德特金教授，是他通过助教鲍伯·米勒女士提供给我大量的电子资源，使得我占有的资料更为丰富。我也非常感谢在印第安纳州普度大学读博的弟弟王军求，我其他买不到的书、找不到的资料，都是他万里迢迢寄给我，犹如雪中送炭。我也非常感谢我的父母，他们长期默默的关怀与期待，是我的精神支柱，使我从来没有觉得劳累过。在此，我由衷表达深深的谢意。

王积龙

2009 年春